가야토기 연구

가야문물연구원 학술연구총서 01

加耶土器研究

가야토기
연구

박승규 지음

서경문화사

서문

    가야(加耶)는 삼국시대에 신라, 백제와 함께 한반도 남부에 존재했던 고대 왕국이다. 가야의 역사는 문헌에서 전하는 기록이 희박하여 고고학적 발굴조사를 통해 새롭게 구축되고 있다. 특히 가야 고분의 구조와 토기를 비롯한 출토 유물의 연구는 가야사를 복원하는 데 중요한 역할을 하고 있다.

    가야 고분의 부장유물은 현세와 사후세계를 연결하는 계세사상(系世思想)이 반영된 상징물이라 할 수 있으며, 토기는 부장유물의 기본으로서 어느 고분에서나 반드시 출토되고 있다. 이러한 사실은 토기가 당대의 생활 모습을 잘 반영하고 있음을 증명하는 것으로서 가야토기가 가야 각국의 발전과 문화상을 살피는 데 최적의 자료임을 알 수 있다.

    가야토기는 가야 사람들이 흙으로 빚고 불로 구워서 만든 다양한 그릇들을 말한다. 이 책에서 다루고 있는 가야토기는 삼국시대 중 가야의 고분에서 출토된 부장유물이며, 고고학적으로 엄밀히 정의하면 도질토기(陶質土器) 즉 도기(陶器)라고 할 수 있다. 가야의 토기는 도질토기 · 연질토기 · 와질토기로 분류하고 있으며, 도질토기를 경질토기로 부르기도 한다.

    가야토기는 고고학의 편년과 지역연구에 있어서 보편적으로 이용되고 있는 고고자료로서 토기에 담긴 다양한 속성을 통해 시간성과 공간성 및 계통성을 보여줄 뿐 아니라 이러한 여러 성질과 당대 사람들이 남긴 역사성과 합쳐져서 하나의 양식(樣式) 또는 문화를 나타내 주고 있다.

    이 책은 가야토기에 대한 고고학적 분석을 통해 가야토기의 양식변동과 양식구조를 파악함으로써 이를 통한 가야 사회의 형성구조와 발전을 밝히기 위한 기반을 마련하고자 시도되었다. 여기서 주로 다루는 가야토기 양식에 대한 분석의 전제조건은 양식구조가 하나의 요인이 아닌 정치적, 경제적, 기술적, 관념적 요인에 의해 유지되고 있다는 인식에서 출발하고 있다. 즉 토기가 지니는 양식적 의미에 더하여 토기생산 및 제작기술과 관련한 기술적 측면, 토기의 유통과 분배의 정치 · 경제적 측면, 토기를 매개로 한 매장관습의 관념적 측면 등이 상호관계를 형성하고 있는 것으로 설정한다. 이로써 토기 양식이 가지고 있는 다양한 측면 간의 상호관계 분석의 결과가 역사 복원의 한 방법으로서 기능할 수 있다는 전제를 따른다

면, 가야토기의 고고학적 분석과 해석의 결과가 가야사를 복원하는 데 효과적이라고 파악
된다.

이 책은 여섯 부로 구성되어 있다. '연구사와 개념', '시기구분과 편년', '전기가야토기의 양
식구조와 변동', '후기가야토기의 지역양식', 그리고 '가야토기의 고고학적 해석'에 대해 다
루고 있다. 부록의 '사진으로 살펴본 가야토기'는 본문에서 제시하지 못한 시기별 및 권역별
가야토기의 사진자료와 주요 유적에서 출토된 가야토기 및 명품을 화보로 담았다.

제1부 '연구사와 개념'은 1980년대 이후 가야토기의 본격적인 연구가 시작한 이래로 최근
까지의 연구성과를 시기별 및 권역별로 나누어 집성하였으며, 가야토기의 연구 경향과 미래
연구 방향에 관해 다루고 있다.

제2부 '가야토기의 시기구분과 편년'은 그 자체로서도 중요한 논점이 되지만 가야토기 양
식 연구에 있어서 시간 축의 기준을 제시한다는 전제로서 설명하고 있다. 가야토기의 시기
구분은 크게 가야사의 전·후기 시기구분과 연동하고 있으나 기왕에 학계에서 논의되는 시
기구분과 달리 전기에서 후기로 넘어가는 시기에 '전환기 변동'의 한 시기가 있음을 설정하
고 있다.

제3부 '전기가야토기의 양식구조와 변동'에서는 기왕에 학계에서 쟁점이 되었던 고식도질
토기의 양식론에서 공통양식론 또는 지역양식론의 양식구조가 아니라 지역양식 구조의 큰
틀에서 일정 시기 양식 복합의 시기가 유지되는 양상임을 새로 파악하였다.

제4부 '후기가야토기의 지역양식'에서는 기왕에 필자가 설정한 바 있는 아라가야양식(함안
양식), 대가야양식(고령양식), 소가야양식(진주·고성양식)에 의한 3대 지역양식의 분립을 권역
별 양식요소의 비교와 형성 배경 및 분포권을 구체적으로 살펴보았으며, 3대 지역양식의 상
호관계를 파악함으로써 후기가야 사회가 어떻게 유지되는가 하는 점도 함께 다루었다. 세부
적으로 아라가야양식은 후기가 전기에 비해 분포권역이 축소됨에도 불구하고 양식적으로
더욱 정형성을 유지할 뿐 아니라 후기가야의 유력한 세력으로 유지되는 연유가 무엇인가 하
는 점에 주목하였다. 그리고 대가야양식은 토기 양식의 확산과 영역화의 관계에서 토기 양

식의 분포를 단순히 영역화할 수 있는가 하는 점에 대한 비판적 성격으로서 토기 양식의 확산유형에 따라 영역화 과정이 다르다는 점을 검토하였다. 또 소가야양식은 토기 양식의 성립 배경과 분포권 변동에 따른 대외교섭의 변화를 검토함으로써 소가야 집단의 형성구조를 파악하고자 시도되었으며, 그 과정에 권역내 고총군의 분포를 통해 지역집단의 추이를 함께 논의하였다.

제5부에서는 가야토기의 분석 결과에 기반하여 고고학적 해석을 다루었다. '가야토기 양식과 정치체'는 토기 양식과 정치체의 관계가 유의미한 것임을 검토하고 이를 바탕으로 토기 양식의 분석 결과를 통해 가야 정치체의 형성구조와 발전에 대해 고고학적 관점에서 해석하고 있다. 이외에도 '가야토기 양식의 확산과 계층성', '대가야토기의 생산과 유통', '4~5세기 가야토기의 변동과 초기스에키의 생산'에 대해 소주제 별로 다루고 있다.

제6부에서는 앞서 다룬 가야토기의 양식을 둘러싼 연구를 종합하여 정리한 것으로서, 가야토기 양식의 성립과 변동, 시기별 및 권역별 토기문화, 가야토기의 생산과 유통 등 가야토기의 고고학적 연구에 관한 핵심적인 내용을 재구성하였다.

이 책에서 제기된 새로운 논점은 가야토기의 양식변동에서 전 · 후기의 시기구분에서 벗어나 '전환기 변동'의 시기가 있음을 제기한 데에 있으며, 한편으로는 가야토기의 고고학적 해석을 통해 토기 양식의 연구 범위를 편년과 공간성에 한정된 것이 아니라 토기생산과 유통에 관해서도 함께 검토함으로써 토기 양식의 각 요소를 망라한 점에서 의미를 찾아볼 수 있다.

가야사의 규명과 복원을 위해 앞으로도 계속 이어져야 할 가야토기의 연구 분야는 다양하다. 그중에서 신라토기와 어떠한 관계를 맺으면서 발전하고 또 소멸하는지 살펴보아야 하겠으며, 가야토기의 발생 배경과 전 · 후기 가야토기의 전환에 있어서 주된 요인을 어디에서 찾을 것인가 하는 점도 관심을 두어야 할 부분이다. 아울러 지금껏 가야토기의 연구는 대부분 고분 부장토기를 통해 수행하였기에 일정한 한계가 있음이 사실이다. 앞으로 가야토기의 생산과 관련한 토기 가마의 조사를 확대하고, 그에 더하여 생활유적에서 출토된 일상생활용

토기의 연구를 확대하여 그 한계를 극복하여야 한다.

이 책이 가야토기의 고고학적 연구에 관한 전문적인 내용을 다루고 있어 일반 독자에게는 다소 한계가 있을 수도 있으나 가야토기가 지닌 양식 요소를 통해 가야사를 복원하는 기초 자료로서 적정한 기능을 할 것으로 기대된다. 가야사와 가야토기를 탐구하려는 독자에게 도움이 되기를 기대하면서 그간의 연구에서 미진했던 점에 대해서는 앞으로 보완을 다짐한다.

이 책을 가야문물연구원의 학술연구총서로 발간할 수 있게 해준 곽동철 원장의 배려에 감사드리며, 아울러 출판비를 지원해 준 가야문물연구원과 청림문화유산연구소에도 인사를 드린다. 그리고 학술연구도서의 한계가 있음에도 선뜻 출판을 맡아준 서경문화사 김선경 대표께도 감사드린다.

끝으로 이 책이 나오기까지 늘 성원해주고 도움 준 가족과 동학, 지인들, 그리고 가야토기 발굴에 참여한 현장의 고고학 연구자 여러분께 감사드린다. 모두 함께 도서 발간의 소중한 기쁨을 나누고자 한다.

2022년 12월
함안 천제산 자락에서
박승규

목차

제1부

연구사와
개념

제1장 연구사와 연구성과

가야사 연구는 가야에 관한 문헌 자료의 부족으로 인해 고고학적인 연구 방법에 크게 의존하고 있다. 특히 고고학적인 연구에 의한 가야사의 체계적인 구축과 발전 양상을 파악하는 데는 가야토기의 연구가 기반이 되고 있음은 널리 알려진 사실이다.

토기는 고고학의 양식 연구와 편년 연구에 있어서 보편적으로 이용되고 있는 자료로서, 토기에 담긴 다양한 속성에 의해 공간성과 시간성 및 계통성을 잘 찾아볼 수 있다.

가야토기의 연구 성과에 대한 서술 범위는 변한과 전기 및 후기가야를 망라하는 시간적 범위와 영·호남에 걸친 공간적 범위를 대상으로 한다. 연구자에 따라 가야토기의 개념과 시간적 범위가 다르지만 여기서 다루는 가야토기는 변한 시기의 와질토기에 대해서도 전기론적 입장에서 간략히 언급코자 한다.

초기 가야토기의 연구는 신라토기에 부수적으로 다루어져 왔으나 현재는 상호 연계하여 복합 연구가 이루어지고 있는 실정이다. 또한 토기 연구가 가야 고분의 편년 체계 수립을 위한 자료적 가치를 넘어 가야 사회의 생산과 유통 및 생활문화 복원을 위해서도 유효한 자료로서 활용되고 있다.

가야사 연구는 일제강점기에 일본인 연구자에 의해 조사와 연구가 시도되었기에 가야토기의 초기 연구도 일정한 한계가 있었다. 1980년대 이후 가야토기의 본격적인 연구가 두드러져 편년과 양식에 관한 연구 범위를 넘어 와질토기론, 와질토기와 도질토기의 기원론, 4세기대 전기가야토기의 공통양식론과 지역색론, 후기가야토기의 지역양식 연구, 토기 생산체계와 분배 연구 등 다양한 분야로 연구가 확대되어 왔다.

가야토기의 연구사는 시기별 및 권역별 연구로 나누어 살피고, 시기별 연구는 1980년 이전, 1980~2000년, 2000년 이후로 구분한다. 권역별 연구는 금관가야, 대가야, 아라가야, 소가야를 중심으로 하되 새로 비화가야를 포함한다.

가야토기의 연구 경향과 성과로는 편년과 양식 연구, 와질토기론과 도질토기 기원 연구 및 생산체계와 대왜 교류에 대해서도 살피고자 한다.

마지막으로 가야토기 연구의 현재 인식에 대해서는 최근까지 이루어진 가야토기에 대한 개요를 객관적인 관점에서 서술하고, 그에 더해 미래 연구 방향에 관해 몇가지 덧붙이고자 한다.

Ⅰ. 시기별 토기 연구

1. 1980년 이전

1980년 이전의 연구는 연구 성과에 대한 실질적 자료가 부족하여 기왕의 연구사 검토(김성남·김경택 2013)를 토대로 정리하였으며, 이 시기의 연구에는 아직 가야토기의 실체가 뚜렷하지 않은 상황에서 김해패총의 발굴 유물에 대한 논의 과정에 제기된 토기의 분류로부터 시작된다.

1920년 일제강점기에 발굴조사 된 김해패총 출토 유물에 대한 일본인 연구자의 논의를 살펴보면, 浜田耕作·梅原末治(1923)는 발굴된 토기자료를 도질유청색토기, 적색소소(素燒)토기, 흑갈색소소토기로 구분하고 앞의 둘은 일본의 스에키(須惠器) 및 하지키(土師器)와 비슷하고 뒤의 것은 타날문이 없는 대신 목리문이 있는 것으로 파악하였다. 그리고 藤田亮策(1938)는 출토 토기들을 원시신라소라 칭하고 계보를 전국시대의 회색 승석문타날단경호와 유사하다고 보았다.

이후 水野淸一(1953)는 원시신라토기에 대하여 김해식회도라 명명하고 격자와 승석의 타날문 전통의 회도로서 김해문화기의 원시신라소와 같고 야요이시대의 소소토기 및 서북한의 漢式 회도와 시기가 비슷하고 하지키토기가 발전하는 데 영향을 주었다고 하였다. 또 榧本杜人(1954)와 有光敎一(1954)는 김해패총에는 원시신라토기 외에도 선사의 무문토기와 도질의 신라토기가 섞여 있거나 층서 관계를 이룬다고 보아 김해패총 유물군이 한 시기의 것이 아니라고 평가하였다.

이러한 일본인 연구자의 논의를 바탕으로 김원용(1960)은 김해패총의 출토 유물에 대해 김해문화 또는 김해식토기라는 명칭을 처음 사용하고, 김해패총의 토기는 회청색의 승석문, 격자문, 의사승문토기와 적갈색 승문토기를 포괄하는 김해식 타날문토기, 적갈색의 김해식 찰문토기, 김해식 무문토기, 흑도, 회청색 신라토기로 재분류하였다(김원용 1973). 그 후 이들 김해식토기를 포괄적 범주의 원삼국토기 개념으로 규정하고 원삼국토기의 계보를 낙랑에서 구하였던 기존의 견해를 수정하여 전국시대의 회도기술이 기원전 4~3세기경 서북한에 들어온 후 낙랑군의 설치와 함께 남한지역으로 확산하여 성립하였다고 하였다(김원용 1979).

1980년 이전의 가야토기 연구는 발굴자료에 대한 분류 단계를 벗어나지 못하였으나 일본인 연구자들이 제시한 김해패총 출토유물에 대한 논의의 재검토를 통해 '김해기' 또는 '김해식토기'라는 새로운 토기문화를 정립하게 되었다. 이러한 김해식토기의 분류를 통한 초기철기시대와 김해기(원삼국시대)의 정립은 일제강점기의 금석병용기 사관을 대체하는 점에서 의미가 있다.

1980년대 초까지 가야사의 연구가 신라 또는 백제의 연구 과정에서 논의된 것처럼 가야토기의 연구도 신라토기 연구에 부수적으로 다루어졌다. 가야토기에 대한 선구적인 연구는 김원용과 이은창의 토기 형식에 따른 양식 분포권의 설정과 신라·가야토기의 비교 연구의 단계에서 시작된다.

김원용(1960)은 영남지역의 삼국시대 토기를 고배와 장경호의 형식 차이와 낙동강이라는 자연지리적 경계를 주된 기준으로 하여 신라·가야의 2대 양식으로 설정하였고, 다시 토기의 특징에 따라 신라지역은 경주군, 양산군, 창녕군, 달성군, 성주군으로, 가야지역은 김해군, 함안군, 고령군, 진주군으로 나누었다. 그리고 이은창(1970)은 삼국시대 성주, 창녕, 현풍, 대구, 경산 등 낙동강 연안의 토기가 독자성을 가지며 낙동강 동·서안에 가야의 국권이 6세기 전반까지 존속하였던 것으로 보고, 상하교호투창고배를 가야토기 낙동강이동군, 상하일렬토창고배를 표지로 하는 고령, 합천, 함안, 진주, 웅천, 고성 등 낙동강 서안지역의 토기를 서안형 또는 가야토기 낙동강이서군, 경주지역의 토기를 신라토기로 3분하였다.

1980년까지의 가야토기 연구는 변한 시기의 김해식토기의 설정과 함께 신라·가야토기의 큰 범주 안에서 형식적 특성과 분포양상을 검토하여 그에 따른 지역권 구분을 제시하는 연구 단계로서 가야토기의 선구적인 연구 시기이다.

2. 1980~2000년

1980년대에 들어서 제기된 '와질토기론'은 가야토기의 연구에 있어서 질적으로나 방향성에서 커다란 변화를 보여주게 된다. 1980년 이전까지 김해기 또는 원삼국시대의 고고학적 실체에 관한 통설은 '김해식토기론'이었다. 김해식토기는 전국시대 회도 제작기술이 도입되어 제작된 적갈색(연질/경질)토기와 회청색토기 등 색조와 경도가 다양한 무리의 토기를 말한다. 또 녹로 성형과 타날에 의한 기면 조정, 등요와 같은 실요 소성을 특징으로 하며 김해패총 유물들을 대표로 하는 1~3세기의 토기를 가리킨다.

이러한 원삼국시대의 김해식토기에 대해 신경철·최종규는 '와질토기론'을 주창하고 김해기와 김해식토기의 문제점을 보완하는 새로운 시기구분과 개념 설정을 제시하게 된다(신경철 1982, 최종규 1982). 와질토기론은 김해기의 상한연대가 어떠한 근거 없이 기원전 3~4세기까지 올려보려는 점과 김해식토기의 개념에 대한 의문에서 비롯 되었다. 직접적인 문제 자료는 김해식토기의 회청색경질토기로서 이들 토기가 포괄 하는 기종, 정면기법, 시문방법에서 뚜렷한 차이를 보이는 일군의 와질토기가 존재하 고 있다는 사실에서 출발하였다(신경철 1980). 김해기의 회청색경질토기에는 와질토기 와 도질토기로 분명히 구분된다는 사실을 제기한 것으로서, 이른바 김해기의 대표가 되는 폐쇄요 소성의 토기는 종래의 통념과는 달리 회청색경질토기(도질토기)가 아닌 와질토기라는 것이다. 따라서 기왕의 김해패총 출토자료로 규정되었던 김해기는 시 기적으로나 문화상으로 성립될 수 없으므로 그 명칭이 철폐되어야 한다는 주장이다.

이후 1~3세기의 토기문화는 와질토기라는 독특한 토기문화에 의해 유지되고 이들 와질토기의 형식적 특성만이 아니라 시대적 차원의 와질토기 개념으로 정립되었다. 그에 대한 반론(김원용 1983)과 회의론이 제기되었으나 와질토기의 형식 변화와 공반 관계 검토를 통한 편년 구축이 추가로 이루어져(전옥년 1988, 안재호 1994) 와질토기론이 안정적으로 자리잡게 되었다.

1980년대 후반부터 와질토기로부터 도질토기가 발전하는 과정을 반영한 시기구 분이 구체적으로 제시되고, 경주 조양동유적과 김해 예안리고분군 발굴 이후 토기의 형식 변화와 유구의 중복 관계를 분석하여 도질토기와 고분의 편년 단계를 구축하게 되었다. 최종규(1982)는 도질토기의 개념을 와질토기보다 고화도로 소성된 토기로 흡 수율이 전무하거나 약간 있는 정도로서 자연유가 부착된 회색, 회청색, 암자색의 색 조를 띠는 토기로 설정하였다. 도질토기의 출현은 고분시대의 시작과 동시에 이루어 진 것으로 보았으며, 고식도질토기와 신라·가야의 신식도질토기로 구분하였다. 신 경철(1986)은 도질토기의 발생과 상한 연대를 비롯한 편년 연구를 김해 예안리고분군 의 발굴 결과와 부장토기의 변화에 주목하여 도질토기의 전개 과정을 단계별로 검토 하였으며, 도질토기의 상한연대를 3세기 후엽으로 설정하고 발생 계보를 외래 기원 으로 보았다.

이러한 금관가야권 토기의 편년 연구에 이어 대가야권 토기의 편년 연구가 우지남 (1986)에 의해 순서배열법에 따른 형식분류를 토대로 이루어졌고, 아라가야토기에 대 한 편년 연구도 뒤이어 이루어졌다(김정완 1994).

가야토기의 편년 연구와 더불어 양식론에 관한 논의가 1980년대 후반부터 본격적 으로 시도되었으며, 각 연구자들의 적극적인 의견 주장으로 활발한 연구 분위기가 지

<도면 1> 와질토기 편년표(최종규 1983)

	장경호	단경호	소형옹	노형토기	
I	7	對馬 小性島3號 2	8		AD 1 ·경주 조양동 38호 ·日本 對馬 小性島3호 ·부산 구서동 AD 50
II	21	17	20		·대구 팔달동 ·김해 지내동 ·경남 밀양 AD 100
III	22	24	25 26		·경남 밀양 ·고성 송천 ·對馬白岳 AD 150
IV	28	29		〈 ↑ 〉	·울주 하대 ·성산 동구 중층 AD 200
V	30		32		·경주 조양동 3호 ·성산 동구 중층 ·울주 하대 AD 250
VI	계명대 소장			41	·조양동 신고품 ·울주 하대 ·계명대 所藏 AD 300
陶質土器		예안 74호		예안 74호	AD 313 ·경주 구정동 ·김해 예안 ·김해패총

속되었다. 이러한 양상 중 대표적인 것은 4세기대 토기 양식론으로서 공통양식론과 지역색론이 각기 주장에 동조하는 연구자로 나뉘어 견해차가 뚜렷이 유지되었다. 4세기대 고식도질토기의 양식론에서 최종규(1983)는 삼국시대 토기의 변화로서 4세기대에는 지역차가 나타나지 않는 공통양식기가 존재하고 5세기 전반에는 낙동강을 경계로 이서지역에서는 고식도질토기 단계의 제작 방식 및 기형을 바탕으로 서안양식, 이동지역에서는 고식도질토기 단계의 제작 방식에서 변화된 동안양식이 각각 출현하는 것으로 보았다. 반면 안재호 · 송계현(1986)은 4세기대의 영남지역 토기에 대하여 부산 · 김해지역, 서부경남지역, 경주를 중심으로 하는 세 지역으로 구분하고, 경남지역의 토기가 두 지역군으로 나누어지는 것은 각각 금관가야, 아라가야와 대응하는 것으로 파악하였다. 그리로 5세기 전반 낙동강 동 · 서안양식이 확립되어 신라 · 가야토기가 성립한 것으로 보았다.

4세기 고식도질토기에 대한 양식론의 첨예한 연구가 지속되는 가운데서 점차 5세기 이후의 가야 각지 토기의 지역양식을 연구하는 단계로 발전하게 되었다. 금관가야권과 대가야권 및 아라가야권의 토기 연구가 각지 주요 고분군의 발굴조사에 힘입어 본격적으로 이루어지게 되었으며, 가야고고학 연구의 새로운 시도로서 서부경남의 가야토기에 대한 집중적인 연구가 이루어졌고(조영제 1985 · 1986, 박승규 1992), 또 비화가야의 고지인 창녕지역에 대한 연구도 시도되었다(박천수 1990). 이후 박승규(1998)는 후기가야토기의 지역양식은 5세기 중엽경에 대가야의 고령양식, 아라가야의 함안양식, 소가야의 진주 · 고성양식으로 나뉘는 3대 지역양식이 출현하는 것으로 검토하였다.

3. 2000년 이후

2000년 이후의 가야토기 연구에서 주목되는 것은 이성주(2003)의 가야토기의 생산분배체계에 대한 연구라고 할 수 있다. 그는 가야토기 양식의 분포를 정치사적 문제해결에 직접 결부시키는 점에 대해 비판하면서 토기 생산기술체계의 전업화 문제와 어떠한 분배체계에서 양식 분포가 결정되었는지를 검토하여야 함을 피력하였다. 또한 토기연구 해석에 있어서 토기생산체계와 분배는 경제행위라는 전제의 생산기술론적 해석이 필요함을 주장하였다.

이러한 생산체계와 분배에 대한 연구의 배경으로서 토기 생산시설인 가마와 폐기장의 발굴조사가 시도됨으로써 실질적인 토기생산기술에 대한 연구가 이루어지게 되었다. 함안 우거리가마와 창녕 여초리가마, 대구 신당동가마유적에 대한 발굴과 국립김해박물관의 우거리가마 폐기장 토기자료의 분석 결과는 가야토기의 생산과 분배를 이해하는 데 많은 시사점을 제기하였다. 가야토기 가마의 연구는 토기의 생산시설의 구조적 분석과 토기 제작기술, 소성 방법과 토기 재임법 및 보수흔 등 다양한 연구가 병행되었다(홍진근 2003, 김재철 2004·2011, 조성원·홍진근 2010, 이정근 2012).

가야토기의 지역양식에 대한 연구도 지속적으로 이루어져 전기가야토기의 양식론과 후기가야토기의 각지 지역양식에 관한 논의가 지속되는 가운데서 대가야권에서는 대가야양식의 확산과 그에 따른 호남동부지역으로 대가야 권역의 확대를 연계하기도 했으며, 소가야권에서는 소가야토기 양식의 소지역권 설정(김지연 2013) 등 세부적인 연구가 이루어졌다.

가야토기와 고분을 중점으로 연구하여 편년과 지역양식 및 교류 등에 관한 종합연구가 이루어졌는데, 우선 박광춘(2006)은 가야토기의 편년과 지역색, 가야토기 양식과 연맹설을 다루었으며, 박천수(2010)는 가야토기의 개념과 편년 및 신라·가야고분의 역연대를 토대로 가야토기의 지역간 병행관계를 정리하고 지역양식의 분포에 따른 가야의 정치적 동향과 가야와 왜의 교류 등 가야토기를 통해 가야의 역사와 문화를 집중적으로 조명하였다. 또 박승규(2010)는 가야토기의 편년과 시기구분 및 가야토기의 전환기 변동을 통한 발전과정을 다루고, 후기가야토기의 지역양식으로서 대가야토기의 고령양식, 아라가야토기의 함안양식, 소가야토기의 진주·고성양식에 대한 구체적인 검토가 이루어졌다. 그리고 전·후기가야토기 양식의 형성 구조와 분포 양상 및 정치체와의 관계 등 가야토기의 양식에 대해 종합적으로 검토하였다.

II. 권역별 토기 연구

1. 금관가야토기

금관가야토기에 대한 지역 연구는 부산대학교박물관의 동래 복천동고분군과 김

<그림 1> 전기 금관가야토기(대성동고분박
물관 2003)

해 예안리고분군, 동의대학교박물관의 김해 양
동리고분군, 경성대학교박물관의 김해 대성동
고분군의 발굴자료 분석을 통해 주로 이루어
졌다. 금관가야토기의 분석은 가야토기의 전체
적인 편년 체계의 수립과 금관가야 고분문화
의 변천 양상을 체계화하는 데 큰 기여를 하였
다(신경철 1995·2000, 홍보식 2000). 특히 신경철
(1985)은 예안리고분군 발굴조사 보고서를 통
해 외절구연고배로 대표되는 낙동강 하류역 토
기문화권을 피력함으로써 지역성 연구의 시초
가 되었으며, 안재호(1993)는 이를 발전시켜 김
해·부산권의 지역색으로 확립함으로써 금관
가야토기의 지역양식을 표방하는 외절구연고
배와 파수부노형기대는 김해·부산권의 전기

가야토기를 구축하는 대표 자료가 되었다.

그 후 대성동 29호분의 발굴조사를 통해 가야 도질토기의 발생 시기를 3세기 후엽
으로 소급하게 되었고(신경철 1995), 발굴 자료의 종합적인 분석을 통해 금관가야토기
의 체계적인 편년을 확립하였다(신경철 2000).

홍보식(2000·2006)은 외절구연고배의 분포권을 금관가야의 최대권역에 해당하는
것으로 간주하고, 5세기에 일어나는 토기문화의 급격한 변화가 복천동고분군이 금관
가야권에서 이탈하고 새로이 경주세력권으로 들어가는 정치 환경의 변화를 나타내는
것으로 보았다. 이후 조성원(2010)은 5세기대 낙동강하류역의 토기문화에 대한 기왕
의 연구가 복천동고분군과 대성동고분군 등 특정고분군만을 대상으로 이루어졌기에
전체적인 양상을 파악하는 데 한계가 있음을 지적하고, 낙동강하류역의 토기문화가
단순히 가야에서 신라로 전환된 것이 아니라 소지역 집단의 독자적인 토기문화가 발
생하는 가운데서 신라토기문화의 확산을 보여주는 것으로 파악하고 있다.

김두철(2010·2014)은 복천동고분군 10·11호분 출토 이단엇갈린투창고배를 신라
토기로 파악하는 인식에 대해 문제를 제기하고 이를 '부산식'고배로 부르면서 이들
이단엇갈린투창고배가 외절구연고배의 대각부 전통을 유지하는 것으로 보아 재지 생
산품으로 파악하였다. 즉 이단엇갈린투창고배를 신라토기로 등식화하는 것은 5세기

3/4분기 이후에 가능하며 초현기 이단엇갈린투창고배에 대해 신라양식 토기로 부르는 것은 적절치 않은 표현이라고 보았다.

한편 신경철(1997)은 대성동고분군의 축조 중단과 금관가야의 동요에 따른 도질토기 공인의 일본열도 이주를 상정함으로써 금관가야토기가 일본 스에키의 등장의 원류일 가능성을 제시하였다.

2. 아라가야토기

아라가야토기는 도질토기의 발생으로부터 가야토기의 소멸에 이르는 전 시기에 걸쳐 존속하고 있는 가야토기 중 가장 전통적인 토기 양식이다. 아라가야토기의 인식은 1984년 竹谷俊夫(1984)가 화염형투창토기를 통해 초기 스에키(須惠器)의 계보를 추적하면서 그 원류를 함안지역으로 파악함

<그림 2> 전기 아라가야토기(부산광역시립복천분관 · 국립김해박물관 2000)

으로써 시작되었으며, 이후 안재호 · 송계현의 고식도질토기의 지역색을 다룬 논고(안재호 · 송계현 1986)에서 4세기대 함안권역의 고식도질토기를 김해 · 부산권에 대비되는 하나의 지역색으로 처음 인식하였다.

함안권역 토기에 대한 본격적인 분석은 김정완(1994)에 의해 이루어졌는데, 그는 함안권역의 도질토기를 여러 단계로 나누어 분석하면서 전반부는 공통양식의 고식도질토기에 속하고 후반부는 함안식토기가 구체화되는 것으로 인식하였다. 이러한 인식은 우지남(2000)도 따르고 있는데, 함안지역에서 5세기 2/4분기부터 6세기 중엽까지 일정한 토기조합상을 이루면서 나름대로 형식 변화를 나타내는 일군의 토기를 아라가야토기로 부를 수 있다고 하였으며, 5세기 2/4분기 이전의 함안권역 토기는 영남의 각 지역에서 두루 출토되고 있어 독자적인 지역색을 인정하지 않았다. 반면 이주헌(1998)과 이성주(1998)는 통형고배와 노형기대 등을 아라가야양식 토기로 설정하였으며, 특히 이주헌은 신라권역 내 출토 아라가야양식 토기는 부산지역을 거쳐 파급된

것으로 파악하였다.

4세기 함안권역의 토기에 대해 하나의 지역양식으로 인정하는 경우와 공통양식적 양상으로 이해하는 경우도 있으나, 이정근(2006)이 제기한 바와 같이 양식을 논하기에 앞서 어디서 어떻게 만들어졌는가를 밝혀야 하므로 생산유적의 조사가 연구가 반드시 필요하다. 함안지역에서는 묘사리, 우거리에서 4세기 토기가마의 발굴이 이루어졌으며, 출토유물의 분석을 통해 4세기 전기가야토기의 생산과 유통의 중심이 함안지역에 있음을 알 수 있고, 김해·부산권의 금관가야토기에 대응되는 아라가야양식의 존재를 설정할 수 있다.

함안권역의 5세기 이후에 해당되는 토기에 대해서는 후기가야토기의 지역상을 논하면서 함안권역의 아라가야토기는 화염형투창고배, 이단장방형투창고배, 발형기대, 파수부배 등의 기종이 정형을 보여줌으로써 후기가야토기의 특정 지역양식임을 밝힌 이래로(김정완 1994, 박승규 1998) 화염형투창토기가 아라가야양식을 대표하는 토기임을 인식하고 편년과 기능 및 중심지에 관한 연구를 실행하는(김형곤 2002, 조수현 2006) 등 모든 연구자가 아라가야양식=아라가야토기로 인식하고 있음이 파악된다.

최근 함안지역 4세기대 전기가야토기의 생산 시설인 토기가마의 발굴과 폐기장 출토자료의 분석이 이루어지면서 함안지역이 가야 도질토기의 최대 생산지로서 낙동강 유역을 따라 범영

<그림 3> 후기 아라가야토기①(부산광역시립복천분관 · 국립김해박물관 2000)

<그림 4> 후기 아라가야토기②(국립김해박물관 1999)

남권에 교류하여 범영남양식(박승규 2000)으로 변동하는 것으로 연구되었으며, 또 일본열도 스에키의 원류로서 함안권을 비롯한 서부경남 일대의 토기자료도 김해·부산권과 더불어 새로운 원류지가 됨을 밝히고 있다(박승규 2019).

3. 대가야토기

대가야토기는 경북대학교박물관과 계명대학교박물관의 고령 지산동고분군 44, 45호분 및 32~35호분의 발굴조사를 통해 본격적인 편년 연구의 기반이 마련되었다. 이후 우지남(1986)에 의해 대가야고분의 편년을 검토하는 과정에 대가야토기의 편년체계가 수립되었고, 후속하여 여러 연구자에 의해 세밀한 편년작업이 진행되었다(이희준 1994, 박천수 1998, 김두철 2001). 그리고 합천 옥전고분군, 반계제고분군, 함양 백천리고분군, 산청 생초고분군, 남원 월산리고분군 등 대가야권의 여러 고분들이 발굴됨으로써 대가야토기의 확산에 따른 분포권의 변천을 이희준(1985), 박승규(2003), 박천수(2004)에 의해 다루어졌다.

대가야토기의 편년과 확산에 따른 연구가 지속되면서 대가야토기의 분포권을 대

<그림 5> 후기 대가야토기(대가야박물관 2004)

가야의 영역으로 인식하게 되었고, 특히 박천수(1996)는 대가야의 고분과 토기문화를 통해 대가야의 발전단계를 고대국가 수준으로 인식하였다.

많은 연구를 통해 대가야토기의 다양한 기종과 형식 변화의 양상이 확인되었지만 이들 대가야토기의 생산 시설인 토기가마의 조사와 연구는 부진하였다. 2015년 고령 송림리 토기가마가 발굴되어 실질적인 대가야토기의 생산에 대한 실체를 확인하게 되었고, 대가야토기의 확산지에 해당하는 창원 중동유적 토기가마의 발굴 자료 분석을 통해 대가야토기 제작기술의 공유와 확산에 관한 논의도 이루어지게 되었다(박승규 2015).

4. 소가야토기

소가야토기에 대한 연구는 고고학적인 조사의 부진으로 인해 김해와 고령 등 다른 가야권에 비해 뒤떨어진 감이 없지 않았지만, 진주와 고성지역으로 대표되는 서남부 가야권에 고령의 대가야와 함안의 아라가야에 대비되는 새로운 토기문화권이 존재하고 있음을 밝혀낸 것은 주목되는 연구 성과이다.

소가야토기에 대한 첫 연구는 定森秀夫(1983)에 의해 이루어졌는데, 사천, 고성지역에서 출토되는 고배·광구호·컵형토기·개의 형식과 공반 관계를 주목하여 이를 '泗川·固城式'이라는 토기 형식으로 규정하고 중심 연대를 5세기 후반으로 설정하였다.

조영제(1985·1990·2001)는 서부경남 후기가야토기의 일양상으로서 수평구연호와 삼각투창고배 및 수평구연발형기대에 대한 구체적인 검토가 이루어져 서부경남의 독특한 토기문화를 밝히는 데 선두적인 역할을 하였다.

박승규(1990·1993·1998)는 대가야 및 아라가야 고배와 뚜렷이 구별되는 독특한 형태의 일단장방형투창고배가 존재함을 확인하고, 이를 토대로 가야 서남부지역에서 출토된 도질토기를 검토하여 '진주·고성식'이라는 새로운 토기문화권을 설정하였다. '진주·고성식'의 기종 구성은 일단장방형투창고배·삼각투창고배·수평구연호·발형기대와 통형기대·광구장경호·컵형토기 등이며, 분포권은 진주와 고성을 중심으로 사천, 산청, 하동, 고성, 의령, 합천의 일부 지역을 포함한 지역이고, 시기는 5세기 후엽부터 6세기 중엽에 해당하는 것으로 파악하였다.

<그림 6> 후기 소가야토기(함안박물관 2005)

윤정희(1997)는 문헌에 나타나는 '소가야'라는 명칭을 중시하여 가야 서남부지역에 나타나는 토기를 '소가야토기'로 부를 것을 주장하였고, 하승철(2001·2015)은 소가야 지역의 도질토기를 기종별로 세밀하게 형식분류하여 9단계로 편년하고 시기별로 분포하는 토기 양상을 통해 고성지역, 진주지역, 산청지역으로 권역을 설정하고 산청 중촌리고분군을 지역의 중심집단으로 보았다. 특히 소가야지역 토기문화권을 '고성식'으로 보는 점에 대해 문제가 있어 '가야서남부토기'로 명명하였으나 모호한 개념으로 혼란을 초래한다고 보아 '소가야식 토기'로 통칭하였다.

김규운(2009)은 소가야양식 토기를 기종별로 형식 분류하고 그 변화를 7단계로 구분하였으며, 소가야식 토기의 분포권에 대한 견해는 기존의 연구자들과 대동소이하나 광양, 여수, 순천 지역을 분포권에 포함시킨 점에서 차이가 있다. 또 여창현(2013)은 토기와 묘제를 함께 분석하여 소가야연맹체의 성립과 변천과정을 파악하였다.

김지연(2013)은 소가야를 아라가야, 대가야에 대비되는 독자적인 문화권을 지칭하는 포괄적인 개념으로 이해하였고, 고성 등 특정 지역만을 언급하는 명칭이 될 수 없음을 피력하였다. 또한 소가야양식 내 소지역양식에 주목하여 무촌식·명동식·내산리식 등 8개의 소지역권을 상정한 것은 주목된다. 편년은 소가야식 토기와 공반되는 스에키 및 대가야, 아라가야, 신라토기와 교차편년을 통해 5세기 2/4분기부터 6세기 2/4분기까지 5단계로 연대를 부여하였다. 특히 6세기 1/4분기에 고성지역에서 대형 고총분이 등장하고 분구묘가 도입되는 현상을 중요한 변화로 인식하였다.

5. 비화가야토기

비화가야토기는 비화가야의 고지인 창녕권의 계성고분군, 영산고분군, 교동과 송현동고분군 토기 자료를 주로 다루었으며, 창녕지역의 역사적 배경을 신라와 가야의 어디에 두는가에 대한 논의 배경도 작용하고 있다.

최종규(1983)는 5세기 이후에도 가야가 낙동강동안에 존재한다는 것에 대해 의문을 제기하고 창녕 교동116호, 89호분 토기와 경주지역 토기의 유사성을 지적하면서 창녕지역 토기를 신라양식 내로 포함시켰다. 또한 5세기 초두에 경주지역에서 창녕지역으로 무구, 마구, 금속공예품이 이입되었으므로 5세기 중엽의 창녕토기를 신라양식의 토기로 파악하였다.

신경철(1989)은 5세기 이후의 가야를 친신라계가야와 비신라계가야로 양분하고 창녕을 비롯한 부산, 김해, 대구, 성주 지역의 집단은 친신라계가야에 속하는 것으로 보았다. 이 가운데에서 창녕의 5세기 후반대의 토기는 양식상으로는 신라토기의 범주에 들어가는 것이 분명하지만 형식적으로는 같은 시기 경주지역 토기와 뚜렷한 차이가 있다고 하였다. 즉 5세기 후반대의 부산, 김해지역의 토기는 경주지역 토기와 뚜렷이 구별되는 형식이 인정되지 않는데 비해 창녕지역의 토기는 신라양식의 토기 내에서도 창녕식토기로 설정될 수 있을 만큼 같은 시기 경주지역 토기와는 명백한 형식차가 인정된다고 하였다.

박천수(1990)는 4~6세기의 창녕지역 토기를 7단계로 편년하고, 양식과 분포 분석을 통하여 창녕지역 집단의 성격과 그 변화를 밝히려고 시도하였는데, 토기 양식을 근거로 창녕지역이 4세기에서 5세기 전엽까지는 가야에 속했던 것으로 파악하였다. 그리고 5세기 중엽대~6세기 전엽대의 이 지역 토기양식을 신라, 가야양식을 절충한 복합양식으로 설정하고, 이 시기 창녕지역집단의 성격은 토기의 양식이 복합적이고 또한 교류가 신라·가야의 양대세력에 걸쳐서 이루어진 것으로 파악하였다. 그 후 계남리1, 4호분이 축조된 5세기 중엽 이전 시기에 창녕양식 토기가 성립된 것으로 보고 그 가운데 상하일렬투창고배를 비롯한 이러한 토기군을 창녕양식으로 설정하였다 (박천수 2001). 그리고 이 지역이 신라에 복속된 시기는 창녕지역에서 독자적인 토기양식이 소멸되고 각지에 이입되던 이 지역 토기가 반출되지 않은 시점 즉 5세기 후엽으로 보았다.

정징원 · 홍보식(1995)은 5세기 제2/4분기 창녕형 토기양식의 성립을 비화가야의 형성을 나타내는 것으로 보았다. 또 신라형 위세품을 동반한 대형 봉토분이 출현하고 창녕지역산 토기가 확산되는 5세기 제3/4분기를 비화가야가 가장 발전하는 시기이면서도, 신라의 영향력이 미치는 시기로 파악하였다. 그리고 5세기 제4/4분기가 되면, 중심고분군이 계남리에서 교동으로 이동하는 가운데 신라토기의 영향이 나타나고, 6세기 제1/4분기 창녕양식 토기가 소멸되고 신라토기화가 되는 것을 비화가야의 해체로 보았다.

하승철(2014)은 동리고분군 출토 이단일렬투창고배는 낙동강하류역과의 교류를 통하여 출현한 것으로 창녕지역 양식으로 볼 수 없다고 주장하며, 이 시기 창녕양식 토기의 존재를 부정하였다. 또한 창녕양식을 신라양식의 소지역양식으로 보고 신라의 착장형위세품의 존재를 중시하여 이 지역이 5세기 제2/4분기에 신라에 복속된 것으로 보았다.

III. 연구성과

1. 편년과 양식 연구

1) 편년 연구

토기는 형식과 기술적 속성 등에 의해 형식분류가 이루어지고 이러한 분석 결과를 바탕으로 편년 체계를 수립하는 데 가장 많이 활용되는 고고자료이다. 가야고분의 편년은 다양한 고고자료를 통한 복합적인 분석을 통해 이루어지지만 그 중에서도 토기의 편년 연구가 중심을 이루고 있다.

변한시기 와질토기의 편년은 주머니호와 조합우각형파수부호의 형식 변화와 신기종의 출현에 따른 단계 설정과 시기 구분이 이루어졌으며, 이로써 와질토기는 2세기 중엽을 획기로 하여 전기와질토기와 후기와질토기로 크게 나누었다.

가야 도질토기의 편년 연구는 1980년 이전의 포괄적인 시기구분에 의해 '김해식토기'와 '신라 · 가야토기'로 구분하는 대 구분이 이루어진 데서 비롯되었다. 그 후 가야토기의 체계적인 편년은 금관가야권에서 출발하였는데 1985년에 발간된 부산대학교박물관의 김해 예안리고분군 발굴조사 보고서에서 유구의 중복과 형식 변화를 종합하여 시도되었다. 그 후 속성분석에 의한 순서배열법을 적용한 형식분류를 바탕으로 대가야토기의 편년 연구도 이루어지게 되었다(우지남 1986).

가야 도질토기의 출현시기를 3세기 후엽으로 하며, 4세기의 고식도질토기와 5세기의 신식도질토기로 구분하는 편년체계가 제시된 이래로 고식도질토기로 불리는 전기가야토기와 신식도질토기로 불리는 5~6세기의 후기가야토기로 시기구분이 자리잡게 되었다.

지역별 편년체계의 구축은 신경철(1986 · 2000), 홍보식(2000)에 의한 금관가야토기, 김정완(1994), 이주헌(2000), 우지남(2000)에 의한 아라가야토기, 우지남(1986), 이희준(1994), 박천수(1998)에 의한 대가야토기, 박승규(1993), 하승철(2001)에 의한 소가야토기에 대한 편년 연구도 본격적으로 추진되었다. 한편 새로운 방법으로써 권학수(1993)는 토기의 계량적 분석을 위한 다차원축척법을 적용하여 가야고분의 종합편년을 시도하였고, 박광춘(2000)은 컴퓨터를 활용한 다변량해석법을 통해 김해 · 부산지역 토기의 편년을 시도한 경우도 있다.

가야고분의 편년 연구는 부장토기만이 아니라 묘제와 마구 및 금공품 등 여러 분야의 분석을 통해 이루어지고 있으며, 부장토기를 통한 가야 각 지역간 편년의 병행 관계를 토대로 신라 · 가야고분의 병행 관계도 이루어지고 있다(박천수 2003, 홍보식 2012).

이러한 편년 연구의 쟁점으로서 상대연대에 있어서는 대체로 비슷한 의견이나 역연대에 대한 연구자 간의 견해 차이가 심각하다는 사실이다. 대표적으로 복천동 21 · 22호분에 대한 연대는 4세기 중 · 후엽(이희준 1995), 4세기 말(박천수 1998), 5세기 중엽(신경철 1985, 김두철 2001)으로 극명한 연대관을 보이고 있어 역연대에 관한 재고가 필요하다.

2) 양식 연구

가야토기의 양식 연구는 신라 · 가야토기의 양식이 낙동강을 경계로 구분된다는 논의로부터 시작되었으며, 장경호와 고배의 형식 차이와 낙동강이라는 자연지리적인 경계를 주된 기준으로 이 시기의 영남지역 도질토기를 크게 신라 · 가야의 2대 지역군으로 구분하고 그 안에서 세부의 지역군을 설정한 바 있다(김원용 1960).

1980년대 이후에 김해·부산권과 고령권을 중심으로 가야고분의 발굴조사가 활발하게 이루어짐으로써 여기서 출토된 토기의 형태적 특징과 지역적 특성 등을 분석하는 과정에서 토기 양식이 논의되기 시작하였다. 당시까지만 해도 가야토기의 양식 연구는 기종 구성의 차이와 특정 기종의 형태적 특징을 통해서 신라토기 양식과 가야토기 양식이라는 큰 양식군이 설정되는 수준에 머물렀다. 定森秀夫(1982)는 4세기대 경상도 일대에는 지역색이 뚜렷하지 않은 고식도질토기의 토기군이 분포되어 있다가 4세기 후엽에 와서는 여기에서 '가야토기 낙동강이서군'이 배태되어 양자가 공존한다고 보았다. 또 이희준(1998)은 경상도 지방의 낙동강 이동지역(금호강 이남에서는 이동지방, 그 이북에서는 이동 및 이서의 양쪽 지방)과 이서지역에서 출토된 4세기 후반과 5세기의 토기는 각각 낙동강 이동양식, 이서양식이라는 범주로 포괄할 수 있다고 하였다.

토기 양식에 관한 새로운 쟁점으로서 전기가야토기(고식도질토기)의 공통양식론과 지역색론이 제기되면서 4세기대 영남지역 도질토기의 양식론에 대한 논쟁이 시작되어 연구자별로 다양한 견해가 제시되었다. 최종규(1982)는 4세기대에는 지역차가 나타나지 않는 공통양식기가 존재하고 5세기 전반에는 낙동강을 경계로 이서지역에서는 고식도질토기 단계의 제작방식 및 기형을 바탕으로 서안양식, 이동지역에서는 고식도질토기 단계의 제작의식에서 일변한 동안양식이 각각 출현하는 것으로 보았다.

반면 안재호·송계현(1986)은 고식도질토기의 시기에는 부산·김해권, 함안이서의 서부경남권, 경주권의 지역색이 존재한다는 지역양식론을 제기하였으며, 5세기 전반 낙동강 동·서안양식이 확립되어 신라·가야토기가 성립한 것으로 보았다. 이후 '낙동강하구양식'과 '영남내륙양식'으로 지역양식을 설정할 수 있다는 보완적인 견해를 제시하고 있다(안재호 2000). 또 박광춘(1995)은 3세기 후반부터 영남지역에서 강한 토기 지역색이 나타나고 무개식고배가 지역에 따라 다양한 형태가 나타나고 있으므로 이를 통해 지역색을 뚜렷이 알 수 있다고 하였으며, 합천, 함안, 부산김해지역으로 지역색을 분류하였다.

이후 전기가야토기의 지역양식론이 성립 배경 및 시기에 대한 인식의 차이는 있으나 여러 연구자(이성주 1997, 박천수 2000, 윤온식 2001)에 의해 받아들여지고 있어 기존의 지배적이던 공통양식론을 벗어나는 경향이 나타나게 되었다. 또 4세기 4/4분기로부터 5세기 초의 일정시기에는 이단투창고배와 발형기대로 대표되는 공통양식을 형성하는 전·후기 가야토기의 전환기 변동(박승규 2006)으로 파악하거나 형식난립기(조영제 2008)로 인식하고 있다.

후기가야토기의 지역양식 연구는 특정지역을 대상으로 한 단위 지역의 연구(박승규 1993, 김정완 1994, 이희준 1995)가 개별적으로 이루어진 바 있으며, 1990년 이후 대가야토기의 고령양식, 아라가야토기의 함안양식, 소가야토기의 진주·고성양식의 3대 지역양식이 분립하고 있는 것으로(박승규 1998) 밝혀진 이래로 여러 연구자에 의해 보편적으로 받아들여지고 있다. 또한 후기가야토기의 지역양식 연구에서 보여주는 대가야토기, 아라가야토기, 소가야토기의 양식 분립구조가 당시의 후기가야가 보여주는 사회구조와 어떠한 관련성을 가지는가 하는 점에 대해서는 고고학 연구자 뿐 아니라 문헌 연구자도 주목하고 있다.

한편, 1980년대 초기의 토기 양식 연구에서 삼국시대의 토기 양식은 단순히 지역별 분류 이상의 의미로서 가야토기의 분포지는 곧 가야지역이라는 인식 하에 당시의 집단을 파악하는데 주요한 수단으로 보는 견해가 있었고(최종규 1982), 1990년대 이후 토기 양식의 구분과 분포범위의 설정은 정치체의 존재와 그 세력 범위를 파악하는 근거자료로 이용하기도 하였다(이희준 1995, 박천수 1996). 이러한 토기 양식 연구에 대한 비판적 견해로서 이성주(2003)는 신라·가야토기 연구가 정치세력의 영역과 그 변동에 치중되어 양식 그 자체에 대한 연구를 찾아보기 어렵다고 비판하였으며, 토기 양식의 분포는 사회의 영역과 관련된 것으로 볼 수 없고 신라와 가야지역 내 집단 간의 연결망을 따라서 분배가 이루어진 결과로 상정하였다. 반면 박천수(2010)는 토기 양식의 분포를 정치적 영역으로 해석하는 접근방식에 대한 비판을 수용하면서도 신라·가야토기의 양식 분포가 단지 신라와 가야지역 내 집단 간의 연결망을 따라서 분배가 이루어진 결과로 보기는 어렵다고 하였으며, 기존의 신라·가야토기 연구에서 영역을 추정하는 경우 토기와 묘제, 위신재의 분포도 복합적으로 고려하여 영역을 설정하므로 토기양식의 분포범위를 정치적 영역으로 인정할 수 있다고 보았다.

2. 와질토기론과 도질토기 기원 연구

1980년대 초까지 원삼국시대의 고고학적 실체에 관한 통설은 '김해식토기론'이었다. 김해식토기는 중국 전국시대 회도 제작기술이 도입되어 제작된 적갈색(연질/경질)토기와 회청색토기 등 색조와 경도가 다양한 무리의 토기를 말한다. 또 녹로성형과 타날에 의한 기면 조정, 등요와 같은 실요 소성을 특징으로 하며 김해 회현동패총 유물들을 표지로 하는 1~3세기의 토기를 가리킨다.

<도면 2> 후기와질토기의 편년과 도질토기의 출현(신경철 1995)

단계	기종	조합우각형파수부호	대부광구호	대부직구호	양이부원저호 및 도질토기	주요분묘(고분)
I	a	1 · 2	3	4		· 양동리(동) 162호(1) · 하대가지구 44호(2·3·4) · 양동리
	b	5	6			· 하대가지구 43호(5·6)
	c	7	8	9	10	· 하대가지구 17호(7·8) · 하대가지구 41호(9) · 하대가지구 채집품(10)
	d	11	12	13		· 노포동 8호(11) · 노포동 3호(12·13) · 하대가지구 23호
II	a		14	15	16	· 노포동 21호(14·15) · 양동리(동) 235호 · 대성동 29호(16)
	b					· 예안리 74·160호 · 복천동 38호

16은 도질, 그외는 와질

0　　20　　40　　60cm

이러한 원삼국시대의 김해식토기에 대해 도발적인 대안으로 와질토기론이 1982년에 제기되었다. 와질토기론은 김해기의 상한연대가 어떠한 근거없이 기원전 3~4세기까지 올려보려는 점과 김해식토기의 개념에 대한 의문에서 비롯되었다. 직접적인 문제 자료는 김해식토기의 회청색경질토기로서 이들 토기가 포괄하는 기종, 정면기법, 시문방법에서 뚜렷한 차이를 보이는 일군의 와질토기가 존재하고 있다는 사실에서 출발하였다(신경철 1980). 김해기의 회청색경질토기에는 와질토기와 도질토기로 분명히 구분된다는 사실을 제기한 것으로서, 이른바 김해기의 지표가 되는 폐쇄요 소성의 토기는 종래의 통념과는 달리 회청색경질토기(도질토기)가 아닌 와질토기라는 것이다. 따라서 기왕의 김해패총 출토자료로 규정되었던 김해기는 시기적으로나 문화상으로 성립될 수 없으므로 그 명칭이 철폐되어야 한다는 주장이다.

신경철(1982)에 의한 와질토기론의 주요 내용은 다음과 같다. ①와질토기란 한반도 남부의 재래의 무문토기문화를 기반으로 하여 낙랑토기의 신제도술에 의해 생성된 1~3세기대의 한반도 남부 특유의 토기문화이다. ②와질토기는 실내요 중 요상의 경사가 거의 없는 평요에서 소성되었을 가능성이 높다. 따라서 도질토기보다 상대적으로 저화도이며, 흡수성이 강한 연질이라고 하는 점이 특징이다. ③성형에는 회전판이 사용되고 정면에는 타날기법이 채용되었다. 그 외 보편적 수법으로 무문토기 이래의 마연수법을 사용한다. ④와질토기는 전기와 후기호 나눌 수 있으며, 그 획기는 2세기 중엽이다. ⑤영남지방의 경우 와질토기 시기의 묘제는 목관묘(전기)와 목곽묘(후기)이다.

최종규(1982)는 와질토기는 재래의 무문토기 기반 위에 漢代 토기의 영향으로 성립한 일군의 토기로서 무문토기와 구분되는 두드러진 차이는 태토의 정선, 성형의 회전판 도입, 타날기술의 채용 등을 들 수 있다. 이는 종래 김해기토기의 특징과 유사하나 층위상 하층에서 검출되고 색조와 경도상에서 뚜렷한 차이가 나타나므로 와질토기의 고식과 신식으로 구분하였다. 이러한 기조에서 도질토기의 개념으로서 고화도의 소성으로 흡수율이 없으며, 유리질의 피막이 형성된 자연유가 덮여 있는 회청색 또는 암자색을 보인다고 하였다.

와질토기론의 제기는 김해 회현리 패총 발굴 보고의 문제점으로서 층위발굴이 이루어지지 못한 데서 출발했다고도 하지만 이들 김해패총 출토 토기로 비롯된 편년관의 재고와 새로운 토기문화의 존재를 정립한 데서 찾을 수 있다. 와질토기의 존재를 근거로 와질토기시대로 주창하였으나 와질토기시대론에 대해 부정적이거나 회의적인 견해도 제시되었다. 그렇지만 와질토기의 존재 인식에 의해 영남지방 1~3세기의 문화상에 대해 새롭게 조명할 수 있었다는 사실에 커다란 의미가 있다.

김해식토기로부터 와질토기와 도질토기를 분리시킨 이후의 관심은 도질토기 출현시점과 제작기술의 기원을 찾는 것이었다. 최종규(1982)는 도질토기의 출현은 고분시대의 시작과 동일한 궤에 있다고 하면서 3세기 후엽에 출현하는 것으로 보았으며, 이후 대성동 29호분 발굴조사를 통해 도질토기의 출현 또는 발생시기에 대해서는 3세기 후엽으로 정착하게 되었다.

도질토기의 발생은 와질토기로부터의 자체발전론, 외부의 자극에 의한 출현설 등 다양한 의견이 제기되었으며, 발생지에 대해서도 영남지역의 일원적 출현설과 영남 각지의 다원적 발생론(이성주 1998) 등으로 나누어진다. 도질토기는 기왕의 와질토기 도공들이 외래 기원의 자기 문화요소를 받아들여 낙동강하류역에서 생성된 것이 도질토기로서(신경철 2012) 가야의 대표적인 토기로 정착하게 된다.

3. 생산체계와 대왜 교류 연구

1) 토기 생산과 유통

가야토기의 생산은 가마의 축조, 재임과 소성을 포괄한 窯業의 운영, 토기의 제작을 위한 성형과 타날 및 정면, 문양 시문 등 여러 절차에 의해 이루어진다. 또 생산된 토기는 부장토기와 일상토기로 나뉘어 유통을 통한 소비와 분배 및 확산의 양상을 보여주게 된다. 이 과정에 가마의 폐기장에는 생산 과정을 추정할 수 있는 폐토기와 제작 도구, 가마 벽체 등이 폐기되어 당시의 양상을 가늠해 볼 수 있는 자료로서 이용할수 있다.

토기가마의 소성 시설과 폐기장에서 다량의 토기 자료가 확보되는데, 토기가마의 발굴조사는 4세기대의 김해 구산동유적, 함안 묘사리와 우거리 가마유적, 창녕 여초리와 퇴촌리 가마유적, 대구 신당동유적 등이 있으며, 5~6세기대에는 진주 상촌리, 산청 어서리, 함양 신관리 가마유적, 의령 율산리유적, 고령 송림리유적, 창원 중동유적 등이 발굴된 바 있다. 특히 김해박물관에서 추진한 함안 우거리 토기가마 폐기장 출토 토기 자료의 분석 결과는 생산 기종별 분류, 도부호의 사용, 함안지역 토기의 생산체계와 유통 범위의 파악 등 다양한 연구 성과를 제시하였다.

가야토기의 생산체계 연구는 생산시설인 가마의 연구(김재철 2004·2011), 소성기술의 연구(홍진근 2003, 조성원·홍진근 2010, 이정근 2012), 토기 제작기술과 생산체계의 연구(이성주 2003, 이정근 2007), 토기 유통과 확산의 연구(이희준 1995, 박승규 2003, 이성주 2003, 박천수 2004, 이정근 2007, 조성원 2014)로 나누어 진행된 바 있다. 이들 연구 성과를 통해 토기가마의 구조 분석과 토기 제작기술 및 재임방법, 생산체계에 따른 집단의 변화 양상 등을 파악하게 되었다. 그렇지만 아직 생산체계의 구체적 복원을 위한 생산 시설체계의 파악, 생산 규모와 생산량, 생산 기술의 전파 과정 등 다양한 부분에 대한 전모 파악이 이루어지지 못한 한계가 있다.

최근 대가야토기를 생산하는 고령 송림리 토기가마와 창원 중동유적을 검토하여 대가야토기의 생산체계와 유통에 관한 검토가 이루어졌는데(박승규 2019), 대가야토기 생산체계의 구축 시기는 대가야토기의 양식 성립과 연동되는 것으로 보았으며, 전업적 생산체계에 의한 공방시설이 만들어져 대량생산체제를 구축함과 동시에 수요와 공급의 조절 등 통제가 가능한 관영 유통이 유지된 것으로 파악하였다. 그리고 토기 유통은 중앙으로부터 현물분배 유형, 현물분배와 재지 생산의 복합 유형, 기술 제공에 의한 재지생산 유형으로 구분하고 대가야토기의 유통은 시기별로 유통 유형이 다양하게 전개되는 것으로 이해하였다.

2) 가야와 왜의 토기 교류

가야토기는 가야 각 지역 또는 신라권 및 백제권과의 교류도 이루어지지만 가야와 왜의 교류도 다양하게 이루어졌으며, 또 한·일간 연구자의 가야와 왜의 토기 교류에 관한 연구도 지속적으로 이루어지고 있다. 가야토기가 일본열도 각지에 출토되고 왜의 스에키가 가야권에 출토되는 등 가야와 왜의 토기 교류양상에 대해서는 박천수(2010), 하승철(2010·2011)에 의해 구체적인 검토가 이루어졌다.

가야토기가 일본열도 각지에서 출토되는 양상과 더불어 왜의 스에키의 원류를 가야토기에 있음을 밝히는 연구가 한·일 양국의 연구자들에 의해 적극적으로 이루어졌다. 일본 열도 출토 화염형투창토기에 대한 계보를 아라가야토기에서 구했으며(竹谷俊夫 1984), 신경철(1997)은 도질토기 제작 공인의 일본열도 이주를 상정함으로써 금관가야토기가 스에키의 원류일 가능성을 제시하였다. 이후 酒井淸治(2001)는 초기스에키의 계보를 도래인과 연계하여 검토하였으며, 하승철(2007)은 일본열도 출토 초기 스에키 신 자료를 소개하면서 출현 배경과 계보를 를 검토하였다.

그 후 국내 연구자들이 일본열도에서 출토된 가야토기의 계보 문제 대한 논의가 전개되어 부산·김해권과 함안 및 서부경남권으로부터 기원을 찾을 수 있다는 연구 (신경철 1997, 하승철 2007·2011·2012, 박승규 2019)가 제시되었다. 나아가 일본열도 초기 스에키의 등장을 금관가야의 동요에 따른 토기 제작 공인의 이주에 의한 것으로 보거나(신경철 1997), 왕권간의 정치적인 교섭에 의한 공인의 이주로 인식하고 있다(박천수 2010).

한편 가야와 왜의 토기 교류 연구와 달리 일본인 연구자의 가야토기 연구 성과를 살펴보면, 定森秀夫(1982·1983)는 부산·김해지역 도질토기를 검토하여 고식도질토기의 등장과 지역구분에 대해 검토하고, 사천고성지역 토기문화를 검토하여 '사천·고성식'으로 부를 것을 제안하였다. 또 竹谷俊夫(1984)는 함안지역 화염형투창토기에 대한 연구를 시도하였으며, 藤井和夫(1999)는 고령 지산동고분군 출토 도질토기의 편년을 검토하였다. 그리고 定森秀夫·吉井秀夫·內田好昭(1990)는 일본 동경대학 총합자료관에 보관중인 진주 수정봉2호분과 옥봉7호분 토기를 자세한 도면과 함께 국내 학계에 보고하기도 했다.

IV. 연구방향

1. 가야토기 연구의 현재 인식

1) 개념과 범주

가야토기는 4~6세기의 도질토기를 일컫는 것이 통설이지만 역사적 배경을 고려할 때 1~3세기의 와질토기도 함께 다루어져야 한다. 가야토기의 범주에는 와질토기와 도질토기가 포함되어야 하며, 와질토기는 단순히 변한 시기의 토기로서만이 아니라 도질토기의 발생과 연계하여 논의할 필요가 있다.

가야토기의 변천 과정에 와질토기로부터 새로운 제작기술에 의해 만들어진 도질토기로 발전하고 있음이 통설이나, 가야토기의 일반적인 인식은 도질토기가 주종을

<도면 3> 가야토기의 시기별 양식의 변화(박승규 2010)

구분			금관가야	아라가야	소가야	대가야
전기 I 기	I ~ III 단계	지역양식형성기	① ② ③	⑩ ⑪ ⑫		
전기 II 기	IV · V 단계	양식복합기	④ ⑤ ⑥	⑬ ⑭ ⑮	㉔ ㉕ ㉖	㉝ ㉞ ㉟
후기	VI ~ X 단계	지역양식분립기	⑦ ⑧ ⑨	⑯ ⑰ ⑱ ⑲ ⑳ ㉑ ㉒ ㉓	㉗ ㉘ ㉙ ㉚ ㉛ ㉜	㊱ ㊲ ㊳ ㊴ ㊵ ㊶

(금관가야 : ①③예안리138, ②복천동57, ④대성동1, ⑤예안리130, ⑥복천동31·32, ⑦~⑨복천동10·11.
아라가야 : ⑩황사리35, ⑪황사리32, ⑫황사리45, ⑬도항문8, ⑭도항문44, ⑮도항문3, ⑯도항문14, ⑰도항문54, ⑱도
항15, ⑲㉑㉒도항문47, ⑳㉓도항문4. 소가야 : ㉔예둔리43, ㉕가곡리채집, ㉖하촌리채집, ㉗예둔리1, ㉘고이리나-12,
㉙우수리14, ㉚가좌동4, ㉛운곡리2, ㉜배만골채집. 대가야 : ㉝㉞옥전68, ㉟쾌빈동1, ㊱옥전M3, ㊲지산동30, ㊳지산
동32, ㊴옥전78, ㊵저포DⅠ-1, ㊶옥봉7)

이루고 있음이 사실이다. 1200도 정도의 고온에 환원염 상태로 구워진 도질토기는 고분 부장토기로 많이 사용되고, 생활용의 일상토기는 산화염 상태로 구워진 적갈색 연질토기가 대부분을 차지한다.

　가야토기의 기종으로는 고배, 단경호, 장경호, 기대, 잔, 개배, 개 등 다종 다양하며, 형태적 속성의 비교에 의해 신라토기, 백제토기와 차이를 보여주고 있다. 대표적인 고배를 통해서 보면, 신라토기는 투창이 엇갈리고 대각이 직선적임에 비해 가야토기는 투창이 일렬로 배치되고 대각이 나팔상으로 곡선을 이루는 차이점이 뚜렷이 나타난다. 이처럼 가야토기의 형태적 특징이 뚜렷이 나타나고 있음은 당시의 가야가 일정한 문화권을 형성하였음을 보여준다.

　가야토기는 형식학적 연구를 통해 가야고분의 편년 체계를 수립하는 데 중요한 자료로서 가치를 지니고 있으며, 이를 통해 가야사의 발전 단계를 설정하는 것도 가능하게 해준다. 또 가야토기는 신라, 백제, 왜의 여러 지역에서 출토되고 있어, 당시의 각국들과 교류 관계를 살피는 데 좋은 자료가 되고 있다.

2) 시기구분과 변천

　가야토기는 1~3세기에 해당하는 변한 시기의 와질토기로부터 시작되며, 일반적으로는 3세기 후엽의 도질토기의 출현과 함께 본격화되는 것으로 보고 있다. 변한 시기에 이은 가야토기의 시기구분은 5세기 중엽을 기점으로 전기가야토기와 후기가야토기로 구분하고 있다.

　전기가야토기는 3세기 후엽~5세기 전엽의 시기에 해당되며, 초기에는 와질토기의 기종과 제작기법이 이어지고 있으나 4세기 초부터 도질토기로 정착된다. 초기의 단경호와 노형기대에 이어 새로운 기종으로 통형고배가 함안권에서 등장하게 되고 외절구연고배가 김해·부산권에서 대표 기종으로 자리 잡게 된다. 전기가야토기의 시기에는 김해·부산권과 영남내륙의 낙동강유역에서 지역차가 나누어지는 것으로 볼 수 있으며, 후기가야토기가 보여주는 지역양식처럼 완전하지는 않으나 김해·부산권의 금관가야양식과 영남 내륙에 널리 분포하는 범영남양식의 지역양식을 나타내주고 있다.

　이후 가야토기의 전환기 변동은 4세기 말에 시작되며 후기가야토기가 성립되기 직전의 5세기 초까지 이어지며, 이단투창고배와 발형기대를 필두로 한 토기문화상이 전개됨으로써 일시기 형식이 공통화가 나타난다. 또 대부파수부완과 삼각투창고배, 화염형투창고배 등의 신기종이 등장하며, 대체로 후기가야토기의 초기적 양상을 보여준다.

후기가야토기는 5세기 중엽부터 고령 중심의 대가야토기, 함안 중심의 아라가야토기가 성립되고 뒤이어 서부경남권 중심의 소가야토기가 등장한다. 이후 후기가야토기는 각각 발전을 거듭하지만 6세기 중엽에 대가야의 멸망과 함께 신라토기로 대체된다.

3) 지역양식의 분포와 특성

가야토기는 시간적인 변화만큼이나 지역성을 잘 보여주는 양상이 나타난다. 전기가야토기는 김해·부산권에서 금관가야토기로 부를 수 있는 지역성이 뚜렷이 보이고, 함안권에 중심을 둔 통형고배와 단경호의 확산에 의한 범영남양식의 공통성을 보여준다. 이와 달리 후기가야토기는 5세기 초에 들어서면서 전환기의 변동을 거쳐 새로운 3대 지역양식으로 분립되는 양상을 찾아볼 수 있다. 이러한 후기가야토기의 지역양식은 대가야, 아라가야, 소가야의 역사성을 반영하고 있으므로 이를 통해 가야 사회가 각국의 역사를 구축한 것으로 추정할 수 있다.

금관가야토기는 전기가야토기 시기에 단각외절구연고배, 파수부노형기대가 지역적 특성을 보여주고, 이를 통해 전기가야토기의 한 축을 이루는 지역양식이 존재하고 있음에 대해서는 대체로 의견의 일치를 보여주고 있다.

금관가야토기의 분포권은 김해·부산권역을 중심으로 제한적으로 분포하며 교류권에 있어서도 창원과 양산지역을 경계로 하고 있음이 파악된다. 특히 아라가야토기는 금관가야권에 유입됨에 비해 금관가야토기는 특정지역을 벗어나 분포하지 않는 특이성을 확인할 수 있다.

아라가야토기는 전기와 후기를 통틀어 지역양식을 뚜렷이 보여주고 있으며, 가야토기의 형식적, 기술적 전통성을 잘 유지하고 있다. 전기 아라가야토기는 工자형 대각의 통형고배, 무파수의 노형기대, 다양한 점문과 거치문으로 조합된 문양이 시문된 문양개, 파수부잔, 승석문단경호로 이루어짐을 알 수 있다. 전기 아라가야토기의 분포는 함안지역을 중심으로 남강유역과 남강 이남으로부터 남해안에 이르는 지역 및 남강과 합류하는 낙동강유역을 중심분포권으로 상정할 수 있다. 후기 아라가야토기는 전기의 형식적 전통성을 계승하면서도 화염형투창고배로 대표되는 신 형식을 보여주는 특이성을 지니고 있다. 5~6세기에 들어서면서 전통적인 이단투창고배를 비롯하여 일단투창고배, 고리형파수부고배, 장경호 및 기대, 컵형토기로 구성되는 가야토기의 한 지역양식을 보여주고 있다. 후기 아라가야토기는 5세기 2/4분기부터 형성되어 6세기 1/4분기까지 지속된다. 아라가야토기는 6세기 2/4분기에 대가야토기와 신라토기를 비롯한 외래 토기의 역내 유입이 확대되면서 점차 소멸기에 접어들게 된다.

대가야토기는 고령 지산동고분군 자료로 대표되며, 대가야의 세력 확장과 더불어 북부가야권과 호남동부지역에 폭넓게 확산된다. 5세기 중엽부터 이단투창고배의 각 기부 폭이 넓어지고 대부분 기종이 대형화되며, 송엽문의 존재, 평저단경호와 연질뚜껑, 소형통형기대 등 신기종의 등장이라는 변화도 보인다. 분포권은 고령과 합천지역을 중심으로 거창, 함양, 산청, 진주지역과 호남동부지역의 남원, 순천, 장수지역도 일시기 포함된다. 대가야토기는 6세기 중엽부터 퇴화가 급속히 이루어져 개, 개배, 일단투창고배 등 소수 기종만이 잔존하게 되며, 신라토기로 대체되면서 소멸하고 있다.

소가야토기는 고성 송학동고분군과 진주 가좌동고분을 비롯한 남강유역의 자료들이 대표적이다. 5세기 후반부터 새로운 형식들이 이 지역에 등장하거나 수평구연호 등의 신 기종이 나타나기도 하면서 지역양식을 보여주기 시작한다. 다른 지역에 비해 일단투창고배의 특징적인 기형이 대표적이며, 통형기대와 발형기대, 수평구연호 등이 해당된다. 분포권은 진주, 산청, 하동, 의령, 합천 등 남강 중상류역과 고성, 사천, 의령, 통영 등 남해안 일대가 해당된다. 6세기 이후에는 형식이 퇴화될 뿐 아니라 신라토기, 대가야토기와 복합 분포를 이루다가 소멸되기 시작한다.

4) 생산과 유통

가야토기의 생산은 토기 제작기술의 부분과 소성에 따른 가마 운영부분으로 나누어 살펴볼 수 있으며, 시기별로 토기 제작기술과 가마 운영에서 커다란 차이가 나타난다. 와질토기의 시기에는 회전판의 사용과 마연기술 및 평요에 의한 소성방식이 대표적이나 도질토기의 시기에는 녹로의 사용과 투창의 설치 및 등요에 의한 고온 소성방식으로 발전하게 된다.

가야토기의 제작기술은 성형과 정면과정에서 권역별로 비슷한 발전과정을 보이고

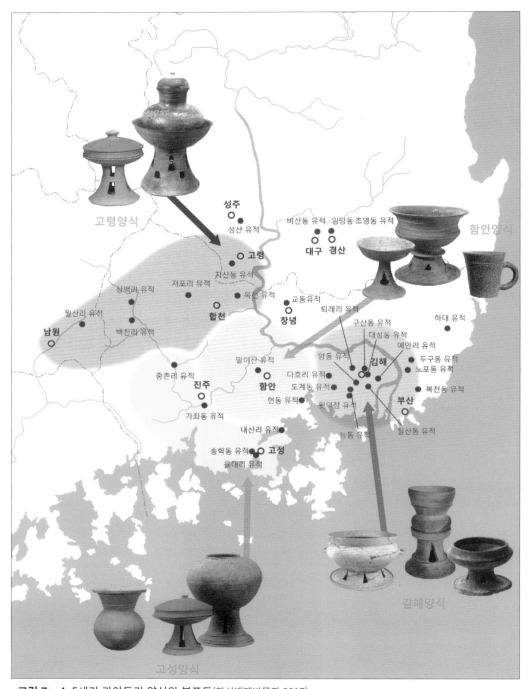

<그림 7> 4~5세기 가야토기 양식의 분포도(한성백제박물관 2017)

있으나 문양과 투창의 설치방식에 있어서는 지역적 특성을 보여주고 있다. 기술적 수준은 시기에 따라 차이가 있으나 동시기 지역간에는 대동소이하다고 할 수 있다. 다만 대규모 가마유적의 존재양상으로 보아 4세기에는 함안권에서 주도하여 전업적인 생산체계를 구축하였음을 함안 우거리 일대 대규모 가마유적을 통해 찾아볼 수 있다.

전기가야토기의 제작기술은 와질토기 제작기술에서 보이는 마연기법으로부터 회전물손질의 채용이 정착되고 다양한 형식을 보여주는 제작기술의 고도성을 찾아볼 수 있으므로 와질토기로부터 제작기술의 발전과 형식의 변용을 살펴볼 수 있다. 전기가야토기는 승석문타날과 점문과 선문으로 이루어진 다양한 문양과 여러 형태의 투공 사용의 특성을 보여주고 있으며, 이러한 제작기술의 보급이 범영남권으로 이루어지는 점도 주목된다. 전기가야토기부터 전업적 생산체계가 완전하게 구축된 것으로 파악되며, 이러한 전업적 생산체계는 김해·부산권과 함안권 뿐만 아니라 영남 각지에서도 자체적인 생산체계가 구축되어 범영남권의 권역간 기술 교류가 활발했던 것으로 이해된다.

후기가야토기는 전기로부터 제작기술적 측면이나 가마의 운영에 있어서 발전적 변화가 나타난다. 토기 제작기술에서 투창 사용의 확대와 녹로 사용 및 기벽 두께의 축소 등은 대규모 생산체제로의 전환이 이루어졌음을 알 수 있다. 가마의 운영 방식은 지역간 특별한 차이는 보이지 않으나 토기 제작기술상에서 지역간 문양과 투창의 설치방식 등에서 차이를 보임으로써 지역양식의 형성 및 자체적인 발전과정을 거치게 된다. 이로써 토기 생산의 지역간 차별화는 기술적 측면보다는 상징성에 기반한 형식적 표현의 결과에 나타난 것으로 볼 수 있다.

한편 가야토기의 유통에 대해서는 구체적인 논의가 진행되지 못하고 분포 양상과 그 변화에 따른 확산에 대해 논의가 이루어졌다. 전기가야토기의 확산을 기술적 측면의 확산으로 보고 있으나, 후기가야토기에서 대가야토기의 확산에 대해서는 영역의 확대라는 정치적 측면으로 해석하기도 하였다. 이러한 가야토기의 유통이 가지는 의미에 대해서는 견해차가 뚜렷하여 새로운 논의가 이루어져야 할 부분이다.

가야토기의 생산과 유통이 당대 사회의 경제적 측면을 보여주는 하나의 경우이므로 생산과 유통의 활동이 관영에 의한 것인지, 복합적인 운영 구조인지에 대해서는 앞으로 새로운 논의가 필요하며, 이러한 생산체계와 유통에 대한 이해가 당시의 가야 사회구조에 대해서 새롭게 알아볼 수 있는 하나의 방법이라고 여겨진다.

2. 가야토기 연구의 미래 방향

가야토기 연구의 미래 방향은 현 시점에서 문제가 있는 부분을 확인하고 이를 극복하거나 해소해야 할 방향을 제시해 둔다.

첫째, 가야토기를 포함한 가야고분의 역연대는 연구자에 따라 50년 이상의 편차를 보이고 있는 점이 문제이다. 이 점은 역연대를 가리키는 구체적인 자료가 전해지지 않음에 원인이 있겠으나 특정 자료에 대한 연구자의 관점 차이에서 문제가 촉발되었다고 할 수 있다(박천수 2002, 홍보식 2012). 그나마 토기 자료의 상대적 연대 서열에서는 큰 차이가 없으므로 역연대의 기준이 되는 고고자료의 분석과 해석에 좀 더 신중할 필요가 있다. 가능하다면 기왕의 교차편년과 기존 연대관의 비판적 검토를 토대로 가야 각국과 신라, 백제 및 왜와의 병행관계의 검토와 다른 고고자료와 복합연구를 시도함으로써 문제가 해소되어야 한다.

둘째, 토기양식의 인식과 해석의 문제이다. 토기양식의 개념적 인식이 명확하지 않은 상태에서 토기 분석과 해석이 이루어지는 경우가 있어 주의가 필요하다. 또 토기의 분포권을 정치적 영역으로 특정화하는 해석에 대해 비판이 제기되기도 하였지만 토기양식의 분포에 대한 경제적, 기술적 차원의 해석이 필요한 점과 정치적 해석의 타당성에 대한 심도있는 논의가 필요하다.

셋째, 생산과 유통의 분석은 토기 연구에 어떠한 영향을 미치는가에 대한 고민이 필요하다. 토기 생산의 전업화와 대량 생산체제의 과정에서 어떠한 요인이 작용하였는가를 살펴야 하고, 또 전업화와 대량 생산체제가 당시의 사회 관념이나 기술 수준과도 밀접한 관계가 있으므로 다양한 관점의 연구(이성주 2003, 박순규 2010)가 필요하다. 즉 토기 생산기술의 변화가 토기양식에 미치는 영향과 내세관념 또는 부장 풍습이 토기의 대량 생산과 유통에 영향을 줄 수 있으므로 이에 대한 검토가 고려되어야 한다.

넷째, 지금껏 고분 부장토기를 대상으로 연구가 이루어져 왔기에 주거지 등 생활유적에서 확보된 일상토기(조성원 2016)에 대한 적극적인 연구가 필요하다. 부장토기와 일상토기를 대상으로 수행한 각각의 연구 결과가 어떠한 차이가 있는지에 대한 이해를 바탕으로 일상토기 연구자료의 확보에도 적극 힘써야 한다. 고분 부장토기 중심의 연구에서 주거지 출토 일상생활토기로 대상을 바꾸어야 하는 것이 아니라 각각의 연구가 상호 보완적인 결과를 제시할 수 있으므로 각각에 대한 연구가 지속적으로 병행되어야 한다.

　종래 가야토기의 연구는 토기의 형태적 특징에 기반한 양식 연구의 성과가 대부분을 차지하고 있다. 그렇지만 선행 연구의 문제점을 제기만 할 것이 아니라 기왕의 연구 성과를 이해하고 타당성의 구축과 비판적 검토가 유지되어야 지속적인 발전이 보장될 것으로 생각된다.

　가야토기의 연구 성과를 정리함에 있어서 가야토기의 시 · 공간적 개념을 어떻게 설정할 것인가에 대한 문제는 향후 재논의가 있어야 하겠으나, 통설로서 가야토기는 가야에서 생산된 도질 및 연질토기를 말하며, 3세기 후엽에서 가야가 멸망하는 6세기 중엽까지의 시간적 범위를 가지고 있다. 그렇지만 역사적 배경을 고려하여 1~3세기의 와질토기도 가야토기의 범주에 포함하였다.

　가야토기의 연구는 토기 그 자체로서 연구되기보다는 정치사적 문제 해결의 도구로 이용되었음을 비판하기도 하듯이 토기 중심의 연구가 미흡한 것이 사실이다. 그리고 고분 연구를 위한 편년 체계의 수립의 한 방법으로 토기의 형식학적 분석과 교차연대의 추정을 위한 자료로서 활용되었으며, 토기의 분포양상을 정치체의 영역으로 바로 대입하는 한계를 보이기도 하였다. 또한 기왕의 토기 연구 자료가 일부 생산 및 생활유적의 토기를 사용하기도 하나 대부분 고분 출토 부장토기에 한정되어 있음도 한계라고 할 수 있다.

　이러한 문제점이 나타남에도 불구하고 가야토기의 연구 성과는 가야고분 및 가야사의 편년 체계를 확립하는 데 최고의 역할과 가치가 있음에 모두 동의할 것이며, 양식 연구를 통해 가야 사회의 구조와 가야 각국의 역사를 해명하는 데 절대적인 기여가 있었음도 사실이다. 또한 묘제와 무구 및 마구, 금공품과의 복합 연구를 통해 가야고고학의 많은 부분에서 문제 해결의 단서를 제공하는 학술자료로서의 가치를 확실히 보여주고 있다. 그리고 가야토기의 생산과 유통의 연구를 통해 가야 사회의 정치 · 경제적 측면에 대한 연구가 함께 이루어진 점도 주목된다. 더욱이 가야와 왜의 교류에 있어서 가야토기가 왜의 스에키 출현의 원류로서 기능하고 있음을 밝힌 사실은 고대 동북아시아 내에서 기술 교류의 한 부분을 알 수 있게 해준다.

　앞으로 가야토기의 연구에 있어서 해결되어야 할 부분으로서 역연대에 대한 연구자 간의 이견을 좁혀야 하겠으며, 토기양식에 대한 개념적 이해를 바탕으로 시 · 공간적 분석과 더불어 생산과 유통 등 다양한 분야에 대한 연구가 수행되어야 하겠다. 또 고분 부장토기를 중심으로 연구가 이루어진 기왕의 연구에서 새로운 일상토기의 자료 확보와 연구가 추진되어야 할 필요가 있다.

가야토기의 연구는 가야고고학과 가야사의 전체적인 맥락을 파악하는 데 중요한 자료적 가치가 있는만큼 가야토기의 고고학적 분석 결과를 어떻게 해석하는가도 중요한 점이다. 가야토기의 고고학적 분석 결과를 통한 가야 사회의 정치적 · 경제적 측면에 대한 객관적인 해석을 통해 가야의 역사 복원에 큰 역할이 되기를 기대한다.

제2장 토기양식의 개념과 체계

I. 토기양식의 개념

토기 연구에 있어서 양식과 형식(型式)을 둘러싼 개념 정의의 필요성은 새삼 강조하지 않아도 될 사안이다. 형식(型式)과 형식(形式)의 개념 문제는 형식(形式)을 기종으로 대체함으로써 일단락되었다고 할 수 있다. 이러한 단순한 개념의 혼동을 넘어서는 양식과 형식의 개념은 아직까지 연구자에 따라 개념을 달리하는 경우가 다수 있으므로 논지 전개의 일관성을 위해 그 개념을 정리해 두고자 한다.

형식(type)은 형식학적 방법에 사용되는 용어로서, 시간적 속성과 공간적 속성을 동시에 갖고 있는 것으로 이해되지만 주로 편년 연구를 위한 시간적 속성이 이용되고 있다.

형식(型式)이란 영어의 'cultural type'에 해당되는 type의 개념에 걸맞는 것으로서, 'cultural type'라는 것은 "여러가지 속성이 결합되어 특징있는 유형(類型, pattern)을 나타내는 것"이란 의미로 cultural type(형식(型式))을 이루고 있는 속성에는 크기, 모양, 색깔, 문양 등과 같이 형태적인 변화를 나타내는 것과 재질, 시문방법 등과 같이 기술적인 변화를 나타내는 것이 있다고 한다. 따라서 형식(型式)이란 고고학상에서 편년을 구하기 위한 분류의 개념으로 "시간성을 반영하는 여러 속성의 복합체로서 특징적인 유형(類型)을 나타내는 것"이라고 정의할 수 있다[1].

과거 형식학적 방법에서의 형식은 편년을 위한 준비과정으로 이해되었으나, 오늘날 형식은 시간적인 측면 이외에도 공간적이고, 기능적인 측면을 고려하여야 한다. 또한 형식은 순서배열법이나 통계적인 분석의 기준 혹은 단위의 역할을 담당하기 때문에 고고학에서 가장 기본적인 개념 중의 하나이다.

기종(器種)은 과거에 형식(形式, form)으로 불렸던 개념으로서 시간적 속성을 지닌

---

1) 우지남, 1986, 「대가야고분의 편년」, 서울대학교 석사학위논문, p.36.

형식(型式)과의 표현상의 혼동을 피하기 위하여 최근의 토기연구에서는 기종으로 바꾸어 부르고 있다. 기종의 개념은 단순한 형태의 특징이나 기능상의 차이에 의해 유물을 분류할 때 사용될 수 있는 개념(convenient types 또는 functional types의 type)으로서, 기형의 형태적 특징에 따라 고배, 장경호 등으로 분류할 때 사용되는 개념이다. 따라서 기종은 편년을 얻기 위한 개념이라기보다는 서술을 위한 분류의 개념이라 할 수 있다.

양식(樣式, style)은 정해진 형식이나 공통의 표현 형태를 가리키는 사전적 의미를 가지기도 하지만 한편으로는 문화의 의미처럼 표현하고자 하는 것이 다양하고 복합적인 의미를 띠는 것으로 이해되기도 한다. 또 토기 양식은 고유의 특징적인 형식을 가진 기종 조합을 가리키며, 특정집단의 전통적인 제작기술로 생산된 토기 복합체가 시간성과 공간성을 가지면서 전개되는 독특한 문화상을 가리킨다고 할 수 있다. 특히 토기 양식을 각각의 형식 간에 있어서 공통하는 특유의 기풍 또는 분위기라고 정의한 바와 같이 특유의 분위기라는 표현이 적절한 것으로 보인다[2].

종래 학계에 제시된 토기 양식(樣式, style)의 개념을 보면, 이희준[3]은 "유사하거나 동일한 제작 전통하에서 생산되어 공통된 양식적, 기술적, 형태적 특성을 가진 토기들의 형식(形式) 복합체 또는 형식(形式) 조합"을 양식이라고 정의하고, 양식 설정에 있어서는 그것을 구성하는 기종별로 시간이 흘러도 변치 않는 속성상의 특징들을 기준으로 하는 것이 바람직하다고 보았다.

박천수[4]는 양식은 특정 기종의 속성 또는 형식(形式)만으로는 설정될 수 없고 제작기술, 속성, 형식, 기종조합에 대한 다각적인 검토가 필요함을 언급하고, 형태분석(제작기법, 문양, 기종), 편년, 분포분석을 통한 양식 설정을 통해 특정 지역집단의 성격을 연구하기도 하였다.

최성락[5]은 어떤 일을 하는 독특하고 특징적인 방식으로, 특정한 시간과 장소와 관련되며 기능과는 보완적인 개념으로 인식하고 있다.

---

2) 小林達雄(河仁秀 역), 1995, 「繩文土器의 樣式과 型式·形式」『박물관연구논문집』 3, 부산광역시립박물관.
3) 李熙濬, 1995, 「토기로 본 大加耶의 圈域과 그 변천」『加耶史研究』, 慶尙北道.
4) 朴天秀, 1993, 「三國時代 昌寧地域 集團의 性格研究」『嶺南考古學』 13, 嶺南考古學會.
5) 최성락, 2005, 『고고학입문』, 학연문화사, pp.143~145.

박광춘[6]은 일정 공간 내에 있어서 여러 집단의 특정 생활상을 반영하는 유형식(類型式)을 통합한 서로 다른 유형식의 형식 조합을 양식으로 개념하고, 토기에 있어서는 공간과 시간을 중시하고 양식을 공간적으로 세분한 분류단위로서 소양식을 인식하고 있다.

윤온식[7]은 특정집단 혹은 사회에 소속된 도공들이 동일한 제작 전통으로 생산한 토기복합체로 규정하고 지역단위간 구분되는 토기제작의 전통(시간과 공간의 복합단위)으로도 해석이 가능하다고 보았다.

이상의 여러 연구자의 토기 양식에 대한 개념을 종합해 보면, 토기 양식은 특징적인 양식요소(형태, 형식, 제작기술, 문양 등)로 조합된 기종 복합체가 시간성과 공간성을 가지면서 특정집단에 의해 생산과 분배의 구조를 형성하여 보여주는 문화상을 가리킨다고 할 수 있겠다.

그리고 토기 양식은 형식의 상위개념으로 볼 수 있으며, 한 양식은 각 시점에서 일정한 지역적 분포권을 가지며 시간의 흐름에 따라 그 기종 조합의 구성이 달라지기도 하고 각 기종의 형식 또한 변화한다. 그러므로 일반론적으로 말해서 양식을 설정할 때는 그것을 구성하는 기종별로 시간이 흘러도 변치 않는 속성상의 특징들을 기준으로 하는 것이 바람직하다[8].

양식의 구분에 있어서 양식의 시간성과 공간성에 의한 구분이 타당한가 하는 문제가 제기된다. 양식변동의 시간성에 의한 구분은 시기구분에 의해 다루어지고 있으므로 공간성에 의한 권역설정에 의해 양식의 공간단위로서 지역양식 또는 소양식을 설정하는 것이 타당하다고 여겨진다. 다만 양식의 공간성이 지역차 또는 지역성으로 곧바로 인식되는 한계는 극복되어야 한다.

지역양식의 설정과 관련하여 양식의 속성으로 지역성(지역색)에 의한 공간단위의 형성에는 역사성이 배경으로 작용하여야 만이 양식의 소단위로서 지역양식을 설정할 수 있으며, 앞서의 글[9]에서 개념상 구분한 바 있는 지역성과 지역색은 동일한 의미로

6) 박광춘, 2006, 『새롭게 보는 가야고고학』, 학연문화사.

7) 윤온식, 2008, 「'토기양식으로 본 고대국가 형성'에 대한 토론요지」『국가형성의 고고학』, 한국고고학회 학술총서4, p.164.

8) 李熙濬, 1995, 「토기로 본 大加耶의 圈域과 그 변천」『加耶史研究』, 慶尙北道.

9) 朴升圭, 1998, 「加耶土器의 地域相에 관한 硏究」『加耶文化』11, 加耶文化硏究院.

인식하고자 한다.

　이상의 양식(樣式), 형식(型式), 기종(器種)의 개념에 대한 인식을 살펴보면, 일본고고학에서는 처음 생물학의 종에 해당되는 형식(形式, form)을 설정하고 그 아래에 형식(型式, type)과 양식(樣式, style)을 두었다. 즉 형식(形式)이란 호나 옹과 같은 것이고, 하위 개념의 형식(型式)이란 광구호, 세구호 등과 같이 형질적 특성에 의해 분류되는 단계이며, 양식(樣式)이란 동지역, 동시기에 해당되는 일군의 형식(形式)이며 동일 기술체계의 소산으로 보아 하나의 양식이 하나의 문화기(文化期)를 대표한다고 보았다. 이후 서양고고학의 분류 개념을 염두에 두고 연구자들은 형식(形式)과 양식(樣式)을 형식(型式)의 상위개념으로 정리하거나 형식(型式)의 상위 개념을 양식, 기종, 임의의 형식군 등으로 분류하고 있다. 따라서 현재 일본고고학에서는 형식(形式) 대신에 기종(器種)을 일반적으로 사용하고 있고, 양식(樣式)은 형식(型式)의 상위개념으로 사용되고 있다.

　한국고고학에서의 양식(樣式)은 한 지역이나 한 문화권을 대표하는 의미로 사용되고 있으며, 삼국시대 토기를 신라, 가야토기 양식으로 나누고 후기가야토기의 3대 지역양식을 대가야양식, 아라가야양식, 소가야양식으로 구분하는 것이 이에 해당된다. 또 형식은 형식학적 방법에 의한 형식분류의 속성으로서 활용되고 있으며, 시간적 분석의 기본 단위로 인식되고 있다.

II. 양식구조와 체계

1. 양식구조

　토기 양식을 구성하는 요소로는 형태적 요소(기종, 형식)와 기술적 요소(성형 및 정형, 소성, 문양시문방법 등)를 들 수 있으며, 이와 함께 시간성과 공간성(분포)에 의해 성립되는 구조적 양상을 보여주고 있다. 토기 양식이 시간성과 공간성을 가지며 유지된다는 점은 양식이 구조화 되어 있다고 볼 수 있으며, 양식구조는 시간성과 공간성의 특정성을 유지하는 가운데서 양식요소의 분석을 통해 파악할 수 있다.

　양식구조의 분석은 하나의 양식이 단일 양식으로서 존재하는가, 아니면 다수의 양식이 어떠한 구성을 이루는지를 파악하는데 초점이 맞추어져 있으며, 시기구분에 따른 양식의 구분도 포함될 수 있다. 4세기대 고식도질토기의 양식론을 논의하는 과정에서 공통양식론과 지역양식론이 제기됨과 같이 하나의 토기 양식이 공통양식적 구조인가, 지역양식적 구조인가 하는 점이 분석대상이 된다.

또한 양식은 구조적인 위계화를 보여주고 있는데, 가야토기 양식에는 대가야양식(고령양식), 아라가야양식(함안양식), 소가야양식(진주·고성양식)의 3대 지역양식이 존재하고 있음[10]과 같이 양식의 하위개념으로서 지역양식을 둘 수 있다. 이처럼 양식이 구조적 측면으로서 지역양식 또는 소양식을 설정할 수 있으며, 시간적으로는 시기구분의 차원에서 나타나는 전기 또는 후기양식의 설정도 가능하다고 할 수 있다. 한편 양식의 성립에 있어서 지역양식의 수준을 갖추지 못한 특정 기종 또는 한두 기종의 지역적 특징이 나타나는 경우에는 어떠한 지칭이 가능한가 하는 점으로서, 즉 신라토기 양식의 의성식, 성주식 등을 지역양식으로 불러야 할 것인지 아니면 단지 '지역색'이라고 지칭하는 것이 타당한가 하는 문제이다.

따라서 양식구조란, 특정의 속성요소에 의해 구성된 기종복합체가 시간성과 공간성을 가지며 유지되는 문화양상을 양식이라고 할 수 있으며, 이러한 양식을 형성하는 형태적 속성(기종), 기술적 속성(제작: 색조, 소성, 태토, 성형 및 정형, 문양시문방법), 시간성(형식), 공간성(분포)에 의한 형성구조를 양식구조로 한다.

양식구조는 시간성과 공간성의 특정성을 유지하는 가운데서 속성요소의 분석을 통해 파악할 수 있으며, 단일 양식(=공통양식)으로서 어떻게 존재하는지, 또 다수의 양식(=지역양식)이 어떠한 구성을 이루는지를 파악함으로써 결과적으로 공통양식적 구조인가, 지역양식적 구조인가 하는 점을 각각의 측면에서 검토할 수 있다.

한편, 양식구조의 분석에 앞서 양식의 변동이라는 통시적 측면이 파악되어야 하므로 양식의 변동에서 제기되는 변동의 의미를 우선 이해하여야 한다. 양식의 변동은 단순한 변화의 단계구분이 아니라 양식의 생성과 발전 및 소멸의 과정이 단속적으로 나타나는 움직임이라고 할 수 있다. 이러한 양식에 보이는 변동을 이해하기 위해서는 '문화변동'의 개념을 우선 이해하고 그러한 문화변동이 보여주는 의미 속에서 양식에 내포된 변동의 의미를 이해할 수 있을 것으로 보인다[11]. 이러한 문화변동이 양식의

---

10) 朴升圭, 1998, 「加耶土器의 地域相에 관한 研究」『加耶文化』 11, 加耶文化研究院.

11) 문화변동에 관한 이해를 돕기 위해 문화인류학에서 언급하고 있는 한 부분을 소개하면 다음과 같다(한상복·이문웅·김광억, 1989, 『문화인류학개론』, 서울대학교출판부, p.400).

변동과도 서로 통하고 있음을 인식한다면 양식변동의 개념, 그리고 변동의 의미를 쉽게 이해할 수 있으리라 생각된다.

양식변동은 문화변동의 의미처럼 새로운 양식요소의 등장과 퇴화된 양식요소의 소멸이라는 순환과정을 통해 이루어지는 것으로서 양식요소의 개별적 변동을 통해서도 파악되나 대체로 포괄적 변동에 의해 일어나고 있다. 그리고 이러한 양식적 변동의 요인이 무엇인지? 즉 문화적 요인인가, 정치적 요인인가를 구분할 필요가 있으며, 이는 양식의 형성배경과 연동하여 검토할 필요가 있다. 또 양식의 변동이 시간적 의미의 변동만이 아니라 양식의 확산이라는 공간적 의미도 고려해 두어야 한다.

2. 양식체계

양식은 특정의 형식 또는 속성에 의해 구성된 기종복합체가 시간성과 공간성을 가지며 유지되는 독특한 문화양상이라고 규정할 수 있고, 양식요소는 형태적 속성(기종, 형식), 기술적 속성(색조, 소성, 태토, 성형 및 정형, 문양) 및 시간성과 공간성(분포권)에 의해 구성된다고 하겠다.

토기 양식의 형성은 특정의 기종복합체에 의해 이루어지지만 본질적으로는 동일한 제작기술의 수용에 의한 생산과 그에 따른 분배권에 의해 성립된다고 할 수 있다.

"기원전 6세기의 희랍 철학자였던 헤라크리투스(Heraclitus)의 다음과 같은 일화가 있다. 그는 매일 한번씩 강가에 나가 그가 좋아하는 곳에서 목욕을 하던 버릇이 있었다. 그러던 중 그는 사람들이 결코 같은 물에 두 번 다시 발을 담글 수는 없다는 사실을 깨달았다. 사람들이 목욕하기 위해 물가로 다시 올 때마다 이전에 자기가 씻었던 물은 벌써 흘러 내려가 버리고 말았다. 이것을 깨달은 헤라크리투스는 변동(變動)이란 사람의 경험에 항상 있는 것이라는 결론을 내렸다고 한다. 비록 평범한 관찰이지만, 우리는 결코 두 번 다시 똑같은 경험을 할 수는 없는 일이다. 우리는 항시 새로운 시대에 살고 있고, 새로운 사회·문화적인 상황을 접하고 있다. 인류학자들이 왜 '시대'가 변하고, 문화는 왜 그리고 어떤 식으로 변하는지 이해하려고 노력하고 있다.

이 헤라크리투스의 일화는 문화변동의 성격을 파악하는데에 좋은 실마리를 제공해 주고 있다. 문화변동은 헤라크리투스가 관찰한 바와 같은 끊임없이 흘러 내리는 냇물에 비유되어도 좋겠다. 이 냇물을 몇 개 지점에서 가로로 잘랐다고 가정해 보자. 각 지점에서 냇물의 단면은 각기 특정시기의 문화로 간주될 수도 있겠다. 그 시기를 지나서 다음 지점 또는 시기를 잘랐을 때의 양상은 이전의 것과는 다를 것이다. 이 후자의 단면도 역시 그 시기의 문화를 대표하고 있다."

하나의 토기 양식을 파악하기 위해서는 기종복합체를 생산하는 토기제작의 기술적 배경을 파악하여야 하겠으며, 그와 더불어 특정 시기에 있어 생산과 유통이 이루어지는 분배권의 파악도 함께 이루어짐으로써 가능하다.

이처럼 토기 양식의 성립에 직접 작용되는 토기 양식요소로는 형태적 속성과 기술적 속성(제작기술)의 분석에 따른 특정 기종복합체의 형성, 형성시기와 배경, 분포와 교류에 따른 분포권에 대해 살펴봄으로써 대강을 이해할 수 있으며, 이를 통해 양식구조와 양식변동을 분석할 수 있다. 또한 토기 양식요소는 양식체계의 틀 속에서 기능하고 있으며, 토기 양식체계를 구축하는 기본 요소라고 할 수 있다.

토기 양식을 형성하고 있는 요소로는 기술적 측면의 제작기술과 생산체계, 경제적 측면의 분배체계, 사회적 관념체계, 정치적 통제행위 등을 들 수 있다. 생산 · 분배체계는 생산방식과 제작기술 및 경제행위에 의해 양식의 외형적 구조와 공간성을 나타내주고 있으며, 관념체계는 전통적 생활방식과 매장의례 등에 의해 양식의 수요 조건을 제시하는 것으로 이해된다. 그리고 정치적 통제행위는 생산 · 분배시스템과 관념체계의 조정을 통해 양식의 구조와 수준을 만들어내는 것으로 파악해 둔다. 따라서 토기 양식요소는 양식체계를 구성하는 것으로 이해할 수 있으며 이들의 상호작용에 의해 양식의 성립과 변동 및 양식구조를 파악할 수 있게 된다.

토기 양식의 성립은 무엇보다도 형식의 정형에 있다고 하겠으며, 정형화된 기종복합체는 어떠한 생산체계와 제작기술(성형과 정형 및 소성기술, 문양수법 등)에 의해 이루어졌는가 하는 점이 검토되어야 한다. 또 정형성의 구축에는 특정 형식의 토기를 필요로 하는 수요 조건으로 생활방식 또는 의례행위에 따른 관념체계의 영향이 작용하고 있음도 고려하여야 한다. 이러한 연계에 의해 정형화된 기종복합체는 출현과 소멸이라는 특정의 시간성을 가짐과 더불어 분배와 교류체계에 의한 분포권역을 가지게 됨으로써 하나의 토기 양식을 성립하게 되는 것으로 인정할 수 있다. 이외에도 토기 양식의 성립에 작용하고 있는 요소로는 토기 제작자의 제작의도와 관련된 제작 전통과 제작자와 정치체의 통제시스템을 들 수 있다.

토기 양식은 전업적 생산체계에 의해서 구축되는 것으로 이해되고 있다[12]. 즉 전업적 생산체계와 대량생산에 따른 제작기술의 표준화에 의해 형태적 정형성이 구축

---

12) 李盛周, 2003, 「伽耶土器 生産 · 分配體系」『가야 고고학의 새로운 조명』, 부산대학교 한국민족문화연구소 · 혜안.

되며, 전문화된 기술전통에 의해 제작된 정형화된 토기 기종의 조합에 의해 토기 양식이 성립된다는 의미이다. 이처럼 외견상으로는 토기 양식이 생산체계에 의해 직접적으로 구축된다고 할 수 있겠지만 생산·분배체계의 이면에는 의례 등에 의한 관념체계와 정치체의 통제행위가 작용하고 있다. 즉 전업적 생산체계가 구축되었다 하더라도 정치세력의 통제가 어떻게 작용하는가에 따라 양식구조의 형성에 영향을 끼칠 수 있다고 하겠으며, 생산·분배체계의 경제행위와 정치체의 통제행위(통제시스템)가 상호작용에 의해 양식의 성립이 이루어진다고 이해된다.

문화인류학에서 '기술, 경제, 정치, 사회구조, 신앙 등 한 사회의 문화를 구성하고 있는 각 부분들은 시간을 통해서 보면, 각 부분들 간에는 끊임없이 상호작용이 계속되면서 그 사회의 문화체계가 운영된다'고 하듯이[13] 토기 양식체계도 공시적 차원의 양식구조와 통시적 차원의 양식변동이 상호관계를 형성하고 있다. 또한 토기 양식은 기술적, 경제적, 관념적, 정치적 측면의 각 부분은 서로 다른 부분에 영향을 미치고 또한 영향을 받는다.

이처럼 토기 양식체계는 양식을 구성하고 있는 양식요소들이 시간의 변화에 연동하여 끊임없이 상호작용을 계속해 나가는 과정에서 어떤 양식요소는 퇴화되어 소멸되기도 하고, 새로운 양식요소가 생성하여 소멸된 요소를 대체함으로써 토기 양식은 통시적 측면에서 끊임없는 변화를 경험하게 된다. 이 과정에 새로운 토기 양식의 요소들이 외부로부터 이입됨으로써 양식변동의 배경으로 작용하는 것이다. 이로써 양식변동은 양식요소의 출현과 발전, 퇴화와 소멸의 과정을 통해 변화를 거치면서 양식구조와 계속적인 상호작용을 수행함으로써 양식체계가 유지된다고 할 수 있다.

결론적으로 토기 양식의 성립에 있어서 제작기술의 측면이 일차적으로 표출되나 제작기술은 의례행위 등 관념체계로부터 영향을 받게 되며, 그에 더하여 정치체에 의한 생산과 분배에 일정한 통제가 이루어지는 순환과정을 통해 토기 양식이 성립되는 구조를 보여줌으로써, 토기 양식은 제작기술과 관념체계 및 정치체의 통제행위가 상호관계를 형성하며 이러한 구조를 양식체계로 이해하고자 한다.

---

13) 한상복·이문웅·김광억, 1989, 『문화인류학개론』, 서울대학교출판부, p.400.

제2부

가야토기의
시기구분과 편년

제1장 가야토기의 시기구분

I. 분기의 획정

가야토기의 시기구분을 구체적으로 살펴보기 위해서는 가야토기에 내재되어 있는 문화변동의 분기를 획정하는 것이 중요한 일이라고 할 수 있다. 분기의 획정은 전기가야토기의 후반부에 나타나는 '전환기 변동'[1]과 후기가야토기의 시작을 알리는 3대 지역양식의 분립을 대표적으로 꼽을 수 있다.

먼저 '전환기 변동'에 보이는 양식 복합을 통해 전기가야토기를 분기하는 획정에 대해 살펴보면, 전기가야토기의 금관가야권에서는 4세기 4/4분기의 한 시점에 판상파수가 달린 노형기대가 존속하는 가운데서 새로운 형식의 발형기대가 등장하는 변화가 보인다. 이와 함께 단각외절구연고배가 장각으로 바뀌는 변화와 함께 이단장방형투창고배와 무개식장각고배도 등장하게 된다. 금관가야권에서의 이러한 변화는 대성동2,3호, 복천동95호, 예안리117호에서 찾아볼 수 있으며, 이후 예안리130호, 화명동2호, 대성동1호, 복천동31·32호로 이어져 지속된다.

또, 아라가야권에서는 통형고배가 존속하는 가운데서 통형의 대각이 나팔상을 이루고 투공문이 장식되는 투공고배로의 전환과 이단장방형투창고배가 새로 출현하며, 노형기대는 발형기대로 바뀌는 변화가 나타난다. 아라가야권에서는 투공고배와 투창고배 및 발형기대의 새로운 형식이 출현하는 변화를 뒤이어 후기가야토기 아라가야양식의 시원을 보여주는 화염형투창고배와 삼각투창고배가 출현하는 변화로 이어진다. 아라가야권의 이러한 변화는 황사리4호, 도항문42호, 오곡7호, 현동18, 24, 45, 51호에서 처음 등장하며, 이후 도항문1, 3, 6, 36, 44, 48, 현동5, 19, 42, 50, 61호로 지속된다.

금관가야권과 아라가야권에서 보이는 이러한 변동은 이 지역뿐만 아니라 영남 각

---

1) '전환기 변동'의 개념에 대해서는 제3장에서 구체적으로 다루고 있으므로 참고할 수 있다.

지에서 동시에 나타나고 있는데, 이에 대해서는 앞서 '중기적 변동'으로 설정하여 검토한 바[2] 있으나 '중기'라는 용어에 다소간의 문제가 있으므로 여기서는 '전환기 변동'으로 바꾸어 부르고자 한다.

영남 각지에서 보이는 이러한 변동은 앞서 언급한 금관가야권과 아라가야권의 자료들을 위시하여 합천 옥전68호, 고령 쾌빈리1호, 경산 임당G5·6호, 칠곡 심천리 등에서 보이며, 이들 지역에서는 공히 새로운 발형기대와 투창고배 및 투공고배가 등장하여 다양한 형식을 공유하고 있으므로, '전환기 변동'의 시기에는 각지의 가야토기가 형식적 공유에 의한 유사한 토기문화상을 보여주게 된다.

'전환기 변동'의 양상에 대해서 좀 더 언급해보면, '전환기 변동'의 시기에는 종래의 전기가야토기와는 형식적인 차이가 뚜렷한 이단투창고배와 발형기대, 투공고배, 무개식장각고배가 등장하고 있음이 확인되며, 이는 가야토기 전·후기의 시기구분 시점인 5세기 2/4분기보다 앞서는 변동 획기로 파악된다. 이러한 변동의 동인으로는 4세기 3/4분기부터 전기가야토기의 양대 지역권을 이루는 김해·부산권과 함안권 간의 활발한 교류에 의해 토기제작기술과 형식의 복합이 이루어진 점에서 찾을 수 있으며, 이후 변동양상의 확산은 양 지역권에 의해 구축된 광역적인 교류체계를 토대로 '전환기 변동'에 따른 새로운 토기형식이 全 가야권에 교류·확산되거나 각지에 보급된 제작기술에 의한 재지 제작에 의했을 가능성이 높다. 즉 '전환기 변동'의 양상이 광역적인 교류체계에 의해 활발한 교류·확산이 이루어짐에 따라 동일 형식 계통의 토기들이 여러 지역에 분포하게 되며, 이러한 '전환기 변동'은 4세기 4/4분기로부터 5세기 1/4분기까지 일정기간 전 가야권의 토기형식이 공유되는 가운데서 세부 형식의 다양성이 함께 전개되는 현상을 초래하게 된다.

한편 '전환기 변동'은 후기가야토기가 새로운 지역양식을 성립하는 재지적 기반이되고 있음을 5세기 1/4분기에 보이는 화염형투창고배의 출현과 발형기대의 다양한형식을 통해 찾아볼 수 있으며, 이로써 '전환기 변동'이 나타나는 5세기 1/4분기는 후기가야토기가 등장하는 시원기 양상을 보여준다.

다음으로 후기가야토기의 시작을 알리는 지역양식의 분립에 대해 살펴보면 전·

---

2) 朴升圭, 2000, 「4~5세기 加耶土器의 변동과 계통에 관한 연구」『인문논집 -伽倻의 歷史와文化』 5, 동의대학교 인문과학연구소.

후기 가야토기의 새로운 변동을 찾아볼 수 있다. 5세기 1/4분기까지 각지의 가야토기는 형식의 공유와 제작기술 등의 교류에 따른 유사한 토기문화상이 전개되며, 그 가운데서 다양한 형식들이 나타나고 있다. 이러한 변화를 통해 가야토기는 각 권역의 환경적 상황에 따라 독자적인 토기양식이 성립되기 시작하며, 지역양식의 분립은 각지에서 약간의 시기차와 전개양상의 차이를 보이나 대체적으로 5세기 2/4분기를 기점으로 이루어진다.

대가야토기의 '고령양식(대가야양식)'은 후기가야토기의 중심을 이루는 하나의 지역양식으로서 앞 시기의 재지 고배가 보여주는 광각을 채용하거나 신라토기와 교류에 의해 폭이 넓은 투창을 채용하는 현상이 보인다. 대가야토기는 지산동35호분 단계에 기본적인 기종구성에 의한 지역양식이 형성되기 시작하여 지산동32호분 단계[3]에 토기 형식의 정형화에 의해 완성을 이루게 된다. 이처럼 대가야토기는 5세기 2/4분기의 지산동35호분을 기점으로 대가야양식이 형성되기 시작함으로써 이 시기에 지역양식의 형성과 후기가야토기의 시작이라는 획기가 뚜렷이 파악된다.

아라가야토기는 화염형투창고배, 이단투창고배, 삼각투창고배, 발형기대, 파수부배에 의해 형성되는 기종복합을 통해 후기가야토기 3대 지역양식의 한 부분을 뚜렷이 보여줌으로써 후기가야토기의 지역양식이 성립되며, 소가야토기는 5세기 2/4분기 이후에 아라가야토기문화권으로부터 분화되어 일단장방형투창고배, 무개식삼각투창고배, 수평구연호, 수평구연발형기대 등에 의해 후기가야토기의 한 지역양식으로 자리잡게 된다.

이상에서 살펴 본 지역양식의 분립에 따른 후기가야토기의 성립에 대해서는 기왕의 연구[4]에서 견해를 밝힌 이래로 학계에서 받아들여지고 있으며, 가야토기의 한 획기로서 뿐만 아니라 전·후기의 시기구분을 보여주는 주된 획기가 된다.

---

3) 고령 지산동32호분 단계에 대가야토기는 기종별 형식의 정형화가 이루어지는 새로운 획기가 나타나게 되는데, 삼각투창과 엽맥문이 시문된 대형발형기대, 구연부의 독특한 처리 방식과 장방형투창 및 굵은 돌대로 구성된 고배, 판상파수가 달린 대부파수부발, 고사리형파수가 달린 대부파수부호, 3단의 파상문대와 독특한 구연부를 가진 장경호, 일단다투창고배, 개배 등에 의한 대가야토기의 정형화를 이루게 된다.

4) 朴升圭, 1998, 「加耶土器의 地域相에 관한 硏究」『伽倻文化』11, 伽倻文化硏究院.

Ⅱ. 시기구분

가야토기의 시기구분은 가야사의 시기구분과 연동되는 것이 타당한 것으로 여겨진다.

가야사의 시기구분에 있어서 대두되는 문제는 2가지로 설정할 수 있다. 그 하나는 弁韓과 加耶의 관계를 어떻게 볼 것인가 하는 것이고, 다른 하나는 'A.D.400년 고구려군의 南征'에 따른 가야의 정세변동을 어떻게 이해할 것인가 하는 점이다.

우선, 변한과 가야의 관계에 대해서는 변한을 가야의 前史로 볼 것인가 아니면 가야사의 연장선상에서 前期로 볼 것인가 하는 문제로서, 이는 가야 정치체의 성격과 사회발전단계에 대한 이해에 있어서 일정한 차이를 보여주는 것이라고 하겠다[5]. 前史論과 前期論의 의미는 가야사의 기점을 어디에 두느냐에 따라 달라지는 것으로서, 가야사를 시기구분 하는데 있어 중요한 변수로 작용하게 된다. 또한 가야사의 시기구분은 사회발전단계의 측면과 역사·문화적 계통관계를 함께 고려함으로써 한층 타당성을 확보할 수 있다. 변한과 가야는 역사·문화적으로 상호 밀접한 계통관계를 유지하고 있어 변한으로부터 가야가 발전·전환되었다고 상정된다. 그러나 변한의 문화상과 가야의 문화상이 일정한 차이를 보여주고 있고, 또 역사기록에서도 명확한 구분이 보이고 있으므로, 변한과 가야는 역사·문화적 측면을 고려할 때 각각의 한 시대로 규정하는 것이 타당하다. 따라서 변한은 가야의 前史로서 인식하고자 하며, 이에 따라 가야는 3세기 후엽경에 이루어지는 고분의 출현[6]과 도질토기의 등장에 의해 시작되고, 이것이 곧 전기가야의 출발점이 된다.

다음으로, 광개토왕릉비문에 보이는 'A.D.400년 고구려군의 남정'이라는 기사[7]를

---

5) 가야사의 기점을 어느 시기로 보느냐의 문제가 되는 前史論과 前期論에 대한 구체적인 설명은 <朱甫暾, 1995, 「序說 -사야사의 새로운 정립을 위하여-」 『加耶史研究 -대가야의 정치와 문화』, 경상북도>를 참고할 수 있다.

6) 김해 대성동고분군에 있어서 대형목곽묘(29호분)의 등장을 고분의 출현으로 볼 수 있다. 慶星大學校博物館, 2000, 『金海 大成洞古墳群Ⅱ』.

7) 광개토왕릉비문 제2면의 永樂十年庚子條의 기사를 말한다. 해당 사료는 다음과 같으며, <… 十年庚子 敎遣步騎五萬 往救新羅 從南居城 至新羅城 倭滿其中 官軍方至 倭賊退□□背急追至任那加羅從拔城 城卽歸服 安羅人戍兵…> 비문의 분석은 <이도학, 2003, 「加羅聯盟과 高句麗」 『加耶와 廣開土大王』, 김해시>에 의한다.

통해 당시 가야의 정세변동에 대해 검토함으로써[8] 가야사의 시기구분에 뚜렷한 근거를 제공할 수 있을 것으로 여겨진다. 전기가야의 중심세력인 대성동고분군의 축조 중단이 고구려군의 남정에 의해 이루어진 것임이 고고학적 연구 결과[9]에 의해 제시되어 있다. 이는 전기가야의 멸망을 입증하는 것으로 이해되고 있으며, 이로 보아 전기가야가 후기가야로 전환되는데 있어 고구려군의 남정이 일정한 역할을 하고 있음을 의미하게 된다. 전기가야의 멸망과 중심세력의 교체에 의한 후기가야의 새로운 등장을 보여주는 고고학적인 증거로서, 후기가야의 중심지역에 존재하는 고총고분이 금관가야권에서는 찾아볼 수 없음과 신라토기의 확산에 의해 가야문화의 단절이 나타나는데서 볼 수 있다. 따라서 가야는 고구려군의 남정을 계기로 촉발된 정세변동에 의해 전·후기의 시기구분이 가능함을 알 수 있다.

따라서 가야는 변한과 역사·문화적으로 밀접한 계통관계를 보여주고 있으나, 시기구분의 측면에서는 前史로 설정하는 것이 타당하므로 가야사의 출발은 3세기 후엽경의 한 시점으로 한다. 아울러 김해 중심의 전기가야로부터 고령 중심의 새로운 후기가야로 발전하고 있음을 고구려군의 남정에 따른 정세변동을 통해 개략적으로 제시할 수 있으며, 이로 보아 가야사의 시기구분은 전·후기가야의 2대구분이 타당한 것으로 보인다.

가야토기의 시기구분에 관한 선행 제안으로 崔鍾圭[10]는 전기가야의 시기에 대해 고식도질토기라고 부르고, 후기가야의 시기를 신식도질토기로서 신라토기에 대응되는 가야토기로 부르고 있다. 또 申敬澈[11]은 전기가야의 시기를 전기도질토기, 후기가야의 시기를 중기도질토기, 통일신라의 시기를 후기도질토기로 보고 있다.

본 논문에서는 가야토기의 시기구분을 앞서 검토한 가야사의 전·후기 시기구분과 연동함으로써 기왕의 학계에서 이해되고 있는 기준에 따르고자 한다. 다만 가야토기의 양식변동의 특성을 고려할 경우에는 전기를 전기Ⅰ기와 전기Ⅱ기의 2개의 분기로 세분할 수 있으므로 이에 따라 가야토기는 전기Ⅰ기-전기Ⅱ기-후기로 이어지는 시기구분을 설정할 수 있다. 이를 양식구조의 변화라는 측면에서 살펴보면, 지역양

---

8) 김두철, 2003, 「高句麗軍의 南征과 加耶」『加耶와 廣開土大王』, 김해시.

9) 慶星大學校博物館, 2000, 『金海 大成洞古墳群Ⅰ』, pp.191~193.

10) 崔鍾圭, 1982, 「陶質土器 成立前夜와 展開」『한국고고학보』 12.

11) 申敬澈, 2000, 「金官加耶 土器의 編年」『伽耶考古學論叢』 3, 가락국사적개발연구원.

식 성립기(전기Ⅰ기)-양식 복합기(전기Ⅱ기)-지역양식 분립기(후기)로 설정할 수 있다. 따라서 전기Ⅰ기는 금관가야양식과 범영남양식의 양대 지역양식이 성립되는 시기이고, 전기Ⅱ기는 전환기 변동에 의한 양대 지역양식이 복합되어 공통양식을 형성하는 시기이며, 후기는 양식 복합의 전환기 변동이 전·후기가야의 교체라는 정치적 충격으로 인해 중단되고 새로 3대 지역양식이 분립되는 시기까지를 말한다.

전기Ⅰ기는 도질토기의 발생으로부터 4세기 3/4분기까지의 시기로서, 금관가야의 금관가야양식과 함안의 아라가야를 중심으로 한 범영남양식으로 대별되는 지역양식을 형성하는 시기이다. 즉 김해·부산권에서 외절구연고배와 파수부노형기대에 의한 지역양식을 뚜렷이 보여주고 있어 하나의 문화권이 존재하였음을 알 수 있으며, 함안 및 서부경남권에서도 특징적인 통형고배를 기반으로 또 다른 문화권을 형성하였음을 짐작해 볼 수 있다[12].

전기Ⅱ기는 4세기 4/4분기부터 5세기 1/4분기의 시기로서, 전기가야에 포함되나 토기의 변화상을 볼 때 새로운 변동을 뚜렷이 보여주고 있어 '전환기 변동'과 연계하여 하나의 분기를 설정할 수 있다. 이 시기의 토기문화는 이단투창고배와 고배형기대가 새로 출현함으로써 앞 시기의 노형기대와 통형고배 또는 단각외절구연고배로 대표되는 전기가야 토기문화로부터 일변하는 양상을 보여줌과 더불어 범영남권에서 공통된 토기문화상을 표방하는 특징이 나타나고 있다.

이후 신라·가야토기의 분립과 연계되어 전개되는 5세기 2/4분기의 후기가야토기는 '고령양식(대가야양식)'의 대가야토기, '함안양식(아라가야양식)'의 아라가야토기, '진주·고성양식(소가야양식)'의 소가야토기가 지역양식을 뚜렷이 형성하면서 분포하는데, 이러한 토기문화권이 후기가야에 있어서 지역정치체의 존재를 반영하는 것으로 추정된다[13]. 이러한 지역양식적 요소는 토기의 개별 기종이 보여주는 형식차 뿐만 아니라 여타 고고자료에서도 그 양상을 찾아볼 수 있다. 따라서 후기가야에 보이는 토기의 지역양식은 권역별 정치체의 존재를 반영하는 것으로 볼 수 있으며, 후기가야의 정치구조는 이들 지역집단이 2차적인 연합에 의해 유지된 것으로 생각된다.

이상의 검토를 통해 가야토기의 시기구분에 대해 정리하면, 본고에서는 가야의 前

---

12) 다만 전기가야토기에 있어서 권역별 분포중심지의 문제와 토기양식 분포권과 정치권의 상관관계 등 아직 미해결의 부분이 다수 있으므로 재고의 여지를 남겨두고자 한다.

13) 朴升圭, 1998,「加耶土器의 地域相에 관한 研究」『伽倻文化』11, 伽倻文化研究院.

史를 이루는 변한의 시기를 와질토기문화로 규정하고, 가야의 시기는 도질토기의 발생에 의한 가야토기의 시작으로 본다. 가야토기는 가야사의 시기구분과 연동되어 전기가야토기와 후기가야토기로 크게 나눌 수 있으며, '전환기 변동'이라는 토기양식의 변동을 기준으로 전기는 다시 전기Ⅰ, Ⅱ기의 2분기로 나눌 수 있다. 또 양식구조의 변화라는 측면에서 살펴보면 지역양식 성립기(전기Ⅰ기)-양식복합기(전기Ⅱ기)-지역양식 분립기(후기)로 상호 연동됨을 알 수 있다.

제2장 편년

I. 권역별 편년[14]

1. 금관가야권[15]

금관가야권의 토기에 대한 편년연구는 김해·부산권의 동래 복천동고분군[16]과 김해 예안리고분군[17], 대성동고분군[18], 양동리고분군[19] 등의 발굴자료 분석을 통해 이루어졌으며, 이들 자료에 대한 분석 결과는 가야토기의 전체적인 편년체계를 수립하는 기준이 된다.

---

14) 본 장에서 다루고 있는 편년은 본 논문이 추구하는 가야토기 양식 연구를 위한 시간축을 제시하고자 함에 있으며, 편년 그 자체의 분석을 위한 형식분류와 속성분석 등의 절차는 아래의 연구에서 제시된 바 있으므로 여기서는 따로 서술하지 않았음을 밝혀둔다.
朴升圭, 1992,「一段長方形透窓高杯에 대한 考察」『嶺南考古學』11.
朴升圭, 1993,「慶南 西南部地域 陶質土器에 대한 研究」『慶尙史學』9.
朴升圭, 2003,「大加耶土器의 擴散과 관계망」『韓國考古學報』49, 한국고고학회.

15) 금관가야권에 대한 기왕의 편년연구는 다음과 같다.
申敬澈, 2000,「金官加耶 土器의 編年」『伽耶考古學論叢』3, 가락국사적개발연구원.
이재현, 1996,「考察」『東萊 福泉洞古墳群Ⅲ』, 釜山大學校博物館.
安在晧, 1996,「考察」『金海 禮安里古墳群Ⅱ』, 釜山大學校博物館.
安在晧, 1997,「福泉洞古墳群의 編年」『복천동고분군의 재조명』, 釜山廣域市立福泉博物館.
홍보식, 1998,「金官加耶의 성립과 발전」『가야문화유적 조사 및 정비계획』, 경상북도.

16) 釜山大學校博物館, 1985,『金海禮安里古墳群Ⅰ』.

17) 釜山大學校博物館, 1983,『東萊福泉洞古墳群Ⅰ』.

18) 慶星大學校博物館, 1992,「金海 大成洞 古墳群 2·3次 發掘調査槪要」.
慶星大學校博物館, 2000,『金海大成洞古墳群Ⅰ』.

19) 東義大學校博物館, 2000,『金海良洞里古墳文化』.

금관가야권의 토기 중 시간적 변화를 잘 보여주는 기종은 노형기대와 외절구연고배이다. 노형기대는 와질토기의 형식을 계승하는 무파수노형기대로부터 변화하는 새로운 형식이 등장하면서 뚜렷한 변화를 보여주며, 구연부의 형태와 파수부의 형태, 기형변화에 의해 형식분류가 가능하다. 노형기대는 외반구연에 우각형파수 또는 환형파수가 부착된 형식으로부터 내만구연에 단면원형의 환형파수가 부착된 형식, 단면장방형의 판상파수가 부착된 형식으로 순차적인 발전을 보인다. 외절구연고배는 대각의 길이와 구연부의 변화를 동반한 기형 변화에 의해 형식분류가 가능하며, 단각으로부터 장각으로 변화하는 양상이 파악된다.

금관가야권의 토기는 전기가야에 한정하여 발전하고 있으므로 가야토기의 전체 10단계 중 Ⅰ~Ⅵ단계의 양상에 대해서만 살펴보도록 한다.

1) Ⅰ단계(도면 4-상)

후기와질토기의 계보를 잇는 와질제가 주를 이루고, 素文의 양이부원저단경호가 도질제로 처음 출현하는 단계이다. 아직 도질토기는 소수에 불과하며, 잔존하는 와질토기는 마연수법이 계속 채용되고 있다.

횡집선문이 돌려진 와질대부직구호가 존속하고 있으며, 종집선문의 와질대부광구호가 보이기도 한다. 단경호는 양이부원저단경호와 격자타날문이 이루어진 편구형원저단경호가 보이는데, 편구형의 원저단경호는 점차 구형으로 변화하게 된다. 노형기대는 斜格子暗文의 무파수노형기대와 단면원형의 반환형파수가 달린 노형기대가 함께 존속하며, 노형기대의 구경부는 외반하거나 외경한다. 외절구연의 와질고배가 노포동17, 31호에서 보인다.

본 단계는 양동리235호, 대성동29호, 노포동17호, 예안리74, 160호가 해당되며, 이 단계의 연대는 3세기 4/4분기에 해당되는 도질토기의 등장이후로부터 4세기 1/4분기로 추정된다.

2) Ⅱ단계(도면 4-하)

와질토기의 전통이 이어지고 있으나 물손질 정면이 채용되는 등 와질토기의 전형을 벗어난 것으로서, 단경호, 대부직구호, 노형기대 등 대부분의 기종들이 도질제로 바뀌어 도질토기가 대세를 이루게 된다.

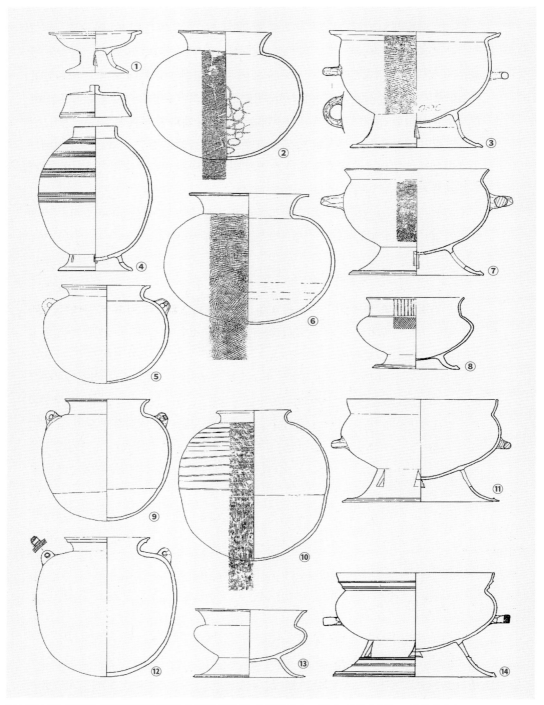

(Ⅰ단계 : ①노포동17, ②⑤⑦⑧대성동29, ③⑥예안리160, ④예안리74, Ⅱ단계 : ⑨⑪대성동13, ⑩⑬대성동18,
⑫⑭복천동38)

단경호는 暗紫色으로 승석문타날이 채용된 대형의 원저단경호가 다수 보이고, 소문의 양이부원저단경호도 계속 나타난다. 노형기대는 내만구연이 처음으로 채용되며, 단면원형의 반환형파수가 달린 것과 무파수형이 함께 보이는데, 점차 단면원형의 반환형파수가 달린 것이 주를 이루게 된다. 고배는 외절구연고배가 전 단계와 같이 와질제를 계속 유지하며, 일부 직립구연이 출현하기도 하나 소량에 불과하다.

대성동13, 18호, 복천동38호가 해당되며, 연대는 4세기 2/4분기로 추정된다.

3) III단계(도면 5-상)

금관가야권 토기문화의 일대 변환기에 해당된다. 전 단계와 달리 통형기대, 소형기대, 소형광구호, 대부직구호 등 도질토기 기종의 다양화와 함께 금관가야권의 표지적인 자료인 단각외절구연고배가 출현한다.

노형기대는 판상파수가 달린 것이 주류를 이루게 되고, 외절구연고배는 도질제의 단각만 존재하는 특징이 보인다. 그리고 침선문과 콤파스문 등 특이한 문양대가 시문된 통형기대와 노형기대도 함께 등장한다.

이 단계에는 대외교류에 의한 외래 토기자료로서 아라가야권의 통형고배 등이 복천동57호 등에 반입되는 것으로 미루어 보아, 이 시기에는 금관가야권과 여타 가야권과의 교류가 활발하였음을 보여준다.

복천동57, 60주곽, 69, 예안리138호 등이 이 단계에 해당되며, 연대는 4세기 3/4분기로 추정된다.

4) IV단계(도면 5-하)

외절구연고배의 대각이 점차 장각화를 이루어 단각과 장각이 함께 존재하며, 기대는 전단계의 판상파수가 달린 노형기대가 주를 이루나 일부 발형기대도 등장한다.

특히 이 단계의 후반부(4세기 말)에 금관가야권에서는 판상파수가 부착된 노형기대가 잔존하는 가운데서 이를 대신하여 발형기대가 등장하게 되고, 단각외절구연고배가 장각화를 이루는 변화와 함께 이단투창고배가 등장하는 변화가 나타난다. 이처럼 이 단계의 후반부 이후(4세기 말~5세기 1/4분기)에 전개되는 발형기대와 투창고배의 등장이라는 변화는 금관가야권 뿐만 아니라 全 가야권에서 나타나는 현상으로서 전기가야토기가 후기가야토기로 전환되는 일대 변동이 시작되었음을 보여주는 양상이다.

(III단계 : ①④⑩⑪예안리138, ②③⑤~⑧복천동57, ⑨복천동60주곽, IV단계 : ⑫⑲대성동3, ⑬㉑대성동39,
⑭~⑱⑳예안리117)

(Ⅴ단계 : ①③⑦⑨대성동1, ②⑩예안리130, ④⑤⑫화명리2, ⑥⑧⑪복천동31 · 32, Ⅵ단계 : ⑬~⑯⑲복천동21 · 22,
⑰⑱⑳~㉓복천동10 · 11)

복천동60부곽, 95호 대성동2, 3, 39호, 예안리117호가 이 단계에 해당되며, 연대는 4세기 4/4분기로 추정된다.

5) V단계(도면 6-상)

전단계의 후반부(4세기 말)로부터 이어진 전환기의 변동은 全 가야권의 토기문화가 형식 공유에 의한 유사한 토기문화상을 일시기 보여주게 된다. 이러한 양상의 전형은 이단투창고배와 발형기대 및 투공고배로 대표되는 토기군의 분포를 통해 파악되며, 이러한 '전환기 변동'을 거쳐 전기가야토기는 후기가야토기로 전환됨과 동시에 후기 가야토기의 始原단계를 보여주게 된다. 그러나 복천동고분군에서는 후기가야토기의 시원 양상을 보여주기보다는 새로 등장한 신라토기적 요소를 보여주기 시작함으로 써 전 가야권의 토기 변동과는 달리 지역적인 특수성을 보여주고 있다.

이 단계는 외절구연고배가 모두 장각으로 바뀌면서 외절구연고배의 형식계통으로 부터 이탈하여 다양한 형태의 무개식고배로 전환되는 양상을 보여준다. 노형기대는 판상파수가 달린 것이 소멸하고 발형기대가 주를 이루는데, 발형기대는 점차 대형화 되고 돌대와 문양대가 발달하여 다양화 된다. 그리고 원저장경호와 대부파수부호도 등장한다. 또 전 단계 후반부로부터 시작된 '전환기 변동'에 따른 형식 공유에 의해 금 관가야권 특유의 지역양식이 소멸됨으로써 외절구연고배와 파수부노형기대로 설정 되었던 김해 · 부산권의 지역양식은 더 이상 유지되지 않은 것으로 판단된다.

대성1, 화명2, 7호, 예안130호, 복천동31 · 32호, 복천동25 · 26호가 이 단계에 해당 되며, 연대는 5세기 1/4분기로 추정된다.

6) VI단계(도면 6-하)

금관가야권에 신라토기의 반입이 본격화됨으로써 이 지역이 신라토기문화권에 편 입되었음을 알 수 있다. 이후 금관가야의 잔존세력이 존재하였을 가능성은 상정되나 후기가야의 일원으로 편입되지 않은 것으로 보아 신라의 지방 세력으로 전락하였을 것으로 이해된다.

복천동21 · 22, 10 · 11호, 복천동 학소대1구1호가 이 단계의 대표 자료에 해당되 며, 연대는 5세기 2/4분기로 추정된다.

<표 1> 아라가야토기의 편년 연구 대비표

	朴升圭 2005	金正完 1994	李柱憲 1998	禹枝南 2000	비교자료
4C 1/4	I 도항문2,35 도항경33 황사40 예둔26,51	I 황사3,39,40 현동35,67 대평, 압사채집		I 예둔26,51 도항문2,35	대성29 양동235 예안160
2/4	II 황사39,황사도갱 예둔2,12,48 현동67 윤외3, 평촌		I₁ 황사31,40 현동36,67	II 현동67 황사32,39 예둔56	복천38
3/4	III 황사1,32,35, 44,45 예둔56 윤외4,7 현동14	II 황사32,35, 44,45 현동14,19	I₂ 황사32,35, 44,45 현동9,14,19	III 윤외3 황사1,7,35,45	죽동1 복천57 옥전54
4/4	IV 황사4,36,47 현동18,24,45,51 예둔39 도항문42 오곡7	III 황사4,7,20,36 현동11,47 운천채집	I₃ 황사4,7,20 현동11,47 도항문32,33, 41,42	IV 황사4,26,36, 44,47 현동51	대성2 예안117 복천95
5C 1/4	V 도항문1,3,6,36, 44,48 현동12,42,50,61 오곡5	IV 황사26,47 현동3,43,50, 51,61 도항문48	II₁ 도항문3,36,48	V 도항문1,6,17, 33,44 현동12,50,61 오곡3,6	쾌빈1 예안130 옥전68 복천31,32
2/4	VI 마갑총 도항문10,20 도항경13 현동3	V 마갑총 도항문10 현동5,12,22,27, 42,48,56,60	II₂ 마갑총 도항문10 도항경13	VI 도항문3,10 도항경13 오곡5	옥전23 복천21,22 지산35 우수18
3/4	VII 도항4(구34) 도항문14,38,40 현동58 도항경16 마갑총주변1,2	VI 도항4(구34) 현36,54,57,58, 59,64 도항문14	III₁ 도항4(구34) 도항문14,39	VII 도항문38, 도항4(구34) 도항경16, 파괴분	지산32 옥전M1 우수16
4/4	VIII 도항문51,54 도항8,15 도항14-1	VII 도항25(구7) 도항창14-1 명관, 서동채집	III₂ 도항문38,54 도항8,15 도항창14-1	VIII 도항문20,54 도항창14-1 도항경61	옥전M3 지산44 우수14
6C 1/4	IX 암각화 도항22 도항문52 도항경3	VIII 도항창14-2	IV₁ 암각화 도항창14-2 도항문4,5	IX 암각화 도항경3,5 도항창14-2	지산45 옥전M6 연당23
2/4	X 도항문4,5,8,47 도항경31	IX 도항문4,5,47	IV₂ 도항문8,47	X 도항문4,5,8,13 도항경31	

2. 아라가야권[20]

아라가야권의 토기는 함안지역을 중심으로 다루어지지만 전기가야의 시기에는 함안을 비롯한 서부경남의 전 지역이 검토대상에 포함된다. 또한 아라가야권의 토기는 전기와 후기에 걸쳐 연속하여 이어지고 있으므로 전체 가야토기의 변화를 잘 보여주고 있다.

아라가야권의 토기 중 편년적인 속성의 변화가 뚜렷이 나타나는 기종으로는 노형기대와 발형기대, 통형고배 및 파수부배를 들 수 있다. 노형기대는 와질 노형기대의 계통을 잇고 있으며, 노형기대의 속성분석을 위한 요소로는 구경부의 형태, 구경부/동최대경의 비율, 구경부와 대각에 돌려진 돌대의 유무 등을 들 수 있다. 노형기대는 발형기대의 등장으로 소멸되며, 이후 발형기대는 '전환기 변동'을 거쳐 지역양식을 명확히 보여주는 형식으로 자리잡게 된다. 또, 통형고배는 배부의 형태 차이에 의해 크게 3유형으로 나눌 수 있으며, 배부와 대각의 변화에 의해 세분된 형식을 설정할 수 있다. 통형고배는 투공고배로 계통성을 이어가고 있으며, 이후 이단투창고배와 함안권의 새로운 상징성을 보여주는 화염형투창고배와 삼각투창고배의 등장으로 소멸된다.

아라가야권의 토기는 가야토기의 전체적인 변화를 보여주고 있으므로 I ~ X 단계로 나누어 살펴보도록 한다.

1) I 단계(도면 7-상)

전기가야토기 '咸安古式'[21]의 대표 기종인 통형고배가 출현하지 않은 단계로서, 이 단계의 기종 구성은 대체로 소문단경호 또는 승석문의 양이부단경호, 노형기대와

---

20) 아라가야권에 대한 기왕의 편년연구는 다음과 같다.
　　金正完 1994, 「咸安圈域 陶質土器의 編年과 分布 變化」, 慶北大學校 碩士學位論文.
　　禹枝南 2000, 「咸安地域 出土 陶質土器」 『咸安 道項里 末山里 遺蹟』, 경남고고학연구소.
　　李柱憲 2000, 「阿羅伽耶에 대한 考古學的 檢討」 『가야각국사의 재구성』, 부산대학교 한국민족문화연구소 · 가야사정책연구위원회.
21) 아라가야권의 가야토기는 전 · 후기별 지역양식의 양상이 서로 차이를 보이며 형성되어 있으므로, 아라가야의 지역성이 뚜렷한 후기의 지역양식을 '아라가야양식'으로 설정하고, 전기의 지역양식은 후기와 구분하기 위하여 '범영남양식(아라가야고식)'으로 부르고자 한다.

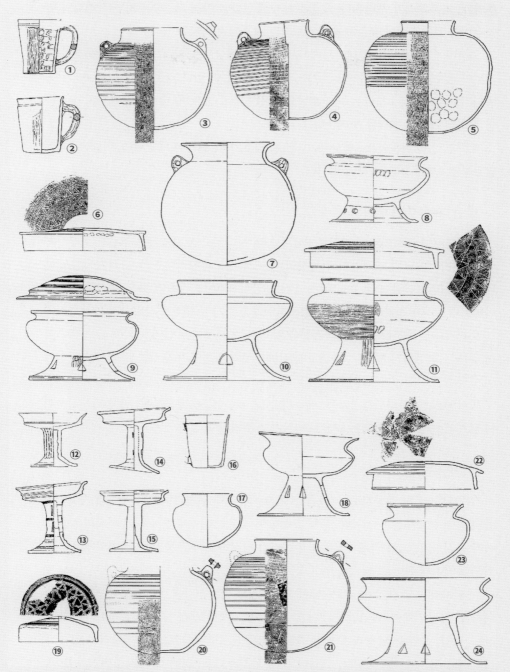

(I 단계 : ①예둔리51, ②황사리40, ③⑧⑪도항경33, ④⑦⑨도항문35, ⑤⑩예둔리26, ⑥도항문2, II 단계 : ⑫⑯현동
67, ⑬~⑮황사리도갱정리품, ⑰⑱황사리39, ⑲⑳예둔리2, ㉑예둔리12, ㉒~㉔예둔리48)

문양개, 파수부배가 해당된다. 도질토기가 출현하나 아직 와질토기의 제작기법인 마연수법과 와질소성이 잔존하여 와질토기의 전통이 이어지고 있다.

노형기대는 2유형이 존재하는데, 구경부가 직립상으로 외경하는 예둔리26호와 구경부가 C자상으로 외반하는 도항문2, 문35호를 들 수 있다. 노형기대는 문양개가 공반되기도 한다. 파수부배는 마연수법으로 정면하고 있으며, 승석문단경호의 구경부는 직립에 가까운 형태를 보여준다.

도항경33, 도항문2, 35, 황사40, 예둔26, 51호가 이 단계에 해당되며, 연대는 3세기 말로부터 4세기 1/4분기로 추정된다.

2) II단계(도면 7-하)

통형고배의 출현기로서 와질토기의 전통이 사라지고 도질토기가 주류를 형성하게 된다. 아라가야토기 전기양식이 형성되는 시기로서, 금관가야권의 '금관가야양식'에 대응되는 '범영남양식'을 표방한다. '범영남양식'의 해당 기종이 모두 출현하여 전기 아라가야토기가 정착되지만, 아직 주변지역과 교류가 뚜렷하게 나타나지 않는다.

노형기대는 예둔리 26호 형식계통을 따르며, 동체부에 돌선이 약하게 돌려지나 아직 돌대는 형성되지 않는다. 통형고배는 배신부의 하반부가 평평하고 배신부의 꺽임이 뚜렷한 초기형식이 해당된다.

황사리39, 황사리도갱정리품, 예둔리2, 12, 48, 현동67호, 윤외3, 평촌리채집품이 이 단계에 해당되며, 연대는 4세기 2/4분기로 추정된다.

3) III단계(도면 8-상)

'범영남양식'의 전성기로서 '금관가야양식'과 함께 전기가야토기의 양대 지역양식을 명확히 보여주는 단계이다. 통형고배의 형식 분화가 이루어져 여러 형식의 통형고배가 등장하고, 노형기대는 돌대가 돌려지기 시작하고 투공문 또는 소형의 삼각투창이 만들어지게 된다.

이 단계에는 아라가야토기가 합천, 경산, 칠곡, 경주, 김해, 부산 등과 교류가 이루어져 전 영남권에서 '범영남양식'이 부분적으로 분포양상을 보여주게 된다. 또 함안, 창녕, 밀양, 진주 등 남강과 낙동강 중류역을 중심으로 주 분포권을 형성하고 있으며, 각각 재지생산이 이루어진다. 그러나 동래 복천동57호, 김해 대성동 주변24호, 경주

(Ⅲ단계 : ①황사리35, ②죽동리1, ③⑩⑫황사리44, ④⑤황사리45, ⑥~⑧⑪황사리32, ⑨⑭황사리1, ⑬현동14,
Ⅳ단계 : ⑮⑯황사리47, ⑰~⑲황사리36, ⑳현동24, ㉑㉒현동45, ㉓㉗㉘황사리4, ㉔현동18, ㉕㉝현동51, ㉖㉚㉜도
항문42, ㉙오곡리7, ㉛예둔리39)

죽동리1호, 경산 임당저습지 등의 자료는 '범영남양식'의 교류에 의해 분포하였을 가능성이 높다.

통형고배의 형식 분화가 이루어져 여러 형식의 통형고배가 등장하고, 노형기대는 돌대가 돌려지기 시작하고 투공문 또는 소형의 삼각투창이 만들어지게 된다.

황사1, 32, 35, 44, 45, 윤외4, 7, 예둔리56, 현동14호가 이 단계에 해당되며, 연대는 4세기 3/4분기로 추정된다.

4) IV단계(도면 8-하)

아라가야토기의 '전환기 변동'은 노형기대와 통형고배, 파수부잔, 문양개, 단경호로 구성되는 전기 아라가야토기로부터 일대 변화가 나타나 이단투창고배와 발형기대, 투공고배가 출현함으로써 시작된다. 통형고배는 통형 대각이 나팔상으로 바뀌고 투공문이 다양하게 만들어진 투공고배로 전환되기 시작하며, 이단장방형투창고배도 새로 등장하게 된다. 또 통형고배와 노형기대의 형식이 자체적으로 발전된 양상도 보여주는데, 통형고배는 배신이 얕고 둥근 형태를 보이고 노형기대는 배신과 대각에 돌대가 2-3조 만들어지고 구경부가 짧아져 소형발형기대로 바뀌는 양상도 나타난다.

이러한 '전환기 변동'은 4세기 말부터 나타나기 시작하며 금관가야권에서도 유사하게 전개된다. 또한 이 단계에는 앞 단계까지 금관가야권과 아라가야권이 보여주었던 양대 지역양식의 강도가 미미해지면서 전 영남권에서 토기 형식의 공유(제작기술의 공유)에 의한 유사한 토기문화상이 표출되기 시작하며, 이러한 형식 공유에 의한 확산은 다음 단계까지 지속되어 '범영남양식'을 완성하게 된다.

황사4, 36, 47, 현동18, 24, 45, 51, 도항문42, 예둔39, 오곡7호가 해당되며, 연대는 4세기 4/4분기로 추정된다.

5) V단계(도면 9-상)

아라가야토기의 새로운 상징성을 보여주는 화염형투창고배가 출현하는 단계로서, 삼각투창고배의 고식을 비롯하여 뚜껑받이턱 하방에 1조의 돌대가 돌려지는 특징적인 이단장방형투창고배도 함께 나타난다. 투공고배의 지속과 함께 고배의 다양화가 나타나고 발형기대는 대형화되면서 2개의 유형으로 분화가 이루어지는 양상을

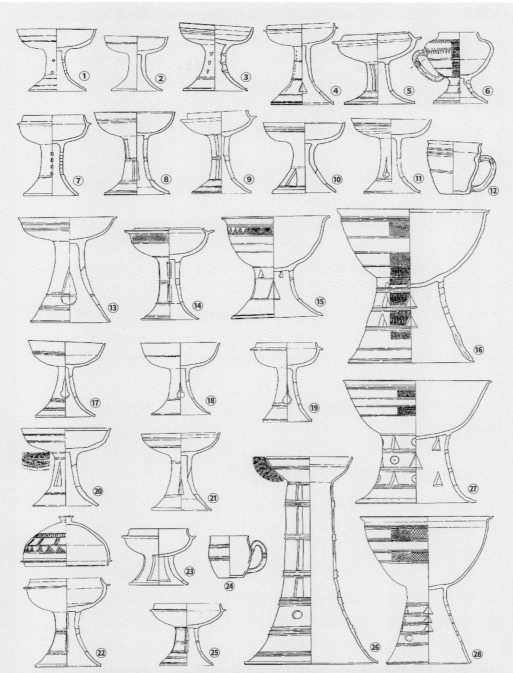

(Ⅴ단계：①현동50, ②현동42, ③⑧도항문44, ④⑦⑮도항문6, ⑥⑪오곡리5, ⑨현동12, ⑩현동61, ⑤⑫도항문1,
⑬⑯도항문3, ⑭도항문48, Ⅵ단계：⑰㉓㉔㉖㉗도항문10, ⑱도항문20, ⑲㉑마갑총 ⑳현동3, ㉒㉕㉘도항경13)

보여준다. 이처럼 이 단계는 고배와 발형기대의 형식이 다양화되는 특성을 찾아볼 수 있다.

또 전 단계부터 시작된 '전환기 변동'이 지속되는 시기로서, 나팔상의 대각과 다양한 형태의 투창, 새로운 문양 구성 등 일대 변동이 전개된다. 특히 화염형투창고배가 새롭게 등장함으로써 후기 아라가야토기의 시원기 양상도 함께 보여준다.

도항문1, 3, 6, 44, 48, 현동12, 42, 50, 61, 오곡5호가 이 단계에 해당되며, 연대는 5세기 1/4분기로 추정된다.

6) VI단계(도면 9-하)

함안권을 중심으로 '아라가야양식'의 후기 아라가야토기가 형성되는데, 전 단계부터 지역양식적 특징을 보여주는 화염형투창고배가 본 단계에 전성기 양상을 보여주고 이단투창고배, 발형기대, 파수부배가 아라가야토기의 새로운 지역양식의 특성을 잘 보여주게 된다.

이로써 함안권에서는 후기가야토기 3대 지역양식의 하나인 '아라가야양식'의 아라가야토기가 성립되며, 이들은 전환기의 토기 형식을 이어받거나 전기로부터 계기적인 발전을 보여주는 것으로 파악되므로 후기 아라가야토기는 전기와 계통적으로 이어지고 있음을 알 수 있다.

마갑총, 도항문10, 20, 도항경13, 현동3호가 해당되며, 연대는 5세기 2/4분기로 추정된다.

7) VII단계(도면 10-상)

아라가야토기의 이단투창고배, 화염형투창고배, 발형기대, 파수부배가 형식상 정형화되어 아라가야양식의 구성요소가 안정화됨으로써 이때부터 일정기간 동안 지속되는 양상이 전개된다.

이 단계부터 아라가야권에서는 삼각투창고배의 초기형식이 사라지게 되며, 화염형투창고배도 미약한 지속을 보여준다. 그리고 소형의 고리형파수가 달린 특징적인 파수부고배가 출현하고 발형기대에는 동심원문이 주 문양으로 채용된다.

한편, 앞 단계까지 유지되었던 삼각투창고배가 미미해지고 발전된 신형식이 소가야권에서 출현하는 것으로 보아 이 단계 이후에 삼각투창고배의 주분포권이 소가야

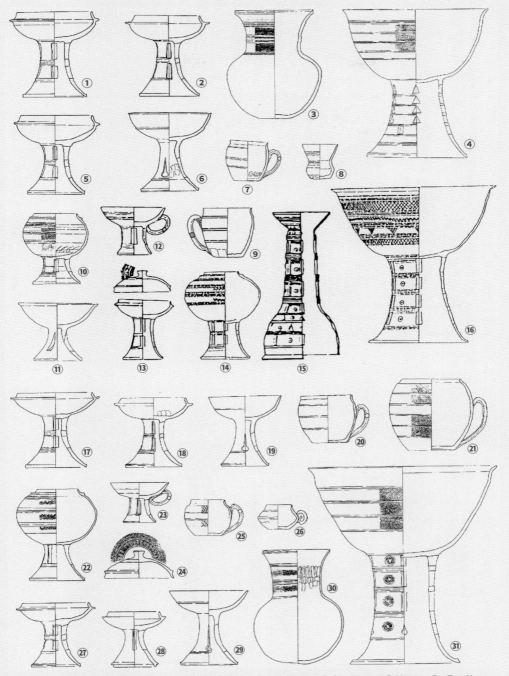

(Ⅶ단계 : ①⑨도항문14, ②도항문38, ③⑦⑧⑩도항경16, ④마갑총주변1, ⑤⑥도항문40, ⑪현동58, ⑫~⑯도항4,
　Ⅷ단계 : ⑰도항문51, ⑱~㉓㉕㉖㉚도항문54, ㉔㉗~㉙㉛도항15)

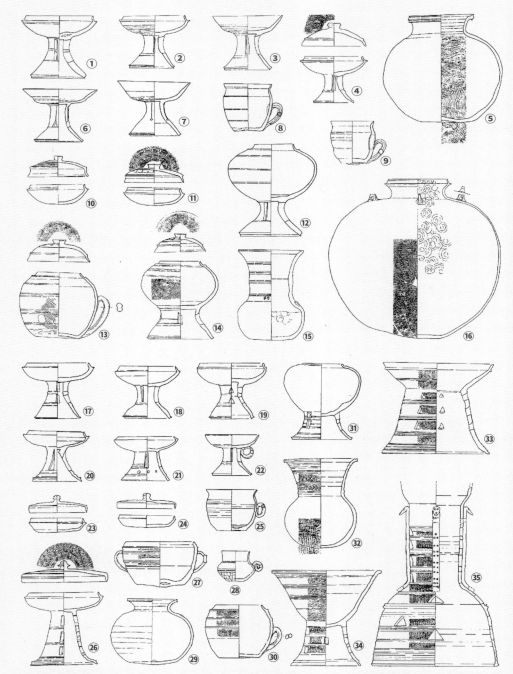

(IX단계 : ①⑤~⑧⑪⑫⑮⑯암각화 ②③⑨⑩⑬⑭도항경3, ④도항문52, Ⅹ단계 : ⑰⑱⑳~㉒㉔㉗㉚~㉞도항문47, ⑲㉕도항문4, ㉓㉖도항문5, ㉘㉙도항경31, ㉟도항문8)

권으로 이동된 것으로 보인다.

또한 소가야권과 양식상으로 뚜렷이 구분됨으로 인해 아라가야토기의 분포권이 축소되는 현상이 나타나며, 묘제는 목곽묘로부터 수혈식석곽묘로 바뀌고 대형의 고 총분이 정착된다.

도항4(구34), 도항문14, 38, 40, 마갑총주변1, 2, 도항경16, 현동58호가 해당되며, 연대는 5세기 3/4분기로 추정된다.

8) Ⅷ단계(도면 10-하)

'아라가야양식'의 아라가야토기가 발전하는 시기로서, 이단투창고배, 화염형투창 고배, 발형기대, 파수부배가 형식변화를 보이면서 유지되는 가운데서 새로운 기종으로서 판상파수가 달린 대형배가 처음 등장한다.

도항8, 15, 14-1, 도항문51, 54호가 해당되며, 연대는 5세기 4/4분기로 추정된다.

9) Ⅸ단계(도면 11-상)

아라가야토기의 발전이 정체되고 형식의 변동이 나타나는 단계로서, 새로운 변동에 의한 퇴화양상을 보여준다. 이단투창고배의 배신이 둥글어지고 고배 대각이 깔대기형을 보여주는 변화가 나타난다. 또, 화염형투창고배의 화염형투창이 형식화되어 종말기의 모습을 보여준다.

암각화, 도항22, 도항문52, 도항경3호가 해당되며, 연대는 6세기 1/4분기로 추정된다.

10) Ⅹ단계(도면 11-하)

아라가야토기가 존속하는 가운데서 대가야토기와 신라토기를 비롯한 외래 토기의 역내 유입이 확대되면서 점차 아라가야토기가 소멸기에 접어들게 된다. 대가야토기의 퇴화된 형식들이 집중 유입되며, 아울러 소가야토기와 백제권의 토기도 함께 나타난다. 외래토기의 유입으로 인해 아라가야토기의 분포비율이 위축되며, 새로운 횡혈식의 묘제가 등장하는 변화도 보인다.

도항문4, 5, 8, 47, 도항경31호가 해당되며, 연대는 6세기 2/4분기로 추정된다.

3. 소가야권[22]

소가야권은 진주를 비롯한 남강 중상류지역과 고성을 비롯한 경남서부해안지역이 해당된다. 이 지역에는 진주 압사리, 원당리, 평촌리 등에서 4세기후반대의 통형고배가 채집·소개된 바 있으나, 아직 발굴조사에 의한 보고 자료가 부족하여 전반적인 양상을 확인하기는 어려운 상황이다. 대체로 5세기 2/4분기 이전에는 아라가야권과 동일한 토기문화를 형성하고 있는 것으로 이해된다. 따라서 I~VI단계는 자료의 부족으로 인해 다룰 수 없으므로 후기가야와 관련된 V단계부터 검토대상으로 한다.

소가야권의 토기 중 일단장방형투창고배와 수평구연호, 삼각투창고배는 편년분석을 위한 형식분류를 앞서 수행한 바 있으며[23], 세부적인 변화양상에 대해서는 선행 검토로 대신하고자 한다.

1) V단계(도면 12-상)

전기가야토기의 '전환기 변동'이 전개되는 아라가야권의 토기문화와 대체적으로 동질성을 유지하며, 소가야권에 새로 삼각투창고배가 출현한다. 이 단계의 토기 자료로는 대각에 투공문이 찍힌 무개식투공고배, 이단투창고배, 일단투창고배, 배신 하방에 2조의 돌대가 돌려지고 뚜껑받이턱이 돌출하는 특징을 가진 유개식삼각투창고배, 배신 중위의 꺾임과 함께 상단에 돌대가 돌려지고 대각의 투창 상하방에 각 1조의 돌대가 돌려지는 무개식삼각투창고배, 배신에 거치문이 시문되고 대각에 삼각투창이 2단으로 뚫린 발형기대를 들 수 있다.

---

22) 소가야권에 대한 기왕의 편년연구는 다음과 같다.

趙榮齊, 1985, 「水平口緣壺에 대한 一考察」『慶尙史學』 創刊號, 경상대학교 사학회.

趙榮齊, 1990, 「三角透窓高杯에 대한 一考察」『嶺南考古學』 7.

趙榮齊, 2001, 「水平口緣 鉢形器臺에 대하여」『韓國考古學報』 44.

朴升圭, 2000, 「考古學을 통해 본 小加耶」『考古學을 통해 본 加耶』, 한국고고학회

朴升圭, 2005, 「소가야권의 토기변동과 대외교섭」『가야의 해상세력』, 김해시.

尹貞姬, 1997, 「小伽耶土器의 成立과 展開」, 경남대학교대학원 석사학위논문.

河承哲, 2001, 「加耶西南部地域 出土 陶質土器에 대한 一考察」, 경상대학교대학원 석사학위논문.

23) 朴升圭, 1990, 「一段長方形透窓高杯에 대한 考察」, 동의대학교대학원 석사학위논문.

朴升圭, 1993, 「慶南 西南部地域 陶質土器에 대한 研究」『慶尙史學』 9, 경상대학교 사학회.

<도면 12> 소가야권 토기의 편년단계

(Ⅴ단계 : ①⑤~⑦⑬예둔리43, ②④⑨⑪하촌리채집, ③우수리채집, ⑧오곡리11, ⑩가곡리채집, ⑫중촌리3남토광,
Ⅵ단계 : ⑭옥산리43, ⑮고성종고소장품, ⑯서동리채집, ⑰⑱㉔㉕우수리18, ⑲⑳옥산리70, ㉑중촌리3서토광, ㉒중촌
리채집, ㉓옥산리38)

의령 예둔리43호, 산청 중촌리3호남토광, 진주 하촌리·가곡리·우수리 채집품 등이 해당되며, 연대는 4세기말로부터 5세기 1/4분기로 추정된다.

2) VI단계(도면 12-하)

후기가야토기의 지역양식이 등장하는 단계로서, 아직 전 단계를 계승하는 요소가 상당수 남아 있으나, 대각의 돌대가 사라진 무개식 삼각투창고배와 일단장방형투창고배의 출현은 지역양식의 성립을 보여주는 양상이다. 즉 아라가야권과 소가야권의 토기문화가 부분적으로 동질성을 유지하고 있으나 소가야권의 새로운 토기형식으로 무개식삼각투창고배와 일단장방형투창고배가 나타남으로써 지역양식의 등장이라는 가야토기 후기의 전체적인 흐름을 따르고 있다.

이 단계에 해당되는 토기는 삼각투창고배가 주종을 이루는데, 삼각투창고배는 무개식과 유개식이 형식변화에서 뚜렷한 차이를 보여준다. 삼각투창고배 무개식은 배신 중위에 꺾임이 나타나고 대각의 투창하방에 1조의 돌대가 돌려지는 형식과 배신과 대각 모두에 돌대가 만들어지지 않는 형식으로 구분되는데, 형식변화로 볼 때 前者의 형식이 고식이나 본 단계에 함께 포함시켜 둔다. 유개식은 대각의 투창 하방에 돌대가 돌려지는 속성을 유지하고 있음을 볼 때 전 단계의 계통을 따르고 있으며, 배신은 일단장방형투창고배와 동일한 형식을 보여준다. 일단장방형투창고배는 정형화 이전의 형식으로 산청 중촌리 채집품과 고성 송학동 출토품이 해당되는데, 대형으로 배신의 폭이 넓고 하방이 둥글며 대각 하방의 꺾임이 이루어지 않은 단계이다. 이 단계의 일단장방형투창고배는 유개식삼각투창고배와 배신형태에 있어서는 동일 형식을 보여준다. 장경호 및 발형기대는 아직 수평구연이 형성되지 않은 단계이나 소가야 양식의 선행 형식을 보여주고 있다.

진주 우수리18호, 산청 중촌리3호-서토광, 옥산리38, 43, 70호, 산청 중촌리채집품, 고성 송학동, 용전리, 학림리채집품이 해당되며, 연대는 5세기 2/4분기로 추정된다.

3) VII단계(도면 13-상)

소가야양식의 지역양식이 정형화되는 시기로서, 후기가야토기의 한 지역양식을 명확히 보여주는 단계이다. 일단장방형투창고배의 정형이 이루어지고 장경호와 발형기대는 수평구연의 초기형태를 보여준다. 유개식삼각투창고배와 일단장방형투창고

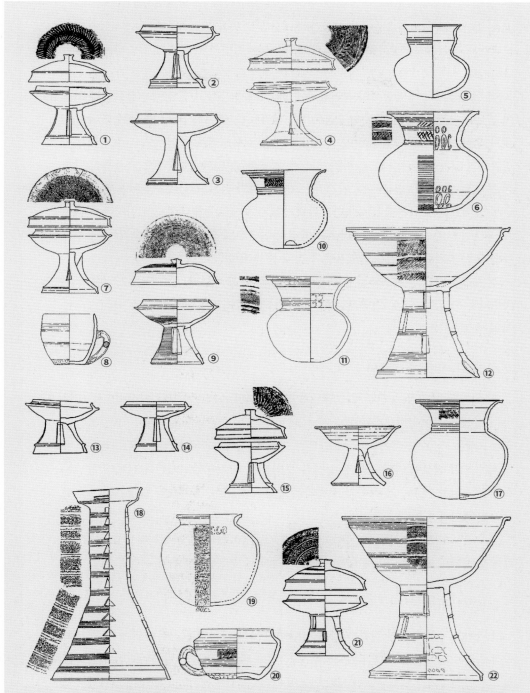

(VII단계 : ①예둔리1, ②예둔리54, ③고이리나-12, ④⑪연당리14, ⑤고이리나-10, ⑥⑨우수리16, ⑦중촌리3동석곽,
⑧예둔리25, ⑩고이리나-3, ⑫예둔리57,
VIII단계 : ⑬⑱⑲가좌동1, ⑭고이리나-17, ⑮㉑배만골채집 ⑯예둔리27, ⑰사촌리채집, ⑳㉒우수리14)

배는 전단계로부터 계속하여 배신의 형태에서 동일형식을 보여주며, 유개식삼각투창 고배는 무개식삼각투창고배에 비해 개체수가 많아지면서 이 단계에 집중되는 현상이 나타난다.

이 단계부터 소가야양식의 지역양식은 일단장방형투창고배, 삼각투창고배와 더불어 발형기대, 광구장경호, 수평구연호, 개, 컵형토기, 통형기대에 의해 정형화되며, 5세기 후반~6세기 초의 시간적인 특정성과 더불어 분포권에 있어서도 진주, 산청, 의령지역의 남강유역권과 고성, 사천, 하동을 비롯한 남해안권에서 주요 기종들이 안정된 분포를 보여주고 있음은 이 단계가 소가야토기의 전성기임을 보여준다. 아울러 본 단계에 이르러 소가야토기는 아라가야토기와 대가야토기에 대비되어 일정한 시간성과 공간성을 가지게 됨으로서 이 시기에 소가야권으로 설정되는 일정 지역에 후기가야의 유력 정치집단이 존재하였음을 추정해 볼 수 있다.

진주 우수리12, 16호, 산청 중촌리3호-동석곽, 의령 예둔리1, 25, 54, 57호, 하동 고이리나3, 10, 12호, 고성 연당리14호, 마산 현동54호가 해당되며, 연대는 5세기 3/4분기로 추정된다.

4) VIII단계(도면 13-하)

이 단계의 문화상은 전단계의 양상과 유사하지만 소가야토기가 지속적으로 발전하는 양상을 보여준다. 이 단계에 해당되는 각 기종의 양상을 살펴보면, 일단장방형투창고배는 기고가 낮아지고 구연단부가 둥글게 처리되는 양상이 보이고 대각 하방의 특징적인 형식이 나타나 발전 양상을 보여준다. 삼각투창고배는 전단계의 양상이 지속되나 점차 개체수가 적어져 소멸되는 양상을 보이며, 장경호와 발형기대는 수평구연을 형성하게 된다.

진주 우수리14호, 의령 예둔리27호, 진주 가좌동1호, 하동 고이리나17호, 진주 배만골채집자료가 해당되며, 연대는 5세기 4/4분기로 추정된다.

5) IX단계(도면 14-상)

소가야토기의 형식이 점차 퇴화되는 단계로서, 대가야의 남강유역권에 대한 세력 확장으로 소가야권의 권역이 위축되고 이로 인해 남강유역권과 남해안권이 형성하였던 소가야연맹체가 해체되는 정세의 변동이 나타난다. 이 단계의 후반부에는 남강유역

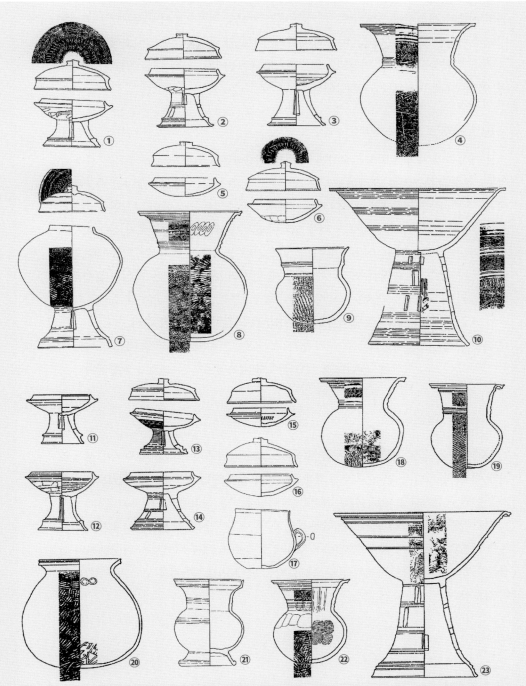

(IX단계 : ①②⑧천곡리10-1, ③⑨가좌동2, ④⑥⑩연당리23, ⑤⑦내산리8, X단계 : ⑪가좌동4, ⑫⑭연당리18, ⑬운곡리2, ⑮⑲㉓배만골채집, ⑯천곡리35-3, ⑰⑱천곡리35-2, ⑳천곡리3, ㉑㉒천곡리4-1)

권의 진주와 산청지역에 대가야토기가 지배적 확산을 이룸으로써 이로부터 대가야연맹체에 편입된 것으로 보인다. 이 단계에 수평구연호와 타날문단경호가 소형화된다.

진주 가좌동2호, 고성 연당리23호, 의령 천곡리10-1호, 고성 내산리8호가 해당되며, 연대는 6세기 1/4분기가 해당된다.

6) X단계(도면 14-하)

소가야권의 재지토기가 존속하는 가운데서 지배층의 묘역으로 추정되는 진주 수정봉 · 옥봉고분군에는 대가야토기가 집중적으로 확산되는 양상을 보여준다. 이 단계에는 남강유역권에 대한 대가야의 지배체제가 유지되는 가운데서 고성권을 비롯한 소가야권의 잔존지역에도 신라토기와 대가야토기가 함께 파급됨으로써, 소가야토기가 점차 소멸된다. 이후 소가야권에는 신라토기가 등장하여 소가야토기를 대체함으로써 소가야토기는 완전히 소멸하게 된다. 이 단계의 소가야토기는 소성이 불량해지고 부장되는 기종도 극히 제한적이다. 일단장방형투창고배는 기고가 축소되고 구연단이 뾰족하게 처리되며, 수평구연호는 구연부가 외절하는 변화를 나타낸다.

진주 수정봉2호, 옥봉7호, 진주 가좌동4호, 고성 연당리18호, 고성 내산리34호, 의령 천곡리35-2호, 의령 운곡리2호가 해당되며, 연대는 6세기 2/4분기가 해당된다.

4. 대가야권(고령 · 합천권)

대가야권은 고령 지산동고분군을 중심으로 북부가야권이 해당되며, 대가야권의 토기에 대해서는 이미 많은 연구자에 의해 <표 2>와 같이 편년연구가 이루어졌으며, 기왕의 편년연구 성과를 토대로 대가야토기의 지역별 편년을 정리하면 <표 3>과 같다.

대가야권의 4세기대 토기로는 반운리의 소개 자료[24]가 있으나, 아직 4세기대의 자료는 충분히 확보되지 않은 상태이다. 그러므로 I~IV단계에 대해서는 편년단계의 설정을 유보하고, 대가야토기의 등장으로부터 소멸에 이르기까지를 V~X단계로 나누어 검토한다.

---

24) 洪鎭根, 1992, 「高靈 盤雲里 瓦質土器遺蹟」 『嶺南考古學』 10.

<표 2> 대가야토기의 편년안 대비

구분 년대	禹枝南[25]	李熙濬[26]	趙榮濟[27]	朴天秀[28]	金斗喆[29]
350			Ⅰc: 玉田17,40	Ⅰ:快賓1, 玉田68 Ⅱ: 玉田23	
400	Ⅰ: 池山35 池山33	Ⅰ: 池山35 Ⅱ: 池山32,33	Ⅱ: 玉田23,67-A,B 68,42,47 Ⅲ: 玉田M1,M2 11,31	Ⅲ: 池山35 Ⅳ: 池山32~34 月山M1-A	Ⅰ: 快賓1 Ⅱ: 玉田23
450	Ⅱ: 池山32, 池山34	Ⅲ: 玉田M3,70 Ⅳ: 池山44, 玉田M6, 白川里1-3	Ⅳa: 玉田M3,70,82 2,7	Ⅴ: 玉田M3, 白川1-3, 磻溪堤가A,다A Ⅵ: 池山44, 玉田M4 磻溪堤가B	Ⅲ: *福泉53 Ⅳ: 池山35, 玉田M2 Ⅴ: 池山32, 月山M1 Ⅵ: 玉田M3
500	Ⅲ: 池山44, 池山45	Ⅴ: 池山45, 玉田M4, 玉田M7 Ⅵ: 斗洛1, 玉峰7	Ⅳb: 玉田M4, M7 80, 85 Ⅴ: 玉田M6, M10 78, 86	Ⅶ: 池山45, 斗洛1, 玉田M6 Ⅷ: 玉田M10, 三嘉1-A 鳳溪대형분	Ⅶ: 白川里1, 磻溪堤가A Ⅷ: 池山44, 玉田M4,M7 Ⅸ: 池山45, 玉田M6 Ⅹ: 玉田M10, 玉峰7
550	Ⅳ: 三嘉1-A		Ⅵ: 玉田M11	Ⅸ: 苧浦D1-1, 玉田 M11, 水精峰2, 玉峰7	Ⅺ: 玉田M11, 水精峰3

<표 3> 대가야토기의 지역별 편년

단계	년대	고령	합천	호남동부	기타 지역
Ⅴ	5C 1/4	쾌빈1	옥전68		
Ⅵ	2/4	지산35,30	옥전23		
Ⅶ	3/4	지산32,34	옥전M1, M2 옥전20, 28, 35		
Ⅷ	4/4	지산44	옥전M3 반계제가A 옥전M4, M7	남원 월산M1-A 장수 삼고리13	함양 백천1-3
Ⅸ	6C 1/4	지산45,45-3 반계제다B 본관36	옥전M6	남원 두락1	창원 다호B1 고성 율대2
Ⅹ	2/4		옥전M10 삼가1-A 저포D1-1	남원 두락2	진주 수정봉2, 옥봉7 의령 운곡1 함안 도항5, 8

25) 禹枝南, 1987, 「大加耶古墳의 編年」, 서울대학교 석사학위논문.

26) 李熙濬, 1994, 「高靈樣式 土器 出土 古墳의 편년」 『嶺南考古學』 15.

<도면 15> 대가야권 토기의 편년단계

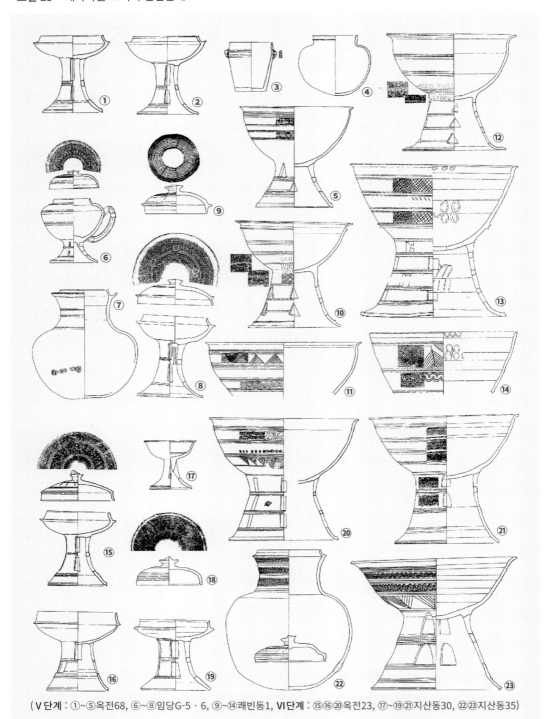

(Ⅴ단계 : ①~⑤옥전68, ⑥~⑧임당G-5·6, ⑨~⑭쾌빈동1, Ⅵ단계 : ⑮⑯⑳옥전23, ⑰~⑲㉑지산동30, ㉒㉓지산동35)

1) V단계(도면 15-상)

전기가야토기는 4세기 말로부터 5세기 1/4분기에 나타나는 '전환기 변동'을 거쳐 후기가야토기로 이행하는데, 대가야권에서는 高靈 快賓洞1호와 陜川 玉田68호의 목곽묘에서 그 양상이 뚜렷이 확인되고 있다.

이 단계는 발형기대의 다양성과 장경호가 출현하는 양상이 확인되며, 이단장방형 투창고배가 새로운 기종으로 자리잡게 된다. 아직 후기가야토기의 제 지역양식이 정립되기 이전의 대가야토기 시원기로서 전환기의 변동이 영향을 미치는 시기이다.

快賓洞1호, 玉田68호가 이 단계에 해당되며, 연대는 4세기 말로부터 5세기 1/4분기로 추정된다.

2) VI단계(도면 15-하)

'전환기 변동'에 이어 대가야양식의 대가야토기가 성립되어 후기가야토기의 단계로 진입하게 된다. 이 단계의 초기에 해당되는 옥전23호에서 대가야토기의 직전 형식들이 존속하여 洛東江하류역과 신라권으로부터 새로운 토기문화를 수용하는 교류양상도 찾아볼 수 있다. 뒤이어 지산동35호에서는 대가야토기의 지역양식을 표방하게 되는데, 이들은 종형투창이 뚫린 대형발형기대, 장방형투창과 광폭의 대각을 가진 이단투창고배 등 지역적 특성을 잘 보여주고 있다.

옥전23호, 지산동35, 30호가 이 단계에 해당되며, 연대는 5세기 2/4분기로 추정된다.

3) VII단계(도면 16-상)

대가야토기가 정형화를 이루는 단계로서, 대가야토기는 엽맥문이 시문된 대형발형기대, 이단장방형투창고배, 단추형 및 보주형꼭지를 가진 개, 일단다투창고배, 뚜껑받이턱이 발달된 장경호, 평저연질단경호와 꼭지달린 연질개, 蛇頭形장식이 달린 통형기대 등 지역적 특성을 나타내는 기형으로 구성되어 상호 조합관계에 의해 강한 지역양식을 표방하게 된다.

---

27) 趙榮濟, 1996, 「玉田古墳의 編年」『嶺南考古學』 18.
28) 朴天秀, 1998, 「大加耶圈 墳墓의 編年」『韓國考古學報』 39.
29) 金斗喆, 2001, 「大加耶古墳의 編年 檢討」『韓國考古學報』 45.

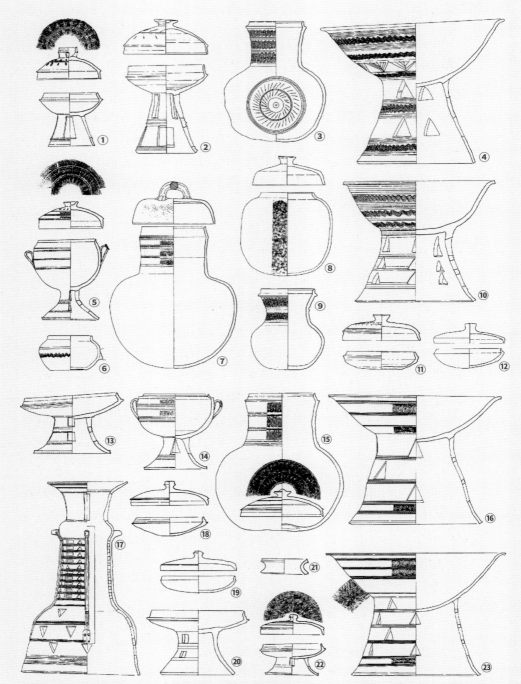

(VII단계 : ①⑤⑦옥전M1, ②~④⑧⑪지산동32, ⑥⑨⑩⑫지산동34, VIII단계 : ⑬⑮⑯옥전M3, ⑭백천1-3, ⑰⑫옥전M4, ⑱㉑㉓옥전M7, ⑲⑳지산동44)

대가야토기가 정착된 이후 서진에 의한 교류적 확산이 이루어지기 시작하며, 재지세력과 공존하는 양상을 보여준다.

池山32, 34, 옥전M1, 20, 28, 35호가 해당되며, 연대는 5세기 3/4분기로 추정된다.

4) Ⅷ단계(도면 16-하)

대가야는 전단계의 교류적 확산을 거치면서 정치적으로 확실한 세력 기반을 구축하게 되며, 이 단계부터 대가야토기가 가야 북부권에 대한 확산이 지속적으로 이루어져 재지세력에 대한 통제가 가능한 수준에 이르게 된다. 이 단계의 대가야토기는 기종별로 형식의 발전이 뚜렷이 나타나는데, 이단투창고배의 배신과 대각의 폭이 넓어지고 장방형투창이 만들어지는 양상, 대형발형기대의 파상문 시문과 삼각투창의 설치, 대부파수부발의 판상파수와 대각의 삼각투창 설치, 점열문이 시문되고 보주형꼭지를 가진 개, 연질개, 저평통형기대 등에 의한 발전된 대가야토기가 대대적인 확산을 통해 광역적인 분포권을 이루게 된다.

玉田M3, M4, M7호, 礴溪堤가A호, 지산동44호, 백천1-3호, 三顧里13호가 해당되며, 연대는 5세기 4/4분기로 추정된다.

5) Ⅸ단계(도면 17-상)

대가야토기의 대외 확산으로 인한 주변지역과의 교섭에 의해 새로운 양식구성요소가 일부 출현함으로써 전 단계와 이질적인 양상을 보여준다. 이는 대가야의 西進에 의해 백제권과 교섭이 이루어짐으로써 대가야토기에 백제적 요소가 도입되어 변동이 초래된 것으로 추정된다. 이 단계에 보이는 양식구성의 변동은 초기 형식의 퇴조와 더불어 변형이 나타나거나 완전히 이질적인 형식이 등장하는 경우가 있는데, 발형기대의 형식변화가 뚜렷이 나타나는 경우(玉田M6, 斗洛1)와 이질적인 기종의 단각발형기대와 중경호가 등장하는 경우(池山45, 礴溪堤다B)를 통해 찾아볼 수 있다.

이 단계에는 이질적인 요소를 가진 기종이 등장하는 변화와 더불어 대가야토기의 대외 확산방향의 변화도 나타나는데, 종래 이루어진 西進에 의한 대외확산이 南進으로 확산경로의 변화가 나타난다.

지산동45호, 본관동36호, 반계제다B호, 玉田M6호, 두락리1호가 해당되며, 연대는 6세기 1/4분기로 추정된다.

<도면 17> 대가야권 토기의 편년단계

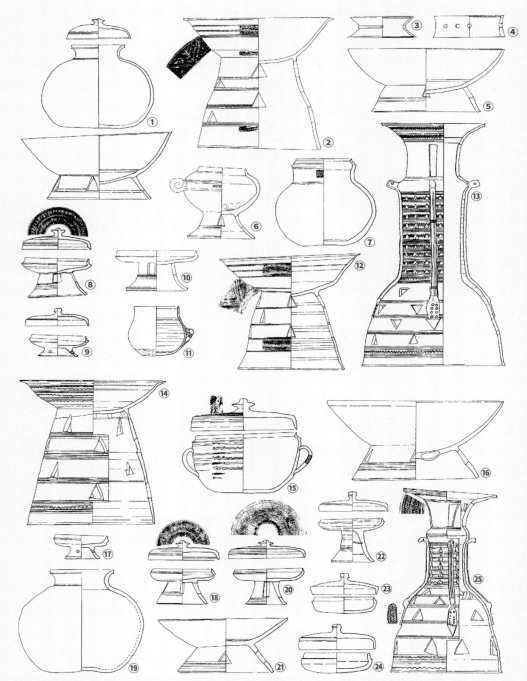

(IX단계 : ①지산45, ②~⑤⑩두락리1, ⑥⑦지산 45-3, ⑧⑪⑫옥전M6, ⑨옥전M6-1, ⑬본관동36, X단계 : ⑭옥봉7, ⑮⑯㉓㉔삼가1-A, ⑰⑱옥전78, ⑲옥전M10, ⑳㉑저포DⅠ-1, ㉒㉕수정봉2)

6) X단계(도면 17-하)

대가야의 세력 위축과 전체 가야권에 대한 대내통합 실패로 대가야의 정치적 위상이 침체되는 양상을 맞이하게 된다. 대가야토기의 형식상 퇴화가 급격히 이루어지며, 이 단계의 대외확산은 신라토기와 동반되는 양상을 보여준다. 이 단계에 해당되는 대가야토기는 고배, 개, 개배 등 한정된 기종만이 분포하며, 대가야토기의 지역양식이 소멸된 상태로서 곧바로 신라후기양식 토기로 대체된다.

三嘉1-A, 玉田M10, 水精峰2, 玉峰7를 비롯하여 옥전M11, 저포DⅠ-1호가 해당되며, 연대는 대가야가 멸망하기까지의 6세기 2/4분기로부터 6세기 중엽에 해당된다.

Ⅱ. 편년 종합

1. 교차분석

권역간 편년의 교차 분석은 특정 유구에서 공반 출토된 교류 자료를 상대 분석하거나, 2곳 이상의 유구에서 출토된 자료의 삼각 분석을 시도함으로써 가능하다. 이러한 방법에 대해서는 가야고분의 지역간 병행관계를 설정하기 위하여 시도된 바 있으며[30], 또 개별 조사보고서의 편년 근거를 확보하기 위한 방법으로서도 자주 활용되고 있다. 여기서는 기왕의 검토에서 대체적인 공감을 보여주고 있는 자료들에 대한 형식상 교차 대비의 분석을 통해 권역간 편년의 병행관계를 설정하고자 한다.

먼저 4세기 3/4분기의 병행관계를 살펴보면(도면 18), 전기가야토기에 해당되는 대표적인 교류자료로는 동래 복천동57호에 보이는 '함안고식'의 외래계 토기 자료를 들 수 있다. 복천동57호의 단각외절구연고배(도면 18-②, ③)와 판상파수가 달린 노형기대(도면 18-⑯)는 재지계 자료로서 금관가야권 Ⅲ단계에 해당되며, 부곽의 외래계 자료인 통형고배(도면 18-①)는 함안 황사리35(도면 18-④), 32호분 출토품(도면 18-⑤)과 동시기 형식을 보여주고 있으므로 복천동57호의 금관가야권 Ⅲ단계는 함안 황사리35, 32호

---

30) 朴天秀, 2002, 「地域間 並行關係로 본 加耶古墳의 編年」『가야고고학의 새로운 조명』, 부산대학교 한국민족문화연구소.

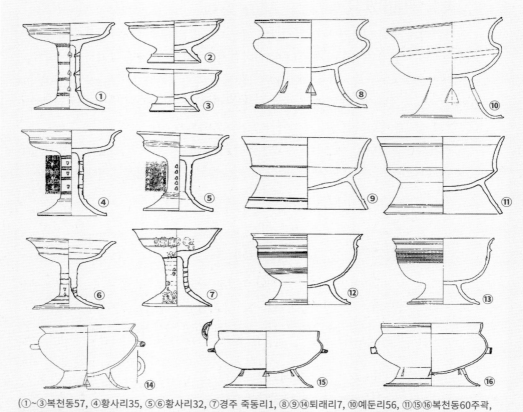

(①~③복천동57, ④황사리35, ⑤⑥황사리32, ⑦경주 죽동리1, ⑧⑨⑭퇴래리7, ⑩예둔리56, ⑪⑮⑯복천동60주곽, ⑫복천동69, ⑬황사리1)

분[31]의 아라가야권 Ⅲ단계와 동일 단계에 해당됨을 알 수 있다.

또, 복천동60호주곽의 단면원형의 환형파수가 부착된 노형기대(도면 18-⑮) 와 대부 발(도면 18-⑪)은 김해 퇴래리7호 출토 노형기대(도면 18-⑭) 및 대부발(도면 18-⑨)과 동일 형식을 보여주고 있으며, 퇴래리7호 출토 무파수노형기대(도면 18-⑧)는 예둔리56호에

---

31) 황사리32호의 통형고배와 공반된 또 다른 형식의 통형고배(도면 18-⑥)는 경주 죽동리1 호분의 통형고배(도면 18-⑦)와 동일 형식을 보여주고 있으므로 죽동리1호분도 본 단계로 편년할 수 있다.

서 출토된 노형기대(도면 18-⑩)와 동일 형식을 보여주고 있다. 그러므로 복천동60호주 곽과 퇴래리7호, 예둔리56호는 동일 시기의 자료로 볼 수 있으며, 이를 통해 금관가 야권 III단계는 아라가야권 III단계와 동일 단계임을 삼각 대비를 통해 재차 확인할 수 있다.

그리고 동래 복천동69호(도면 18-⑫)와 함안 황사리1호(도면 18-⑬)의 이형노형기대 역시 동일 형식을 유지하고 있는 것으로 보아 금관가야권 III단계와 아라가야권 III단 계가 동일 단계임을 입증해 주고 있다.

다음으로 5세기 2/4분기(VI단계)에 해당되는 교류 자료(도면 19) 중에서 권역간 교 차 대비가 가능한 것으로는, 금관가야권의 복천동 학소대1구1호(도면 19-⑩, ⑪), 복 천동21, 22호(도면 19-⑨)의 이단엇갈린투창고배와 대가야권의 옥전23호(도면 19-⑫) 이단엇갈린투창고배를 교차 대비하면 동일 형식을 보여주고 있는 것으로 파악된다. 또, 금관가야권의 복천동 학소대1구1호(도면 19-①, ②)와 대가야권의 옥전23호(도면 19-⑧), 아라가야권의 현동22호(도면 19-⑤)와 마갑총(도면 19-④)에서 출토된 이단일렬투창 고배 역시 동일 형식으로 인정할 수 있다. 그리고 금관가야권의 복천동 학소대1구1호 와 소가야권의 우수리18호에서 출토된 소가야토기의 발형기대는 동일 형식으로 인 정할 수 있다.

따라서 앞서 제시한 자료들에 대한 검토 결과로 보아 금관가야권, 아라가야권, 대 가야권, 소가야권의 VI단계는 동일 단계에 해당됨을 알 수 있다.

마지막으로 5세기 3/4분기(VII단계)의 병행관계로는 대가야권의 옥전35호(도면 20-①)와 아라가야권의 현동54(도면 20-②), 64호(도면 20-③)에서 출토된 소가야토기 발형 기대의 형식 비교에 의해 동일 형식을 보여주고 있음을 알 수 있다. 그리고 이와 대비 되는 소가야권의 예둔리57호(도면 20-④) 발형기대는 소가야권의 VII단계에 해당되는 형식을 보여주고 있으므로 대가야권, 아라가야권, 소가야권 VII단계가 동일 단계임을 파악할 수 있다(도면 20).

이외에도 아라가야권의 도항문47호에는 대가야권에서 주로 출토되는 유두형꼭지 달린뚜껑과 조합되는 개배와 소가야권의 수평구연호와 수평구연발형기대, 단경호가 공반하고 있다. 도항문47호에서 출토된 대가야토기는 대가야권 X단계에 해당되고, 소가야토기는 소가야권 X단계에 해당되는 것으로 미루어 볼 때, 도항문47호의 아라 가야권 X단계는 대가야권, 소가야권과 동일 단계임을 확인할 수 있다.

한편, 전기가야토기의 '전환기 변동'이 전개되는 전기II기에는 이단장방형투창고

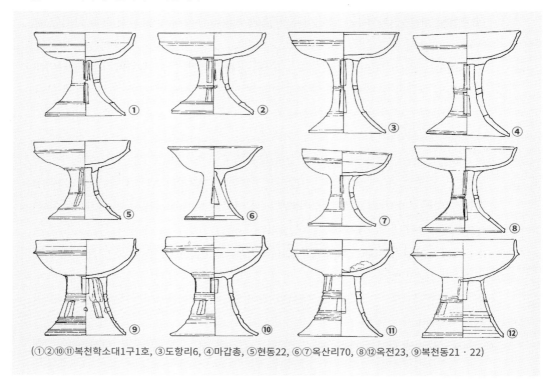

(①②⑩⑪복천학소대1구1호, ③도항리6, ④마갑총, ⑤현동22, ⑥⑦옥산리70, ⑧⑫옥전23, ⑨복천동21·22)

<도면 20> 5세기 3/4분기의 교차분석자료

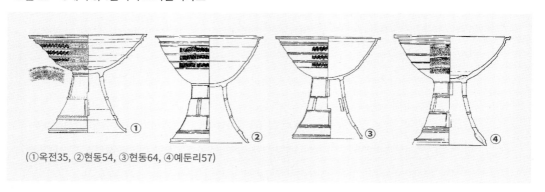

(①옥전35, ②현동54, ③현동64, ④예둔리57)

배와 발형기대의 새로운 기종에 의한 형식 공유가 이루어지고 있으며, 이러한 '전환기 변동'은 4세기 4/4분기에 시작되어 5세기 1/4분기에 전 영남권에 동시기에 전개된다. 이러한 양상은 금관가야권에서는 대성동1호, 예안리130호, 화명동7호의 Ⅴ단계가 해당되고, 아라가야권에서는 도항문6호, 오곡5호의 Ⅴ단계가, 대가야권에서는 옥전68호, 쾌빈리1호의 Ⅴ단계가 해당된다. 따라서 금관가야권, 아라가야권, 대가야권은 각 권역에서 '전환기 변동'의 양상이 동시에 나타나는 것이 확인되므로 이들 역시 동일 단계임을 설정할 수 있다. 다만 이 시기의 상대편년은 전 · 후기가야의 교체라는 최대의 획기에 해당되므로 '전환기 변동' 이후의 금관가야권과 대가야권의 권역간 주요 유구의 병행관계에 대해 살펴보면, 5세기 1/4분기의 단계에는 금관가야권의 대성동1호, 복천동31, 32호, 복천동25, 26호가 해당되고 대가야권에서는 옥전68호, 쾌빈동1호가 상호 대비된다. 그리고 5세기 2/4분기의 古단계에 해당되는 복천동21, 22호분과 대가야권의 옥전23호가 상호 대비됨을 토기 형식과 문양구성 등을 통해 알 수 있으며, 5세기 2/4분기의 新단계에는 김해 · 부산권의 복천동10, 11호분과 대가야권의 지산동35호가 해당된다.

2. 절대연대의 검토

가야토기의 편년연구가 지니는 한계는 절대연대를 가리키는 명확한 고고자료가 존재하지 않는다는 점에 있다고 할 수 있다. 그러므로 절대연대를 추출하기 위한 하나의 방법으로는 단편적으로 전해지는 역사기록을 고고학적 문화변동 또는 그에 따른 사회변동과 대비하여 봄으로써 피상적이나마 절대연대를 유추해 볼 수 있다. 아직까지 고고자료에 대한 절대연대의 부여는 기왕의 연구 성과를 원용하거나 일본 고고학의 축적된 연대관을 차용하여 추정하는 단계에 머무르고 있는 수준이다. 또, 절대연대의 추출에 과학적 분석 결과를 기초자료로 활용하기도 하나 이 역시 일정한 한계를 지니고 있음은 분명하다.

여기서는 가야사의 역사기록에 대한 분석을 토대로 이를 고고학적 연구 성과와 접목함으로써 가야토기의 절대연대를 추정하고자 한다. 가야토기가 존속하는 3세기 후엽부터 6세기 중엽까지 가야사를 둘러싼 역사기록은 그리 많지 않다. 대표적인 역사기록으로는 "광개토왕릉비문"에 전하는 'A.D.400년 고구려군의 南征' 기사와 "南齊書"에 전하는 'A.D.479년 가야의 南齊遣使' 기사를 들 수 있는데, 이와 관련한 기사에 대해 검토해 보도록 한다.

　우선, "광개토왕릉비문"에 전하는 'A.D.400년 고구려군의 남정' 기사[32]에 보이는 고구려군의 남정의 결과로 금관가야의 위축과 신라의 세력 확장[33]을 유추해 볼 수 있다. 이는 고고학적 연구성과에 의해 금관가야의 중심고분군인 대성동고분군의 축조 중단과 복천동고분군에 대한 신라토기의 파급이 고구려군의 남정과 무관치 않음이 이미 논증된 바 있다[34]. 이로 보아 대성동고분군의 축조중단을 보여주는 대성동1호 분과 신라토기의 파급을 실증적으로 반영하고 있는 복천동31, 32호분과 21, 22호분, 복천동 10, 11호분은 고구려군의 남정의 사실로 인해 계기적으로 후속함을 짐작할 수 있다. 따라서 대성동1호분이 위치하는 이 시기는 크게 보아 5세기 초로 추정할 수 있으며, 이에 후속되는 복천동31, 32호분과 21, 22호분은 5세기 1/4분기로 복천동10, 11호분은 5세기 2/4분기로 설정할 수 있다.

　다음으로, "南齊書"에 전하는 'A.D.479년 가야의 남제견사'의 기사[35]를 들 수 있는데, 이는 대가야의 역사적 사실로서 대가야가 西進에 의한 교통로를 따라 남제에 사신을 파견한 것으로 추론할 수 있다. 따라서 대가야가 서진에 의한 교통로 확보의 시기가 A.D.479년경에 이루어짐으로써 남제에 사신을 파견하는 것이 가능하였을 것으로 추정할 수 있다. 따라서 대가야의 서진에 의한 교통로를 따라 대가야토기가 확인산되는 합천 반계제, 함양 백천리, 남원 월산리의 초기 자료들을 대가야의 남제견 사의 기사와 관련하여 볼 때, 5세기 4/4분기로 설정할 수 있다.

---

32) 광개토왕릉비문 제2면의 永樂十年庚子條의 기사를 말한다. 해당 사료는 다음과 같으며 <十年庚子 敎遣步騎五萬 往救新羅 從南居城 至新羅城 倭滿其中 官軍方至 倭賊退□□ 背急追至任那加羅從拔城 城卽歸服 安羅人戍兵> 비문의 분석은 <이도학, 2003, 「加羅聯盟과 高句麗」『加耶와 廣開土大王』, 김해시>에 의한다.

33) 신라와 고구려는 382년의 교류관계 기사로 보아 이미 우호적인 관계를 유지하고 있었으며, 'A.D.400년 고구려군의 남정'이 신라의 요청에 의해 이루어졌음을 고려할 때, 'A.D.400 년 고구려군의 남정'으로 인해 신라는 금관가야에 비해 우월적인 입지를 확보하였다고 할 수 있다.

34) 慶星大學校博物館, 2000, 『金海 大成洞古墳群 I 』.

35) 『南齊書』 권58, 東南夷傳 加羅國條의 기사를 말한다. 해당 사료는 다음과 같으며 <加羅 國 三韓種也 建元元年 國王荷知使來獻 詔曰 量廣登始 遠夷合化 加羅王荷知 款關海 外 奉贄東遐 可授輔國將軍本國王> 사료의 분석은 <李文基, 1995, 「大伽耶의 對外關係」 『加耶史 硏究 -대가야의 정치와 문화』, 경상북도>에 의한다.

이외에도 신라와 대가야의 결혼동맹(A.D.522~529)의 기사[36]에 보이는 역사적 사실을 고려 할 때, 대가야권의 옥전M6호분에서 출토된 신라계 유물의 존재[37]는 결혼동맹에 의한 신라와 대가야의 우호적 관계를 반영하고 있는 것으로 추론할 수 있다. 따라서 옥전M6호분이 편년되는 대가야권 X단계는 6세기 2/4분기로 설정할 수 있다. 그리고 대가야의 멸망시점에 이루어졌을 것으로 보이는 신라의 대가야 주민에 대한 徙民정치의 모습을 江原道 東海市의 추암동고분군에서 찾아볼 수 있으며[38], 추암동 고분군과 동일 형식을 보여주는 대가야권 X단계의 토기는 6세기 2/4분기 또는 멸망 직후의 시기에 해당됨을 유추해 볼 수 있다.

지금까지 역사기록을 고고학적 문화변동과 대비하여 연대를 추정하였으나 일정한 한계를 지니고 있음은 인정하지 않을 수 없다. 그러므로 절대연대의 추정을 위해서는 다양한 고고자료의 분석을 통해 이루어진 기왕의 고고학적 연구 성과를 토대로 접근하여야 한다. 지금까지 가야토기의 편년 연구에 관한 고고학적 연구 성과로는 크게 보아 도질토기의 발생시점에 대해서는 3세기후반 또는 3세기 4/4분기로 이해되고 있으며[39], 전기가야토기로부터 후기가야토기로 교체되는 과도기적 양상의 전환기의 시기(IV, V단계)는 4세기 4/4분기에서 5세기 1/4분기에 해당되는 것으로 검토된 바 있다[40]. 그리고 후기가야토기의 3대 지역양식이 성립되는 시점(VI단계)에 대해서는 대체로 5세기 2/4분기로 인식되고 있다.

3. 가야토기의 편년단계

앞서 가야토기를 금관가야권, 아라가야권, 소가야권, 대가야권으로 나누어 권역별 편년을 검토하였으며, 이를 토대로 교류 자료에 대한 공반 관계 및 교차 대비를 통해

---

36) 『日本書紀』繼體紀 23年 3月條에 보이는 소위 "變服事件"을 가리키며, 해당 사료의 분석은 <李文基, 1995, 「大伽耶의 對外關係」『加耶史 硏究 -대가야의 정치와 문화』, 경상북도>에 의한다.

37) 慶尙大學校博物館, 1993, 『陜川 玉田古墳群IV-M4 · M6 · M7』.

38) 李炯基, 2002, 「滅亡 이후 大加耶 遺民의 向方 -東海市 湫岩洞古墳群 出土品을 중심으로」『韓國上古史學報』38.

39) 申敬澈, 2000, 「金官加耶 土器의 編年」『伽耶考古學論叢』3, 가락국사적개발연구원.

40) 국립창원문화재연구소, 2007, 『가야와 그 전환기의 고분문화』.

<표 4> 가야토기의 편년 단계

구분		년대	금관가야	아라가야	소가야	대가야
전기 I 기	I	3C 4/4 ~ 4C 1/4	양동235 대성29 노포17 예안74,160	도항문2,35 도항경33 황사40	예둔26,51	반운채집 *서변20
	II	2/4	대성13,18 복천38	황사39,도갱 윤외3 현동67	예둔2,12,48 평촌채집	
	III	3/4	복천57,69, 60주곽 예안138	황사1,32,35,44,45 윤외4,7 현동14	예둔56	옥전54 *죽동1
전기 II 기	IV	4/4	대성2,3,39 복천60부곽,95 예안117	황사4,36,47 현동18,24,45,51 도항문42 오곡7	예둔39	저포A47 *죽동2
	V	5C 1/4	대성1,화명2,7 예안130 복천31·32, 복천25·26	도항문1,3,6,44,48 현동12,42,50,61 오곡5	중촌3-남 하촌, 가곡, 우수채집 예둔43 오곡11	쾌빈1옥전68 *임당G-5,6 *봉기3
후기	VI	2/4	복천21·22 복천학소대1호 복천10·11	마갑총 도항문10,20 도항경13 현동3	우수18 중촌3-서 옥산38,43,70 중촌, 서동채집	옥전23 지산35,30
	VII	3/4		도항4(구34) 도항문14,38,40, 현동58 마갑총주변1,2 도항경16	우수16,연당14 중촌3-동석곽 연당14, 현동54 예둔1,25,54,57 고이3,10,12	지산32,34 옥전M1,M2 옥전20,28,35
	VIII	4/4		도항문51,54 도항8,15 도항14-1	우수14 예둔27 가좌1 고이17 사촌, 배만골채집	옥전M3, 백천1-3 월산M1-A 반계제가A, 지산44 옥전M4,M7
	IX	6C 1/4		암각화 도항22 도항문52 도항경3	가좌2 연당23 천곡10-1 내산8	지산45,45-3 반계제다B 본관36 옥전M6, 두락1
	X	2/4		도항문4,5,8,47 도항경31	가좌4 연당18 내산34 천곡35-2,3 운곡2	옥전M10 삼가1-A 수정봉2,옥봉7 저포D1-1 운곡1

* 표시는 가야권 이외의 대비자료임을 표시한다.

권역간 편년단계를 상호 비교하였다. 이상의 검토 결과를 토대로 가야토기의 권역별 편년을 종합하면 <표 4>와 같다. 이에 따른 가야토기의 전체적인 편년단계와 변화양상을 살펴보면 다음과 같다.

1) I단계(3세기 4/4분기~4세기 1/4분기)

변한의 시기로부터 전기가야가 성립되는 단계로서, 역사상으로는 명확히 할 수 없으나 고고학적으로는 고분의 출현과 도질토기의 발생이라는 변동이 이루어진다. 고분의 출현에 관한 개념은 논자에 따라 약간의 차이가 있으나, 대체로 김해 대성동29호분의 양상에서 고분이 발생된다고 보고 있다. 또한 앞 시기의 와질토기문화로부터 발전된 도질토기문화의 전개는 고분의 출현과 함께 생산기술의 대변화를 보여주고 있으며, 대성동29호분, 도항리문35호분에서 와질토기와 동반되어 도질토기가 출현하고 있으므로 이 단계가 가야토기의 출발점으로 볼 수 있다. I단계의 양상은 가야의 여러 지역 중 김해와 함안지역에서 주도적으로 전개되며, 나머지 지역에서는 아직 뚜렷이 확인되지 않고 있다.

2) II단계(4세기 2/4분기)

와질토기의 전통이 사라지고 도질토기가 주를 이루게 된다. 금관가야권에서는 노형기대와 단경호가 대표 기종을 이루고 아직 단각외절구연고배가 출현하지 않은 단계이다. 아라가야권에서는 처음으로 통형고배가 등장하여 노형기대와 함께 지역양식을 표방하게 된다. 금관가야권의 노형기대는 단면원형의 환상파수가 부착되는 단계이며, 아라가야권에서는 무파수의 노형기대가 정착된다.

3) III단계(4세기 3/4분기)

금관가야권에서 처음으로 단각외절구연고배가 등장하고, 노형기대는 판상파수가 달린 형태로 변화된다. 이로써 아라가야권의 통형고배와 무파수노형기대는 금관가야권의 단각외절구연고배와 판상파수의 노형기대와 상호 비교되는 지역양식이 정착된다. 아울러 이 단계에는 금관가야권과 아라가야권을 비롯한 각지의 교류관계가 활성화되는 양상이 전개됨으로써 아라가야권의 통형고배와 동일 형식을 보여주는 자료들이 동래 복천동57호, 합천 옥전54호, 경주 죽동리1호, 경산 임당저습지 등에서 확인되고 있다.

4) IV단계(4세기 4/4분기)

전단계의 노형기대와 외절구연고배, 통형고배가 형식변화를 보이면서 이어지나, 이 단계의 후반부(4세기 말)에는 새로 이단투창고배와 발형기대가 등장하는 '전환기 변동'이 나타난다. 전기가야토기의 대표 기종들이 존속하는 가운데서 발형기대와 이단투창고배의 등장은 전기가야토기로부터 후기가야토기로 전환되는 과정에 보이는 현상으로서 금관가야권과 아라가야권을 비롯한 가야의 각지에서 동일한 양상으로 전개된다. 가야권의 이러한 '전환기 변동'과 동반하여 신라권에서는 신라토기의 시원형이 출현하였을 것으로 보인다.

5) V단계(5세기 1/4분기)

'전환기 변동'이 본격화됨으로써 노형기대와 외절구연고배, 통형고배를 대신하여 발형기대와 투창고배 및 투공고배가 정착하게 된다. 이 단계에는 가야의 각지에서 형식공유에 의한 유사한 토기문화상이 전개되는 가운데서 고배와 발형기대의 형식이 다양화되는 현상이 나타난다. 이 단계에 아라가야권에서 삼각투창고배가 출현하기 시작하는 것으로 보아 후기가야토기의 지역양식이 등장하는 시원 양상을 보여주며, 대가야권과 소가야권에서도 '전환기'의 변동이 등장함으로써 후기가야토기의 始原을 보여준다. 한편 금관가야권에서는 부분적이나마 신라토기적 요소가 나타나게 된다.

6) VI단계(5세기 2/4분기)

후기가야토기가 시작되는 단계로서, '대가야양식'의 대가야토기와 '아라가야양식'의 아라가야토기, '소가야양식'의 소가야토기가 지역양식을 성립하게 된다. 대가야토기는 이단투창고배와 종형투창이 뚫린 발형기대 및 뚜껑받이턱을 가진 장경호에 의해 지역양식을 표방하고, 아라가야토기는 화염형투창고배와 이단투창고배에 의해 지역양식을 뚜렷이 보여준다. 한편, 금관가야권에서는 신라토기가 본격적으로 파급됨으로써 이 단계부터 금관가야권은 가야토기의 권역에서 제외된다.

7) VII단계(5세기 3/4분기)

후기가야토기의 지역양식이 정형화되고, 각 지역양식의 분포권도 명확히 보여주게 된다. 대가야토기의 대외 확산이 합천 옥전고분군에서 확인되는데, 이 시기는 재지 세력과 연대를 유지하면서 대가야토기가 확산되는 양상을 파악할 수 있다. 아라가야토기와 소가야토기의 동질적인 문화상으로부터 뚜렷이 분화되며, 삼각투창고배의 주 분포권이 소가야권으로 한정되는 양상이 나타난다.

8) VIII단계(5세기 4/4분기)

후기가야토기가 각 권역별로 자체적인 발전을 이루어 전성기를 이루게 된다. 이 단계부터 대가야토기는 대외 확산에 있어서 지배적 확산을 보여주게 되는데, 대가야토기가 일색으로 출토되는 지역으로는 합천 반계제, 합천 옥전, 함양 백천리, 산청 생초, 남원 월산리를 들 수 있다. 특히 합천 반계제고분군에서는 묘제와 토기의 형식이 모두 고령지역과 동일한 양상을 보여주고 있음을 볼 때, 대가야의 직접지배권에 포함되었음을 짐작할 수 있다. 이러한 대가야토기의 서진에 의한 가야북부권에 대한 지배력을 강화하는 양상은 이 단계로부터 6세기 1/4분기까지 이어지게 된다.

9) IX단계(6세기 1/4분기)

대가야토기는 새로운 기종으로 단각발형기대와 중경호가 등장하는 변화가 보이며, 종래 이루어졌던 서진에 의한 확산이 고착됨으로써 새로 낙동강경로와 내륙의 삼가진주경로에 의한 남진이 시도됨으로써 가야 내부의 권역간 교섭양상이 이루어지게 된다. 아라가야토기는 화염형투창고배가 퇴조하고 이단투창고배의 대각이 깔대기형을 바뀌는 형식의 퇴화양상이 나타난다. 이 단계의 후반부에는 아라가야권의 창원 다호리, 창원 반계동, 마산 자산동 등 낙동강경로 인접지역에는 대가야토기가 출현하기 시작한다.

10) X단계(6세기 2/4분기)

대가야토기와 아라가야토기 및 소가야토기의 소멸양상이 뚜렷해지고 신라토기의 對가야 확산이 시작된다. 아라가야권과 소가야권의 낙동강 유역과 남해안지역에서는 신라토기와 대가야토기의 퇴화형식이 동반하여 확산되는데, 함안 도항리, 의령 경산리 등에서 확인되고 있다. 이 단계에는 후기가야토기의 소수 기종만이 유지되다가 점차 신라토기로 교체됨으로써 가야토기는 소멸하게 된다.

제3부

전기가야토기의
양식구조와 변동

제1장 전기가야토기의 양식구조

Ⅰ. 양식구조의 분석

1. 기종복합체의 분석

전기가야토기 기종복합체의 구성은 김해·부산권역의 금관가야토기와 함안권역의 아라가야토기로 대별된다. 전기가야토기 중 금관가야토기의 기종 구성은 단각외절구연고배, 환상 또는 판상파수가 달린 노형기대, 원저단경호, 대부직구호로 구성되고, 아라가야토기는 工자형 대각의 통형고배, 무파수의 노형기대, 다양한 점문과 거치문으로 조합된 문양이 시문된 문양개, 桃形을 이루는 파수부잔, 승석문단경호로 이루어짐을 알 수 있다. 또한 이들 기종복합체는 지역적 특성을 가진 형식적 속성을 뚜렷이 보여주며 또 순차적인 형식변화에 의한 발전단계를 거치고 있으므로 양식상의 기종복합체를 형성하고 있음이 확인된다.

김해·부산권에는 1980년대 이후 복천동고분군, 대성동고분군, 양동리고분군 등이 발굴조사 됨으로써 일찍부터 전기가야토기의 문화상을 파악하고 해석하는데 선두적인 위치를 점하고 있다. 김해 예안리고분군의 발굴보고서를 통해 김해·부산권에는 파수부노형기대와 외절구연고배라는 특징적인 기종이 분포하고 있음이 밝혀져 있으며, 이를 통해 이 지역에 전기가야토기의 한 축을 이루는 지역양식이 존재하고 있음에 대해서는 대체로 의견의 일치를 보여주고 있다.

함안권 역시 1990년대에 들어서 발굴조사가 본격화됨으로써 황사리, 윤외리의 발굴자료에서 특징적인 기종들이 복합체를 구성함으로써 지역양식의 존재 가능성을 검토하게 되었으며, 이후 묘사리, 우거리 등의 가마유적에서 이들 자료가 생산되었음이 확인되어 아라가야양식의 존재를 인정하게 되었다.

전기가야토기의 기종복합체는 김해·부산권에서는 명확한 분포권역을 형성하지만 함안권을 중심으로 한 기종복합체는 중심권의 설정은 보이지만 대체적인 분포상이 범영남권에서 나타나고 있어서 각 지역권이 보여주는 양상과 성격에서 차이가 있다.

한편, 기종복합체의 구성은 명확지 않지만 통형고배의 형식적 특이성을 볼 때 경주 죽동리 출토 통형고배와 인왕동 출토 통형고배를 중심으로 한 경주권의 기종복합체가 형성될 가능성을 추정해 볼 수 있으나 아직 자료의 부족으로 명확히 하기는 어려운 상황이다.

이상의 기종복합체는 4세기 3/4분기까지의 양상을 한정적으로 살펴본 것으로서, 이와 달리 4세기 4/4분기부터 '전환기 변동' 이후의 기종복합체는 지역권의 구분이 명확지 않고 범영남권에서 이단투창고배와 투공고배, 발형기대로 공통화되는 양상이 전개되고 있으므로 기종복합체의 구성이 바뀌는 양상이 뚜렷하다. 이러한 변동 가운데서도 함안권에서는 삼각투창고배와 화염형투창고배가 새로운 기종으로 등장하는 특성이 나타나고, 김해·부산권에서는 장각무개고배의 등장도 새로운 요소로 보인다.

2. 분포권의 설정(도면 21)

전기가야토기가 보여주는 형태적 속성과 기술적 속성(제작기술)에 따라 특정되는 기종복합체는 김해·부산권과 함안권에서 지역권을 형성하는 것으로 관찰된다.

금관가야토기의 분포는 김해·부산권을 중심으로 단각외절구연고배, 파수부노형기대가 지역적 특성을 보여주고 있는데, 노형기대에 있어 파수의 부착이라는 특징을 통해 초현기에 지역색을 표출하고 단각외절구연고배는 그에 비해 한 단계 정도 늦게 지역성을 보여주는 것으로 파악된다. 특히 금관가야토기의 분포권은 김해·부산권역을 중심으로 제한적으로 분포하며 교류권에 있어서도 창원과 양산지역을 경계로 하고 있음이 파악된다. 이는 금관가야토기의 분배와 교류에 있어서 제한적 요인이 작용한 것으로 볼 수 있으며 이 점이 금관가야토기의 지역양식을 명확히 보여준다. 그리고 아라가야토기는 금관가야권에 유입됨에 비해 금관가야토기는 특정지역을 벗어나 분포하지 않는 특이성을 확인할 수 있다.

아라가야토기의 분포는 함안지역을 중심으로 의령지역으로부터 진주지역에 이르는 남강유역과 남강 이남으로부터 남해안에 이르는 지역 및 남강과 합류하는 낙동강

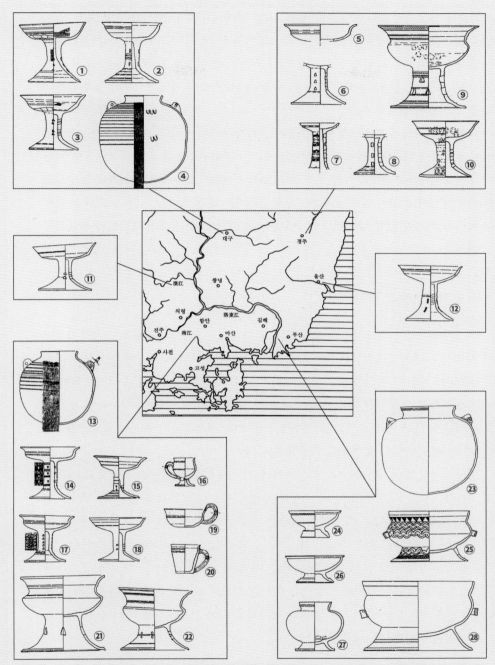

(범영남양식 : ①칠곡 심천리44, ②칠곡 심천리93, ③경산 조영1B지구, ④대구 비산동1, ⑤경주 월성해자1 주거지,
⑥~⑧경주 월성해자 라지역, ⑨경주 죽동리2, ⑩경주 죽동리1, ⑪합천 옥전54, ⑫울산 중산리, ⑬⑭함안 황사리35,
⑮⑰함안 황사리32, ⑯⑲⑳함안 황사리47, ⑱㉒함안 황사리44, ㉑함안 황사리45,
금관가야양식 : ㉓김해 대성동2, ㉔㉘김해 예안리138, ㉕~㉗부산 복천동57)

유역을 중심분포권으로 상정할 수 있다. 이와 함께 교류분포권은 아라가야토기 양식의 대외교류에 의한 분포권을 일컫는 것으로서 4세기 3/4분기 이후에 형성된다. 교류분포권은 아라가야토기 중 한두 기종이 분포하는 경우로서, 김해 대성동, 부산 복천동, 경주 죽동리, 황오동, 경산 임당동, 합천 옥전, 저포리, 창녕 여초리, 칠곡 심천리 등 전 영남권에 이르고 있다.

이처럼 전기가야토기의 분포권은 김해·부산권에서는 중심분포권이 특정화되는 양상이 뚜렷하게 나타나며, 반면 함안권에서는 중심분포권과 교류분포권으로 나누어지는 양상이 나타난다. 이들 분포권은 '전환기 변동' 이후 공통양식화의 영향으로 권역의 설정이 명확지 않으나 김해·부산권과 함안권을 제외한 나머지 지역의 양상이 아직 밝혀지지 않은 상황이므로 새로운 자료의 증가를 기다려 재검토가 필요하다고 여겨진다.

3. 제작기술과 생산체계

전기가야토기의 제작기술은 문양에서 잘 나타나고 있는데, 와질토기 제작기술에서 보이는 마연기법으로부터 회전물손질의 채용이 정착되고 동일한 양식적 속성을 유지하면서 다양한 형식을 보여주는 제작기술의 고도성을 찾아 볼 수 있다. 특히 점문과 선문으로 이루어진 다양한 문양과 여러 형태의 투공 사용, 승석문타날과 도부호의 사용 등은 지역적 특성을 잘 보여주고 있으며, 제작기술의 보급이 범영남권으로 이루어진 점도 하나의 특성으로 인정할 수 있다.

생산체계에 있어서는 전업적 생산체계가 전환기 이후에는 구축된 것으로 파악되며, 4세기 3/4분기 이전에도 거의 비슷한 수준에 이르렀을 것으로 보인다. 이러한 전업적 생산체계는 형식의 정형화를 이루는 기반을 형성한 것으로 볼 수 있으며, 김해·부산권과 함안권 뿐만 아니라 각지에서도 자체적인 생산체계가 구축되어 권역간 기술적 교류가 활성화 된 것으로 이해된다. 즉 김해·부산권에서는 기술적 교류가 특정지역으로 한정되는 정치체의 통제가 작용한 것으로 파악되고, 이와 달리 함안권은 범영남권에 4세기 3/4분기부터 기술적 교류의 확산이 전개되는데 이는 함안권의 정치적 통제가 미약했음을 반증한다.

Ⅱ. 분기별 양식구조와 변화

1. 분기별 양식구조의 검토

1) 지역양식 성립기의 양식구조

전기가야토기에 있어서 지역양식의 형성은 4세기 2/4분기부터 형성되기 시작하여 4세기 3/4분기에 정착된다. 이후 금관가야권의 "금관가야양식"과 아라가야권의 "범영남양식"을 중심으로 양립된 지역양식은 4세기 4/4분기 초두까지 존재하고 있음이 확인된다. 그러나 4세기 말부터 양 지역양식은 대표 기종 간 형식속성의 통합양상을 보이기 시작하여 4세기 말부터 5세기 1/4분기까지는 공통성을 보여주는 '전환기 변동'이 나타나게 된다.

지역양식 성립기의 양식구조가 지역양식을 보여주는 근거로는 양식요소의 특정성을 가지는 기종복합체가 김해·부산권과 함안권에서 2개의 군으로 확인되며, 이들 기종복합체는 대표기종 및 그 특성에서 차이를 보이고 있다. 이 점은 성립기 토기의 내적 양상에서 지역양식의 요소가 형태적 요소, 기술적 요소에 의해 존재함을 알 수 있으므로 공간적인 분류도 가능함을 알 수 있다. 또한 형태적 요소의 유형분류에 의한 공간 분석에서 4세기 2/4분기~3/4분기를 중심으로 고배는 통형고배와 외절구연고배로 대분류가 가능하고 통형고배는 다시 A형(외반구연, 함안권 1형), B형(폭넓은 U자형, 함안권 2형), C형(외경 구연, 경주 중심)의 세분류도 가능하다. 그리고 노형토기도 동시기에 있어서 파수부노형기대와 무파수노형기대로 대분류되고, 무파수노형기대는 김해·부산권과 함안의 양 지역에 공존하는 양상도 확인된다.

지역양식 성립기에 있어서 지역양식의 형성 배경으로는 김해·부산권의 통제적 분배 시스템에 그 요인이 있다 하겠으며, 이와 더하여 김해·부산권의 후기와질토기의 계승적 양상과 함안권의 새로운 도질토기 형식의 출현으로 인한 양대 지역의 기종복합체가 차이를 보이기 시작함으로 지역화가 전개되었음을 알 수 있다.

또한 성립기에 보이는 지역양식의 분포는 앞서 언급한 바와 같이 김해·부산권과 함안권으로 대별된다. 김해·부산권에서 토기양식의 분포가 특정권역에서 한정되고 있음에 비해 함안권은 함안고식의 토기자료가 직접 교류 또는 기술교류의 다양한 방식을 통해 범영남권에서 분포양상을 보여주게 된다. 이들의 권역별 분포는 김해·부산권의 대표 기종인 외절구연고배와 함안권의 대표 기종인 통형고배의 분포권에 의해 설정할 수 있는데, 금관가야양식의 분포권은 낙동강 하류의 김해 대성동, 양동리, 칠산리, 예안리, 부산 복천동, 화명동 등을 들 수 있다. 그리고 범영남양식의 분포권은 함안권의 남강 및 낙동강 중류역을 중심으로 함안 도항리, 황사리, 윤외리, 회산리, 우거리, 장명리, 창녕 일리, 진주 압사리, 마산 현동, 대평리 등을 들 수 있다.

이처럼 전기가야토기의 권역별 분포는 김해·부산권(낙동강 하구권)과 함안권(범영남권)을 중심으로 이루어져 있으나, 아직 이 시기의 발굴자료가 지역적으로 불균형을 보이고 있으므로 고령·합천권과 경주권(경주, 포항, 울산)의 설정 가능성도 배제하기 어려운 상황이다.

2) 양식 복합기의 양식구조

'전환기 변동'에 따른 새로운 토기양식의 형성은 토기제작기술의 전파와 수용이라는 일련의 과정을 통해 이루어지는 것으로서, 가야토기의 전환기에는 앞 시기의 기종과는 달리 새로운 형식들이 등장하여 하나의 기종복합체를 형성하는 것이 파악되는데, 이단투창고배와 투공고배, 발형기대와 대부파수부호 등으로 구성되는 토기군을 양식 복합기의 토기양식으로 설정하는 것이 가능하다.

'전환기 변동'의 핵심을 이루는 이단투창고배가 출현하는 것은 통형고배와 외절구연고배의 제작기술과 제작형태의 복합에 의해 이루어졌을 가능성을 배제할 수 없다. 이단투창고배는 특정 권역의 선행 형식과 전체적인 외형에 있어서는 직접적으로 연결하기 어려운 면도 있지만, 세부적인 형식요소에 있어서는 양 권역의 형식요소를 채용하고 있음을 알 수 있다. 이단투창고배의 대각이 나팔상으로 바뀌는 변화는 통형고배로부터 투공고배의 나팔상 대각으로 바뀌는 변화를 따르거나 외절구연고배의 대각 요소를 취한 것으로 볼 수 있으며, 특징적인 장방형투창 역시 김해·부산권의 선행 요소를 채용한 것으로 생각된다. 그리고 발형기대 역시 형태적 속성은 함안권의 무파수노형기대를 따르고 있음이 명확하나 배신과 대각에 시문된 문양은 김해·부산권에서 채용하였음이 선행 자료를 통해 유추해 볼 수 있다.

김해·부산권과 함안권 간의 교류에 의해 새 기종으로 출현한 이단투창고배와 발형기대는 4세기 4/4분기 이후 전 영남권에 2차적인 토기 이동과 교류를 보여주게 되며, 이러한 일련의 과정을 거치면서 가야토기는 특정 기종에 의한 형식공유를 보여주

<도면 22> 지역양식 성립기의 양대 토기양식

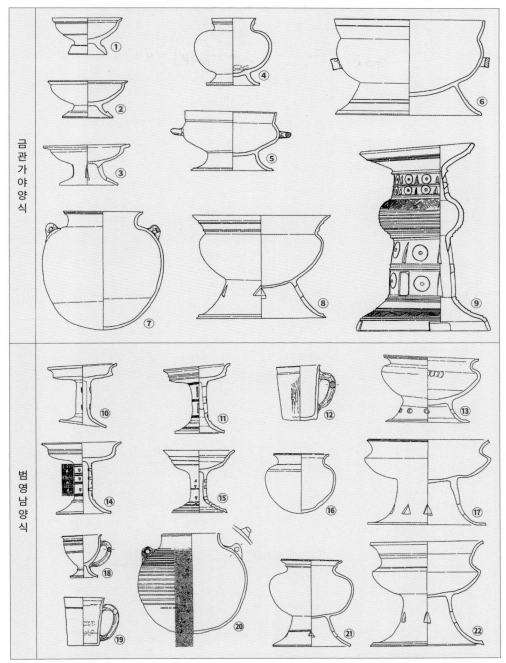

금관가야양식

범영남양식

(①⑥⑧예안리138, ②④⑤복천동57, ③노포동17, ⑦대성동13, ⑨복천동60주곽, ⑩⑪황사리도갱정리품, ⑫황사리40, ⑬⑳도항경33, ⑭황사리35, ⑮㉑황사리32, ⑯⑲도항문42, ⑰예둔리48, ⑱황사리4, ㉒황사리45)

<도면 23> 양식 복합기의 김해ㆍ부산권과 함안권 자료(4세기 4/4분기 기준)

(김해ㆍ부산권 : ①⑧대성3, ②⑩대성39, ③~⑦⑨예안117, 함안권 : ⑪⑫황사47, ⑬~⑮황사36, ⑯현동24, ⑰⑱현동
45, ⑲㉓㉔황사4, ⑳현동18, ㉑㉙현동51, ㉒㉖㉘도항문42, ㉕오곡7, ㉗예둔39)

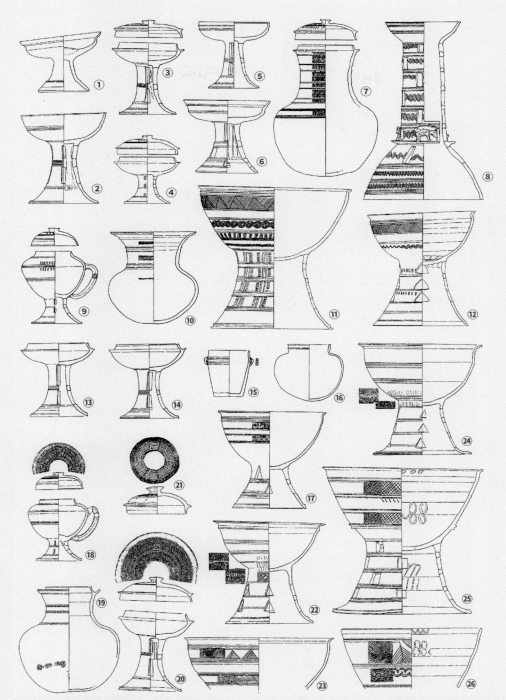

(김해 · 부산권 : ①③⑦⑨대성1, ②⑩예안130, ④⑤⑫화명2, ⑥⑧⑪복천31 · 32, 합천 · 고령 · 경산권 : ⑬~⑰옥전 68, ⑱~⑳임당G-5 · 6, ㉑~㉖쾌빈1)

(함안권 : ①현동50, ②현동42, ③⑧도항문44, ④⑦⑮도항문6, ⑥⑪오곡5, ⑨현동12, ⑩현동61, ⑤⑫도항문1, ⑬⑯도항문3, ⑭도항문48, 의령·진주권 : ⑰㉑~㉓예둔43, ⑱⑳㉕㉗하촌, ⑲우수리, ㉔오곡11, ㉖가곡리, ㉘중촌3-남)

는 '전환기 변동'이 뚜렷이 전개된다. 실제로 이단투창고배와 발형기대는 전기가야토기의 유통망을 통해 김해·부산권과 함안권의 주변부 집단으로 이동과 파급이 계속 이루어져 지역간 토기제작기술의 공유와 형식의 통합을 이루게 되며, 이러한 양상은 중심 집단뿐만 아니라 주변부 집단의 합천 옥전68호, 고령 쾌빈리1호, 청도 봉기리2호, 경산 임당G-6호, 진주 하촌리 등 전 가야권에서 확인되고 있다.

　이처럼 김해·부산권과 함안권 사이에 형성된 새로운 토기제작시스템과 형식의 공유는 양식 복합기의 초기적인 토기양식을 구축할 수 있게 해 주었으며, 이러한 신양식을 구성하는 이단투창고배와 발형기대의 제작시스템이 全 가야권에 2차적인 파급을 이루어 재지의 토기제작기술에 영향을 끼침으로써 '전환기 변동'으로 형성된 공통양식의 기조가 全 가야권에 확산되고 있다.

　전기가야토기의 공통양식적 양식구조를 형성하게 되는 배경은 4세기 3/4분기에 이루어진 토기의 이동과 교류에 의해 토기제작기술의 수용이나 모방이 이루어져 재지의 토기제작기술에 변화가 나타남으로써 토기제작기술의 공유에 의한 기종의 유사성이 전개된 점에서 찾아볼 수 있다. 이처럼 토기의 이동과 교류에 따른 토기제작기술의 전파와 수용은 '전환기 변동'의 기술적 배경이 되며, 아울러 양식 복합기의 공통양식을 성립하는 기반을 이루게 된다.

　이상에서 살펴본 바와 같이 양식 복합기의 양식구조는 전 단계에 이루어진 토기이동에 따른 토기제작기술의 상호 수용을 통해 만들어진 형식 공유의 공통양식을 보여주며, 이단투창고배, 발형기대 등으로 이루어진 기종복합체의 존재와 이들의 각지 분포가 확인됨으로써 공통양식적 성격을 띠고 있다. 다만 양식 복합기의 기종복합에 있어서 4세기 4/4분기에는 이단투창고배, 발형기대, 대부호와 함께 통형고배의 계통성을 보여주는 투공고배와 장각외절구연고배로 구성되지만 5세기 1/4분기에는 이단투창고배, 발형기대, 대부파수부호와 함께 화염형투창고배와 삼각투창고배로 器種구성의 변화가 나타나고 있으므로 공통양식적 성격에 한계가 있음을 알 수 있다. 다시 말하면, 5세기 1/4분기에 4세기 4/4분기의 요소가 잔존하는 양상과 5세기 1/4분기 함안권과 부산권에서 각기 신 器種의 출현이 이루어짐으로써 양식 복합기의 양식구조가 완전한 공통양식의 성격을 보여주는 양식구조가 아니라 지역적 요소가 존속하는 가운데서 형식의 공유에 의한 공통양식적 구조를 보여준다.

2. 양식구조의 변화

전기가야토기의 지역양식 성립기와 양식 복합기에는 양식구조의 양상을 달리하고 있음이 파악된 바 있으며, 이에 연동하여 지역양식적 구조와 공통양식적 구조가 복합되어 있음도 검토하였다.

여기서는 전기가야토기 양식구조가 지역양식 성립기(전기Ⅰ기)와 양식 복합기(전기Ⅱ기)의 세분된 소시기에 따라 어떠한 변화를 보여주는지 파악하여 다음의 전기가야토기 양식의 성격을 이해하기 위한 전제로서 정리해 둔다.

먼저, 지역양식 성립기(전기Ⅰ기)의 양식구조는 지역양식적 구조로서 지역양식 성립기의 양식구조가 정착되어가는 과정을 살펴보도록 하겠다. 4세기 1/4분기는 도질토기가 발생하여 단경호 중심의 기종 구성이 이루어져 있는 시기로서 특정의 기종복합체가 형성되지 않으므로 아직 지역양식이 형성되지 않은 단계이다. 4세기 2/4분기는 금관가야권에서 환상파수의 노형기대와 초기 형식의 외절구연고배 등에 의한 금관가야양식이 형성되고, 아라가야권에서는 무파수의 노형기대와 통형고배에 등에 의한 범영남양식이 형성됨으로써 초기적 지역양식이 양 지역에서 형성하는 단계이다. 4세기 3/4분기는 아라가야권의 통형고배가 금관가야권과 범영남권에 교류적 확산을 보여주며, 이로써 함안고식이 범영남양식으로 바뀌게 된다. 아라가야권의 통형고배가 일방적인 확산을 전개하지만 개방적이고 경제적 차원의 교류양상을 보임으로써 양식의 형성수준은 금관가야권에 비해 한 단계 떨어짐을 알 수 있다. 실질적인 양대 지역양식의 명확히 나타나는 지역양식의 정착단계이다.

다음으로, 양식 복합기(전기Ⅱ기)의 양식구조는 지역양식적 구조가 새로운 변동으로 인해 공통양식적 구조로 전환되며, 다음과 같이 변천과정을 설정할 수 있다. 4세기 4/4분기는 이단투창고배와 발형기대의 신 기종이 출현함으로써 새로운 토기양식을 형성하게 되며, 이러한 변동이 전 영남권에서 동일한 양상을 보여줌으로써 공통양식적 구조를 이루게 된다. 성립기의 양대 지역양식을 통합하는 변동으로서 토기양식의 발전된 수준을 보여준다. 5세기 1/4분기는 전기가야토기 양식의 발전적인 통합이 이루어졌으나 고구려군의 남정이라는 정치적 사건으로 인해 양식 통합이 와해되는 단계로서 후기가야토기의 시원적 양상도 보여준다.

이상에서 전기가야토기 양식구조의 변화는 지역양식 성립기와 양식 복합기가 순차적으로 전개되고 있으며, 소시기의 변천양상을 통해 양식구조가 부분적이나마 변화되고 있음이 파악된다. 다만 양식 복합기의 공통양식적 구조가 완전하지 못함을 고려할 때 전반적으로는 지역양식이 우세함을 인식할 수 있다.

3. 전기가야토기 양식의 특성

1) 양식의 변화와 의미

지금껏 4세기대의 전기가야토기에 대한 양식 연구에서는 공통양식론과 지역양식론(지역색론)의 견해가 대두되어 쟁점이 되고 있는데, 全 영남권에 동일한 토기양식이 존재한다는 공통양식론[1]과 고식도질토기의 '낙동강하구양식'과 '영남내륙양식'의 지역색이 존재한다는 지역양식론[2]으로 대별된다.

전기가야토기에 있어서 지역양식적 요소와 공통양식적 요소를 검토한 결과, 전기가야토기의 양식구조는 4세기 3/4분기까지 금관가야양식과 함안권을 중심으로 한 범영남양식의 양대 지역양식으로 나눌 수 있으나, 4세기 4/4분기의 '전환기 변동'에 따라 전 영남권에서 공통양식적 양식구조를 보여주고 있으므로 시기에 따라 양식구조의 변화가 나타나고 있다.

좀 더 상술하면, 4세기 2/4분기부터 전기가야토기 Ⅰ기(지역양식 성립기)에는 아라가야토기의 "아라가야고식"과 금관가야토기의 "금관가야양식"의 지역양식을 설정할 수 있으며, 4세기 3/4분기에는 "아라가야고식"이 범영남권에 교류·확산됨으로 인해 "범영남양식"으로 확대된다. 즉 김해·부산권에서는 외절구연고배와 파수부노형기대에 의한 기종복합체가 특정의 분포권을 유지하고 있으므로 명확한 지역양식을 형성하고 있다. 또 함안권에서도 통형고배와 무파수노형기대, 컵형토기, 파수부잔, 문양개 등에 의한 기종복합체와 함안과 낙동강 중류역의 내륙지역으로 설정되는 분포권을 유지하고 있으므로 김해·부산권에 대비되는 지역양식을 형성하고 있음이 인정된다.

이후 4세기 3/4분기부터 전기가야토기 Ⅱ기(양식 복합기)에는 양대 지역양식을 형성

---

1) 최종규, 1982, 「陶質土器의 成立前夜와 展開」『韓國考古學報』12, 한국고고학회.
   박광열, 1992, 「琴湖江下流域 古墳의 編年과 性格」『嶺南考古學』11, 영남고고학회.
2) 安在晧, 2000, 「慶州地域の初期新羅土器の檢討」『福岡大學 總合研究所報』240, 福岡大學總合研究所.

하고 있는 금관가야권과 아라가야권의 토기 제작기술상의 속성 교류가 크게 이루어짐으로써 양대 지역양식의 복합이 이루어지는 기반을 마련하게 되며, 이후 4세기 4/4분기부터 공통양식적 양식구조가 전개된다.

종래 4세기대의 양식구조에 대한 논의는 편년의 불일치와 자료의 한정 등으로 인해 시·공간적인 분석이 치밀하게 이루어지지 못한 점이 있다. 이에 본 논문에서 다루고 있는 전기Ⅱ기(양식 복합기)의 자료를 4세기대의 대표 자료로 인식하여 공통양식론을 주장하는 경우도 없지 않았음을 고려할 때, 기왕의 논의는 재고되어야 할 필요성이 있다. 즉 공통양식론에서는 4세기 4/4분기부터 5세기 1/4분기에 나타나는 양식 복합에 의한 토기형식의 복합양상을 4세기대의 전반적인 양상으로 이해함으로 인해 생겨난 주장으로 인식의 한계가 드러나고 있다.

이처럼 전기가야토기의 양식구조에 대한 쟁점으로 공통양식론과 지역양식론이 함께 대두되어 있었으나 시간적으로 4세기 3/4분기 이전으로 한정할 경우에는 지역양식이 존재하는 양식구조임이 분명하다. 다만 4세기 4/4분기 이후의 '전환기 변동'에 따른 양식 복합기의 시기에는 지역양식적 요소가 퇴화하고 형식의 공유에 의한 공통양식적 요소가 많은 비중을 차지하고 있으므로 이 시기는 지역양식적 성격이 공통양식적 구조로 변화된 것으로 판단된다.

전기가야토기의 양식론에 있어서 공통양식론자는 큰 범주의 양식 개념을 다루고 있고, 지역양식론자는 양식내 지역양식(지역색)의 존재를 주장하고 있어 양식 개념의 인식 기준에 차이가 있다. 실질적으로 지역양식이 존재하느냐 아니면 공통양식인가 하는 점이 검토되어야 하나 개념 인식의 차이가 쟁점의 한 부분이 되고 있어 사실 무의미한 논쟁이다. 또 공통양식론은 양식의 범주를 어디까지 설정할 것인가 하는 점이 문제로 대두된다. 4세기대의 고식도질토기를 전제로 설정된 상황에서는 고식도질토기를 형성하는 영남지역을 대상으로 하고 있으며, 이러한 권역을 통할하는 정치체와 연관된 양식으로서 공통양식을 논한다는 것은 신라·가야의 정치체가 이미 존재하고 있음을 고려할 때 이미 와해되었다고 할 수 있다.

따라서 전기가야토기의 지역양식 성립기에는 범영남권의 함안지역을 중심으로 한 지역양식3)과 김해·부산권의 지역양식으로 대별되므로 공통양식론의 주장은 시·

---

3) 신라·가야의 양대 권역을 통할할 경우에는 함안권과 유사한 양상을 보여주는 경주권도 하나의 양식권을 설정할 수 있다.

공간적인 분석의 결여에 의해 한계가 있다. 또한 전기가야토기의 전 시기를 대상으로 한 공통양식론은 이 시기의 사회발전과 정치체의 수준 및 지금까지 확인된 토기자료의 양상을 고려할 때 철회되어야 한다.

이상에서 전기가야토기의 양식이 '전환기 변동'의 시점을 기준으로 지역양식 성립기로부터 양식 복합기로 변화하는 양상을 보여주고 있음은 전기가야의 사회가 발전적인 변화를 구체적으로 보여주고 있다. 또한 토기 양식에 나타난 변동과 이원적 복합구조는 전기가야 사회가 금관가야를 중심으로 한 내부의 실질적인 통합이 시도되었음을 알 수 있으며, 이의 구체적인 양상을 보여주는 것이 '전환기 변동'인 것이다.

2) 양식의 성격

전기가야토기 양식의 성격은 기왕의 연구를 통해 밝혀진 후기가야토기 양식구조와 비교 분석을 바탕으로 추적해 볼 수 있다.

후기가야토기의 시작은 지역양식의 분립이라는 변동을 통해 이루어지는데, 이러한 3대 지역양식의 분립은 당시의 정치적 상황과 직접 연계되고 있다. 즉, 후기가야의 각 정치체가 정세변동에 따라 분립되어 있는 양상이 토기양식의 분립에 직접적인 영향을 끼치고 있음을 대변하고 있다. 이를 전기가야토기의 지역양식 성립기와 대비하면, 전기가야토기의 지역양식은 정형화된 형식의 존재시기가 지속되지 못하였지만 후기가야토기에서는 정형화의 형식적 속성을 상당기간 지속하는 차이점이 보인다.

또 후기가야토기의 지역양식이 고총군의 존재에 따른 생산단위 및 유통단위가 형성되는 점으로 보아 지역정치체와 일정한 관계를 유지하고 있음에 비해 전기가야토기는 특정지역에 한정된 지역양식이 형성됨으로 유통단위와 생산조직이 소규모로 존재하였음을 인식할 수 있고, 특정 정치체를 중심으로 정치적 연합을 이루었거나 정치체가 대규모화하지 못하였음을 보여준다.

이로 보아 전기가야토기의 지역양식은 특정의 시간성이 존재하며, 후기가야토기에 비해 정치적 양상보다는 문화적 성격이 강한 특성을 보여주고 있다. 또한 지역양식 성립기에 있어서 양식의 정형성과 형성 수준에 있어서 김해·부산권의 지역양식이 한정적으로 명확해지는 반면에 함안권의 지역양식은 교류적 광역적 양상을 보여주는 특성이 나타나고 있는데, 이는 지역양식권 간의 기술교류와 분배의 통제에서 서로 차이가 있음을 알 수 있다.

(①③예안138, ②④복천57, ⑤황사35, ⑥황사32, ⑦황사45, ⑧도항42, ⑨현동12, ⑩도항44, ⑪예둔39, ⑫도항1, ⑬오곡5, ⑭화명2, ⑮도항20, ⑯㉑우수18, ⑰지산30, ⑱중촌리, ⑲도항경13, ⑳지산35)

이처럼 전기가야토기의 지역양식은 후기가야토기의 지역양식에 비해 정형성이 낮으며, 정치적 측면을 명확하게 제시하기 어려운 점도 보인다. 이러한 양상은 김해·부산권의 정치체가 선진적 정치구조 또는 발전단계에 이르렀음에 비해 함안권은 광역의 연합체적 양상을 유지하면서 김해권, 경주권 등과 교류를 유지하고 있음을 볼 때, 전기가야토기의 지역양식이 정치적 수준에서 지역양식 간 불균형을 이루고 있음을 알 수 있다. 또 김해·부산권과 함안권의 양식 수준을 비교하면 양식 분배의 제한에 의해 중심부 양식과 주변부 양식의 관계를 형성한 것으로 파악된다.

다음으로 양식 복합에 의한 공통양식기와 후기가야토기의 양식구조를 대비하여 살펴보면, 공통양식기 토기양식은 노형기대, 통형고배, 외절구연고배로 구성되었던 지역양식기의 기종복합체가 이단투창고배와 발형기대라는 발전된 기종으로 자리매김하는 변동을 보여주고 있다. 그러나 앞서 살펴본 바와 같이 문화변동 차원의 '전환기 변동'은 이단투창고배 뿐 아니라 투공고배와 장각형고배도 유지되는 것으로 보아 기종의 획일성이 명확지 않음이 파악되는데, 이는 전환기의 토기양식 구조가 후기의 지역양식 구조에 비해 형식의 발전이 획일적이지 못하고 지역별로 이질적인 기종복합체를 부분적으로 보여주고 있으므로 자체적인 문화변동에 한계가 있음을 보여준다. 또한 전환기의 토기양식 변동은 계통적 요소가 나타나지만 후기가야토기의 변동은 분립의 성격이 강하므로 계통적 요소만큼이나 독립적 요소도 상존한다.

전환기 가야토기의 문화변동이 토기제작기술의 전파에 의한 통합과 형식공유에 의한 토기제작시스템의 구축으로 형성되지만, 이후 전개되는 후기가야토기의 등장이라는 문화변동은 고구려군의 남정이라는 촉발된 정세변동에 의한 것으로서, 이들의 정세변동에 의한 문화변동은 전환기에 만들어진 형식 공유에 의한 양식 통합을 중도에서 단절시키는 악영향을 보여준다. 즉, 정치적 변화가 반영되어 새로운 가야토기의 지역양식구조가 형성된 후기의 문화변동으로 인해 전환기의 양식 통합의 구조가 와해된 것이다. 4세기 말에 보이는 전기가야토기의 '전환기 변동'은 당시 전 가야권의 정치적 통합을 추구하였던 양상을 말해주는 후행지표로서 인정한다면, 전환기에 양 지역양식이 토기 제작기술의 교류와 형식속성의 공유, 토기 생산방식의 변화 등 다양한 요인에 의해 양식 통합의 필요성을 가졌던 것으로 이해할 수 있다. 이러한 관점에서 볼 때 전기가야토기는 지역양식의 양식구조로부터 탈피하여 공통양식의 양식구조가 이루어짐은 토기제작기술과 사회·정치적 상황, 생활방식 또는 의례 변화 등 복합적인 요인에 의해 양식 통합을 필요로 하였으며, 이러한 연유에 의해 '전환기 변동'이 이루어진 것으로 이해된다.

　마지막으로 전기가야토기 양식구조는 지역양식기와 공통양식기의 존재에 따른 양식구조의 복합성을 보여주고 있는데, 전기가야토기는 4세기 2/4분기부터 4세기 3/4분기까지는 금관가야양식과 범영남양식의 지역양식이 형성되어 있고 4세기 4/4분기부터 5세기 1/4분기까지는 공통양식의 기조를 보여주고 있음이 파악된다. 이처럼 지역양식의 시기와 공통양식의 시기가 복합되어 있음은 전기가야토기의 특징적인 성격으로 인정된다. 또 양식구조가 시기에 따라 변천하고 있음은 당시의 토기양식이 안정적이지 못함을 말해주고 있을 뿐 아니라 토기양식을 형성하는 각 양식요소들의 결집도 미미한 상황임을 보여 준다.

제2장 가야토기의 전환기 변동

Ⅰ. '전환기 변동'의 개념과 요소

1. '전환기 변동'의 개념

가야사에 있어서 전환기는 전기가야로부터 후기가야로 바뀌는 과정에서 찾아 볼수 있으며, 그간의 고고학적인 연구성과에 의해 전·후기가야는 5세기 2/4분기에 전환된 것으로 일반적으로 이해하고 있다. 또 전기가야의 종말과 후기가야의 시작을 둘러싼 변동에 대해서는 A.D.400년에 이루어진 고구려군의 南征에 따른 정세변동을 주된 배경으로 보고 있다[4].

가야토기는 가야사의 시기구분과 연동하여 전기가야토기와 후기가야토기로 크게나눌 수 있는데, 전기는 3세기 4/4분기의 발생단계로부터 5세기1/4분기까지의 자료가 해당되며, 후기는 5세기2/4분기의 3대 지역양식이 등장하는 시점부터 신라토기로대체되는 시기까지 해당된다.

가야사의 전환기와 연동되어 전개되는 가야토기의 '전환기 변동'은 <도면 27>에서보는 바와 같이 새로운 토기 기종의 등장을 통해 찾아 볼 수 있으며, 이는 전기가야토기의 통형고배 또는 외절구연고배, 노형기대로 대표되는 토기군으로부터 이단투창고배와 발형기대로 대표되는 新 기종의 토기군으로 대체되는 양상에서 확인된다.

---

4) 전·후기가야의 전환은 고고학적인 연구결과에 보이는 전기가야의 해체와 동시기에 이루어지는데, 전기가야의 해체를 보여주는 고고학적인 현상으로서 5세기 전엽 이후 후기가야의 여러 지역에 고총이 등장하는데 비해 전기가야의 중심지인 김해지역에는 고총이 출현하지 않는 점과 외절구연고배의 소멸 및 김해지역 중심고분군인 대성동고분군의 축조 중단을 전기가야의 해체를 보여주는 대표적인 현상으로 인식하고 있다.
申敬澈, 1995, 「金海大成洞·東萊福泉洞古墳群 點描」『釜大史學』19, 부산대학교 사학회.
慶星大學校博物館, 2000,『金海 大成洞古墳群釜Ⅰ』, pp.191~193.
국립창원문화재연구소, 2007,『가야와 그 전환기의 고분문화』.

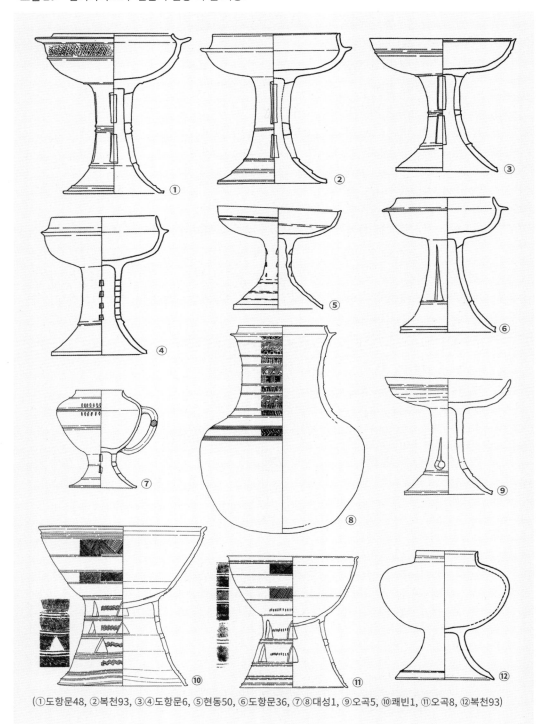

(①도항문48, ②복천93, ③④도항문6, ⑤현동50, ⑥도항문36, ⑦⑧대성1, ⑨오곡5, ⑩쾌빈1, ⑪오곡8, ⑫복천93)

가야토기의 '전환기 변동'은 가야사의 전·후기 시기구분 시점인 5세기 2/4분기보다 앞서는 변동 획기로서 4세기 4/4분기로부터 5세기 1/4분기에 걸쳐 전개되고 있음이 파악된다. 이러한 변동의 배경으로는 4세기 3/4분기부터 전기가야토기의 양대 지역권을 이루는 김해·부산권과 함안권 간의 활발한 교류에 의해 토기 제작기술과 형식(型式)의 복합이 이루어진 점에서 찾을 수 있으며, 이후 변동양상의 확산은 양 지역권이 전기가야연맹의 구축에 따른 광역적인 교류체계를 토대로 '전환기 변동'에 따른 새로운 토기형식이 全 가야권에 교류·확산되거나 각지에 보급된 제작기술에 의한 재지 제작에 의했을 가능성이 높다. 즉 '전환기 변동'이 광역적인 교류체계에 의해 활발한 교류·확산이 이루어짐에 따라 동일 형식 계통의 토기들이 여러 지역에 분포하게 되며, 이러한 전환기의 변동은 일정기간 전 가야권의 토기 기종이 공유되는 가운데서 세부 형식의 다양성이 함께 전개되는 현상을 초래하게 된다.

또한 '전환기 변동'은 전기가야토기가 발전된 양상을 표출하는 것으로서, 포괄적인 면에서는 계통성을 유지하고 있으나 세부적으로는 형식상의 다양성을 뚜렷이 보여주고 있다[5]. 아울러 이러한 전환기의 변동은 후기가야토기가 재지적 기반과 주변 관계에 따라 새로운 지역양식을 성립하게 되는 계기가 되고 있다.

2. '전환기 변동'의 요소

가야토기의 '전환기 변동'은 전·후기가야의 정치적 변동과 연계된 가야사의 전·후기 시기구분과는 달리 가야토기의 자체 획기에 의한 문화변동을 가리키고 있다. 또한 가야토기의 '전환기 변동'은 가야토기의 전·후기 시기구분이 보여주는 변동에 비할 바는 아니지만 가야토기의 형식요소 중 전기적 요소가 지속되는 가운데서 후기와 계통성을 가지는 전환기적인 성격을 가진 문화변동으로서 하나의 획기를 나타내고 있다.

가야토기의 '전환기 변동'을 이루고 있는 변동요소는 형식적인 측면과 기술적인 측면에서 나타나는데, 신 형식 및 신기종의 출현과 제작기법상의 변화가 주된 요소이다. '전환기 변동'은 이단투창고배와 발형기대의 등장에 의해 이루어지는데, 세부적인 요소로서 ①新 기종의 등장, ②전단계 형식의 속성변화, ③제작기법의 변화, ④문양

---

5) 이러한 관점에서 이 시기의 토기문화에 대해 '형식난립기'라고 표현하기도 한다.
趙榮濟, 2008, 「'형식난립기'의 가야토기에 대하여」『고고광장』 2, 부산고고학연구회.

시문의 보편화를 들 수 있다.

이들 요소에 대한 검토로서 첫째, 新 기종의 등장은 <도면 27>과 같이 고배와 기대에서 나타나는데, 고배는 전단계의 통형고배와 단각외절구연고배가 이단투창고배로 대체되는 변화가 나타나고, 기대는 파수부노형기대와 무파수형노형기대가 발형기대로 바뀌는 획기적인 변화가 나타난다. 이러한 양상과 더불어 전 단계에 보이지 않았던 화염형투창고배, 대부파수부완이 출현하는 변화도 이루어진다.

둘째, 전 단계 형식의 속성변화로는 통형고배의 대각이 점차 나팔상으로 바뀌어 통형고배의 퇴화형식인 투공고배가 등장하고, 김해양식의 단각외절구연고배가 장각화 및 외반구연화하는 형식적 속성변화가 이루어진다.

셋째, 제작기법의 변화는 종래 투공문 또는 투공의 사용단계에서 토기(土器) 제작의 편리성이 인정되는 투창의 사용이 일반화된다.

넷째, 문양시문에 있어서 전 단계에는 횡침선문이나 사격자문, 삼각거치문 등이 뚜껑이나 노형기대에 제한적으로 사용된 데 비해, 발형기대와 뚜껑 등에 사격자문, 거치문, 결승문, 유충문, 파상문 등이 보편적으로 사용되는 변화가 보인다.

이처럼 '전환기 변동'의 제 요소는 형식변화가 주된 변화상으로 꼽을 수 있으며, 부수적으로 제작기법의 변화도 상당부분 작용한 것으로 보인다. 그러므로 이러한 변동요소를 통해 설정되는 '전환기 변동'은 가야토기의 내적 변화와 발전에 의해 나타난 것으로서, 전기가야토기의 말기적 양상이 일정시기 공존함과 더불어 후기가야토기의 출발이 되고 있음을 보여준다.

II. '전환기 변동'의 배경과 시기

1. '전환기 변동'의 배경

'전환기 변동'은 전기가야토기로부터 후기가야토기로 전환하는 실질적인 형식변화가 수반된 문화변동으로, 전·후기가야의 정치변동에 수반된 시기구분과는 달리 순수한 문화변동의 측면에서 찾아볼 수 있는 중요한 의미의 변동이라고 할 수 있다. 또한 이 시기에는 토기뿐만 아니라 묘제의 변화 등 관련 고고자료에 있어서도 변화상이 나타나고 있다. 이러한 문화변동은 문화적 접촉과 교류 및 정치상황의 추이에 따

<도면 28> '전환기 변동'에 따른 토기양식 비교

지역양식 성립기

양식 복합기

(①⑤예안리138, ②복천동57 : 금관가야양식, ③황사리35, ④황사리32, ⑥황사리44, ⑦황사리1 : 범영남양식, ⑧대성동1, ⑨임당G-6, ⑩⑬옥전68, ⑪⑫화명2, ⑭쾌빈1)

라 나타나는 것으로서, 문화변동의 배경을 토기제작에 따른 기술적 측면에서 추정해
보도록 한다.

　'전환기 변동'에 의한 기종 변동은 4세기 3/4분기의 지역간 교류에 의해 형식의 복
합이 이루어짐으로써 새로운 형식의 기종들이 만들어졌을 가능성이 있는 것으로 추

정된다. 즉, 단각외절구연고배가 장각의 통형고배와 교류가 이루어짐으로서 장각화가 이루어지고, 통형고배가 팔자형(八字形)의 고배대각을 받아들임으로써 나팔상의 투공고배로 변화한 것으로 보인다. 또 하나의 가능성은 토기의 대량제작이 요구됨으로서 제작상의 편리성에 의해 통형의 대각으로부터 나팔상의 대각으로 변화하고, 제작기술에 있어서도 균일한 소성을 위한 투창의 사용이 이루어짐으로써 전체적인 형식변화가 초래된 것으로도 생각해 볼 수 있다. 아울러 이러한 투창의 사용은 소성의 편리성을 추구하기 위한 방법으로 토기 제작기술의 진보에 의해 이루어진 변동으로도 이해된다.

이러한 기술적인 의미의 변동이 일어나게 된 것은 무엇보다도 가야 사회 내부의 정치, 사회적 변화에 의하였을 것으로 보인다. 즉 전기가야토기의 시기에는 지역간 교류가 활발히 이루어지고 있음을 여러 지역에서 보이는 동일 형식의 통형고배와 노형기대를 통해서 알 수 있으며, 이러한 교류의 결과 김해·부산권과 함안권의 결속이 더욱 강화되고 밀접한 교류체계를 유지함으로써, 이로써 전기가야연맹의 정치·사회적 변화를 반영하는 상징적인 자료로서 동일 형식의 이단투창고배와 발형기대들이 제작되어 여러 지역에 확산된 것으로 추정해 볼 수 있다.

더욱이 이단투창고배와 발형기대는 전 단계와 완전히 이질적인 것이 아니라 전 단계의 형식적 요소를 상당수 반영하고 있음을 볼 때 그 가능성이 높다.

즉, 이 시기에 있어 김해·부산권과 함안권의 주도하에 전기가야연맹의 여러 지역 집단들이 상호 동질성의 문화상을 형성하려고 하는 구도와 연맹체를 구성하고 있는 가야 제 집단을 나타내는 상징적 표현도구의 필요에 의해, 신기종의 토기인 이단투창고배와 발형기대가 만들어져 동시기에 여러 지역에 파급되었을 가능성이 있다.

2. 변동 시기와 범위

이단투창고배와 발형기대로 대표되는 토기군의 등장은 4세기 4/4분기에 이루어지고 있음이 파악되며, 이러한 '전환기 변동'은 후기가야토기가 성립되기 직전의 5세기 1/4분기까지 이어지고 있다.

전환기가 가리키는 시간적 범위는 '전환기 변동'의 출현시기로부터 새로운 후기가야토기로 바뀌는 시기까지로 설정할 수 있다. '전환기 변동'의 출현 시기는 기존 전기가야토기와 차별적인 형식적 요소의 등장시점이라고 하겠으며, 그 지속 시기는 변동의 중심을 이루는 형식적 요소들이 새로운 변화를 보이는 시기까지이다.

이에 전기가야토기의 '전환기 변동'을 구성하는 제 속성들을 비교하여 그 차별성을 살펴보면, 전기가야토기 Ⅰ기(지역양식 성립기)의 대표 기종인 통형고배와 외절구연고배, 파수부노형기대, 무파수노형기대의 형식적 속성은 ①통형고배의 대각 형태, ②투공 및 투공문의 사용, ③외절구연의 배신, ④무개식의 형태, ⑤무파수노형기대에 있어서 노형의 배부형태, ⑥노형기대의 무문양적 요소 등을 들 수 있다. 이에 비해 '전환기 변동'에 의해 변화하는 형식적 속성으로는 ①나팔상의 대각 형태, ②투창의 사용, ③외반구연의 배신, ④유개식의 채용, ⑤기대 배신의 발형으로 변화, ⑥발형기대에 있어서 문양의 보편적인 사용 등이 나타난다.

이러한 속성의 비교에 의해 '전환기 변동'의 출현을 구체화 할 수 있으며, 이들 제 속성들은 이단투창고배와 발형기대를 통해 확인된다. 그러므로 '전환기 변동'의 출현시기는 이단투창고배와 발형기대의 등장 시점임을 알 수 있다. 따라서 가야토기의 형식 변화에 기초한 '전환기 변동'은 4세기 4/4분기에 출현하였으며[6], 이러한 속성들은 부분적인 변화를 보이면서 가야토기의 지역성이 뚜렷이 나타나

<그림 8> 전환기 가야토기①(경상북도문화재연구원 2006)

<그림 9> 전환기 가야토기②(국립경상대학교박물관 2004)

---

6) '전환기 변동'의 출현을 보여주는 시기의 자료들 사이에도 세부적인 형식차에 의해 시간적인 선후관계가 이루어진다. 따라서 '전환기 변동'의 출현은 지역에 따라 약간의 시차가 있으나 출현시기의 파악이라는 측면에서 동일단계에 위치해 둔다.

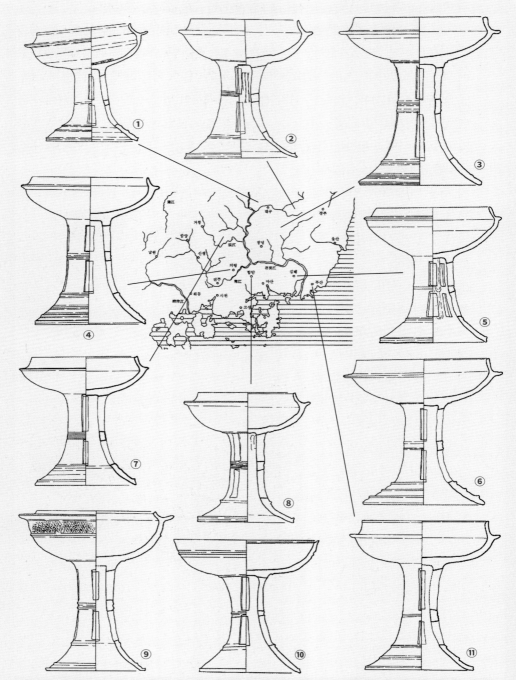

(①심천85, ②임당G-5, ③봉기3, ④예둔43, ⑤예안117, ⑥대성57, ⑦옥전68, ⑧도항문42, ⑨도항문48, ⑩도항문6, ⑪복천93)

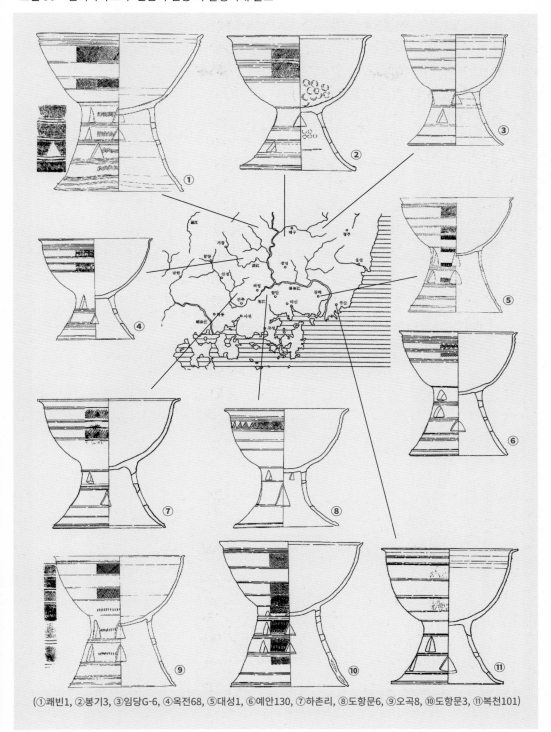

(①쾌빈1, ②봉기3, ③임당G-6, ④옥전68, ⑤대성1, ⑥예안130, ⑦하촌리, ⑧도항문6, ⑨오곡8, ⑩도항문3, ⑪복천101)

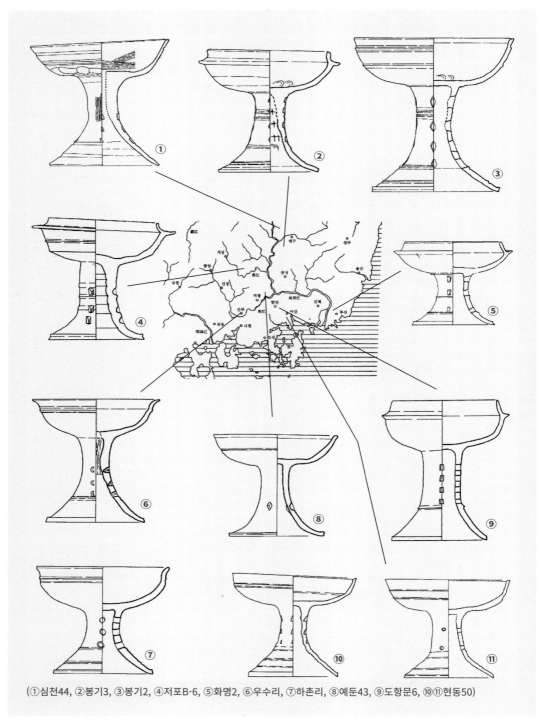

(①심천44, ②봉기3, ③봉기2, ④저포B-6, ⑤화명2, ⑥우수리, ⑦하촌리, ⑧예둔43, ⑨도항문6, ⑩⑪현동50)

는 후기가야토기 성립시기인 5세기 2/4분기 직전까지 지속되고 있음을 알 수 있다.

다음으로 '전환기 변동'의 전개범위를 확인할 수 있는 공간적인 범위(도면 29~31)는 변동요소의 분포권을 파악함으로써 이해할 수 있는데, 변동요소의 분포권은 '전환기 변동'의 특징적인 자료인 이단투창고배와 발형기대의 분포권에서 유추해 볼 수 있다. 그리고 전환기에 통형고배로부터 형식변화를 보여주는 투공고배의 분포도(도면 30)와 함께 이루어지고 있음이 확인되며, 이는 투공고배 역시 전환기의 변동요소로서 인정할 수 있다.

'전환기 변동'의 양상을 잘 보여주는 이단투창고배의 분포권(도면 29)은 金海 禮安里117호, 동래 복천동93호, 咸安 道項里6호, 陜川 玉田68호, 慶山 林堂洞G-5호, 淸道 鳳岐里3호, 의령 예둔리43호 등 여러 지역에서 확인된다. 또 발형기대는(도면 30) 金海 禮安里117호, 동래 복천동101호, 咸安 道項里6호, 함안 오곡리, 陜川 玉田68호, 高靈 快賓里1호, 慶山 林堂洞G-6호를 비롯하여 청도 봉기리, 晋州 下村里 등 여러 지역에서 확인되는데 이러한 점으로 보아 全 가야권에 분포를 이루고 있는 것으로 추정된다.

'전환기 변동'의 지역별 전개양상으로서, 금관가야권에서는 4세기 4/4분기의 한 시점에 판상파수가 달린 노형기대가 존속하는 가운데서 새로운 형식의 발형기대가 등장하는 변화가 보인다. 이와 함께 단각외절구연고배가 장각으로 바뀌는 변화와 함께 이단장방형투창고배와 무개식장각고배도 등장하게 된다. 금관가야권에서의 이러한 변화는 大成洞2호, 福泉洞93호, 禮安里117호에서 찾아볼 수 있으며, 이후 禮安里130호, 화명동2호, 大成洞1호, 福泉洞31·32호로 이어져 지속된다.

그리고 아라가야권에서는 통형고배가 존속하는 가운데서 통형의 대각이 나팔상을 이루고 투공문이 장식되는 투공고배로의 전환과 이단장방형투창고배가 새로 출현하며, 노형기대는 발형기대로 바뀌는 변화가 나타난다. 그리고 투공고배와 투창고배 및 발형기대의 새로운 형식이 출현하는 변화를 뒤이어 후기가야토기 아라가야양식의 시원을 보여주는 삼각투창고배와 화염형투창고배가 출현하는 변화로 이어진다. 아라가야권의 이러한 변화는 황사리4호, 도항문42호, 오곡7호, 현동18, 24, 45, 51호에서 처음 등장하며, 이후 도항문3, 6, 36, 44, 48, 현동5, 19, 42, 50, 61호로 지속된다.

제4부

후기가야토기의
지역양식

제1장 후기가야토기의 지역상

I. 지역양식의 설정

1. 양식요소의 분석

후기가야토기에 내재되어 있는 양식요소를 검토하는 데는 제작기법, 문양, 기종별 형식에서 나타나는 차이를 추출함으로써 가능하다. 양식요소의 분석을 위한 자료로는 고배, 개, 기대, 장경호가 대표적이며, 이들 기종을 소재로 하여 제작기법에 보이는 성형과 소성의 차이, 시문된 문양의 차이 및 기종별 형식의 비교 분석을 통해 검토하도록 한다.

1) 제작기법

토기의 제작과정은 성형과 정면, 소성에 의해 이루어지며, 이 과정에 형식상의 표현이나 문양의 시문 등이 이루어진다.

성형수법에 대한 변화는 태토 사용량이 단위면적당 점차 줄어들게 되어 전반적으로 기벽이 얇아지는 변화가 신라토기에서 나타나고 있는 반면, 가야토기에서는 전대의 전통성을 대체로 유지하는 경향을 보여주고 있다. 그러나 고령지역의 고배류는 대각의 기부 폭이 후기로 갈수록 넓어지는 것과 같이 점차 제작상의 편리성을 추구하는 성형방법을 채용함으로써 지역적 특수성을 보여준다.

정면수법에 있어서는 뚜렷한 지역적 특수성이 보이지 않으며, 전반적으로 회전물손질과 더불어 회전깎기가 성행하게 된다. 또한 신라토기에서 보이는 고속녹로에 의한 성형과 정면수법 등 신기술의 등장은 구체적으로 나타나지 않는다.

토기의 소성에서 소성도와 색조는 상호 밀접한 관계가 있는 것으로서 소성도가 양호할수록 흑색이거나 유흑색을 띠며 소성도가 낮을수록 회흑색, 회청색 또는 회백색을 보여준다. 소성도는 지역에 따라 지속적으로 양호한 양상을 보여주는 곳도 있으나 대체로 고식일수록 양호하고 신식일수록 떨어지는 현상이 나타나고 있다. 이러한 지역 간 소성도의 차이는 窯의 구조나 소성도의 전통적인 인식 차이에서 나타나는 현상일 수도 있으나 오히려 토기제작에 있어 대량생산의 필요성과 효율성 및 간편성의 추구로 인해 이러한 양상이 생겨났을 가능성도 배제할 수 없다. 이는 신라토기와 가야토기의 제작기술상에서 고속녹로의 사용과 기벽의 얇아짐, 대각투창의 간편성 등의 차이가 나타나는데 이러한 현상들도 토기제작의 효율성과 대량생산의 필요에 따른 변화의 증거라고 할 수 있다. 가야토기에서 소성도 및 색조의 차이는 5세기 2/4분기 이후 지역 간 약간의 차이를 보여주고 있는데 대체로 함안지역이 전통적으로 흑색계의 양호한 소성상태를 보여주고, 고령지역과 진주·고성권에서는 회청색계의 색조를 보여주고 있다.

2) 문양

토기에 시문되어 있는 문양은 장식적인 요소가 우선이겠으나 문양의 시문기법과 사용된 문양의 변화상은 토기의 시간성과 공간적 위치를 어느 정도 찾아볼 수 있다.

후기가야토기 중 문양이 시문된 기종은 장경호와 개 및 기대가 대표 자료이며, 문양의 종류로는 거치문, 사격자문, 송엽문, 타래문, 집선파상문, 단선파상문, 열점문, 유충문, 사격자타날문, 평행타날문 등이 있다.

이들 문양은 침선문과 파상문, 점문, 타날문으로 크게 구분되고 시문기법은 긋기와 찍기, 두드리기로 나누어진다. 또 문양종류별 사용시기와 시문기법에는 각각 시간성과 공간성을 가지고 있는 것으로 파악된다. 또한 이들 문양은 침선문과 파상문은 긋기, 점문은 찍기, 타날문은 두드리기와 상호 조합됨을 알 수 있다.

개별 문양의 분석에 있어서 침선문은 고식의 거치문과 신식의 사격자문 및 송엽문이 있으며, 이의 공간적 속성은 고식 단계에는 대체로 공통성을 보여주는 반면, 5세기 2/4분기 이후 고령지역에서는 송엽문, 함안지역에서는 사격자문이 다수 나타나고 있다.

문양 구성이 복잡한 타래문은 일정시기 이후에 집선파상문으로 변화하게 되며, 후기가 되면 시문구의 폭이 넓은 단선파상문으로 바뀌게 된다. 파상문은 여러 문양 중 일정시기 이후에 등장하는 시간적 속성이 있으며, 공간적 속성으로는 후기의 단선파상문이 고령지역과 서부경남지역에서 나타나고 있다.

점문은 흔히 즐묘열점문으로 불리는 열점문과 유충문으로 구분되는데 대체로 유충문의 출현단계가 앞서는 것으로 보이며, 대체로 함안지역에서 주종을 이루고 있다. 시문기법상 유충문의 간략화에 의해 만들어진 열점문은 고령과 진주·고성권에서 주로 채용되는 공간적 속성을 보여주고 있다.

타날문은 토기의 제작과정에서 기포를 제거하기 위한 하나의 수단도 되지만 문양적인 기능성도 적지 않다. 타날문은 4~5세기 전반대의 초기 양상은 승문 또는 승석문이 주를 이루나 후기로 갈수록 등간격의 균일하고 넓은 폭을 가진 타날구에 의한 평행타날문이 등장하며, 부분적이지만 평행타날문과 조족문이 함께 시문되는 경우도 보인다. 타날문은 시간적 속성이 뚜렷이 보일 뿐만 아니라 조족문의 경우 서부경남권의 공간적 속성과 함께 계통성도 보여주고 있다.

3) 기종구성과 형식(도면 32)

후기가야토기에 보이는 대다수 기종들의 외형적 차이는 형식 차이에 의해서 일차적으로 구분되며, 지역양식적 요소도 가장 뚜렷하게 보여주고 있다.

토기에 내재되어 있는 다양한 속성들 중 공간적 속성은 지역양식의 추출에 양호한 자료로서, 이러한 공간적 속성을 추출하는데 가장 유효한 표출단위가 형식임은 당연하다. 그러므로 이 시기의 토기 중 이단투창고배, 일단투창고배, 삼각투창고배, 장경호, 기대, 컵형토기, 뚜껑 등 개별 기종의 형식에 내재된 공간적 속성을 통해 지역양식의 분류단위를 설정할 수 있다.

형태상 가야토기의 전통성이 고수되고 있는 다양한 신형식들의 등장을 통해 공간적 속성이 분화되고 있다. 각기부의 폭, 투창의 형태, 구연단의 형태 등 여러 속성의 차이는 고식에서 신식으로 대체되면서 변화상은 뚜렷이 나타나고 있다.

함안지역의 이단투창고배는 나팔상을 보이면서 전통성을 강하게 유지하다가 5세기 후엽에는 깔대기상의 대각을 이루는 특이한 형태도 나타나고 있다. 고령지역의 이단투창고배는 대각의 각기부가 넓어지고 투창의 폭도 넓어져 장방형을 이루는 변화를 보여준다. 반면 서부경남지역에서는 이단엇갈린투창고배가 나타나고 있는데 출토빈도는 일단투창고배에 비해 상대적으로 낮지만 다른 지역에 비해 특이성이 보인다.

일단장방형투창고배로 대표되는 일단투창고배는 대각 각기부의 폭, 돌대중심의 대각 상하 분할비, 돌대의 형태, 대각고/투창의 전체길이 비, 구연단의 형태 등의 속성에 의해 신라양식과 가야양식으로 구분되고 가야양식은 다시 다양한 형식이 존재하고 있다. 이 기종은 후기가야토기 단계에 들어서면서 광범한 분포상을 보이고 있으

<도면 32> 후기가야토기의 지역양식과 대표기종

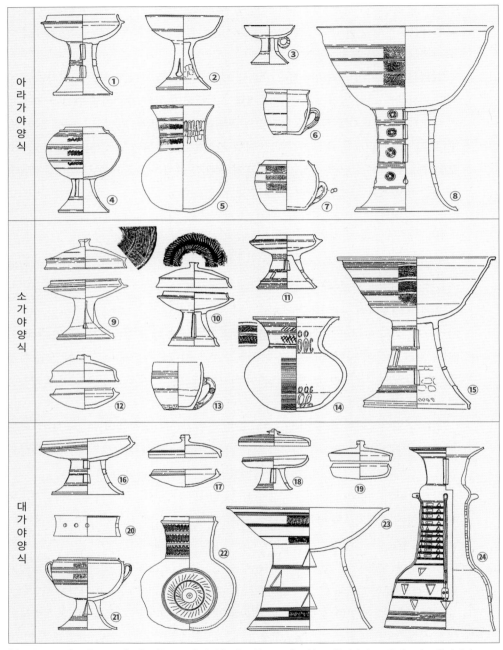

(①도항문14, ②도항문40, ③~⑤도항문54, ⑥암각화, ⑦도항문47, ⑧도항15, ⑨연당리14, ⑩예둔리1, ⑪연당리18, ⑫천곡리35-3, ⑬예둔리25, ⑭우수리16, ⑮우수리14, ⑯㉓옥전M3, ⑰옥전M7, ⑱저포DI-1, ⑲삼가1-A, ⑳두락리1, ㉑백천1-3, ㉒지산동32, ㉔옥전M4)

며, 특히 화염형투창고배와 고리형파수부일단투창고배는 특수기형으로서 함안지역에서 주로 보이고 있는 특성이 보인다.

장경호는 경부의 외반도와 구연부 및 뚜껑받이의 형태, 전체적인 크기 등에 의해서 제 속성들이 관찰된다. 고령지역의 장경호는 구연부와 뚜껑받이턱을 가지고 있고 경부의 특징적인 형태와 문양 시문양상은 다른 지역과 뚜렷한 차이를 보이며, 서부경남지역의 수평구연호[1]는 명칭에서 보이는 바와 같이 구연부가 수평면을 이루는 특징적인 형태에 의해 다른 지역의 장경호에 비해 형식차가 뚜렷하다.

기대는 발형 및 통형기대로 나뉘는데, 발형기대는 대각 각기부의 폭, 투창의 형태, 문양구성, 돌대의 형태, 크기 등 다양한 부분에서 제 속성들이 관찰되며, 각각의 지역 간 차이가 뚜렷이 나타나고 있다.

후기가야토기의 지역양식은 <도면 32>에서 보는 바와 같이 기종별 형식의 차이뿐만 아니라 기종구성에 있어서도 지역별로 차이를 보여주고 있다. 함안지역은 화염형투창고배, 고리형파수부고배, 대부완, 파수부컵의 기종들이 다른 지역과는 차별성이 나타난다. 그리고 진주·고성지역은 일단장방형투창고배, 삼각투창고배, 수평구연호의 기종들이 차별성을 보여주고 있다. 또 대가야양식은 파수부연질개, 대부파수부완, 저평통형기대, 고리형기대, 단각발형기대의 기종들이 타 지역에서는 찾아볼 수 없는 기종이다. 이처럼 후기가야토기는 기종별 형식의 차이뿐만 아니라 기종구성에 있어서도 뚜렷한 차이를 보여주고 있음을 알 수 있다.

2. 성립과 배경

1) 지역양식의 성립

앞서 후기가야토기의 양식요소로서 제작기법과 문양 및 기종별 형식을 다양한 측면에서 분석하였는데, 이들을 분포권과 연계하여 정리함으로써 지역양식을 설정할 수 있다.

제작기법에서는 소성도 및 색조의 차이가 외형상 뚜렷이 보이는데, 흑색 또는 회

---

1) 수평구연호에 관한 구체적인 내용은 다음의 논문을 참고할 수 있다.
  趙榮濟, 1985, 「水平口緣壺에 대한 一考察」 『慶尙史學』 創刊號.

흑색을 띠고 소성도가 가장 양호한 함안지역과 회흑색 또는 회청색으로 소성도가 낮은 고령지역 및 진주·고성지역으로 구분된다. 반면 성형과 정면기법의 편리성에 있어서는 고령지역이 발전적이나 함안지역에서는 전통성이 고수되는 현상이 보인다.

문양에서는 침선문 중 사격자문과 송엽문이 공간성을 보여주는데 사격자문은 함안지역, 송엽문은 고령지역에서 나타나고 있다. 파상문은 일정시기 이후에 全지역에 공통적으로 나타나고 있으며, 늦은 시기의 단선파상문이 고령과 진주·고성지역에서 나타나는 특성이 보인다. 또 점문 중 유충문은 함안지역에서 주로 보이고 어골형 즐묘열점문은 고령과 진주·고성지역에서 주로 나타나고 있다. 그리고 타날문에 있어서 조족문은 진주·고성지역에서 보이는 특성이 있다.

<표 5> 지역양식의 속성분석과 분류

구분	속성	후기가야토기의 지역양식		
		아라가야양식	대가야양식	소가야양식
제작 기법	소성도	양호	보통	보통
	색조	유흑색, 회흑색	회흑색, 회청색	회청색
	제작상의 난이도	높음	보통	보통
	제작기법의 보수성 및 전통성 유지	강함	보통	보통
문양	점문의 사용	乳蟲文	列點文	列點文
	선문의 사용	鋸齒文, 斜格子文	松葉文	없음
	파상문의 사용빈도	낮음	높음	보통
	특수문양		單線波狀文	鳥足打捺文
형식	주요기종	이단투창고배, 삼각투창고배 장경호, 컵형토기	이단투창고배, 기대, 장경호, 단경호, 개배	일단투창고배, 삼각투창고배 기대, 수평구연호
	특수기종	화염형투창고배 고리형파수부고배	소형기대, 연질개, 평저단경호	수평구연호, 광구호
	고배와 기대의 각기부 폭	좁음	넓음	보통(좁은편)
	고배 대각고	장각	보통	보통
	고배 투창의 형태	극세장방형	장방형	세장방형
	장경호 구연부의 형태	외반구연	뚜껑받이돌출형	수평구연
	기대의 반출 빈도	낮음	높음	보통

기종별 형식에서는 다양한 속성들을 종합해 보면 전통성이 고수되고 있는 함안 지역이 하나의 지역권을 이루게 되며, 일부 전통성은 따르고 있으나 신형식 또는 신 기종의 출현정도에 따라서 고령지역과 진주·고성지역에서도 별도의 특성들이 파 악된다.

그러므로 이상의 제 요소의 검토에 의한 분류를 정리하면 <표 5> 및 <도면 33>과 같이 3개의 분포권별 지역양식이 성립됨을 알 수 있다.

따라서 이러한 각 지역양식은 일차적으로 특정의 분포권을 형성할 뿐만 아니라 각 각의 분포권은 함안지역에서는 아라가야, 고령지역에서는 대가야, 진주·고성지역에 서는 소가야의 역사성이 부여됨으로서 이들은 지역양식으로의 "아라가야양식", "대 가야양식", "소가야양식"으로 설정할 수 있다.

2) 성립 배경과 시기

후기가야토기에 보이는 제작기법과 문양, 형식, 규격 등 지역양식의 제 속성을 검 토한 결과 크게 3개의 권역으로 대별되며, 이들은 아라가야양식, 대가야양식, 소가야 양식의 지역양식을 뚜렷이 나타내주고 있다. 또한 가야토기에 보이는 개별 지역양식 은 양식의 범주를 벗어나지 않는 동질성 또는 유사성도 확인되고 있다. 이처럼 가야 토기의 양식과 지역양식에는 공통분모적 유사 속성들이 다수 내재되어 있기도 하지 만 지역양식만의 차원에서 본다면 상호 차별성도 엄연히 존재함을 찾아볼 수 있다.

그러므로 가야토기에는 양식적 차원의 광역적인 동질성이 유지하게 된 배경이 전 제되어 있는 것과 같이 차별적 지역양식의 형성에도 직·간접적인 영향을 끼친 배경 들이 존재하는 것으로 생각된다.

지역양식의 형성은 일차적으로 차별적인 문화상의 표출에 의해 이루어지는데, 이 러한 지역양식의 형성배경으로는 정치적 상황 또는 사회, 경제적 여건의 변동과 기술 적 변화 등 다양한 각도에서 살펴볼 수 있다. 이러한 관점에 따라 각 지역양식별로 형 성배경을 간략하게 살펴보도록 한다.

아라가야양식은 제작기법이나 형식상에 있어서 커다란 변화가 나타나면서 새로 운 정형성을 이룬 지역양식을 형성하였다기보다는 주변지역들이 새로운 지역성을 띠 며 분화해 나감으로써 자연스럽게 나름의 지역양식을 형성하게 된다. 즉 전단계의 요 소를 따르면서 일부 지역적인 특수형식을 표방함으로써 전통성의 고수현상이 뚜렷한 일군의 지역양식을 형성한 것으로 판단된다. 따라서 아라가야양식의 형성배경은 주변의 문화변동에 따른 내적 대응의 결과에 의해 전단계로부터 변화 발전한 데서 찾을 수 있다. 이러한 점들에서 보면 아라가야양식이 일정한 지역차를 나타내주고 있음을 볼 수 있지만, 주변과의 역학관계에서는 상당부분 위축되고 있음이 나타난다.

대가야양식은 후기가야의 주도적 세력인 대가야의 지역양식을 나타내는데, 이러한 대가야양식의 형성에는 전단계의 토기문화를 계승·발전시킨 점진적인 면과 새로운 형식과 신기종의 등장에서 볼 수 있듯이 변동적인 면도 있다. 전자의 현상은 대가야양식의 기대가 전단계의 高靈 快賓洞 1호 출토의 기대와 계통성을 갖고 있음에서 찾아볼 수 있으며, 후자의 경우로는 대가야양식의 이단투창고배가 전 단계의 이단투창고배에 비해 형식적인 변화가 뚜렷한 것을 비롯하여 연질개, 저평통형기대 등에서 전 단계와 다른 이질적인 요소들을 다수 찾아볼 수 있다. 이처럼 고령지역을 중심으로 한 대가야는 그들의 등장에 직·간접적 영향을 끼쳤던 외부세력과의 정치적, 문화적 교류를 이루면서 기존의 가야토기와는 이질적인 요소들을 다수 받아들여 점차 정형성을 이룬 것이 대가야양식이다. 따라서 대가야양식의 등장은 대가야의 출현이라는 정치적 상황과 직접적인 관련이 있으며, 이후 전통적인 가야토기 문화의 계통적인 발전과 더불어 신라토기적 제작기법의 요소와 백제토기적 신기종의 출현이라는 요소 등 세부적인 요인도 상당부분 작용한 것으로 보인다. 따라서 대가야양식의 형성배경은 가야 내부의 정치적 상황의 변동에 따른 문화적, 사회·경제적 변화와 더불어 주변집단과 정치적, 문화적(기술적) 교류와 일정한 연관성이 있다.

마지막으로 소가야양식의 형성배경에 관해서는 대가야 세력의 등장 이후 기존 함안지역의 세력과 친연관계를 유지하면서 백제와의 교류 및 영향에 의해 독자적인 정치세력화를 이루게 됨으로써 소가야토기가 형성된 것으로 보았다. 이 지역의 토기 중 鳥足文이 타날된 단경호가 백제와 왜의 양 지역에서 계통적 관계를 가지면서 출토되고 있는 현상과 수평구연호의 계통 등을 볼 때 소가야양식의 형성배경은 상당부분 백제적 요소와 영향이 컸던 것으로 보인다. 다만 6세기대에 들어서면서 대가야의 세력 확산과 신라의 서남부 가야지역으로의 진출로 인해 소가야양식은 상당부분 위축되었던 것으로 추정된다.

이상에서 살펴본 각 분포권별 지역양식의 형성배경으로는 먼저 전기가야의 해체 이후 새로운 주도세력의 필요가 제기됨으로 대가야를 비롯한 제 가야정치체가 형성되는 정치적 상황의 변화를 들 수 있으며, 다음으로 주변문화인 신라 또는 백제문화와의 교류에 의한 신기종 또는 신기술적 제작방식의 등장에 의해 지역양식이 형성되는 문화적 요인을 찾아볼 수 있다. 즉, 정치적 상황의 변화에 수반되어 새로 형성된 제가야 정치체들이 집권적 체제를 형성하기 위한 방편으로서 토기의 중앙공급에 의한 분배라든가, 토기제작기술자의 파견이나 일률적인 제작기술의 보급을 추진한다든가 하는 통제적 생산과 분배를 들 수 있다. 그리고 정치체의 대외교류과정에서 새로운 제작기술 또는 신기종을 받아들인 점에서도 그 요인을 찾을 수 있다. 또한 이러한 요인들 이외에도 자체적 기술의 개발이나 지리적, 환경적 여건에 의한 동질성의 형성도 짐작해 볼 수 있다.

한편, 가야토기 내 정형화된 지역양식의 형성시기는 후기가야토기의 획기를 이루는 5세기 2/4분기 이후로 상정되지만, 함안지역에서는 화염형투창고배로 대표되는 지역색이 5세기 1/4분기에 이미 나타나고 있음을 볼 때 아라가야양식이 대가야양식과 소가야양식에 비해 한 단계 앞서고 있다.

3. 분포 양상(도면 33)

후기가야토기 3대 지역양식의 출현은 종래의 분포권역상 아라가야권이 주류를 이룬 함안지역과 서부경남권의 분화 및 대가야권의 새로운 형성으로 이루어지게 된다. 즉 북부가야권에서 대가야권의 형성은 가야사회의 새로운 전기를 이루고, 서부경남권이 함안권으로부터 이탈은 서부경남권이 자체적 발전이거나 백제로부터의 영향에 의하였던 간에 이로써 가야사회는 새로운 지역권의 재편양상을 보여준다.

아라가야토기의 분포는 전기와 달리 권역의 한정성이 나타나는데, 이는 아라가야의 정치적 상황에 따른 분포와 대외교류의 한계성이 작용하였음을 알 수 있다. 아라가야토기의 주분포권은 도항리·말산리, 신음리, 사내리 등의 현 함안분지와 수곡리, 명관리, 소포리, 장지리의 군북지역을 들 수 있다. 그리고 함안군 칠원·대산면 지역의 유원리, 회산리, 구혜리논골, 대사리송라 등 남강과 낙동강 합류점도 해당된다. 반면 교류권으로는 신라토기 및 대가야토기와 함께 분포하는 창원 반계동, 다호리지역을 들 수 있고, 남강북안의 의령 천곡리, 서동리, 중동리에서 소가야토기와 함께 분포하고, 낙동강 서안의 의령 경산리, 유곡리에서는 대가야토기, 소가야토기, 신라토기가 함께 분포하는 양상을 보여준다.

<도면 33> 후기가야토기의 지역양식과 분포권

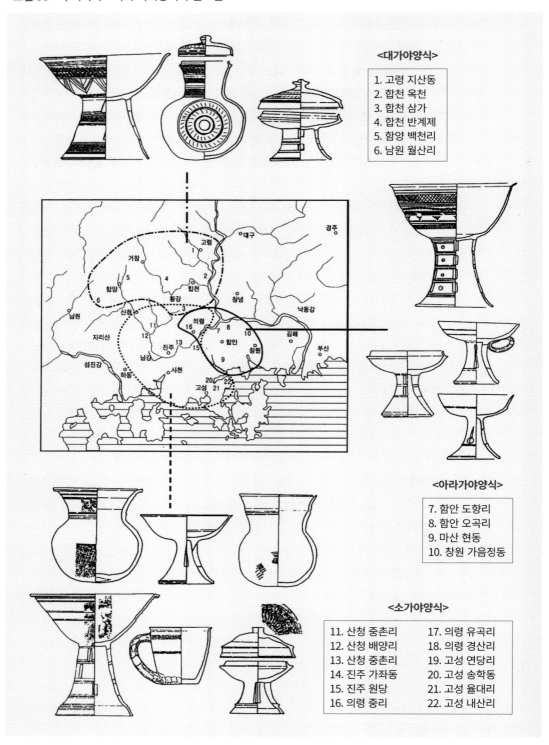

<대가야양식>

1. 고령 지산동
2. 합천 옥천
3. 합천 삼가
4. 합천 반계제
5. 함양 백천리
6. 남원 월산리

<아라가야양식>

7. 함안 도항리
8. 함안 오곡리
9. 마산 현동
10. 창원 가음정동

<소가야양식>

11. 산청 중촌리	17. 의령 유곡리
12. 산청 배양리	18. 의령 경산리
13. 산청 중촌리	19. 고성 연당리
14. 진주 가좌동	20. 고성 송학동
15. 진주 원당	21. 고성 율대리
16. 의령 중리	22. 고성 내산리

소가야토기의 분포권은 진주를 비롯한 남강유역권과 고성, 통영, 사천의 남해안권으로 크게 구분할 수 있으며, 이들은 다시 남강상류역의 경호강과 양천강유역의 단성권(山清 中村里古墳群)과 남강중류역의 晋州圈(晋州 加佐洞, 院堂里), 남강북안의 의령권(宜寧 中里), 남해 연안의 고성권(固城 松鶴洞, 內山里)으로 소단위의 분포권을 설정할 수 있으며, 이외에 진교 및 섬진강 하구의 하동지역과 사천지역도 분포권에 해당된다. 이와 달리 소가야토기의 주 분포권에는 포함되지 않으나 특정 자료들이 분포하는 유적이 알려져 있는데, 마산 현동, 합천 봉계리, 저포리, 함양 손곡리, 남원 월산리, 김해 예안리, 동래 복천동, 고령 지산동, 합천 옥전, 순천 등 주변의 여러 지역에서 삼각투창고배와 수평구연호, 일단장방형투창고배, 수평구연 발형기대 등 개별 기종만이 분포하는 경우도 있다.

5세기 후반 소가야토기의 최대 분포범위는 북서쪽의 산청, 함양 경로는 산청 평촌리, 함양 손곡리까지로 남강상류 북안의 산청 생초고분군과 접하게 되고, 북쪽의 합천, 고령 경로는 삼가와 저포리 및 봉계리가 위치하는 황강상류역까지, 동쪽의 의령 경로는 예둔리, 유곡리까지, 서쪽의 하동 경로는 섬진강 하구까지, 남쪽으로는 고성, 통영, 사천지역을 포함하는 권역을 형성한 것으로 보인다. 한편 소가야토기의 분포권 중 남강하류 북안의 의령 천곡리, 서동리, 예둔리, 경산리, 천곡리로 이어지는 선과 함안 군북 명관리, 창원 진동 대평리지역으로 이어지는 선에는 소가야토기와 아라가야토기가 복합 분포를 보여주고 있는데, 여기서는 소가야토기가 분포의 우월양상을 보여주고 있으므로 아라가야권과 소가야권의 상호 친연적 교류에 따른 복합 분포임을 알 수 있다.

이후 소가야토기와 아라가야토기와 경계는 의령~군북~진동을 잇는 선을 유지하게 되며, 대가야토기와의 경계는 6세기를 1/4분기에 남강 북안의 고총군인 진주 수정봉·옥봉고분군에 대가야토기가 진출함으로써 6세기 1/4분기 이후의 소가야토기의 실질적인 분포권은 남강 북안의 진주, 산청권을 제외한 범위로 축소된다. 다만 의령 천곡리, 산청 명동유적 등의 일반 분묘에는 소가야토기가 계속 부장되고 있음이 확인되는데, 이는 대가야가 이 지역에 대한 직접 지배가 이루어지지 않았음을 나타낸다. 그리고 6세기 1/4분기 이후에 고성권에도 신라토기와 대가야토기가 확산됨으로써 소가야토기는 확실한 분포권을 형성하지 못하고 대가야토기 또는 신라토기와 공존하게 된다. 이로써 소가야권의 정치체는 자체적인 발전상을 상실하게 되어 후기가야의 소집단으로 전락하게 된다.

대가야토기는 5세기 2/4분기 이후 가야 북부권에 널리 분포하게 되며, 6세기대에 이르면 가야 남부권의 여러 지역에도 분포하는 광역분포상을 이루게 된다. 다만 가야 북부권이 대가야토기 일색의 분포를 보이는 반면에 가야 남부권에서는 재지토기와 공반되어 분포하는 양상을 보여준다. 대가야토기의 확산 이후 대가야토기 일색의 분포 지역으로는 황강하류역의 玉田古墳群과 黃江상류역의 磻溪堤古墳群과 中磻溪墳墓群, 鳳溪里墳墓群, 苧浦里古墳群, 倉里古墳群 등이 해당되며, 거창 말흘리고분군, 무릉리고분군, 咸陽 白川里, 상백리고분군, 山淸 生草古墳群, 晋州 水精峰 · 玉峰古墳群에서 대가야토기가 확인된 바 있다. 이외에도 南原 月山里古墳群, 斗洛里古墳群을 비롯한 남원 · 장수지역은 대가야토기의 확산이래 재지적 성격의 토기도 다수 분포하나 대가야토기의 분포권에 포함된다.

한편 의령을 포함한 남강의 남부지역에서는 6세기 이전까지는 대가야토기가 분포하지 않으며, 6세기 1/4분기 이후에 낙동강 경로와 남해안 경로를 따라 대가야토기가 교류적 확산을 이루게 되는데 의령 경산리고분군, 창원 다호리, 반계동고분군, 마산 자산동고분군, 고성 율대리고분군에서 확인되고 있다. 이 지역은 대가야 토기의 일부 기종과 재지의 아라가야토기 또는 소가야토기와 함께 분포하며 대체로 신라토기와 함께 나타나는 특징이 보인다. 이러한 분포양상으로 보아 이 지역의 대가야토기는 대가야와 신라의 우호적인 관계를 바탕으로 교류관계에 의한 확산이 이루어진 것으로 추정된다.

II. 지역양식의 상호관계

1. 지역양식의 전개

1) 아라가야양식(도면 34)

고식도질토기에서 신라 · 가야토기로 분화가 일어나는 '전환기 변동'의 단계부터 함안지역에서는 변화가 포착되고 있는데 이러한 변화는 당시의 신라 · 가야 양 지역에서 전반적으로 나타나고 있다.

함안지역의 4세기 말에 있어서의 변화는 고식도질토기의 전통성을 계승한 '전환기

<도면 34> 아라가야양식의 전개

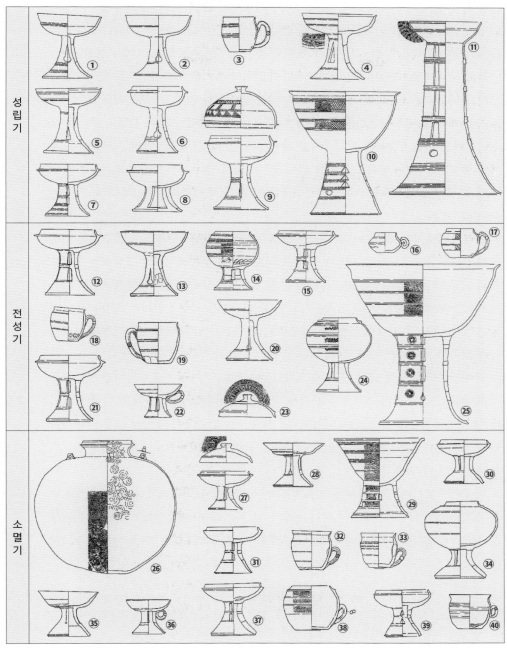

성립기

전성기

소멸기

(①③⑧⑪도항문10, ②도항문20, ④현동3, ⑤⑥마갑총, ⑦⑨⑩도항경13, ⑫도항문38, ⑬㉑도항문40, ⑭⑱도항경16, ⑮⑳㉓㉕도항문15, ⑯⑰㉒㉔도항문54, ⑲도항문14, ㉖㉘㉜㉞㉟�37�38암각화, ㉗도항문52, ㉙~㉛㊱도항문47, ㉝도항경3, ㊴㊵도항문4)

변동'의 등장이라고 하겠으며, 이 시기는 신라토기의 중심권이 경주지역에서 형성되면서 나머지 지역에서는 고식도질토기 범영남권의 전통성을 계승한 가야토기의 공통된 속성들이 함안과 부산·김해를 비롯하여 창녕, 고령, 진주, 합천 등에서 형성된다.

함안지역의 토기는 이러한 변화과정에서 앞의 전통성을 계승하면서도 화염형투창고배로 대표되는 신형식의 지역상을 보여주는 특이성을 지니고 있다. 이후 후기가야토기 단계에 이르러 주변지역의 토기문화 변동이 가속화되면서 이 지역도 하나의 소지역적이고 전통지향형의 지역양식을 나타내게 된다. 즉 함안지역의 지역양식은 자체의 형식적, 기술적 변화도 약간은 보이지만 엄밀히 말하면 자체적인 토기문화의 변동에 의해 형성되었다기보다는 주변의 변동에 따른 토기문화권의 고립화로 형성된 감이 없지 않다.

아라가야양식은 후기가야토기 단계에 들어서면서 전통적인 이단투창고배를 비롯하여 일단투창고배, 고리형파수부고배, 장경호 및 기대, 컵형토기로 구성되는 가야토기의 한 지역양식을 보여주고 있다. 다만 '전환기 변동'의 단계에 특징적인 지역상을 보여주던 화염형투창고배와 삼각투창고배 중 삼각투창고배가 일시기 소멸되면서 이들이 진주·고성지역에서 집중적으로 분포하고 있음은 양 지역의 상호관계를 규명하는데 있어서 시사하는 바가 크다.

아라가야토기는 전·후기별로 특징적인 속성들로 구성된 기종복합체를 형성하고 그에 따른 생산과 분배의 구조를 유지하고 있음이 파악되므로 전·후기 각각에 하나의 양식 설정은 가능한 것으로 파악된다[2]. 또한 아라가야토기의 양식 구분은 아라가야토기가 전기(전환기 포함)와 후기로 시기구분 됨과 같이 양식요소에 있어서도 전·후기의 차이가 나타난다[3].

아라가야토기의 '전환기 변동'이 나타나는 시기에는 노형기대와 통형고배, 파수부잔, 문양개, 단경호로 구성되는 전기 아라가야토기로부터 일대 변화가 나타나 이단투창고배와 발형기대, 투공고배가 출현함으로써 시작된다. 이러한 '전환기 변동'은 4세

---

2) 아라가야권의 가야토기는 전·후기별 지역양식의 양상이 서로 차이를 보이며 형성되어 있으므로, 아라가야의 지역성이 뚜렷한 후기의 지역양식을 '咸安樣式'으로 설정하고, 전기의 지역양식은 후기와 구분하기 위하여 '咸安古式'으로 부르고자 한다.

3) 아라가야토기는 전기에 통형고배와 노형기대, 컵형토기, 문양개, 파수부배에 의한 기종복합을 통해 '함안고식'을 보여주고, 후기는 화염형투창고배, 이단투창고배, 발형기대, 파수부배에 의해 형성되는 기종복합을 통해 '아라가야양식'을 뚜렷이 보여준다.

기 4/4분기부터 나타나기 시작하여 5세기 1/4분기까지 이어지며 금관가야권을 비롯한 전 영남권에서도 유사하게 전개된다. 또한 이 단계에는 앞 단계까지 금관가야권과 아라가야권이 보여주었던 양대 지역양식의 강도가 미미해지면서 전영남권에서 토기 형식의 공유(제작기술의 공유)에 의한 유사한 토기문화상이 표출되기 시작하며, 이러한 형식 공유에 의한 확산은 다음 단계까지 지속되어 '범영남양식'을 형성하게 된다. 또 아라가야토기의 새로운 상징성을 보여주는 화염형투창고배가 새롭게 등장함으로써 후기 아라가야토기의 시원기 양상도 함께 보여준다.

아라가야양식은 아라가야의 역사성 및 문화성과 결부된 하나의 지역양식으로서 함안 도항리고분군의 출토 토기가 대표적인 자료이며, 분포권은 시간의 변화에 따라 약간의 차이는 있으나 함안, 마산, 창원지역과 의령의 일부지역이 해당된다.

'아라가야양식'의 후기 아라가야토기는 <도면 34>에서 보는 바와 같이 5세기 2/4분기부터 형성되어 6세기 1/4분기까지 지속된다. 前 단계부터 지역양식적 특징을 보여주는 화염형투창고배가 본 단계에 전성기 양상을 보여주고, 이단투창고배, 발형기대, 파수부배, 뚜껑, 대부호 등이 형식상 정형화되어 아라가야양식이 정착된다. 이로써 함안권에서는 후기가야토기 3대 지역양식의 하나인 '아라가야양식'의 아라가야토기가 성립되며, 이들은 전환기의 토기 형식을 이어받거나 전기로부터 계기적인 발전을 보여주는 것으로 파악되므로 후기 아라가야토기는 전기와 계통적으로 이어지고 있음을 알 수 있다. 또한 소가야권과 양식상으로 뚜렷이 구분됨으로 인해 아라가야토기의 분포권이 축소되는 현상이 나타나며, 6세기 1/4분기에는 형식의 변동에 의한 퇴화양상이 나타나는데 이단투창고배의 배신이 둥근형태에서 직선적인 형태로, 대각이 나팔상에서 깔대기형을 보여주는 변화와 화염형투창고배의 화염형투창이 형식화되어 퇴화된 양상을 보여준다.

아라가야토기는 6세기 2/4분기에 소멸하게 되며, 이 시기는 아라가야토기가 존속하는 가운데서 대가야토기와 신라토기를 비롯한 외래 토기의 역내 유입이 확대되면서 점차 아라가야토기가 소멸기에 접어들게 된다. 대가야토기의 퇴화된 형식들이 유입되며, 아울러 소가야토기와 백제권의 토기도 함께 나타난다. 외래토기의 유입으로 인해 아라가야토기의 분포비율이 낮아지며, 새로운 횡혈식의 묘제가 등장하는 변화도 보인다. 이 시기의 아라가야권에는 대가야토기 퇴화형식과 신라토기가 함께 확산되며, 인접한 소가야권에 왜계문물이 등장하는 양상으로 보아 당시의 복잡한 정치상황을 반영하고 있다.

2) 대가야양식(도면 35)

대가야양식은 高靈 池山洞古墳 출토자료로 대표되는 대가야토기로 널리 알려져 있으며, 대가야의 북부가야권에 대한 세력 확장과 더불어 급속하게 확산되었다. 高靈 快賓洞古墳群 1호 목곽묘 출토 기대 등을 볼 때 고식도질토기의 전통성을 계승한 '전환기 변동'의 단계에는 가야토기의 공통된 속성을 따르지만 후기가야토기 단계부터 점진적인 변화와 더불어 변화되는 현상들이 나타나면서 대가야양식을 형성하게 된다.

대가야양식은 후기가야토기 단계부터 이단투창고배의 각기부 폭이 넓어지고 대부분 기종이 대형화되며, 문양에 있어서 송엽문의 존재, 종형투창 또는 삼각투창의 존재, 즐묘열점문의 시문, 돌선효과의 표현방식, 구연단과 뚜껑받이의 형태 등 여러 면에서 변화가 나타나고 있다. 또한 평저단경호와 연질뚜껑, 소형통형기대, 단각의 발형기대 등 신기종의 등장이라는 커다란 변화도 보인다.

대가야양식은 대가야의 역사성 및 문화성과 결부된 지역양식으로 분포권은 고령과 합천지역을 중심으로 거창, 산청, 남원지역과 진주, 의령지역의 일부분도 일시기 포함되기도 하며, 이들 중 일부는 대가야양식 내에서도 약간의 지역적 특수성이 나타나기도 한다.

또 최근의 固城 栗垈里古墳群, 咸安 道項里古墳群, 昌原 盤鷄洞古墳群, 昌原 茶戶里古墳과 전남 동부지역 섬진강 하류의 순천 운평리고분 등의 조사에서 대가야토기가 다수 출토되고 있어 분포권과 대외교류관계 등을 검토하는 데 있어서 주목된다.

대가야는 5세기 이후 정치·문화권의 형성과 발전과정을 거치게 되는데, 이에 수반된 대가야토기 역시 <도면 35>에서 보는 바와 같이 일정한 변천을 보여주게 된다. 대가야토기는 앞 시기의 토기들과는 달리 이단투창고배의 각기부 폭이 넓어지고 대부분 기종이 대형화되며, 문양에 있어서 송엽문의 존재, 종형투창 또는 삼각투창의 존재, 즐묘열점문의 시문, 돌선효과의 표현방식, 구연단과 뚜껑받이의 형태 등 여러 면에서 변화가 나타나고 있다. 또 출현시기를 달리하여 평저단경호와 연질뚜껑, 소형통형기대, 단각의 발형기대 등 신기종의 등장도 확인된다.

대가야토기의 실질적인 성립은 대가야토기의 특징적인 구성요소에 의해 요소를 갖추게 되는 것은 지산동35호분 단계이므로 이 단계부터 대가야토기의 성립시기로 볼 수 있다. 즉, 지산동35호분 단계에 이르면 앞선 단계의 옥전23호가 보여주는 전환기적 요소의 잔존양상이 소멸되어 뚜렷한 차별성이 나타나고 있으므로 이 시기부터

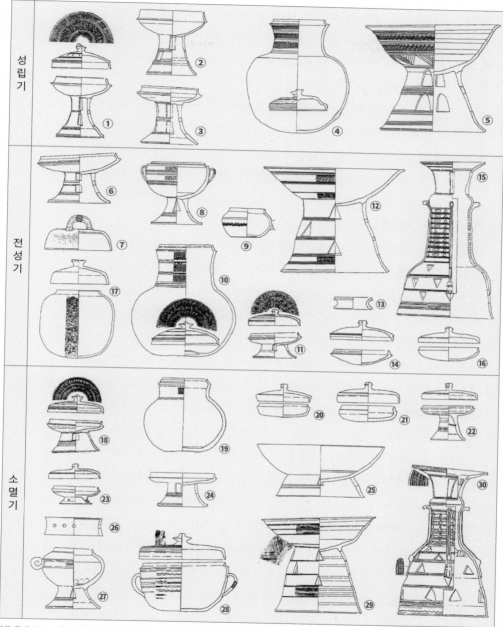

성립기
전성기
소멸기

(①②옥전23, ③지산30, ④⑤지산35, ⑥⑩⑫옥전M3, ⑦옥전M1, ⑧백천Ⅰ-3, ⑨지산34, ⑪⑮옥전M4, ⑬⑭옥전M7, ⑯지산44, ⑰지산32, ⑱㉙옥전M6, ⑲㉗지산45-3, ⑳㉑㉘삼가1-A, ㉒㉚수정봉2, ㉓옥전M6-1, ㉔~㉖두락리1)

대가야토기의 성립기라고 할 수 있다.

대가야토기의 성립기에 해당되는 기종은 지역성을 뚜렷이 표방하는 발형기대와 장경호, 이단투창고배, 개, 평저단경호 등으로 구성된다. 이 시기의 양식은 앞 시기로부터 형식상 일변하여 전개되는 발형기대에 의해 변천을 보여주는데, 지산동35호분, 지산동30호분에 해당되는 토기군으로 구성된다.

대가야토기의 정형기는 5세기 3/4분기에 해당되며, 지산동32호분으로 대표된다. 이 시기부터 대가야토기의 지역성을 표방하는 기종별 형식이 안정화를 이루는 시기이다. 광각의 대각을 가진 고배가 등장하여 전형적인 대가야토기로 형식변화를 이루며, 판상파수가 달린 대부파수부완, 궐수문손잡이의 대부파수부호, 저평통형기대가 새로 등장하여 구성요소를 완성하게 된다. 또 발형기대도 삼각투창과 엽맥문의 문양을 가진 것으로 정형화되어 안정화를 이루게 된다.

대가야토기는 정형화 이후 대외 확산이 전개되기 시작하는데, 5세기 4/4분기에는 북부가야권의 주변지역으로 확산이 전개된다. 이 시기에는 대가야토기의 西進에 의한 지배관계의 확산이 이루어지는 확산1단계로서 대가야의 완성된 토기문화가 호남동부지역까지 이르게 된다. 대가야의 전성기에 해당되는 이 시기에는 남원 월산리 M1-A호, 합천 옥전M3호, 함양 백천리1-3호, 지산44호가 해당된다.

이후 대가야토기는 기종구성과 확산경로의 변동이 나타나는데, 대가야토기의 정형기에는 보이지 않았던 단각발형기대와 대부장경호가 대가야토기의 西進 확산이 고착된 이후에 새로운 기종으로 등장하게 되고, 西進의 확산경로가 위축되고 새로이 南進으로의 확산경로 변동이 나타난다. 이러한 대가야토기 양식구성요소의 변화는 서진 확산으로 인해 백제계로 추정되는 새로운 문화요소가 전파되는 과정에 나타난 변화로 보인다. 이처럼 주변지역과의 교섭에의한 양식변동을 보여주는 자료로는 지산45호, 옥전M6호 및 삼가1-A호, 옥전M10, 수정봉2, 옥봉7 등이 해당된다.

대가야토기의 변동이 전개된 이후부터 퇴화가 급속히 이루어져 개, 개배, 일단투창고배 등 소수 기종만이 잔존하게 된다. 이 시기의 대외 교류에 있어서도 한 두점에 불과한 제한된 기종이 이루어지고 있으며, 신라토기와 동반하여 분포하는 것으로 보아 대가야토기의 양식구성은 이미 소멸된 것으로 볼 수 있다. 대가야토기의 퇴화형은 점차 신라토기로 대체되며, 이 시기부터 대가야는 정치적으로도 이미 약세를 이루고 있음을 보여준다. 대가야토기의 소멸기는 저포DⅠ-1호의 자료가 해당된다.

3) 소가야양식(도면 36)

소가야양식은 사천·고성식[4] 또는 진주식[5]의 확대개념이다. 종래 필자가 제시한 바 있는 진주식의 설정 당시 자료의 부족으로 검토대상지역에서 제외되었던 고성지역에서 진주식과 유사한 신 자료가 다수 공표됨으로서[6] 진주·고성양식으로 바꾸어 부를 것을 제안한 바 있다. 최근 들어 固城系土器(고성양식)로 부르고자 하는 견해가 제시된 바 있으며[7], 고성지역이 小加耶의 고지라고 하는 역사성에 따라 소가야양식으로 설정한다.

후기가야토기 단계 이후 소가야양식은 아라가야양식으로부터 변화하는 형식들이 이 지역에 등장하거나 수평구연호 등의 신기종이 나타나기도 하면서 새로운 지역양식을 보여주기 시작한다. 다른 지역에 비해 일단투창고배의 특징적인 기형이 대표적이며, 일단투창고배의 기본적인 기형에 이단엇갈린투창의 기법을 받아들인 이단투창고배, 광구호, 조족문과 평행타날문이 이루어진 단경호, 통형기대 및 발형기대, 수평구연호 등이 대표적인 자료로서 진주 가좌동고분을 비롯한 남강유역의 자료들이 대표적이다. 그리고 소가야양식의 분포권은 진주, 산청, 하동, 의령, 합천 등 남강 중상류역과 고성, 사천, 의령, 통영, 거제 등 남해안 일대가 해당된다. 또한 6세기 전엽에 이르러서는 진주 수정봉·옥봉고분군과 산청 묵곡리유적, 산청 옥산리유적 등에서 대가야양식 토기가 재지의 소가야양식 토기와 공반하고 있음을 볼 때 상호 교류관계가 주목된다.

<도면 36>에서 보는 바와 같이 소가야양식의 변화를 살펴보면, '전환기 변동'이 지속되는 5세기 1/4분기에는 소가야토기가 성립되기 이전의 양상을 보여준다. 투공고

---

4) 定森秀夫, 1983,「韓國慶尙南道泗川·固城地域出土陶質土器について」『角田文衛博士古稀記念古代學叢論』.

5) 朴升圭, 1993,「慶南西南部地域 出土 陶質土器에 대한 考察 -晋州式土器와 관련하여-」『慶尙史學』9, 慶尙大學校 史學會.

6) 固城 蓮塘里古墳群, 陽村里古墳群 등에서 다수의 소가야양식 토기 자료가 알려진 바 있으며, 固城 內山里古墳群 발굴조사에서 다수의 소가야양식 토기가 발굴조사 된 바 있다.
朴淳發·李相吉, 1994,『固城蓮塘里古墳群』, 博物館 叢書 5, 慶南大學校 博物館.
李相吉 외, 1994,『小加耶文化圈 遺蹟精密地表調査報告-先士·古代』, 昌原文化財研究所·慶南大學校博物館.

7) 安在晧, 1997,「鐵鎌의 變化와 劃期」『伽耶考古學論叢』2.

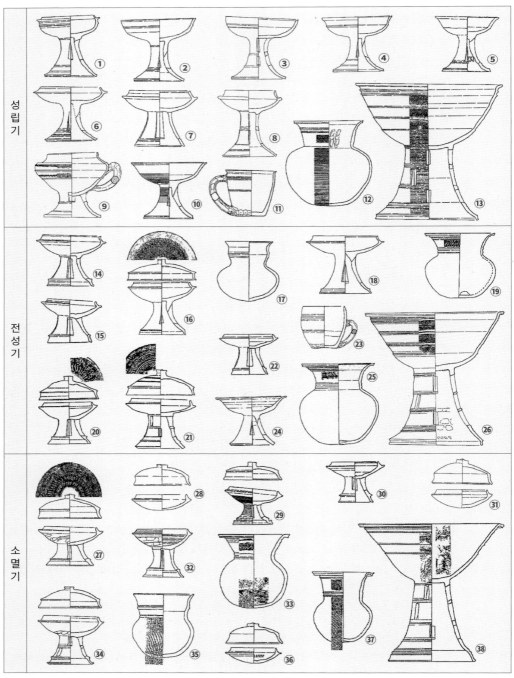

성립기

전성기

소멸기

(①가곡리, ②하촌리, ③⑨옥산70, ④옥산43, ⑤고성종고, ⑥서동리, ⑦중촌리, ⑧옥산38, ⑩~⑬우수18, ⑭예둔54, ⑮가좌1, ⑯중촌3, ⑰고이나-10, ⑱고이나-12, ⑲고이나-3, ⑳㉑㊱~㊳배만골, ㉒고이나-17, ㉓예둔25, ㉔예둔27, ㉕사촌리, ㉖우수14, ㉗㉞천곡10-1, ㉘내산8, ㉙운곡2, ㉚가좌4, ㉛천곡35-3, ㉜연당18, ㉝천곡35-2, ㉟가좌2)

배, 이단투창고배, 삼각투창고배, 발형기대가 대표적인 자료로 존재하며, 아라가야권과 토기문화를 공유하는 단계이다. 산청 중촌리3호남토광, 진주 하촌리, 가곡리에서 투공고배와 삼각투창고배, 발형기대의 자료가 확인된다.

후기가야토기의 지역양식이 등장하는 5세기 2/4분기에는 소가야권에서도 초기적 양상의 지역양식이 형성된다. 이 단계의 소가야토기는 무개식 삼각투창고배와 일단장방형투창고배에 의해 이루어지며, 특히 무개식 삼각투창고배는 전단계의 형식에 비해 형식차가 뚜렷한 정형을 이룸으로써 소가야토기 성립기의 대표 기종을 형성하게 된다. 소가야토기의 성립단계에 있어서 높은 개체수를 유지하는 삼각투창고배는 동시기의 아라가야권과 대가야권에서는 출토빈도가 낮으며, 전 단계까지 삼각투창고배의 주된 분포권을 형성하였던 아라가야권으로부터 분포의 중심지가 이동된 것으로 파악된다[8]. 이와 함께 무개식 삼각투창고배의 정형에 의한 집중 분포는 종래 아라가야토기 문화권에 속해 있었던 소가야권으로서는 커다란 변동이라고 하겠으며, 이러한 변동을 통해 아라가야권과 소가야권이 문화적 분화되고 있음을 살펴볼 수 있으나 전반적인 토기문화상으로 볼 때 아라가야토기와 소가야토기는 특수한 관계를 유지하고 있음을 보여준다.

이후 5세기 3/4분기는 소가야양식이 정형화되는 전성기로서, 가야토기 후기의 일 지역양식을 명확히 보여주는 단계이다. 일단장방형투창고배의 정형이 이루어지고 장경호와 발형기대는 수평구연의 초기형태를 보여주게 된다. 유개식 삼각투창고배와 일단장방형투창고배는 전 단계로부터 계속하여 배신의 형태에서 동일형식을 보여주고 있으며, 무개식 삼각투창고배는 배신의 꺾임이 미미해져 반원상을 이루고 점차 개체수의 감소와 함께 퇴화하는 양상을 보여주고 있다. 5세기 4/4분기의 소가야양식은 일단장방형투창고배, 삼각투창고배와 더불어 발형기대, 광구장경호, 수평구연호, 개, 컵형토기, 통형기대에 의해 뚜렷이 정형화되며, 5세기 후반~6세기 초의 시간적인 특정성과 더불어 분포권에 있어서도 진주, 산청, 의령지역의 남강유역권과 고성, 사천, 하동을 비롯한 남해안권에서 주요 기종들이 안정된 분포를 보여주고 있음은 이 단계

---

8) 5세기 전엽까지 아라가야권은 화염형투창고배와 삼각투창고배의 분포 개체수가 높을 뿐만 아니라 분포의 중심지를 이루고 있다. 아라가야권에서 화염형투창고배의 분포는 다음 단계까지 계속 이어지고 있으나 삼각투창고배는 급격히 퇴조하고 장방형이단투창고배로 바뀌는 변동이 나타나게 된다.

가 소가야토기의 전성기임을 보여준다. 그리고 이 단계에는 소가야토기는 서남부가야지역의 안정된 분포권역을 형성할 뿐만 아니라 동래 복천동, 마산 현동, 합천 옥전, 남원 월산리, 여수 죽포리 등으로 확산되는 것으로 보아 소가야토기의 대외교섭망이 폭넓게 유지되었음을 짐작할 수 있다.

6세기 이후 소가야토기는 형식이 퇴화될 뿐 아니라 신라토기, 대가야토기와 복합 분포를 이루다가 소멸되기 시작한다. 소가야토기의 형식이 퇴화되는 단계는 대가야의 남강유역권에 대한 세력 확장으로 소가야권의 권역이 위축되고 이로 인해 남강유역권과 남해안권이 형성하였던 소가야연맹체가 해체된다. 남강유역권의 진주와 산청지역에는 대가야토기가 지배적 확산을 이룸으로써 이 시기에 대가야연맹체에 편입된 것으로 보인다. 또한 소가야토기의 주 분포권이었던 남강유역권에는 대가야의 지배체제가 유지되는 가운데서 고성권을 비롯한 소가야권의 잔존지역에도 신라토기와 대가야토기가 함께 파급되면서[9] 점차 소가야토기가 소멸된다. 이 단계의 소가야토기는 소성이 불량해지고 부장되는 기종도 극히 제한적이다. 일단장방형투창고배는 기고가 축소되고 구연단이 뾰족하게 처리되며, 수평구연호는 구연부가 외절하는 변화를 나타낸다.

2. 지역양식간 연계

1) 지역양식간 친연성의 분석

문화적 현상이 정치적 상황과 일정한 상호비례성이 있다는 전제하에서 본다면, 지역양식 간 토기의 교류상을 통해 지역정치체 상호간의 정치적, 문화적 교류관계를 어느 정도 추정해 볼 수 있을 것으로 여겨지며, 이를 바탕으로 당시의 정치적 역학구조에 대해서도 간접적인 유추가 가능하리라 여겨진다. 그 방법으로서 특정의 지역양식을 나타내는 토기들의 중복 분포상에 따른 세부적인 교류의 친연성과 대립관계를 검토함으로써 지역양식을 나타내는 지역정치체 상호간의 대립 및 친연적 관계를 살펴

---

9) A.D.522년의 기록에 보이는 대가야와 신라의 결혼동맹의 기사로 볼 때, 이 시기는 대가야와 신라가 우호적인 관계를 유지하는 가운데서 固城지역과 宜寧지역에 함께 진출한 것으로 보인다.

볼 수 있다[10].

이러한 방법적인 면에서 의령지역은 앞서 살펴 본 아라가야양식, 대가야양식, 소
가야양식의 중심권으로부터 중간지점에 위치하고 있어서 낙동강과 南江 수계에 의
하여 주변과의 교류가 용이하였던 지역으로 인정된다. <도면 33>에서 보는 바와 같
이 각각의 지역양식을 잘 보여주는 후기가야토기가 복합적으로 출토된 泉谷里古
墳群[11], 中洞里古墳群[12], 西洞里古墳[13], 上里古墳[14], 禮屯里古墳[15], 柳谷里古

10) 교류의 전개에는 정치적 지배 또는 확산에 의한 경우와 친연적 교역 등에 의한 교류로 나
누어 볼 수 있는데, 후기가야토기의 시기에 陜川 三嘉, 晋州 水精峰·玉峰, 咸陽 白川里
古墳群 등에 대가야토기가 집중적으로 반출되는 것은 大加耶의 정치적 팽창에 따른 대가
야양식의 확산으로 보인다. 반면 동시기의 固城 栗坮里, 咸安 道項里, 昌原 盤鷄洞, 昌原
茶戶里遺蹟 등에서의 대가야양식 토기 반출은 또 다른 계통인 신라토기 등과 공존하고
있는 점 등을 고려할 때 교류적 측면일 가능성이 높다.

11) 嶺南埋藏文化財研究院, 1997, 『宜寧泉谷里古墳群Ⅰ,Ⅱ』, 嶺南埋藏文化財研究院.
의령의 서부지역인 진주와 합천의 교통로상에 위치하며 남강 수계의 말단 계곡에 입지한
다. 이 유적에서는 5세기 후엽~6세기 전엽에 조영된 중·소형의 석곽묘가 주로 조사되었
는데 소가야양식 토기가 주를 이루나 아라가야양식 토기도 25% 정도 출토되었다. 그리고
6세기 중엽의 시기에는 대가야양식의 말기자료와 신라계토기도 일부 보인다. 소가야양식
토기의 분포권으로서 아라가야양식 토기와 교류관계를 찾아볼 수 있다.

12) 趙榮濟 외, 1994, 『宜寧 中洞里古墳群』, 慶尙大學校博物館.
의령읍의 남쪽 산 정상부에 위치한 6세기 2/4분기 전후에 조영된 고총고분군으로 1993년
도 慶尙大學校博物館의 1, 4호분 발굴조사가 이루어졌는데, 1호분은 수혈식석실분이고
4호분은 횡혈식석실분이었다. 1호분과 주변의 소형석곽에서 확인된 자료는 아라가야양
식 토기의 고배 배부와 장경호 및 컵형토기와 소가야양식의 이단투창고배를 비롯하여 신
라계토기인 소형고배가 수습되었다. 함안지역과의 상호관련성이 비춰지며, 횡혈식고분의
구조와 수습된 관고리는 백제문화의 연관성도 보인다.

13) 朴升圭, 1994, 『宜寧의 先史·伽倻遺蹟』, 慶尙大學校博物館·宜寧文化院.
의령읍에 위치하며, 여기에 소개된 자료는 1971년 고총고분에서 수습된 것으로 알려져 있
다. 아라가야양식 토기가 주를 이루며 일부 소가야양식 토기도 보인다. 의령읍 시가지를
사이에 두고 중동리고분군과 남북으로 마주하고 있다.

14) 朴升圭, 1994, 『宜寧의 先史·伽倻遺蹟』, 慶尙大學校博物館·宜寧文化院.
의령읍의 서동리고분군에서 남강으로 이어지는 계곡에 연한 능선에 위치하며, 중·소형
의 석곽묘들이 주로 분포하고 있다. 주변에는 고총고분군인 중리고분군이 분포하고 있으
며, 채집된 자료를 통해보면 소가야양식 토기가 주를 이루고 드물게 아라가야양식 토기가
보인다.

15) 趙榮濟 외, 1994, 『宜寧 禮屯里墳墓群』, 學術調査報告 11輯, 慶尙大學校博物館.
의령의 동부지역으로 남강변에 위치하고 있다. 이른 시기의 목곽묘와 함께 중·소형의 석

墳[16], 景山里古墳群[17] 등의 후기가야토기의 유적들을 대상으로 교류양상을 분석함으로써 문제의 해결에 어느 정도 접근할 수 있을 것으로 판단된다. 즉, 의령지역 고분에서 출토된 토기자료를 대상으로 총량 대비 권역별 교류자료의 빈도를 추출하고 이를 통해 아라가야양식, 대가야양식, 소가야양식의 상호 교류관계망을 검토함으로써 각 지역양식 간 친연성을 파악하고자 한다.

앞서 제시된 각 고분의 출토 토기의 분석에 의하면, 아라가야양식의 자료가 반출되는 유적은 천곡리, 서동리, 상리, 예둔리로서 아라가야양식의 반출비율은 천곡리 25%, 중리 60%, 서동리 90%, 상리 5%, 예둔리 30% 정도로서 서동리 및 상리의 자료가 지표채집 또는 수습에 의한 결과임을 감안한다면 이 지역에 있어서의 아라가야양식 반출비율은 30~40% 정도임을 알 수 있다. 또한 아라가야양식의 분포지역도 의령의 동남부지역인 남강의 북안에 해당되며 더 이상 아라가야양식의 분포상은 찾아보기 어려운 상태이다.

소가야양식의 자료가 반출되는 유적은 천곡리, 서동리, 상리, 예둔리 등으로 소가야양식의 반출비율은 대체로 60~70% 정도임을 알 수 있다. 이들 반출지역은 모두 아라가야양식과 공존하는 양상을 가지고 있으며, 천곡리의 경우 동일 유구 내에서 공존하는 경우도 20% 정도 보인다. 宜寧地域에 있어서 소가야양식 토기와 아라가야양식 토기는 중첩되고 있으나 남강의 수계에 의한 교류의 용이함 때문인지 이 지역은 함안에 인접해 있으면서도 소가야양식 토기가 분포비율상 우위를 점하고 있다.

대가야양식의 자료가 반출되는 유적은 유곡리와 천곡리로서, 전형적인 대가야양식 토기에서 약간의 형식적 변이가 이루어진 느낌을 주는 자료들이다. 유곡리지역은

곽묘들이 다수 조사되었는데 소가야양식 토기와 아라가야양식 토기가 함께 분포하고 있다. 창녕지역에서 유입된 것으로 보이는 신라계토기도 한점 출토되었으며, 주변에는 6세기대에 형성된 죽전리 산성고분군이 분포하고 있다.

16) 朴升圭, 1994, 『宜寧의 先史·伽倻遺蹟』, 慶尙大學校博物館·宜寧文化院.
   의령의 동부지역으로 낙동강에 접해 있다. 산성과 이어져 있는 고분군으로 고총고분과 주변석곽들이 함께 분포하고 있으며, 주민들에 의해 수습된 자료에 의하면 6세기 전반대로 추정되는 대가야양식 토기들이 분포하고 있다. 그리고 후기가야토기 초기에 해당되는 이단투창고배와 삼각투창고배, 화염형투창고배도 보인다. 낙동강에 접해 있는 지리적 조건을 볼 때 대가야의 낙동강 교역로의 한 지점으로 추정된다.

17) 慶尙大學校博物館, 2004, 『宜寧 景山里古墳群』.

(①천곡리32, ②천곡리28, ③경산리28, ④서동리, ⑤예둔리57, ⑥예둔리1, ⑦운곡리2, ⑧천곡리36, ⑨예둔리1, ⑩천곡리 35-2, ⑪예둔리57, ⑫유곡리, ⑬유곡리, ⑭경산리24, ⑮천곡리7, ⑯경산리24, ⑰경산리28)

고령에서 낙동강을 따라오면 만나게 되는 낙동강 서안의 지대로서 다른 지역양식의 자료는 보이지 않는다. 이 유적은 낙동강 수계를 따라 이루어지는 대가야양식 토기의 교류상을 단면적으로 보여주는 현상으로서 이 지역을 경유한 대가야양식 토기들이 함안 도항리 또는 창원 반계동과 다호리유적 등에서 반출되는 것으로 추정된다. 또 천곡리지역은 대가야양식 토기의 삼가 경유 진주방향으로의 진출과정에 유입된 것으로서 6세기 중엽의 자료가 대부분일 뿐만 아니라 분포비율도 5%를 넘어서지 못하고 있다. 이처럼 대가야양식은 6세기 전엽 이후에 낙동강과 삼가 경유 진주방향의 양대 교통로를 통해 급속한 교류를 보여줌과 동시에 점 단위의 거점적 분포상이 보인다.

이상의 의령지역에 존재하는 각 지역양식의 상호 교류양상에 대해 정리해 보면, 아라가야양식과 소가야양식이 상호 공존하고 있음[18]에 비해 대가야양식과의 공존관계는 극히 미미한 것으로 나타나고 있다. 또한 아라가야양식과 소가야양식의 공존양상이 영역적 접촉지역에 있어서의 정치적 또는 문화적 친연관계에 의한 교류의 결과로서 공존하는 양상인지, 아니면 단순한 교역 차원의 교류인지에 대해서는 뚜렷이 밝힐 수 없지만 친연관계에 의한 가능성이 높다고 하겠다. 반면 대가야양식과 아라가야양식 및 소가야양식과의 관계에 있어서 대가야양식은 다른 지역양식의 분포권에 확산과 교역에 의해 등장하는 반면 아라가야양식과 소가야양식이 대가야양식의 분포권에 등장하지 않음을 볼 때 대가야양식의 교류가 일방적 확산일 뿐만 아니라 완전한 지배적 차원은 아니라 하더라도 상당부분 주도적 입장에서 교류관계를 유지한 것으로 볼 수 있다.

2) 지역양식간 연계와 연맹체

가야토기의 지역양식이 형성되게 된 배경으로 정치적, 사회·경제적 상황의 변화가 많은 작용을 하고 있는 것으로 파악되고 있다. 바꾸어 말하면 지역양식의 형성이라고 하는 것은 일견 정치적, 사회·경제적 여건의 변화라고도 할 수 있는 것이다.

가야는 사회발전단계에 있어서 통상 연맹단계로 인식하여 흔히 전기가야연맹 또

---

18) 아라가야양식과 소가야양식의 상호 공존양상은 아라가야양식과 소가야양식의 또 다른 접촉지역인 함안 군북지역에서도 확인되고 있다.
朴升圭, 1994, 「咸安 郡北地域 出土 陶質土器에 대한 考察」『咸安 篁沙里墳墓群』, 慶尙大學校博物館.

는 후기가야연맹으로 일컫고 있다. 이러한 연맹구조는 가야 사회의 내적 통합구조에 의한 단일의 집권국가체제가 아닌 연맹체를 형성하였다고 하는 것으로 지금까지의 많은 논의가 있었다[19].

그러므로 가야토기의 분포권역에 따른 지역양식의 형성이라고 하는 문화적 양상이 정치적 상황의 변화와 무관하지 않다고 할 경우에 가야토기의 분포권역에 따른 지역양식의 존재와 지역양식 상호간의 교류관계에 대한 검토를 통하여 가야 정치체의 실체와 정치체 간 상호 역학구조를 부분적이나마 찾아볼 수 있을 것으로 보인다.

앞서의 검토한 바와 같이 후기가야토기의 분포권역에 따른 대가야양식과 아라가야양식 및 소가야양식의 3대 지역양식이 설정된다는 것은 이 시기의 가야가 3개 지역군에 따른 지역양식의 단위별로 일정한 정치세력이 존재한 것으로 추정할 수 있으며, 나아가 이러한 일정한 정치세력은 대가야양식과 연관성을 가지는 대가야를 비롯하여 아라가야양식과 아라가야, 소가야양식과 소가야로 상호 관련성이 있음을 찾아볼 수 있다.

또 지역양식 간 교류양상을 보면 아라가야양식과 소가야양식이 친연적 교류관계를 유지하고 대가야양식과 다른 지역양식 간에는 대가야양식의 일방적 교류관계가 형성됨을 파악하였다. 이를 통해서 남부의 아라가야와 소가야가 상호 우호적 관계를 유지한 반면, 북부의 대가야는 남부 및 주변지역으로의 지배적 확산을 추진함으로 인해 우호적 관계가 미흡함을 알 수 있다.

그리고 지역양식과 연관성을 가지는 제 가야 정치체의 상대적 세력규모를 파악하기 위한 방법으로서 지역양식의 확산규모와 표출도를 살펴보면 각 세력의 정치적 역학구조도 상당부분 가늠할 수 있을 것으로 보인다. 가야토기에 존재하는 지역양식의 확산규모와 표출도를 측정하기 위한 요소로는 지역양식의 분포규모, 지역양식을 보여주는 기종 수와 분포비율 등을 들 수 있으며, 이들에 의한 측정결과에 의하면 대가야양식이 상대적인 우월성을 유지하고 있고 아라가야양식과 소가야양식은 이에 비해 상당한 차이가 있음을 알 수 있다. 따라서 지역양식의 확산규모와 표출도가 정치체의 세력규모와 일정한 비례성이 있다고 할 수 있으므로 이들의 분석결과에 따라 가야 제 정치체의 역학관계를 살펴보면, 대가야양식의 대가야가 아라가야양식의 아라가야와

---

19) 金泰植, 1990, 「加耶의 社會發展段階」『한국고대국가의 형성』, 한국고대사연구회.
　　權學洙, 1994, 「伽倻諸國의 相互關係와 聯盟構造」『韓國考古學報』31.

소가야양식의 소가야에 비해 상대적으로 정치세력의 규모가 강함을 알 수 있다. 반면에 아라가야양식과 소가야양식 간의 편차는 뚜렷하지 않으나 고분군의 분포양상 등에 의하면 아라가야양식이 좀 더 우월한 것으로 판단된다.

가야토기의 지역양식에 대한 검토를 바탕으로 가야 정치체의 형성구조를 연맹체적 입장에서 추론해보면, 지역양식의 동질관계에 의한 양식적 통합을 의미하는 광역정치체와 지역양식의 분립과 연계된 소지역 단위의 지역정치체로 구분됨을 설정할 수 있다. 광역정치체는 집권국가체제와 동일한 것으로서 지역정치체적 요소의 2차적 통합에 의해 이루어진다고 할 수 있는데 가야토기의 양식적 통합성이 저조한 것은 결국 광역정치체의 완전한 형성을 이루지 못하였던 것으로 볼 수 있다.

반면 가야 정치체의 실질적 형성구조라고 할 수 있는 연맹체는 형성 및 전개과정에 있어서 상호 차별성을 보여주고 있다. 특히 대가야양식의 대가야는 주변지역으로의 확산과 통합을 추진하면서 단순한 지역연합의 단계를 벗어나고자 하는 노력이 시도되었으나, 종국적으로는 제 지역양식의 정치체에 대한 완전한 통합을 이루지 못함으로써 가야사회의 종말을 맞이하는 한 요인을 제공하게 된다.

가야 후기의 대가야와 아라가야 및 소가야는 지역정치체의 한 단위를 보여준다고 하겠으며, 이는 후기가야토기에 보이는 "대가야양식", "아라가야양식", "소가야양식"의 지역양식과 상호 관련성을 보여준다고 하겠다. 또한 가야 정치체의 형성구조는 주변지역으로의 지배와 확산에 의한 지역정치체의 2차적 통합을 시도했던 대가야와 소지역 단위의 아라가야 및 소가야로 이루어진 다수의 지역정치체가 공존하는 양상일 것으로 추정된다. 이러한 지역정치체 간의 공존양상은 재연합 등에 의한 광역정치체 형태인 집권국가체제의 형성으로 이어질 수 있는 논리적 추론이 가능하나 실제로 완전하고 지속적인 지역정치체 간의 재연합 또는 통합에 의한 집권국가체제는 이루지 못한 것으로 보인다. 이는 지역양식의 존재라는 사실이 지역정치체 간의 통합과는 배치되는 현상이므로 정형화된 지역양식의 형성단계에는 지역정치체 간의 재통합이 이루어지기 어렵다고 하겠다. 즉 신라토기가 양식적 통합을 이룬 것과 같이 가야토기도 양식 내 지역양식의 존재보다는 신라토기적 지역색[20]을 유지하였다면 광역정치체적 집권국가를 이루었을 것으로 추정되지만 실제에 있어서는 상당한 차이가 있음을

---

20) 신라토기 내에서도 義城式, 安東式, 星州式, 昌寧式 등의 지역색이 보이지만 이는 역사성이 내재되지 않은 것으로서 가야토기에 보이는 지역양식과는 뚜렷한 차이가 있다.

알 수 있다. 따라서 가야토기는 외형적 양식의 통합은 이루었으나 양식 내 지역양식의 표출양상이 뚜렷함으로 인해 정치적으로 지역정치체 간의 완전한 통합은 이루지 못한 것으로 추정된다.

이러한 추론에 의하면 가야 정치체의 형성구조는 지역정치체가 각기 상호 대등한 양상을 보이면서 지역정치체 간의 2차적 유대관계를 유지하였던 것으로 추정된다. 그러므로 가야는 일정한 영역을 단위로 일정한 세력을 균점하고 있으므로 인해 특정의 한 지역정치체가 주도적으로 통합을 이루지 못함으로서 연맹체 단계를 벗어나지 못한 것으로 볼 수 있다.

제2장 아라가야토기

Ⅰ. 양식변동의 검토

1. 변동요소의 분석

1) 기종구성의 변동

아라가야토기의 전기와 후기 사이에는 기종구성에 있어 뚜렷한 변화가 있음이 확인되고 있으며, 또 '전환기 변동'의 시기에는 양 시기의 복합양상이 존재하고 있다.

아라가야토기 양식의 실체로 인식되는 기종구성에 있어서 전기에는 工자형의 대각을 가진 통형고배와 무파수의 노형기대, 문양개, 파수부컵, 승석문단경호가 형식의 정형화를 보여주고 있고, 후기에는 화염형투창고배, 이단투창고배, 파수부컵과 대형완, 발형기대와 통형기대, 대부호가 새로운 기종으로서 변동을 보여주고 있다. 이처럼 전기와 후기의 기종구성이 뚜렷한 차이를 보여주고 있으나 그 매개가 되는 '전환기 변동'의 시기에는 범영남권에서 공통양상을 보여주는 이단투창고배와 소형발형기대, 투공고배, 대부파수부완과 함안만의 특성을 지닌 화염형투창고배와 삼각투창고배가 등장하고 있어 전기로부터 새로운 변동 요소와 계통적인 요소를 함께 유지하고 있음이 확인되고 있다. 그리고 '전환기 변동'의 화염형투창고배와 이단투창고배의 형식은 후기로 계통적인 연계를 유지하고 있음을 확인할 수 있다.

따라서 전기와 후기의 기종구성의 대비에 있어서 공통적으로 존재하는 기종도 찾아볼 수 있으나 형식상 명확한 차별성이 있음이 확인되므로 아라가야토기라는 큰 범주의 양식 속에서 전기와 후기의 양식 구분이 가능하다. 반면 전기와 후기는 기종 구성과 개별 형식에서 차이가 명확하나 일부 기종과 개별의 특정 형식에서 상호 계통적으로 연결되고 있음이 나타나므로 아라가야토기의 기종 구성에 있어서는 차별성이 우세한 가운데서 계통성이 공존하고 있다.

이상에서 살펴본 바와 같이 기종구성은 아라가야토기의 전기와 후기 사이에 변동을 보여주고 있음을 실체적으로 살펴볼 수 있을 뿐 아니라 생활방식의 변화 또는 의례의 변화도 상정할 수 있다. 즉, 신 기종인 통형기대의 등장은 의례의 변화가 새로운 기종의 제작을 필요로 하였을 것이며, 통일된 형식의 토기 생산방식은 당시에 생활방식 또는 대량부장이라는 매장의례가 집단 내에서 체계화되었음을 반영한다.

한편, 전·후기 기종구성의 변동은 제작기술의 변화와 발전이 주도하였으나, 이와 달리 당대 정치체의 생산시스템 통제에 의해 변동되었을 가능성도 있다. 즉 이러한 변화와 변동이 생산자의 제작기술적 요인에 의한 것이거나 매장의례의 관념 변화에 의한 요소가 작용하였을 것으로 추정할 수 있지만 무엇보다도 기종구성의 변동에 있어서는 심볼적 기종의 채택에 따른 생산방식과 분배를 통제하는 정치체의 통제 시스템이 작용하였을 것으로 보인다.

2) 분포권과 교류체계의 변동

토기양식의 분포는 구성 기종이 복합체를 형성하면서 분포하는 분포권과 한두 기종만 선택적으로 주변 양식의 토기와 함께 분포하는 교류권으로 나누어 살펴볼 수 있다.

전기 아라가야토기의 분포권은 통형고배, 노형토기. 컵형토기, 단경호(소문단경호, 승석문타날단경호, 양이부단경호)가 조합상을 이루며 분포하는 경우를 말하는 것으로서, 함안 황사리, 윤외리, 묘사리, 우거리, 진주 압사리, 원당리, 원북리, 평촌리, 창원 대평리, 마산 현동을 비롯한 남강유역과 남해안 접경지역이 중심을 이룬다. 그리고 최근 조사가 이루어진 창녕 일리와 밀양 월산리 등 남강과 합류하는 낙동강유역에서도 이러한 분포양상을 보여주고 있어서 분포권의 범위를 파악하는 데 있어 새로운 자료가 되고 있다. 이러한 분포경향으로 보아 분포권은 함안지역을 중심으로 의령지역으로부터 진주지역에 이르는 남강유역과 남해안에 이르는 지역 및 남강과 합류하는 낙동강유역을 상정할 수 있다.

이와 달리 교류권은 아라가야토기 양식의 대외교류에 의한 분포지역을 일컫는 것으로서 4세기 3/4분기 이후에 형성된다. 교류권은 아라가야토기 중 한두 기종만이 분포하는 경우로서, 김해 대성동, 부산 복천동, 경주 죽동리, 황오동, 경산 임당동, 합천 옥전, 저포리, 창녕 여초리, 칠곡 창평리 등 전 영남권에 이르고 있음이 확인된다.

후기 아라가야토기의 분포권은 현 함안분지와 군북지역을 들 수 있으며, 전기에 비해 그 권역이 크게 축소되는 것으로 파악된다. 그리고 교류권으로는 신라토기 및 대가야토기와 함께 분포하는 창원 반계동, 다호리지역을 들 수 있고, 의령지역의 천곡리, 서동리, 중동리에서 소가야토기와 함께 분포하고 대가야토기, 소가야토기, 신라토기가 함께 분포하는 낙동강 서안의 의령 경산리, 유곡리를 들 수 있다. 이로보아 후기 아라가야토기의 분포권도 주된 분포권의 축소뿐 아니라 교류권에 있어서도 권역의 한정화가 나타남을 알 수 있다.

이처럼 전·후기에 따라 아라가야토기는 분포권의 변동이 뚜렷이 나타나는데 후기에는 그 권역이 함안지역으로 한정되고 있음이 파악된다. 즉, 아라가야토기는 전기의 함안고식이 광역의 분포권과 교류권을 형성하고 있음에 비해 후기에는 분포권과 교류권이 모두 축소되는 양상을 보여주고 있다.

이러한 분포권의 변동이 당시 아라가야 정치체의 변화를 상정한다고 할 수 있으나, 토기양식의 분포권이 반드시 영역으로 설정할 수 있는 것이 아니므로, 당시의 교류체계에 대한 검토가 함께 이루어져야만 해석이 가능할 것으로 보인다.

전기 아라가야토기는 '전환기 변동' 이후 재지 생산품에 대한 대외 반출이 통제되었거나, 각지에 있어서 재지생산 수준의 향상으로 인해 더 이상의 물자교류가 필요하지 않을 정도가 되었을 가능성이 고려된다. 즉, '전환기 변동' 이후에는 전기 아라가야토기의 자료들이 직접 교류(공급)되는 방식 대신에 기술교류(기술자의 파견, 기술연수, 제작모델 및 기술의 제공)에 의한 각지 생산방식이 채용됨으로써 교류체계의 변동이 이루어졌으며, 이러한 변화는 후기로 들어서면서 각지에서 독자적인 토기생산체계를 구축함으로써 전기의 교류체계가 현저히 위축되었음을 알 수 있다.

또한 토기의 교류가 제한됨으로써 생산방식도 통제되었을 것으로 보인다. 이로써 후기의 아라가야토기는 전기의 기종별 형식이 보여주는 다양성에 비해 정형화되고 있음이 파악된다. 이처럼 토기생산방식의 통제와 형식의 정형성이 확립된 시기가 곧 지역양식이 한 단계 발전된 수준을 확립한 시기로 볼 수 있다.

그러나 후기에 들어 분포권의 축소가 말하는 의미가 무엇인지, 전기와 후기의 토기양식 교류에 있어서 기술적 교류 또는 생업경제 차원의 것인지, 정치경제적 차원에 의한 또는 그 영향에 의한 변동인지를 검토해 볼 필요가 있다.

토기양식의 분포와 교류의 권역이 정치체의 영역과 직결된다고 할 수는 없다. 그렇지만 또 전혀 관계가 없다고 하기도 어렵다. 후기 아라가야토기에 있어서는 토기양식의 형성과 확산에 있어서 정치체의 통제와 제한이 일정부분 작용하고 있으며, 그 작용 강도는 정치체의 집권력이 어느 수준에 도달하였는가를 반증한다. 전기 아라가야토기는 아직 정치체의 집권력이 미약하여 토기 생산체계(제작기술)의 통제와 기술 교류의 제한이 이루어지지 않음으로써 광역의 분포 및 교류권을 형성할 수 있었다. 반면 후기에는 각 가야 정치체의 집권력이 강화되고 그에 따라 아라가야 정치체도 통제된 토기 생산과 분배체계가 형성함으로써 그 권역이 한정되었다. 전기의 아라가야 정치체가 보여준 토기 생산방식과 분배체계는 생업경제에 의한 교류권을 광역으로 구축하게 되었고, 후기에는 아라가야만의 토기 생산체계를 통제하고 분배를 제한함으로써 정치경제의 영향과 함께 정치체의 영역으로 분포권이 한정되고 있음을 알 수 있다.

이상에서 전기 양식이 교류에 따른 권역의 확대가 이루어진 점에 비해 후기 양식은 분포권의 집약·축소화의 양상이 뚜렷해짐으로써 정치적 의미의 분포권-영역으로 전환되고 있음을 찾아볼 수 있다. 즉, 4말5초 이후 함안권으로 한정된 분포권의 축소는 아라가야토기의 권역 위축이라고 하는 면이 나타나지만 한편으로는 집권적 영역의 뚜렷한 설정을 통한 정치력의 집중을 통해 새로운 후기가야의 일원으로서 그 위치를 재정립하는 양상을 보여주고 있다. 즉, 진주·고성권을 비롯한 소가야의 분화가 이루어지지만 정치적으로 우호관계를 지속함으로써 아라가야권의 정치적 위상에는 별다른 영향을 끼치지 않은 것으로 보인다.

3) 제작기술의 변동

아라가야토기 전기와 후기의 제작기술은 뚜렷한 차이를 보여주지 않고 있다. 반면 후기에는 전기에 비해 토기 형식의 다양화로부터 정형화가 구축되었음을 파악할 수 있고 대량생산체제가 더욱 강화된 것으로 추정할 수 있다. 그리고 후기에 들어서서 생산방식에 있어서 대량생산을 위한 전업생산체계가 지속됨으로써 기술 집중에 따른 형태의 정형과 기술의 단순화에 의한 퇴화형식의 출현이 파악되고 있다. 또한 생업경제적 필요에 의한 생산으로부터 대량부장이라는 매장의례의 관념변화는 대량생산의 필요성을 요구하였으며 그로 인해 전기와는 다른 대량생산에 따른 기술변화와 정치적 차원의 생산 통제도 함께 부가된 것으로 보인다.

한편, 생산방식의 변동은 지역정치집단의 지배체제 구축의 수준을 가늠할 수 있을 것으로 여겨지며, 조직화된 생산체계는 기술의 단순화와 통일화가 이루어짐으로써 대량생산의 가능성 뿐 아니라 형태의 정형이 이루어짐으로써 토기 양식의 집중도가 높아진다. 또 양식의 형성이 이루어진다는 것은 제작기술의 집중과 전업생산체제의 강화와 더불어 새로운 기술의 통제와 표본 모델의 대외 반출 통제 등이 작용하였음도 고려해 볼 수 있다. 즉 제작기술의 전문화와 형식의 정형화 뒤에는 생산방식에 대한 정치적 통제가 있었으며 대외교류와 분배에 있어서도 통제 또는 제한이 있었을 것으로 추론된다.

따라서 아라가야토기의 전기와 후기에 있어서 제작기술의 대비는 제작기술 그 자체의 문제라기보다는 제작기술과 연관된 생산방식의 대비가 나타나는데, 전기의 토기생산기술이 정형화되지 못하는 생산체계로부터 후기 아라가야토기의 시기에는 전업적 대량생산체계가 더욱 요구됨으로써 정형화에 의한 토기제작기술의 전문화가 강화되었음을 보여준다.

2. 변동의 양상

1) 전기

전기 아라가야토기의 양식요소를 보여주는 기본적인 것으로는 특징적인 형식의 기종들에 의해 만들어진 기종 복합체의 추출이라고 할 수 있다. 전기 아라가야토기의 기종 구성은 工자형 대각의 통형고배, 무파수의 노형기대, 다양한 점문과 거치문으로 조합된 문양이 시문된 문양개, 桃形을 이루는 파수부잔, 귀달린 승석문단경호로 이루어짐을 알 수 있으며, 이들이 보여주는 형태적 속성은 각각 함안권역의 특성을 내포하고 있음을 알 수 있다. 이러한 전기 아라가야토기의 기종 복합체는 '전환기 변동'의 시기까지 형식변화를 보이면서 발전하며, 이후부터는 기종 구성의 변화를 비롯하여 형태적 속성에 있어서도 세부적인 변화가 보이므로 전반적인 양식요소의 변동이 나타난다.

전기 아라가야토기의 형성은 3세기 말로부터 4세기 초에 찾아볼 수 있으며, 앞 시기의 와질토기로부터 도질토기로 바뀌는 기술적 변화에서도 찾아볼 수 있다. 전기 아라가야토기는 새로운 도제술의 사용이라는 측면이 변화의 요인으로 강조되므로 전 영남권에서 새로운 도질제 제작기술의 출발지의 하나로서 함안권역을 추정할 수 있고 새로운 양식의 형성배경으로 작용하여야 할 것으로 추정된다. 종래 와질토기의 기형을 계승하는 양상이 노형기대에서 전해지므로 와질토기 제작기술의 단계로부터 자체의 도질제 제작기술의 발전 가능성을 열어두고 있으며, 통형고배 등 신 기종의 출

(①②황사리도갱정리품, ③황사리40, ④⑪도항경33, ⑤황사리35, ⑥⑫황사리32, ⑦⑩도항문42, ⑧예둔리48, ⑨황사리4, ⑬황사리45)

현은 도질제 기술 확보에 따른 신형식의 출현으로 파악해 둔다.

전기 아라가야토기의 분포는 주분포권과 교류권으로 구분이 가능할 뿐 아니라 시기에 따른 분포권의 변화가 뚜렷이 나타나고 있다. 전기아라가야토기의 주분포권은 통형고배, 노형토기. 컵형토기, 단경호(소문단경호, 승석문타날단경호, 양이부단경호)가 조합상을 이루며 분포하는 경우를 말하는 것으로서, 함안 황사리, 윤외리, 묘사리, 우거리, 진주 압사리, 원당리, 원북리, 평촌리, 창원 대평리, 마산 현동을 비롯한 남강유역과 남해안 접경지역이 중심을 이룬다. 그리고 최근에 조사가 이루어진 창녕 일리와 밀양 월산리 등 남강과 합류하는 낙동강유역에서도 이러한 분포양상을 보여주고 있어서 주분포권의 범위를 파악하는데 있어 새로운 자료가 되고 있다. 이러한 분포양상으로 보아 주분포권은 함안지역을 중심으로 의령지역으로부터 진주지역에 이르는 남강유역과 남강 이남으로부터 남해안에 이르는 지역 및 남강과 합류하는 낙동강유역을 상정할 수 있다.

이와 달리 교류분포권은 아라가야토기의 대외교류에 의한 분포권을 일컫는 것으로서 김해 대성동, 부산 복천동, 경주 죽동리, 황오동, 경산 임당동, 합천 옥전, 저포리, 창녕 여초리, 칠곡 심천리 등 전 영남권에 이르고 있다. 이처럼 전기에는 분포의 광역성이 확인되는데, 이는 후기의 권역이 축소되는 양상과 대비되는 것으로서 아라가야토기의 교류에 있어서 시기별 차이를 보여주고 있다.

또 전기 아라가야토기는 시기별 교류에 있어 변화를 보여주는데 4세기 2/4분기까지는 동일 형식의 토기류가 함안권역의 주분포권 이외의 지역에서는 확인되지 않으나, 4세기 3/4분기부터 김해·부산권(복천동, 대성동), 합천권(옥전), 밀양권(월산리), 대구·경산권(임당동), 경주권(죽동리) 등에서 나타난다. 이러한 변화는 4세기 3/4분기부터 아라가야토기의 교류가 각지로 전개되었음을 보여주는 현상으로 볼 수 있으며, 함안권과 주변지역 간에는 토기구성요소가 서로 달리하고 있음에서 확인된다. 그러나 4세기 4/4분기부터 아라가야토기 전기양식의 교류가 지속되기보다는 제작기술의 확산에 의한 재지생산의 방향으로 전환된 것으로 보이는 양상들이 전개된다. 이는 4세기 4/4분기부터 창녕 여초리를 비롯한 재지생산의 토대가 되는 가마의 확인에서뿐만 아니라 세부 형식의 특성(지역화)도 부분적으로 전개되는 것으로 보아 특정지역으로부터 직접교류의 단계는 벗어난 것으로 이해된다. 또한 이 시기에는 전기가야토기의 양대 지역양식을 형성하고 있는 금관가야권과 아라가야권의 토기 제작기술상의 속성교류가 적극적으로 이루어짐으로 인해 다음 단계에 지역양식의 통합이 이루어지는 기반을 마련하게 된다.

전기 아라가야토기의 제작기술은 문양에서 잘 나타나고 있는데, 와질토기 제작기술에서 보이는 마연기법으로부터 회전물손질의 채용이 정착되고 동일한 양식적 속성을 유지하면서 다양한 형식을 보여주는 제작기술의 고도성을 찾아 볼 수 있다. 특히 점문과 선문으로 이루어진 다양한 문양과 여러 형태의 투공 사용, 승석문타날과 도부호의 사용 등은 지역적 특성을 잘 보여주고 있으며, 제작기술의 보급이 범영남권으로 이루어진 점도 하나의 특성으로 인정할 수 있다.

2) 후기

후기 아라가야토기는 "아라가야양식"으로 불리며, 5세기 2/4분기부터 함안지역을 중심으로 이단장방형투창고배, 화염형투창고배, 발형기대, 파수부배, 대부호가 정형

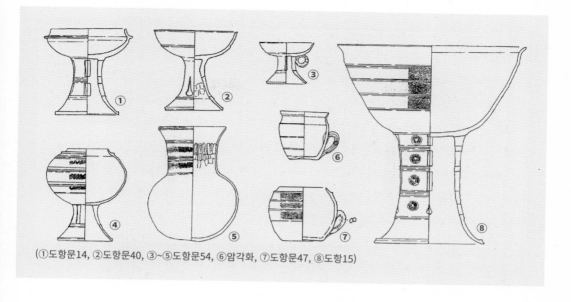

(①도항문14, ②도항문40, ③~⑤도항문54, ⑥암각화, ⑦도항문47, ⑧도항15)

화를 통해 후기가야의 3대 지역양식의 하나로서 새로운 지역양식을 형성하게 되며, 이로써 아라가야의 역사성을 보여주는 새로운 지역양식이 완성되게 된다. 또한 후기 아라가야토기는 전기양식과 계통적으로 연계되고 있음이 확인됨으로 아라가야는 전환기의 변동을 거치면서 계기적인 발전을 지속하고 있음을 알 수 있다.

후기 아라가야토기의 기종 복합체는 화염형투창고배, 이단장방형투창고배, 파수부고배, 발형기대, 파수부배, 대형파수부완, 대부호로 구성되며, 함안권역의 특징적인 형식속성들이 잘 나타나 있다. 이들 각 기종의 특징을 모두 열거하기는 어려우나 화염형투창의 고배, 세장방형투창과 나팔상의 대각을 가진 이단투창고배, 고리형파수가 달린 소형고배, 격자문양대와 판상파수가 달린 대형파수부완, 고사리형 손잡이가 달린 파수부배, 원공이 뚫리고 각부의 폭이 좁고 장각의 발형기대 등의 형식적 특징이 파악된다.

후기 아라가야토기는 5세기 2/4분기부터 아라가야가 멸망하는 6세기 중엽까지 존속하고 있으며, 종말기에는 외래토기의 유입으로 급격한 소멸양상을 보여준다.

종래 가야토기는 4세기 4/4분기 이후 김해·부산권과 함안권에 존재하는 각 형식적 속성의 교차적용에 따른 양식통합이 일시기 구체화되는데, 이러한 공통양식의 기조는 4말5초를 기점으로 고구려군의 남정이라는 정세변동을 겪게 됨으로써 새로운

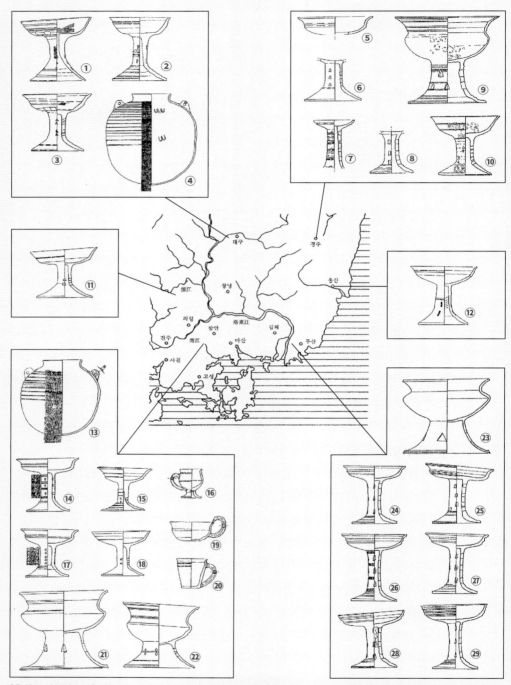

<도면 40> 전기 아라가야토기의 분포양상

(①칠곡 심천리44, ②칠곡 심천리93, ③경산 조영1B지구, ④대구 비산동1, ⑤경주 월성해자1 주거지, ⑥~⑧경주 월성해자 라지역, ⑨경주 죽동리2, ⑩경주 죽동리1, ⑪합천 옥전54, ⑫울산 중산리, ⑬⑭함안 황사리35, ⑮⑰함안 황사리32, ⑯⑲⑳함안 황사리47, ⑱㉒함안 황사리44, ㉑함안 황사리45, ㉓부산 복천동74, ㉔㉖~㉙부산 복천동57, ㉕부산 복천동54)

후기가야토기의 지역양식으로 재분화하는 급속한 변화를 초래하게 된다. 이러한 변화는 함안권에도 영향을 미치게 되어 화염형투창고배와 같은 신 기종이 등장하여 하나의 양식군을 형성함으로써 새로운 지역양식이 등장하는 배경이 되었음을 알 수 있다.

후기 아라가야토기의 분포는 권역의 한정성과 함께 정치적 상황에 따른 아라가야토기의 대외 교류는 한계성을 보일 수밖에 없었음을 알 수 있다. 후기 아라가야토기의 주분포권은 도항리·말산리, 신음리, 사내리 등의 현 함안분지와 수곡리, 명관리, 소포리, 장지리의 군북지역을 들 수 있다. 그리고 함안군 칠원·대산면 지역의 유원리, 회산리, 구혜리논골, 대사리송라 등 남강과 낙동강 합류점도 해당된다. 반면 교류권으로는 신라토기 및 대가야토기와 함께 분포하는 창원 반계동, 다호리지역을 들 수 있고, 남강북안의 의령 천곡리, 서동리, 중동리에서 소가야토기와 함께 분포하고, 낙동강 서안의 의령 경산리, 유곡리에서는 대가야토기, 소가야토기, 신라토기가 함께 분포하는 양상을 보여준다.

또한 후기가야토기 3대 지역양식의 출현은 종래의 분포권역상 아라가야권이 주류를 이룬 함안지역과 서부경남권의 분화를 뚜렷하게 보여준다. 즉 서부경남권이 함안권으로부터 이탈은 5세기 2/4분기부터 전개되는 것으로서 이는 서부경남권의 자체적 발전이 이루어지게 되었던 배경에서도 찾을 수 있다.

후기 아라가야토기의 제작기술은 전기의 계통을 계승하고 있으나 종래의 정교한 제작에서 표준형식이 만들어지는 변화가 나타나면서 지역양식의 양상이 뚜렷하게 표출하게 된다. 대량생산의 요인인지 모르나 점차 형식상 퇴화를 보여주고 있음이 후기 아라가야토기에서도 보이는데 이는 가야토기의 보편적 변화양상을 역시 따르고 있다.

3. 변동의 성격

아라가야토기의 전기 양식은 다양한 통형고배, 무파수의 노형기대, 파수부배, 문양개, 승석문타날단경호의 기종복합에 의해 형성된다. 아라가야토기 전기양식은 함안, 의령, 진주의 남강권과 남해안에 이르는 지역과 창녕 영산, 남지의 낙동강 중류역이 그 분포권에 해당된다. 아라가야토기의 전기양식은 소시기의 변화를 보여주는데 4세기 2/4분기까지는 동일 형식의 토기류

가 함안권 이외의 지역에서 확인되지 않으나 4세기 3/4분기부터 부산권, 합천권,

창녕권,대구 · 경산권, 경주권 등에서도 나타난다. 이러한 변화는 4세기 3/4분기부터 아라가야토기의 교류가 각지로 전개되었음을 보여주는 현상으로 볼 수 있으며, 함안권과 주변지역 간에는 토기구성요소가 서로 달리하고 있음이 확인된다.

그러나 4세기 4/4분기부터는 아라가야토기 전기양식의 교류가 지속되기보다는 제작기술의 확산에 의한 재지생산의 방향으로 전환된 것으로 보이는 양상들이 전개된다. 창녕 여초리를 비롯한 재지생산의 토대가 되는 가마의 확인에서뿐만 아니라 세부형식의 특성(지역화)도 부분적으로 전개되는 것으로 보아 특정지역으로부터 교류에 의한 소산은 넘어선 것으로 이해된다.

또한 이 시기에는 전기가야토기의 양대 지역양식을 형성하고 있는 금관가야권과 아라가야권의 토기속성의 교류가 적극적으로 이루어짐으로 인해 다음단계에 지역양식의 통합이 이루어지는 기반을 마련하게 된다.

결론적으로 아라가야토기의 전기는 지역양식을 형성하는 것으로 보이며, 이 단계의 지역양식은 3단계의 변화를 가지는 것으로 규정된다. 초기에는 아라가야토기가 함안권에서만 분포양상을 보이나, 중간단계 이후부터는 함안권에 보이는 아라가야토기가 주변의 복천동, 옥전, 임당동, 죽동리 등에서 교류에 의한 분포양상을 보여준다. 그리고 이러한 교류관계는 마지막 단계에 들어 그 성격상 생산품의 직접교류보다는 기술교류에 의한 재지생산으로 바뀌게 되는 양상이 전개된다. 즉 마지막 단계는 김해 · 부산권과의 형식적 속성의 복합에 의한 양식통합의 현상도 함께 전개됨으로써 김해 · 부산권과 함안을 비롯한 전 영남권이 전 단계까지의 지역색의 기조를 벗어나 공통양식의 기조를 갖추게 되는 것으로 파악된다. 이처럼 마지막 단계에는 양식통합에 의해 투공고배와 무개식장각고배와 더불어 이단장방형투창고배와 소형발형기대가 새로 등장하는 전 · 후기의 전환적 성격의 변동이 나타나는 것이다.

아라가야토기 후기양식은 전환기의 변동에 의해 형성된 범가야권의 양식통합은 단기간에 그치게 되며 이후 가야토기는 새로운 3대 지역양식인 대가야양식, 아라가야양식, 소가야양식으로 재분화가 이루어지는데, 이러한 재분화는 전환기 변동의 소멸 또는 해체를 보여주는 것으로서 이의 해체가 이루어지게 된 주요 요인을 A.D.400년 고구려군의 남정에 따른 정치상황의 변화에서 찾을 수 있다.

또한 후기가야토기 3대 지역양식의 출현은 종래의 분포권역상 아라가야권이 주류를 이룬 함안권과 서부경남권의 분화를 뚜렷하게 보여준다. 즉 서부경남권이 함안권으로부터 이탈은 5세기 2/4분기부터 전개되는 것으로서 이는 서부경남권의 자체적 발전이 이루어지게 되었던 배경에서도 찾을 수 있으나, A.D.400년 고구려군의 남정 이후 김해권의 몰락과 더불어 함안권도 상당한 타격을 입음으로써 당시 김해권의 해체와 더불어 나머지의 전 가야권에서 새로운 지역권 재편양상이 일어났음을 토기양식의 지역양식화에서 찾아볼 수 있다.

이상의 아라가야토기 전·후기의 양식 변동은 시기별 양식요소의 대비 분석에 의해 뚜렷이 나타나고 있다. 양식요소의 대비를 통해 나타나는 점들로는 기종별 형식의 다양화로부터 형식의 정형화를 이루게 되고, 분포권 또는 교류권이 분배와 교류의 통제에 의해 권역이 한정되는 양상이 나타나며, 제작기술에 있어서는 생산방식의 변화와 함께 정치적 통제가 연계됨으로써 전문화와 대량생산체계가 구축된 것으로 유추해 볼 수 있다.

이를 좀 더 구체적으로 살펴보면, 아라가야토기 기종구성의 변화는 기술적 변화라기보다는 생활방식과 의례의 변화로 상정할 수 있다. 대량부장의 매장의례와 대형 발형기대 등 특정 기종의 사회적 필요는 기종복합체 구성의 변화가 당연히 수반된다. 이러한 점들에 의해 아라가야토기의 전기와 후기는 각각의 기종복합체를 유지하여 차이를 보여줄 뿐만 아니라 전환기의 기종복합체가 보여주는 이중성에 의해 상호 연계되는 부분도 적지 않음을 알 수 있다. 이처럼 아라가야토기가 전·후기 양식의 차별성을 보여주고 있음이 파악되기도 하나 전혀 이질적인 바도 아니기 때문에 시기별 차이와 당대 집단이 유지하였던 정치적 상황을 고려할 때 큰 범주에서 양식적 계승관계를 유지한 것으로 이해하여도 가능하다.

다음으로 분포권의 변동에서 나타나는 권역의 축소는 집권력의 증대에 따른 정치적 영역으로 설정할 수 있는지, 아니면 분배와 교류에 대한 정치적 통제와 제한의 과정에서 나타난 결과인지가 문제이다. 전기 아라가야토기의 분포권은 함안지역을 중심으로 의령과 진주지역에 이르는 남강유역과 남강 이남으로부터 남해안에 이르는 지역을 상정할 수 있다. 그러나 후기에는 그 권역이 함안지역으로 한정됨으로써 전·후기에 따라 권역의 변동이 나타나게 되며, 후기 아라가야토기의 분포권은 전기 양식이 보여주는 분포권에 비해 한정된 권역으로 축소되는 양상이 뚜렷이 나타난다. 이러한 현상이 전기에는 토기 양식의 분배에 대한 정치적 통제가 이루어지지 않아 개방적 교류에 따른 분포권의 확대가 이루어졌음을 알 수 있다. 반면 후기에는 분포권의 집약·축소화의 양상이 정치적 의미의 분포권, 즉 영역으로 전환되고 있음을 추론할 수 있다.

한편 아라가야토기의 변동에 있어서 전환기의 양상이 한정적으로 존재함이 인정되어 이를 전기로 볼 것인가, 후기로 볼 것인가 하는 점에서 복합성이 나타나고 있어 시기별 양식요소를 살펴봄에 있어서 유의하여야 할 부분이다. 즉 전기의 양식구조가 지역양식적 구조로부터 전환기에 공통양식적 구조로 바뀌는 양상은 양식구조에 있어 차이를 보여줄 뿐만 아니라 전기의 시기가 지역양식 또는 공통양식의 일원적 검토가 한계를 보여주고 있다. 그러므로 전환기에 대한 인식을 토대로 전기의 양식구조가 지역양식과 공통양식의 이중적 연계구조에 의해 발전하고 있음을 인식하여야 한다.

II. 양식변동과 사회변화

1. 변동의 해석

1) 양식변동과 정치체의 상호작용

토기양식의 형성과정에는 그를 둘러싼 관계망이 만들어지는데, 시·공간성을 기반으로 하여 제작기술과 관련한 생산체계, 정치체의 통제체계, 매장의례의 관념체계가 상호작용을 하고 있는 것으로 이해된다. 그리고 토기양식의 변동에는 정치체의 상호작용이 순기능적으로 이루어짐을 인식하고, 아라가야토기 양식과 정치체의 상호작용을 토기양식의 성립, 토기양식의 분포, 토기양식의 성립수준으로 나누어 살펴보도록 한다.

첫째, 토기양식의 성립은 정치체의 존재로 등식화되는 문제에 대해서는 추가적인 검토가 필요하나 대체로 하나의 토기양식이 성립된다는 것은 정치체의 존재 또는 형성과 직결된다. 다만 토기양식의 성립수준이 어떠한가에 따라 정치체의 형성수준도 달리한다는 점을 염두에 두어야 한다.

아라가야토기는 5세기 2/4분기에 아라가야양식에 의해 후기가야토기의 3대 양식 중의 하나로 성립된다. 이는 도항리고분군의 조영이라는 변화와 함께 함안권을 중심으로 형성된 전기 아라가야토기 양식으로부터 발전된 수준의 후기 아라가야토기 양식이 성립되는 변동을 보여준다. 이러한 토기양식의 변동과 도항리고분군의 조영이 상호 연동되는 것은 5세기 2/4분기를 전후하여 아라가야 정치체가 새로 발전하고 있음을 보여준다.

일반적으로 토기양식의 성립수준이 일정한 수준에 이르렀을 경우에는 일정한 세력을 가진 정치체의 형성과 연계된다고 이해하고 있다. 후기 아라가야의 새로운 토기양식은 형식의 정형성에 의한 심볼성 기종인 화염형투창고배 등의 기종복합체에 의해 아라가야양식을 구축하게 되는데, 이는 특정의 토기양식을 통해 새로운 정치체의 상징성을 표출함으로써 그들의 정체성을 나타내주고 있다. 이러한 점에서 볼 때, 새로운 정치체의 형성이라는 것은 토기양식의 성립이나 양식변동과 연계됨을 알 수 있다.

또한 이러한 토기양식의 성립은 형식의 정형과 관련한 대량생산체계의 구축과 대량부장의 관념이 상호 연동되며, 이에 더하여 정치체의 통제가 복합됨으로써 완성된다는 점도 이해하여야 한다.

따라서 전기 아라가야토기로부터 발전된 후기 아라가야토기의 아라가야양식이 성립됨으로써 아라가야 정치체는 후기가야의 한 세력집단으로서 변화와 발전을 이루었다고 할 수 있다.

둘째, 토기양식의 분포와 정치체의 상호작용에 대해서는 특정의 분포권을 영역으로 인정할 수 있는가 하는 문제가 우선 대두되고, 또 토기 분배에 따른 주 분포권과 교류권 중 어느 쪽이 정치적 영역으로 인정될 수 있는가 하는 문제도 제기된다.

후기 아라가야토기는 함안권을 중심으로 주 분포권을 형성하고 소가야권, 대가야권과 경계를 형성함으로써 한정된 분포범위를 보여준다. 또 교류분포권은 전기와 달리 극히 인접지역에만 한정되는 양상을 보여줌으로써 토기양식의 분포가 집약된 양상을 보여준다. 이와 달리 전기 아라가야토기는 함안권과 남강하류역을 중심으로 주 분포권을 형성하고 김해·부산과 합천, 칠곡, 경산 등 범영남권을 대상으로 광역적인 교류 분포권을 형성하고 있다.

이러한 전·후기 토기양식의 분포변화를 아라가야의 발전과 연동하여 보면, 전기의 아라가야토기 양식은 결집성이 부족하며, 반면 후기 아라가야토기 양식은 특정 중심권에 의한 정치체를 형성하고 있음이 파악된다. 이는 후기 아라가야토기가 토기양식의 형성수준에 있어서도 정형성과 기종구성의 안정성이 나타나고 있음을 고려한다면 후기 아라가야토기 양식의 분포는 정치체의 상호작용으로서 아라가야의 영역화가 이루어졌음을 알 수 있다. 즉 전기의 광역적 분포에 비해 후기에는 영역의 형성과 정치체의 세력화를 이루었음을 알 수 있다.

또한 토기양식의 확산은 영역 확장과 사회통합을 가리키는 현상으로서 아라가야토기는 양식의 확산에 있어서 지배적 확산이 전개되지 않고 있으며, 우호적이고 교류적인 확산만이 의령권으로 나타나고 있음을 볼 때 전반적으로 지배적 확산의 수준이 아닌 교류관계를 유지하고 있다.

셋째, 아라가야토기 양식의 성립수준에 따른 아라가야의 발전단계를 살펴보면, 4세기의 전기에는 지배적 확산이 아닌 우호적 수준의 확산과 교류가 전개됨으로써 토기양식의 성립수준이 낮았음을 반영하고 있고, 그에 따라 정치체의 발전단계도 아직 낮았음을 알 수 있다. 5세기 이후 후기 아라가야의 정치체는 특정의 분포권역에 의한 제한된 양식권을 유지하는 성립수준을 보여주고 있으며, 당대 정치체가 영역적으로는 한정되어 있어도 아라가야토기 양식의 성립수준을 고려하면 일정한 세력을 가진 정치체로 성장하였음을 추론할 수 있다.

이상에서 아라가야토기의 양식변동과 정치체의 상호작용을 살펴보았는 데, 이를 통해 아라가야토기 전·후기양식의 교체가 단순히 토기제작기술과 생산방식의 변화로만이 아니라 정치체의 발전과 실질적인 관계를 가지고 있음을 알 수 있다. 또 전기 아라가야토기 양식이 일정한 권역의 유지와 제한된 분포가 이루어지지 못함은 아직 가야권의 각 집단들이 영역화가 완성되지 못함에 비롯되며, 신라·가야의 초기 세력들이 상호 독립적이고 교류적인 우호관계에 머물러 있었음을 짐작해 볼 수 있다. 그러므로 아라가야의 전기에는 금관가야권을 비롯한 제 가야권과 광범한 교류관계망을 형성하였음을 추정할 수 있다. 그러나 4세기 말 이후 교류의 확대와 고구려의 남정이라는 사회변화 이후 집단의 영역 개념이 등장하고 집단 간의 쟁패가 촉발됨으로 인해 이후부터는 토기의 제작과 분배에 있어서 정치체의 통제가 강화됨으로써 새로운 양식변동이 이루어진 것으로 볼 수 있다.

5세기 이후 후기 아라가야토기 양식은 다분히 앞 시기의 지역양식을 계승하는 경향성을 보이기도 하지만 대가야권이나 소가야권의 상황을 고려해 볼 때 아라가야권도 독자성이 투영된 지역양식이 형성되고 그에 따라 토기양식의 분배에 있어서도 일정 권역으로 제한하는 변화를 보여준다. 즉 토기생산이 정형화되고 분배가 일정권역을 넘어서지 않는 양상이 전개되는 것은 아라가야 집단이 일정한 권역에 의한 영역화가 이루어지고 있음을 대변해 준다.

결론적으로 아라가야토기의 양식변동과 정치체의 관계에서 토기양식의 변동이 아라가야 정치체의 발전을 보여준다고 할 수 있다. 전기에는 정치체와 관계성이 미약하나 후기로 이행하면서 직접적인 연계를 가진 것으로 파악된다. 즉, 후기 아라가야토기 양식이 생산체계 및 교류체계에 있어서 직접적으로 정치체와 연계되지만 전기 아라가야토기 양식은 생산체계와 교류체계에 정치적 통제가 이루어지지 않아 집권화의 정도가 미약하였음을 보여주고 있다.

2) 대외교섭의 변동과 해석

아라가야토기 양식의 대외교섭은 전·후기에 따라 달리하는데, 전기에는 범영남 양식(아라가야고식)과 금관가야양식이, 후기에는 아라가야양식과 소가야양식과의 대외교섭이 각각 이루어진다.

전기 아라가야토기의 범영남양식은 전기가야토기 지역양식 성립기에 형성되며, 금관가야양식과 함께 4세기 3/4분기까지 양대 지역양식으로 존재한다. 이후 전환기 변동과 함께 양 지역양식이 통합되는 양상이 전개됨으로써 전기가야토기는 공통양식적 구조로 바뀌게 된다.

전기에 있어서 범영남양식과 금관가야양식의 대외교섭은 지역양식의 성립기와 공통양식의 전환기로 나누어 살펴볼 수 있다. 성립기에는 양 지역양식의 형성수준을 고려할 때, 금관가야양식은 특정의 권역에 집중 분포하는 양상에 의해 분포권의 한정이 뚜렷이 보일 뿐 아니라 대외 교류에 있어서도 제한적인 분배가 이루어지고 외절구연고배의 정형성이 나타나는 것으로 보아 금관가야양식의 양식수준이 범영남양식에 비해 한 단계 높음을 알 수 있다. 반면 범영남양식은 개방적인 교류에 의한 광역적인 분배망을 형성함으로써 분포권의 한정성이 포착되지 않을 뿐 아니라 통형고배의 다양한 형식이 존재하는 점으로 보아 범영남양식의 양식수준이 집약적이고 정형화되지 못하였음을 보여준다. 다음의 전환기에는 양 지역양식이 형식적 속성의 공유와 광역적인 교류망을 함께 활용함으로써 공통양식을 구축하게 되지만, 전환기 변동에 따른 공통양식의 대표 기종인 이단투창고배의 출현시점 등을 고려 할 때 금관가야양식이 범영남양식에 비해 주도적인 위치에 있었던 것으로 짐작된다. 이는 4세기대 금관가야권의 중심유적인 대성동고분군의 대형목곽묘와 아라가야권의 중심유적인 도항리고분군의 대형목곽묘와 비교해 볼 때 그 타당성이 인정된다.

이러한 점으로 미루어 볼 때, 한정된 권역을 중심으로 정형성이 뚜렷한 토기 양식의 집약은 높은 양식수준을 보여주는 것으로 인정할 수 있으며, 양식수준과 정치체의 수준이 연동됨을 고려할 때 높은 양식수준을 가진 정치체가 중심이 되어 주변의 토기 양식과 우호적 차원의 상호관계를 가지면서 유지되는 것으로 이해된다.

따라서 전기가야토기의 대외교섭은 범영남양식에 비해 금관가야양식의 양식수준이 한 단계 높은 것으로 파악되므로 범영남양식과 금관가야양식 간의 대외교섭은 금관가야양식이 중심적 위치에 있고 아라가야의 범영남양식이 주변부에 위치하고 있었음을 알 수 있다.

다음으로, 후기 아라가야토기는 '전환기 변동'을 거치면서 새로운 지역양식으로 정착되는데, 후기의 아라가야양식은 후기가야토기의 3대 지역양식의 하나로서 독자성을 가질 뿐 아니라 화염형투창고배에 의한 정형성과 분포권역의 한정성 등에 의해 토기양식이 집약되고 있음을 알 수 있다.

후기의 아라가야양식 형성과정에 보이는 이러한 변화는 앞 시기의 금관가야양식이 보여주는 양식 형성방식을 적용한 것이라고 할 수 있으며, 이를 통해 아라가야양식은 전기가야토기의 금관가야양식의 양식 형성구조를 그대로 반영하고 있다. 더욱이 전기가야토기의 금관가야양식과 범영남양식이 유지하였던 양식간의 대외교섭양상이 후기에는 아라가야양식과 소가야양식 간에 그대로 반영되고 있어 주목된다.

이로써 토기양식의 대외교섭 변동에 의해 아라가야토기는 전·후기의 양식변동이 뚜렷이 나타나는데, 전기의 범영남양식이 양식수준이 높은 금관가야양식의 주변부 토기양식으로 존재하였던 위치를 벗어나 후기에는 중심적 위치의 양식으로 바뀌어 아라가야양식과 소가야양식 간의 새로운 양식 형성방식을 취하고 있어 아라가야의 정치, 사회적 발전을 잘 보여주고 있다.

또한 후기 아라가야토기의 아라가야양식과 소가야양식 간의 관계는 소가야양식의 성립이 함안권을 중심으로 한 토기문화로부터 분화된 사실을 통해서 이해할 수 있을 뿐 아니라 특히 함안권에서 발생한 삼각투창고배가 소가야양식이 성립되는 5세기 2/4분기 이후에는 소가야양식의 대표 기종으로 자리잡게 되는 현상을 통해서도 유추해 볼 수 있다.

따라서 토기양식의 대외교섭에 따른 변동을 정리하면, 전기에는 범영남양식과 금관가야양식 간의 교섭방식이 전개되는 가운데서 범영남양식이 주변부 양식으로 존재함에 비해, 후기에는 아라가야양식과 소가야양식 간의 교섭방식에서 아라가야양식이 중심부 양식으로 바뀌는 변동이 주목된다. 특히 중심 정치체와 주변부 정치체 간의 토기양식 교섭방식은 각 정치체의 양식 수준을 가늠할 수 있는 기준이 될 수 있으며, 토기양식의 대외교섭과 관련한 분배 및 유통구조의 한 모델로 설정하는 것도 가능하다.

2. 사회변화의 유추

1) 범영남양식의 성립과 아라가야 사회

전기가야토기의 지역양식은 김해·부산권의 외절구연고배와 함안권의 통형고배에 의해 양대 지역양식을 형성하게 된다. 양식의 성립을 정치체의 존재와 등식화한다고 할 경우에, 통형고배와 노형기대로 대표되는 함안고식의 지역양식 성립은 전기 아라가야 정치체의 형성으로 이해할 수 있다.

전기 아라가야토기 양식은 처음에 함안권을 중심으로 분포하지만 4세기 3/4분기 이후에 전 영남권으로 확산됨으로써 범영남양식으로 그 성격이 바뀌어지는데, 아라가야고식이 범영남양식으로 확대된다는 것은 4세기대 전기 아라가야의 정치적 발전으로 인정하여야 한다.

또한 앞서 아라가야양식과 금관가야양식 간의 대외교섭을 검토하면서 금관가야양식이 중심부 양식이고 범영남양식이 주변부 양식으로 인식한 점을 고려하면, 전기 아라가야는 중심세력인 금관가야와 연대되는 위상을 가진 정치체로서 평가할 수 있다.

하지만 범영남양식의 대외교섭의 양상을 살펴볼 때, 경제적 차원의 개방적이고 광역적인 교섭이 이루어지는 양식수준을 보여주고 있을 뿐 아니라 양식의 형성방식에 있어서도 집약적이고 정형화되지 못한 점으로 보아 전기 아라가야 정치체의 발전수준이 아직 초보적 수준을 보여주고 있다.

2) '전환기 변동'과 아라가야 사회

4세기 4/4분기에 전기가야토기는 전환기 변동을 보여주고 있다[21]. 아라가야토기는 전환기 변동의 초기에는 금관가야양식과의 양식 통합에 수동적인 모습을 보여주고 있으나, 5세기 이후에는 능동적인 양상으로 바뀌어 양식 통합만이 아니라 화염형투창고배와 삼각투창고배를 새로 생성시키는 변동을 보여준다.

화염형투창고배의 출현은 전기가야의 외절구연고배와 통형고배가 보여주는 지역양식적 대응으로부터 벗어나 새로운 기종을 표방함으로써 아라가야토기의 발전적인 양식변동을 꾀한 것으로서 이해할 수 있으며, 이후 중심세력인 금관가야의 정치적 쇠

---

21) 朴升圭, 2006, 「加耶土器의 轉換期 變動과 樣式構造」『伽倻文化』19, 가야문화연구원.

퇴와 연동하여 전환기 변동의 주도적 위치를 모색한 것으로서 신 기술적 변화라기보다는 새로운 기종의 채용을 통한 변동을 꾀한 것으로서 주목된다.

아라가야권에서 전환기 변동의 시기에 출현한 화염형투창고배는 시간적으로는 전환기에 해당되지만 실질적으로는 후기 아라가야토기의 시원적 양상을 잘 나타내주고 있다. 이는 아라가야토기가 A.D.400년의 고구려군의 남정으로 인한 금관가야의 소멸이라는 정치적 변동에 효율적으로 대응하여 새로운 기종의 화염형투창고배의 생성을 통한 후기 아라가야토기의 아라가야양식을 구축함으로써 후기가야의 주도적인 세력으로서 재출발하고 있음을 파악할 수 있다.

3) 아라가야양식의 성립과 아라가야 사회

아라가야양식의 성립은 기종 구성에 있어서 전기의 아라가야고식과는 뚜렷한 변화를 보여주고 있으며, 정형성에 있어서도 발전된 양상을 보여준다. 특히 전환기의 후반부에 화염형투창고배라는 독자적 기종을 생성할 뿐 아니라 타 권역에 비해 시기적으로도 한 단계 앞서 변동을 초래함으로써 후기가야토기의 선도적 위치에 있었음을 알 수 있다.

화염형투창고배를 대표 기종으로 하는 아라가야양식의 성립을 통해 아라가야의 정치체가 후기에 들어서서 발전된 정치체로 새로 형성되고 있음을 인식할 수 있지만, 이러한 양식변동과 더불어 토기양식의 유통구조를 통제하는 새로운 대외교섭의 변동을 통해서도 파악할 수 있다. 앞서 아라가야토기는 전기에 금관가야양식의 주변부 토기양식으로 존재하였지만 후기에는 소가야양식을 배후 기반으로 한 중심부 토기양식으로 변모하고 있음을 검토한 바 있다.

따라서 아라가야양식과 소가야양식 간의 대외교섭은 토기양식의 유통구조를 전기와 달리 새로 구축한 것으로서 전기의 금관가야양식과 범영남양식과의 관계에서 보여주는 바와 같이 후기의 아라가야양식이 중심부 토기양식으로 전환되었음을 명확히 유추할 수 있다. 그러므로 아라가야양식의 성립과 변동을 통해 후기 아라가야의 정치체가 토기양식의 유통구조를 변모시킬 수 있는 정치적 통제를 보여줌으로써 후기가야의 남부권(아라가야와 소가야연맹체의 권역)을 주도하는 중심세력으로 발전한 것으로 파악된다. 또한 이러한 변화의 한 부분에는 아라가야가 전기의 금관가야로부터 토기양식의 유통구조를 통제하는 선진적인 운영방식을 받아들인 결과이며, 더불어 토기

양식의 성립과 분배의 변동에는 정치체의 통제가 일정하게 작용하고 있음을 잘 보여준다.

또한 아라가야토기가 아라가야양식을 재구축함으로써 후기가야의 중심적 위치로 부상하는 데에는 주변과의 역학관계도 크게 주목된다. 즉 아라가야토기는 소가야권의 소가야양식의 분화에 기술적으로 영향을 끼치거나 삼각투창고배의 이동에 따른 토기양식적, 정치적 동질성을 형성함으로써 지속적으로 친연적 수준의 우호관계를 유지하게 되는데, 이는 전기의 금관가야양식과 범영남양식 간의 대외교섭방식을 주도적으로 받아들여 적용함으로써 후기 아라가야의 발전과 변화를 도모한 것으로 보인다.

이상의 논점과 달리 아라가야토기의 전·후기 양식변동에서 보여주는 바와 같이 토기양식의 변동에 따라 지배집단의 교체에 관한 부분을 제기할 수 있다. 즉 후기 아라가야토기의 등장을 아라가야 전기집단을 계승하는 경우와 새로운 정치세력의 등장에 따른 것으로 나누어 볼 수 있다[22]. 5세기 2/4분기 이후 아라가야는 새로운 아라가야양식을 정형화하고 이단장방형투창고배, 대부호, 발형기대, 파수부배에 의한 후기양식으로 발전함으로써 전환기의 혼란을 적절히 극복하고 새로운 가야 질서에 일정 세력을 지닌 지역집단으로 자리매김하고 있다. 이는 도항리·말산리 고분군의 존재에 의해서도 입증되지만 토기문화의 발전과 양식변동의 과정에 의해서도 파악할 수 있다.

4) 아라가야양식의 퇴화와 아라가야 사회

6세기대의 후기 아라가야는 정형화된 토기양식이 새로운 변동에 의한 퇴화되는 모습에서 사회적 변동을 가늠해 볼 수 있고, 이와 연동하여 대가야토기와 백제토기 및 신라토기가 이입되는 상황으로 바뀜으로써 아라가야토기의 양식변동에 따른 정치체의 변화를 추론해 볼 수 있다.

6세기 2/4분기에도 아라가야양식의 존재가 인식되나 아라가야양식의 대표 기종인 화염형투창고배가 이 시기부터 소멸될 뿐 아니라 전반적인 퇴화양상을 뚜렷이 보여

---

22) 아라가야토기에 있어서 화염형투창고배와 삼각투창고배의 일시적인 활성은 다른 가야집단에서는 보이지 않는 현상으로서 화염형투창고배와 삼각투창고배집단의 세력변화에도 관심을 가질 필요가 있다고 하겠다. 즉 화염형투창고배집단은 5세기 2/4분기 이후에도 지속되지만 삼각투창고배는 소가야권의 남강유역으로 이동되어 발전하고 있음을 볼 때 새로운 검토가 필요하다.

준다. 또 대가야토기가 도항문5, 8호에서 이입되는[23] 양상이 나타나는 변화와 연동되어 아라가야양식의 기종구성이 해체되면서 점차 소멸하게 된다. 아라가야권에 대한 대가야토기의 등장은 신라의 對가야 진출을 위한 권역 확산과정에 생겨난 것으로서 양대 토기의 연합적 양상도 고려할 수 있으나 신라의 가야권 복속과정의 한 단계로 보인다.

6세기 2/4분기에 나타나는 아라가야양식의 쇠퇴는 후기가야토기의 3대 지역양식의 해체로 이어지게 되며, 이와 연동하여 이 시점부터 아라가야는 독립적인 정치체로서의 위치를 상실하게 된다. 이는 정치체와 토기양식의 변동이 보여주는 상호작용을 통해 인식할 수 있는데, 즉 아라가야토기 양식의 쇠퇴는 아라가야 정치체의 소멸을 의미한다.

한편 이러한 아라가야양식의 쇠퇴와 아라가야 정치체의 소멸은 직접적으로는 대가야와 신라의 세력 확산이 영향을 미쳤다고 할 수 있으나, 간접적으로는 대가야의 남진으로 인해 소가야연맹체가 해체됨으로써 그 여파가 아라가야권에 영향을 미쳤다고 할 수 있다. 즉 종전까지 아라가야권과 소가야권이 유지하였던 토기양식의 대외교섭에서 볼 때, 아라가야토기 양식이 중심부 양식으로, 소가야토기 양식이 주변부 양식으로 상호관계를 가짐으로써 아라가야권의 세력 유지를 위한 하나의 정치적 구조로 치환해 볼 수 있다. 이러한 아라가야와 소가야의 상호관계가 유지되었으나 6세기 1/4분기 이후에 대가야의 南進에 따른 소가야연맹체의 해체가 소가야권의 위축으로 그치지 않고 아라가야권과 소가야권이 유지하였던 우호관계의 해체와 아라가야에 대한 소가야의 배후세력적 기능이 단절된 점도 하나의 원인이 된다.

이로써 대가야의 세력 확산이 아라가야토기 양식의 퇴화를 가져왔을 뿐 아니라 후기가야 3대 지역양식에 의한 정치체의 형성구조를 와해시킨 것으로 이해할 수 있으며, 이후 대가야 중심의 세력 재편과 함께 앞 시기까지 아라가야 정치체가 가졌던 -대외교섭 역량[24]을 바탕으로 한 -남부가야사회의 중심적인 정치체로서의 기능이 상실되었음을 알 수 있다.

---

23) 이 시기에 아라가야권에 보이는 대가야토기는 신라토기와 동반되고 있음이 창원 다호리, 반계동, 고성 송학동 등에서 보이는 공반 양상을 통해 살펴볼 수 있다.

24) 6세기 2/4분기를 전후한 시기에 보이는 일본서기 등의 문헌기록에서 찾아볼 수 있는 아라가야의 대외교섭사실(임나부흥회의 관련)을 통해 짐작할 수 있다.

제3장 대가야토기

Ⅰ. 분포와 확산

1. 분포 양상

대가야토기는 5세기 후엽 이후 가야 북부권에 널리 분포하게 되며, 6세기대에 이르면 가야 남부권의 여러 지역에도 분포하는 광역분포상을 이루게 된다. 다만 가야 북부권이 대가야토기 일색의 분포를 보이는 반면에 가야 남부권에서는 재지토기와 공반되어 분포하는 양상을 보여준다.

여기서는 대가야토기의 중심권인 고령을 제외한 주변 여러 지역에서 보이는 대가야토기의 분포양상을 통해 확산시기와 확산유형에 대해 개략적으로 정리해 두고자 한다.

1) 황강하류역(옥전고분권)

황강하류역은 낙동강의 지류인 황강이 본류에 합류하는 지점으로부터 그리 멀지 않은 옥전고분군의 주변지역으로서, 이곳은 황강의 상류역으로 통하는 교통로를 장악함으로써 지역거점을 이루었을 것으로 추정된다. 황강하류역에서는 옥전고분군이 중심을 이루고 있으며, 주변에 다수의 고분유적들이 존재하나 아직 발굴조사가 이루어지지 않은 상태이므로 옥전고분군의 자료를 통해서 대가야토기의 분포양상을 살펴보기로 한다.

옥전고분군에 보이는 대가야토기는 성립기로부터 소멸기에 이르기까지 장기간에 걸쳐 분포하며, 시기별로 그 분포양상은 달리 나타난다.

대가야토기의 성립기에는 대형목곽묘인 91호에서 종형투창을 가진 발형기대가 보인다. 이 시기에는 재지의 토기가 주류를 이루고 대가야토기는 부분적으로 존재하는 것으로 보아 대가야의 중심부인 고령지역과 옥전지역과의 상호 우월적 관계가 형성되지 않은 교류 관계의 차원을 유지한 것으로 파악된다. 이후 대가야토기의 확산단계에는 중·대형묘인 20, 70호와 고총의 M3호에서 대가야토기가 일색으로 나타나게되고, 소형묘에서도 동일한 양상을 보인다. 이처럼 대가야토기가 일색을 이루는 분포양상은 M4, M7호에 이르기까지 이어지고 있으나, 기종구성에서 고령지역과의 차이를 보여주고 있을 뿐만 아니라 대가야토기가 일색을 이루는 양상도 점차 낮아지고 있음이 파악된다.

옥전고분군에 보이는 대가야토기의 분포양상은 초기에 교류적 차원에 의해 재지토기와 복합된 분포양상을 보이다가 그 후 대가야의 세력확장과 연계된 지배적 차원의 분포양상으로 전개되는 변화상이 전개된다. 그러나 기종구성에 있어서 고령지역과 부분적으로 차이를 보이기도 하며, 특히 대가야토기의 변동기에 해당되는 M6호에서는 신라계토기와 공반되기도 한다. 또한 주변의 하위집단묘에 대한 조사가 이루어지지 않아 분포유형의 세분이 어려우나 하위집단묘에도 확산이 이루어졌을 것으로 판단된다. 다만 옥전고분군이 토기에 있어서는 고령지역과 유사한 분포상을 이루나 묘제에 있어서는 재지의 특수성을 유지하고 있는 점으로 보아, 토기의 확산과 정치적 지배의 상관성을 검토하는데 있어서 일정한 한계가 있음을 보여주고 있다.

2) 황강상류역(반계제고분권)

황강상류역은 합천댐 수몰지역에 해당되는 반계제고분군과 중반계분묘군, 봉계리분묘군, 저포리고분군, 창리고분군 등으로 이루어져 있으며, 반계제고분군이 이 지역의 수장집단묘로 대표된다.

황강상류역에 보이는 대가야토기는 5세기 4/4분기에 집중적으로 확산되는데, 수장집단묘인 반계제고분과 하위집단묘인 봉계리분묘군으로부터 중반계분묘군, 저포리고분군, 창리고분군으로 연속하여 확산되며, 수장집단묘인 반계제고분군에서는 반계제가A, 가B, 가6, 가24호 등 중대형묘와 소형묘에서 대가야토기가 일색으로 출토된다. 이처럼 황강상류역은 대가야토기의 확산이 이루어진 후 소멸기에 이르기까지 지속적으로 분포할 뿐만 아니라 고령지역과 동일한 묘제 채용과 기종구성을 유지하게 된다.

황강상류역에 보이는 대가야토기의 분포양상은 대가야의 세력확산 이후에 집중적인 분포양상을 보여주게 되는데, 대가야토기의 확산 이전에는 소가야권과의 교류에 의한 삼각투창고배 등 대가야토기와는 문화상을 달리하는 토기문화권이 형성되어 있었음이 봉계리분묘군에서 확인된다. 또 V단계에는 대가야토기의 새로운 구성요소를 이루는 단각발형기대, 대부장경호 등이 집중적으로 분포하는 특이성도 보여준다. 이는 이 지역이 대가야의 세력변동에 연계된 지배적 확산의 분포양상이 지속적으로 이루어지는 지역으로서 대가야토기의 구성요소가 변화되는 시기에도 계속하여 고령지역과 동일한 변화상을 보여주고 있는데, 이는 지산동 45호부터 등장하는 단각발형기대가 옥전지역에는 나타나지 않음에 비해 반계제가B호에서 보이고 있음으로 보아 옥전지역에 비해 대가야토기의 확산이 집중적으로 이루어져 고령지역과 동일한 분포상을 보여주는 직할지 역할을 하고 있다. 아울러 단각발형기대의 분포가 두락리, 반계제, 삼가, 수정봉·옥봉, 생초고분군에서 존재하는 것으로 보아 이들 분포지역이 대가야토기의 확산 이후 고령지역과 직접적인 연계를 가지는 대가야토기의 중심분포권이었을 것으로 추정된다.

3) 거창지역

거창지역은 황강의 상류역으로서 거창 무릉리, 개봉고분군(동부동고분군), 말흘리고분군이 해당되며, 함양과 남원지역으로 이어지는 교통로에 해당된다.

이 지역의 대가야토기는 거창 말흘리고분군에서 재지토기와 공반되고 있으며, 무릉리고분군에서는 대가야토기가 다수 확인된 바 있다. 발굴자료가 제한적이어서 명확한 양상을 파악하기는 어려우나 말흘리1호에서 대부파수부호 1점이 재지토기와 공반되고 있음이 확인되며, 이 시기까지는 대가야토기가 뚜렷한 확산을 보이지 않고 5세기 4/4분기부터 본격적인 확산이 이루어진 것으로 추정된다.

4) 함양지역

함양지역은 남강의 상류역으로서 함양 백천리, 상백리고분군 등이 해당되며, 거창지역과 수계에 의해 나누어지나 육상교통상으로는 서로 연계된다. 함양 백천리고분과 인접한 산청 생초고분군도 동일권역에 포함시켜 둔다.

이 지역의 대가야토기는 본격적인 확산이 이루어지는 5세기 4/4분기부터 확인되는데, 함양 백천리고분군과 산청 생초고분군에서는 대가야토기의 발형기대와 장경호가 중심이 되어 출토된다. 반면, 인접하는 하위집단묘인 함양 손곡리분묘군에서는 재지의 소가야토기와 공반된다. 또, 최근 보고서가 발간된 산청 생초고분군의 하위 석곽묘에서는 소형장경호와 저평통형기대, 개배가 주종을 이루고 있으며, 소가야토기와 왜계토기도 소량이지만 함께 분포한다.

함양지역은 대가야토기가 확산되는 과정에 형성된 중간거점으로서 남원권과 남강 경로로 연결되며, 재지의 소가야토기와 접촉을 이루면서도 수장집단묘에서는 대가야 토기의 일색을 이루는 중심분포권이다. 즉 남원지역에 보이는 대가야토기의 확산은 일색을 이루기보다는 재지적인 양상을 보이는 발형기대 등이 함께 분포하는 것과는 달리 함양지역의 수장집단묘에서는 일정시기에 있어서 대가야토기의 일색이 나타나 기 때문이다.

5) 남원 · 장수지역

남강수계의 최상류와 연결되며, 수계 및 육상교통로에 의해 함양지역에 연결된다. 운봉고원에 위치하는 남원 월산리고분군, 두락리고분군이 대표되며, 장수 삼고리분 묘군 등 소규모의 분묘군도 함께 분포한다.

이 지역의 대가야토기는 5세기 4/4분기의 확산이래 지속적으로 분포하는데, 재지 토기도 다수 분포하고 있음이 확인되어 주목된다. 또한 소가야토기도 일부 분포하고 있음을 볼 때 대가야권과 소가야권 및 백제권과의 교섭이 활발히 이루어졌음을 추정 할 수 있다. 특히 이들 지역의 토기는 대가야토기의 확산이 지속되는 가운데서 백제 토기의 요소가 가미되고 있으나, 대가야토기의 변동을 수용하고 있을 뿐만 아니라 고 총고분군의 조영도 지속되고 있음을 볼 때, 대가야 중심의 관계망을 형성하는 지역집 단이 존재했던 것으로 추정된다.

6) 산청지역

남강수계의 경호강유역에 해당되며, 수계 및 육상교통로에 의해 함양지역과 진주 지역에 연결된다. 최근 조사된 산청 묵곡리분묘군, 옥산리분묘군에서 재지의 소가야 토기와 공반되어 대가야토기가 분포하는 것으로 알려져 있다. 한편, 이 지역의 중심 고분군인 중촌리고분군은 소가야토기의 유력집단에 의해 조영되었음을 알 수 있으 며, 부산여대박물관의 발굴조사에서 출토된 자료의 검토와 최근의 발굴자료를 통해 볼 때, 이 지역은 6세기 전엽까지 소가야토기가 주 분포권을 이루고 있다[25].

---

25) 최근 中村里古墳群과 인접한 산청 명동고분군에 대한 경남발전연구원의 발굴조사에서

산청 묵곡리와 옥산리에 보이는 대가야토기는 재지 및 백제계의 토기자료와 공반하고 있는 것으로 보고되어 있어 분포비율이 낮을 뿐만 아니라 지표조사에서도 거의 확인되지 않는 점으로 보아 대가야토기의 확산은 함양 백천리와 산청 생초고분군으로부터 분기되는 남강경로에 의한 2차적인 확산으로 보인다. 반면 중촌리고분군으로 대표되는 단성지역에는 대가야토기의 확산분포가 뚜렷이 확인되지 않으므로 6세기 초까지 소가야의 재지세력이 존재하고 있었음을 보여준다.

7) 삼가지역

합천지역의 황강유역권에서 벗어나 있는 지역으로서 수계상 산청 중촌리고분군으로 이어져 남강에 이르며, 육상교통로는 합천지역의 황강상류역(반계제지역)과 진주지역 및 의령지역과 연결된다. 합천 삼가고분군은 이른 시기에는 소가야토기가 주로 분포하는 지역이나 6세기 1/4분기 이후에 대가야토기가 본격적으로 확산된다. 삼가고분군의 구릉 하단부의 일부 고분이 조사된 상황이기 때문에 전체적인 양상은 뚜렷하지 않으나 재지토기의 쇠퇴 이후 대가야토기가 확산되고, 6세기 2/4분기에는 신라토기로 대부분 대체되고 있다. 이 지역의 대가야토기는 합천지역의 황강상류역 또는 합천읍의 영창리고분과 연계되는 것으로 추정되며, 이곳을 거쳐 진주지역의 수정봉·옥봉고분군으로 대가야토기가 확산된다. 한편, 중심고분군인 삼가고분군에는 대가야토기가 분포하지만 주변의 일반 분묘군인 의령 천곡리고분군에는 계속하여 재지의 소가야토기와 아라가야토기가 주로 분포하며, 대가야토기는 1~2점에 불과하다.

8) 진주지역

남강 북안의 진주 수정봉·옥봉고분군에서 대가야토기가 집중적으로 분포하는데, 수정봉 3호분에서는 재지의 수평구연호와 발형기대가 조합되어 출토할 뿐만 아니라 대가야토기의 새로운 기종인 단각발형기대도 존재한다. 대체로 6세기 1/4분기 이후에 확산이 이루어지는데, 중심고분군인 수정봉·옥봉고분군에서 대가야토기가 출토되는 반면에 확산경로에 해당되는 의령 천곡리고분군 등 주변고분군에는 소가야토

는 5세기 후반에서 6세기 전엽에 이르는 소가야토기가 집중 분포하고 있음이 확인된 바 있다.

기가 주를 이루는 분포상을 보여주고 있다. 그리고 인접한 남강 남안의 진주 가좌동 고분군에서는 6세기 1/4분기에 신라토기가 출토되는 반면에 대가야토기는 분포되지 않고 있어 주목된다. 또한 남강 남부지역의 진주, 사천지역의 여러 고분군에는 이 시기 이후에도 재지의 소가야토기와 신라토기가 주를 이루고 있어 대가야토기의 분포는 미미하다.

9) 의령지역

의령지역에 보이는 대가야토기는 낙동강에 접해 있는 경산리고분군과 내륙의 천곡리 및 운곡리고분군으로 나누어 분포한다. 내륙의 천곡리고분군은 5세기 후반부터 6세기 중엽대에 조영된 것으로서 재지의 소가야토기가 주를 이루는 가운데서 아라가야토기가 함께 분포하지만 대가야토기는 한 두점에 불과한 극소수이다. 운곡리고분군에서도 6세기 2/4분기에 해당되는 대가야토기가 한 두점 분포하지만 퇴화형식으로서 교류관계에 의한 분포로 추정되며, 대부분은 신라토기와 재지토기로 이루어져 있다. 낙동강과 인접한 의령 신반지역의 경산리고분군에서는 소가야토기와 아라가야토기 및 신라토기와 함께 대가야토기가 분포하는데 분포비율은 그리 높지 않다. 이 지역의 대가야토기는 6세기 1/4분기부터 낙동강경로를 따라 확산하는 과정에 분포하게 된 것으로 추정되며, 수계를 통해 고령 도진리고분으로부터 이어져 함안지역과 창원, 마산지역으로 연결된다.

10) 창원, 마산지역

낙동강유역으로부터 남해안에 이르는 교통로에 해당되는 창원 다호리, 반계동고분군, 마산 자산동고분에서 대가야토기가 분포하는데, 아라가야토기와 소가야토기 및 신라토기와 공반된다. 대부분 한정된 권역의 거점 분포일 뿐만 아니라 분포비율도 높지 않은 양상을 보여준다. 이들 지역에 보이는 대가야토기는 대체로 신라의 對가야 진출에 동반된 교류관계의 분포로서, 6세기 1/4분기에 해당되는 자료도 보이나 대체로 6세기 2/4분기가 중심을 이룬다.

11) 함안지역

함안지역의 중심고분군인 도항리고분군에 분포하며, 재지의 아라가야토기가 주를 이루는 가운데서 소가야토기와 함께 극히 일부에 한정된다. 분포기종은 일부에 한정되며, 확산시기는 대체로 6세기 2/4분기에 해당된다. 함안지역에 분포하는 대가야토기는 교류관계에 의한 분포로 보인다.

12) 고성지역

고성지역은 남해안과 접해 있는 곳으로서, 고성 율대리, 송학리, 내산리, 연당리고분군에서 대가야토기가 분포한다. 분포기종은 대부장경호, 양이부완, 개 등이 있다. 재지의 소가야토기를 비롯하여 신라토기와 하게 분포하는데, 그 분포비율은 낮은 편이다. 대체로 6세기 1/4분기에 낙동강경로를 통해 이곳까지 분포된 것으로 보이며, 함안, 마산, 창원지역과 같이 신라와의 우호적인 관계를 바탕으로 교류관계에 의한 확산이 이루어진 것으로 보인다.

13) 순천, 여수지역

순천, 여수지역은 섬진강을 통해 남원지역과 연결되고 남해안을 따라 하동, 사천, 고성지역과 이어진다. 또 백제와 왜의 교섭로에 해당되는 것으로 이해되고 있음과 같이 전남동부지역에서 백제의 남해안 교섭창구였을 것으로 이해된다. 순천 운평리고분, 여수 미평동고분, 고락산성 등에서 대가야토기가 소가야토기, 신라토기와 동반되어 출토된다. 대가야의 호남 동부지역 진출 후 섬진강 경로를 따라 교류적 확산이 진행되었거나 남해안을 통한 2차적인 교류가 이루어졌을 것으로 보인다. 순천, 여수지역이 대가야의 대외교섭을 위한 주요 창구로 인식하기도 하나 일 시기에 한정되었을 것으로 보이며, 소가야토기 등과 동반하여 분포하고 있음과 백제와의 관계를 고려할 때 대가야토기의 일시기 교류권역으로 파악해 두고자 한다.

2. 확산유형과 단계

1) 확산유형

대가야토기의 확산유형은 특정지역에 확산된 대가야토기의 분포유형을 일컫는 것으로서, 다음의 분류기준에 의해 몇 가지의 유형을 설정할 수 있다.

분류의 1차 기준은 대가야토기의 분포비율에 의해 구분할 수 있는데, 해당 지역의 고분 중 대가야토기가 일색으로 출토되는 경우, 재지토기 또는 외래계토기와 일정비율로 공존하는 경우, 극소수의 비율로 분포하는 경우로 설정할 수 있다. 그리고 2차 기준은 대가야토기의 확산에 따른 2차적 양상의 차이에 따른 것으로서 재지문화 또는 재지세력의 존속여부에 따라 구분할 수 있는데, 재지문화 또는 재지세력이 대가야와 동일화를 이루는 경우, 재지문화 또는 재지세력이 존속하여 대가야와 공존양상을 이루는 경우, 대가야토기 또는 문화요소가 존재하나 재지문화에 미미한 영향을 보이는 경우로 설정할 수 있다. 이외에도 대가야토기의 확산방식에 따른 분류로서 해당지역의 수장집단묘인 중심고분군과 하위집단묘인 주변분묘군에 함께 출토되는 전면확산의 경우, 중심고분군에만 출토되는 거점확산의 경우도 상정되나 아직 조사자료가 부족한 상황이므로 이들에 대한 분류는 다음으로 남겨두고자 한다.

이러한 분류기준에 의해 분포유형을 설정하면,

① Ⅰ형 : 해당지역에 대가야토기가 일색으로 출토되는 경우로서, 고령지역으로부터 대가야토기가 전면적으로 확산된 경우이다. 또, 대가야토기가 확산되기 이전까지 존재하였던 재지문화가 소멸하게 되며, 재지세력의 존재를 보여주는 고총고분이 확산 초기에는 존속하다가 더 이상 축조되지 않는 양상도 보여준다. 이러한 현상은 황강상류역의 반계제지역에서 찾아볼 수 있으며, 대가야의 중심권과 직접 연계되는 직할지의 성격을 보여주고 있다. 즉 대가야토기의 확산 초기에는 고총이 일 시기 존속하나 대가야토기가 확산되는 다른 지역과는 달리 고총의 군집조영이 이루어지지 않는 현상이 나타나게 된다. 이는 Ⅰ형의 반계제지역이 재지의 토착세력이 미약하였음에도 그 원인이 있으나 지리적으로 대가야가 서진을 전개하는 교통로의 요지에 해당되어 직할지로 전환됨으로 인해 지역집단의 상징으로 표현되는 고총고분군이 더 이상 조영되지 않은 것으로 보인다. 이로 보아 Ⅰ형의 확산유형은 대가야 세력의 확산으로 인한 직접지배 영역에 포함되었음을 알 수 있다.

② Ⅱ형 : Ⅰ형과 유사하게 대가야토기가 일색으로 출토되나 고총의 중심고분군이 계속 축조되는 경우이다. 재지문화의 존재는 명확히 파악되지 않으나 재지세력의 존재를 알 수 있는 중심고분군이 계속 축조되는 양상이 Ⅰ형과 차이를 보여준다. 이러한 현상은 남강상류역의 함양 백천리지역에서 찾아볼 수 있는데, 함양 백천리, 상백리와 산청 생초고분군으로 묶여지는 재지세력권의 존속은 대가야의 지배를 받는 가운데서도 재지의 세력집단이 유지되는 간접지배구조의 성격을 상정할 수 있다.

③ Ⅲ형 : 이 유형은 대가야토기의 대다수 기종이 확산되고 재지세력이 존재하는

점에서는 II형과 유사하나 재지토기 또는 재지문화의 존속이라는 점에서 차이를 보여주게 된다. 이 유형은 대가야토기와 재지양식 토기가 공존하는 남원 월산리지역의 경우(IIIa형)와 묘제에 있어서 고령지역과 달리하는 독특한 재지문화를 유지하고 있는 합천 옥전지역의 경우(IIIb), 재지양식 토기 또는 외래계양식 토기가 공존하는 수정봉·옥봉고분군의 진주지역의 경우(IIIc형)를 들 수 있다.

남원 월산리고분군의 IIIa형은 II형의 백천리고분군이 산청 생초고분군과 연계되는 고총고분군의 분포유형과 같이 월산리고분군도 두락리고분군과 연계하여 조영되는 현상이 나타날 뿐 아니라 대가야토기의 변천이 고령지역과 동일하게 이루어지는 점에서도 백천리지역과 유사한 변화를 보여준다. 그러나 IIIa형의 월산리고분군은 재지토기의 존재에 의해 지역집단의 독자성이 유지되었을 것으로 추정되므로 II형의 백천리고분군보다는 대가야의 지배력이 미약하게 미쳤을 것으로 보인다. 반면 월산리고분군에 비해 축조시기가 늦은 두락리고분군에서는 재지토기의 분포빈도가 낮아지고 대가야토기의 분포양상도 백천리고분군과 비슷한 현상을 보이고 있으므로 이 단계에는 백천리고분군과 거의 유사한 확산유형을 유지한 것으로 보인다. 결론적으로 남원지역은 대가야의 중심지와 멀리 떨어진 거리상의 문제와 재지 세력집단의 존속 및 백제와의 관계를 고려할 때, 대가야와는 독자성이 유지되는 상호 밀접한 관계의 연맹관계를 거쳐 재지의 세력집단이 유지되는 간접지배구조의 성격을 상정할 수 있다.

IIIb형의 옥전고분군은 대가야세력의 집중적인 확산이 전개되는 일정 시기(M3호~M4호)가 지나고 나면 대가야토기의 확산이 미약해지는 양상을 보일 뿐만 아니라 M6호에는 신라토기의 교류양상도 나타나고 있어 다시금 독자적인 세력집단으로 변모하게 된다. 또한 중심고분군이 지속적으로 조영되고, 고령지역과 차이를 보여주는 재지의 묘제가 지속되는 점에서 옥전지역은 일정 시기 대가야의 간접지배에 놓이기도 하지만 지리적 특수성과 재지 세력집단의 잠재적 기반에 의해 대가야와 상호 밀접한 관계를 유지하는 연맹관계를 이루었던 것으로 보인다.

IIIc형은 해당 지역의 중심고분군에만 대가야토기가 집중적으로 확산되어 재지양식 토기 또는 외래계양식 토기가 공존하는 유형으로서, 수정봉·옥봉고분군의 진주지역이 해당된다. 이 유형은 대가야토기의 최대분포권을 이루는 시점에 나타나는 양상으로서 IV형에 비해 확산 토기의 기종구성이 한정되는 차별성을 보여준다. 이 유형은 늦은 단계에 나타나는 것으로서 대가야토기의 양식변동에 따른 기종들이 분포함과 더불어 횡혈식석실구조의 신 묘제도 나타나는 전환기 이후의 확산유형이다. 이 유형은 대가야토기의 양식변동에 의한 기종들이 분포하는 점과 달리 재지집단에 의한 중심고분군의 존재와 재지토기 또는 제3의 외래토기와 공존하는 것으로 보아 대가야와 연맹의 관계를 유지한 것으로 보인다.

④ Ⅳ형 : 본 유형의 경우는 지배적 확산이라기보다는 교류에 의한 확산으로 간주되므로 대가야토기의 지배적 확산과 관련한 논의로는 적당하지 않으나, 대가야토기의 분포권을 파악하는 차원에서 검토해 볼 필요성이 있다. 대가야토기가 재지토기 및 외래계토기와 공반되어 반출되고 분포비율상 소수에 불과한 양상을 보이는데, 함안 도항리고분, 창원 다호리고분군, 고성 내산리, 율대리, 송학동고분군, 여수 고락산성, 미평동고분, 순천 운평리고분 등이 해당된다. 이 유형은 대가야토기의 늦은 단계에 나타나며, Ⅲc형에 비해 대가야토기의 일부 기종만이 소량 반출되는 차이점을 보여준다. 또 이 유형은 대가야토기의 확산이라는 특수관계의 형성이 아닌 교역 및 교류적 차원의 확산으로서 대가야가 신라 또는 소가야와의 우호적 관계를 바탕으로 동시에 진출함으로써 나타난 양상이다.

이상에서 살펴 본 대가야토기의 확산유형은 대가야의 대외 관계망을 이해하는 기준이 되는 것으로서 Ⅰ, Ⅱ형이 직접지배 또는 간접지배의 구조를 보여주고, Ⅲ형이 대가야 중심의 연맹관계를 나타낸다. 또, Ⅳ형은 대가야의 대외 영향력이 표현되는 교류관계망으로 볼 수 있다. 그리고 Ⅰ, Ⅱ, Ⅲa, Ⅲb형이 서진교통로에 의한 확산1단계의 확산유형인 반면에 Ⅲc, Ⅳ형은 낙동강교통로 또는 남진교통로에 의한 확산2단계의 확산유형임이 뚜렷이 구분된다.

2) 확산단계와 분포변화

대가야토기의 확산은 5세기 4/4분기 이후 본격적으로 이루어지는데, 1차는 西進경로를 통한 가야 북부권의 통합과 대외 세력확장이 시도되는 반면에, 2차는 남진경로가 모색되어 가야 남부권에 대한 대내 통합이 시도된다. 이처럼 대가야토기의 확산경로는 약간의 시차를 두고 변화를 보임으로써 대가야토기의 확산단계와 연동되고 있음을 알 수 있다. 아울러 확산단계에 따른 분포권의 변화도 파악할 수 있지만 확산 또는 교류에 의한 대가야토기의 분포권은 대가야의 영역과 반드시 일치하지 않음을 명기해 둔다.

대가야토기의 확산은 대가야토기의 분포가 일색인 경우와 재지토기 또는 제3의 외래계토기와 함께 일정비율로 혼재하는 경우로 구분되는데, 대가야토기가 수 점에 불과한 경우에는 단순한 교류관계에 의한 것으로 파악하여 논의의 대상에서 제외한다. 확산단계의 설정은 대가야토기의 변천단계를 기준으로 하고, 각 단계별 해당지점의 확산여부 판정에 따라 분포변화를 파악하고자 한다. 즉, 대가야토기의 변천을 확산의 중심지인 고령과 확산이 이루어지는 제 지역과 각 단계별로 비교함으로써 기준양식의 변천단계에 따라 확산단계별 분포변화를 파악할 수 있다.

이상의 기준에 의해 확산단계는 2단계로 나눌 수 있는데, 대가야토기의 서진에 의한 본격적인 대외 확산이 이루어지는 1단계, 남진에 의한 확산경로의 변화가 나타나는 2단계로 설정할 수 있다. 한편, 대가야토기 성립기에 해당되는 시기[26]의 대외교류에 대해서는 확산단계를 설정하는데 무리가 따르지만 대가야토기 분포권의 변화추이를 살펴보는 측면에서는 유효함을 밝혀둔다.

(1) 확산1단계

황강하류역의 옥전고분군과 황강상류역의 반계제고분군을 비롯하여 거창 무릉리, 말흘리고분군, 함양 백천리, 상백리고분군, 남원 월산리고분군으로 확산되는 시기로서 1차 확산의 서진경로에 의해 대가야토기의 본격적인 확산이 이루어진다. 5세기 후반 이후 전개되는 본 단계의 본격적인 확산은 대가야의 최성기로서 확산2단계까지 지속될 뿐만 아니라 이 단계의 분포권은 가야 북부권과 남원지역에 이르는 광역분포

---

26) 성립기의 대가야토기는 고령중심의 분포권을 유지하여 확산이 본격적으로 이루어지기 이전의 양상을 보여줄 뿐만 아니라 친연적 관계에 의한 교류라고 할 수 있다. 이 단계에는 고령지역과 인접한 황강하류역의 옥전고분군과 교류양상을 보이는데, 대가야토기의 성립기 형식인 종형투창의 발형기대가 고령 지산동35호와 합천 옥전91호에서 함께 존재하는 점으로 보아, 대가야토기 초기의 분포권은 고령권과 황강하류역의 옥전권으로 설정할 수 있다. 고령지역의 이 단계에는 신라권과도 일정한 교류를 유지하고 있음이 고령 대가야역사관부지(경북문화재연구원 발굴)에서 보이는 신라토기를 통해 확인할 수 있는데, 이 점은 옥전고분군 23호분에서 M1, M2호분에서도 유사한 양상이 전개된다. 이로 보아 5세기 3/4분기에 해당되는 대가야의 권역은 고령을 중심으로 형성되었음을 알 수 있으며, 대가야토기의 교류에 의한 분포권이 옥전지역까지 이루어지고 있음을 알 수 있다. 또한 이 단계의 양 집단은 아직 우열에 의한 중심집단을 가리기 어려운 상황이므로 당시의 대가야 세력은 고령권을 중심으로 한 후기가야의 신흥 지역집단으로 성립되고 있음을 알수 있다.

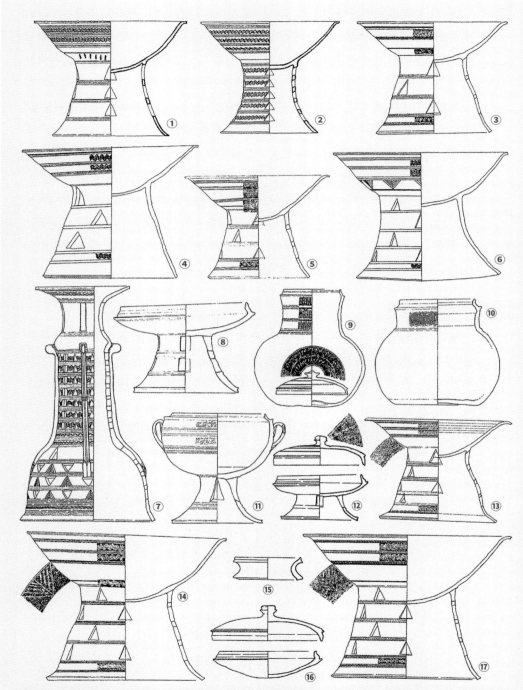

(①②월산M1-A, ③⑧⑨옥전M3, ④⑥지산44, ⑤반계제가A, ⑦반계제가B, ⑩반계제다A, ⑪⑬백천1-3, ⑫⑭옥전M4, ⑮~⑰옥전M7)

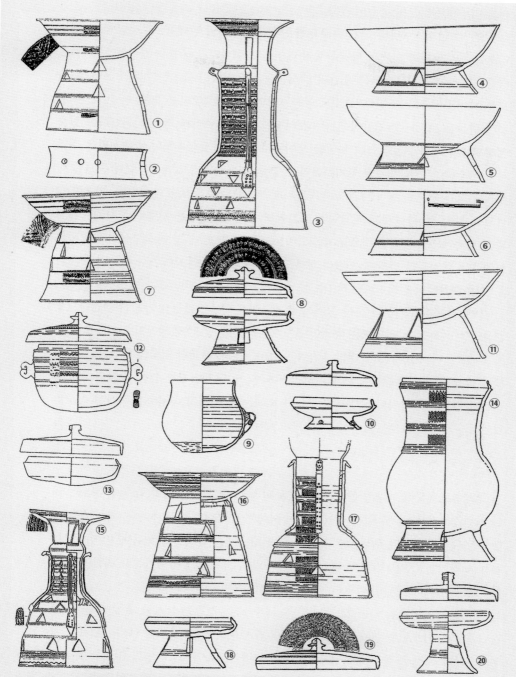

(①③⑥두락1, ②본관36, ④지산45, ⑤반계제다B, ⑦~⑨옥전M6, ⑩옥전M6-1, ⑪~⑬삼가1-A, ⑭율대2, ⑮⑳수정봉2, ⑯옥봉7, ⑰도항8, ⑱옥전78, ⑲도항5)

권을 이루게 된다.

한편 이 단계의 확산지점별 분포유형은 황강상류역의 반계제고분군과 함양 백천리고분군은 묘제와 토기의 양식구성에 있어서 고령지역과 동일한 양상을 보여주고, 황강하류역의 옥전고분군은 토기의 양식구성은 동일하나 묘제는 재지의 전통을 따르는 차이를 보여주고 있다. 그리고 남원지역의 월산리고분군은 묘제에 있어서는 동일한 양상을 보이나 토기양식에서는 재지적인 요소를 보이는 자료가 혼재하고 있음에서 확산지점별 분포유형의 차이를 보여준다. 특히 황강상류역의 반계제권은 대가야토기의 확산 이후 재지의 토기문화가 소멸될 뿐만 아니라 고총고분군이 군집을 이루지 못하는 것으로 보아 대가야의 직접지배권에 흡수된 것으로 추정된다. 이러한 양상으로 보아 확산1단계에 해당되는 대가야의 직접지배영역은 고령권과 황강상류역의 반계제권으로 확대된 것으로 추정되며, 고령지역과 묘제 및 양식구성의 동일성을 보여주는 함양권은 반계제와 달리 고총고분군이 군집을 유지하면서 축조되는 것으로 보아 대가야의 간접지배영역으로 설정할 수 있다.

반면, 재지의 토기문화 또는 묘제가 유지되면서 고총고분군을 가진 지역집단으로 분류되는 옥전권, 남원권에는 대가야 중심의 관계망을 가진 연맹권의 영역으로 설정할 수 있다. 따라서 확산1단계의 대가야는 가야 북부권에 대한 영역의 확대 또는 연맹체적 관계를 가진 맹주의 입지를 확보하게 되며, 이 단계까지는 신라, 백제와 외교적 관계가 원활하게 유지되어 남제에 사신을 보내는 등 대외적인 지위가 향상된 것으로 보인다.

(2) 확산2단계

西進경로로부터 대내의 삼가↔진주경로와 남강 및 섬진강 경로, 낙동강 경로에 의한 확산경로 전환을 통해 가야 내부로의 확산이 이루어지는 단계이다. 확산1단계에 형성된 대가야토기의 분포권이 지배 또는 연맹관계를 유지하고 있음에 비해, 확산2단계는 확산분포권의 확장에 따른 연맹관계의 추가확대가 이루어짐과 더불어 새로운 거점 단위의 교류망이 출현하는 특징을 보여준다.

대내의 南進경로에 의한 확산2단계 중 삼가↔진주경로는 삼가권, 진주권(남강 북부권)으로 대가야토기의 분포권이 확대되었음을 보여줄 뿐만 아니라 대가야토기의 전성기 구성요소가 대부분 확산됨으로서 이들 지역이 대가야와 연맹의 관계를 유지한 것으로 추정된다. 그리고 남강경로는 함양 백천리고분군으로부터 산청 생초고분군과 묵곡리, 옥산리, 중촌리에 이르는 확산을 보여주며, 낙동강경로는 함안, 창원, 고성에 이르는 새로운 경로가 나타나게 된다.

이 단계는 6세기 전엽에 전개되는 대가야의 반백제 · 친신라 외교정책의 결과 진주(남강 남부권), 사천을 비롯한 남해안권은 백제의 견제에 의해 대외 확산이 소강상태에 이르게 되고, 낙동강유역과 함안, 고성권역은 신라와 동반 진출이 이루어지는 새로운 확산양상이 나타나게 된다. 이처럼 서진경로로부터 새로운 확산경로의 전환을 통한 가야권 내부와의 관계망을 구축하려는 시도가 전개되었으나, 대가야의 대외정책 실패와 후기가야의 제 지역집단에 대한 통합이 완성되지 못함으로 인해 결국 후기가야는 연맹체의 정치구조를 벗어나지 못하는 수준에 머무르게 된다. 결국, 확산2단계의 대가야는 확산1단계의 영역을 기반으로 하여 후기가야 제 지역집단에 대한 영역확장을 시도하게 되나 백제, 신라의 對가야 정책과 충돌함으로써 독자적인 확산이 더 이상 이루어지지 못하는 양상이 전개된다. 한편, 낙동강경로를 통한 함안권, 창원권, 고성권으로는 대가야토기 제3기 양식의 일부 기종만이 재지토기 및 신라토기와 공반되어 출토되는 것으로 보아 교류관계의 확산이 이루어진 것으로 파악된다.

따라서 확산2단계의 대가야 영역은 확산1단계의 영역에 더하여 삼가권과 진주권이 연맹체의 영역으로 확장된 것으로 추정되며, 이와 달리 함안권, 창원권, 고성권에는 독자적인 확산이 아닌 신라와의 동반 진출이 이루어짐으로써 아직 영역적 범위에는 포함시킬 수 없다.

3) 확산경로

대가야토기의 확산경로는 자연지리적 상황과 대가야토기의 분포망을 복합적으로 검토함으로써 파악할 수 있으며, 확산경로는 확산단계에 연동되어 변화를 보여주고 있다.

대가야토기가 광역적으로 확산되는 5세기 4/4분기의 분포망을 보면, 고령지역을 위시하여 합천(옥전, 반계제), 거창, 함양, 남원지역에 이르고 있음을 알 수 있다. 이러한 분포망은 자연지리적 교통로를 통해 검토하면, 고령을 중심으로 西進의 경로를 따르고 있음이 확인되므로 대가야토기의 대외확산이 이루어지는 1차경로는 가야 북부권에 한정된 서진경로를 보여준다.

1차의 서진경로에 대한 세부적인 검토로서, 이 경로는 <고령↔옥전>경로와 함께

<고령↔반계제↔거창↔함양↔(안의)↔남원>경로가 개척된 이후 2차경로가 새로 개척될 때까지 지속적인 교류경로로 활용된다. 이처럼 1차경로는 대가야의 초기 대외교류로가 개척된 이후 지속적인 대외경로로 이용되어 황강하류의 옥전지역과 황강상류의 반계제지역을 거쳐 거창↔함양↔남원의 남강상류역에 이어짐으로써 대백제 접촉과 대중국 교류를 위한 교통로를 확보하게 된다. 즉, 이 경로는 남제서에 기록된 475년의 대중국 사신파견의 사실에 비추어 볼 때 그 경로로서 부합된다.

반면, 1차경로가 낙동강경로 또는 내륙의 함안, 진주·고성권을 비롯한 가야 남부권에 대한 진출이 이루어지지 않은 점에 대해서는 가야권 내부의 일정한 관계망에 의해 제 정치체가 공존하였음을 보여주는 증거이다. 즉, 대가야권이 이 단계까지는 낙동강경로에 접해 있는 신라와 친연적인 관계가 아니었을 뿐만 아니라 함안권과 진주권에 일정 규모의 세력집단이 존재하고 있었음을 보여주는 간접적인 증거라고 하겠다.

5세기 4/4분기의 대가야는 1차경로를 통해 급격한 팽창이 이루어짐으로 인해 가야 북부권의 통합을 넘어 對백제권과 접촉하게 됨으로써 문화변동의 계기와 정치적 갈등의 일면이 제기되는 것이 6세기 1/4분기로의 변화이다. 對백제권과의 접촉은 토기양식의 기종구성이 바뀌고 신문물의 수용이 동반되는 변화와 더불어 對백제와 영역의 다툼이 촉발되는 요인을 가져왔을 것으로 추정된다. 6세기 1/4분기 이후 대가야의 서진이 고착되는 1차적인 이유가 백제의 견제에 의했을 것으로 추정해 볼 수 있으며, 이는 정치적 우호관계가 깨트려짐에 의해 서로 영역확보의 대치국면이 전개될 수밖에 없는 것이다.

6세기 1/4분기의 시기에는 앞 시기와 달리 제반 여건의 변화가 일어나면서 대가야 토기의 확산은 일대 전환을 가져오게 되는데, 가야 남부권에 대한 내부통합을 위한 확산경로의 변화인지, 서진경로의 고착에 따른 돌출구의 모색에 의함인지 명확지 않지만, 이 단계부터 낙동강경로와 내륙교통로에 의한 남진경로가 등장하게 된다. 이들 2차의 남진경로는 낙동강을 통한 <고령↔신반↔함안(창원)↔고성>경로와 <고령↔합천(반계제)↔삼가↔진주>경로가 활발히 전개되는데, 이는 V단계에 있어서 새로 형성된 후기가야권의 대내교류가 활발해지고 위기감에 따른 대내통합이 시도된 것과도 일견 연관성이 있다고 여겨진다. 또 이 시기에는 남강을 통한 <함양↔산청>경로가 지선으로서 나타나게 된다.

특히, 洛東江을 통한 <고령↔신반↔함안(창원)↔고성>경로는 낙동강과 남해안경로가 결합된 것으로서 함안 도항리, 창원 다호리, 창원 반계동, 마산 자산동, 고성 내

<도면 43> 대가야토기의 확산단계와 확산경로

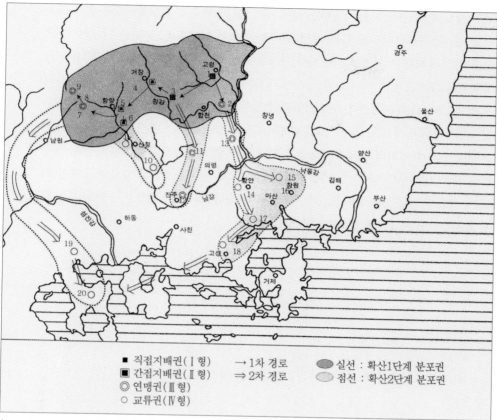

(1. 고령 지산동, 2. 합천 옥전, 3. 합천 반계제, 4. 거창 말흘리, 5. 함양 백천리, 6. 산청 생초, 7. 남원 월산리, 8. 남원 두락리, 9. 장수 삼고리, 10. 산청 중촌리, 11. 합천 삼가, 12. 진주 수정봉옥봉, 13. 의령 경산리, 14. 함안 도항리, 15. 창원 다호리, 16. 창원 반계동, 17. 고성 내산리, 18. 고성 대율리, 19. 순천 운평리, 20. 여수 고락산성)

산리, 고성 율대리로 이어지는 신설된 경로로서 신라와의 우호관계를 이용한 연합적이고 의존적인 경로이기도 하다. 2차경로는 가야권 내부의 통합이 상당부분 전개된 것으로 보이며, 對백제에 대한 견제와 對신라 우호정책의 일면이 보여지기도 한다. 즉 대가야의 소가야권 진출에 따른 남강유역권의 확보와 함께 소가야의 잔존세력인 고성권과 우호관계를 유지하였을 뿐 아니라 신라와의 우호관계를 바탕으로 함안권과의 교류망도 구축됨으로써 2차경로가 유지된 것으로 보여진다.

그리고 <합천↔삼가↔진주>경로는 대가야가 對백제와의 대립·위축으로 인해 만들어진 새로운 경로로서 삼가권과 진주권에 대한 지배적 확산이 이루어짐으로써 생겨난 것으로 보인다. 이후 대가야는 소가야의 남강유역권을 확보함으로써 종래 소가야의 교류망을 활용한 대외교통로가 구축된 것으로 이해된다. 하지만 2차경로에 의한 확산의 분포망은 치밀하지 못하여 거점단위의 분포 또는 미완성의 분포양상을 보여주고 있다.

반면, 고령으로부터 순천,여수지역의 섬진강 하구에 이르는 반환상의 <고령↔합천↔함양↔남원↔순천, 여수>경로는 백제와의 관계와 지리적 여건 및 재지세력의 존재27)로 인해 대가야의 대외경로라고 하기에는 문제가 없지 않으나, 최근 순천, 여수지역에서 대가야토기와 소가야토기, 백제토기 등이 함께 출토되고 있음을 고려할 때 <남원↔순천, 여수>의 대외경로가 일시기 유지되었거나 고성으로부터 이어지는 남해안경로를 통한 교류의 소산일 가능성도 있다.

II. 확산과 영역화과정

대가야토기는 5세기 후반부터 陜川, 居昌, 咸陽, 南原지역으로 본격적인 확산을 이루어 광역적인 분포권을 이루게 되며, 이러한 대가야토기의 확산에 의한 분포권은 대가야의 문화권역임과 동시에 정치적 특수관계의 권역으로 인식되고 있다. 이러한 특정 양식 토기의 분포권을 정치체의 권역과 결부시키는데 대해 적극적인 견해도 있으나28), 소극적인 입장을 취하는 경우29)도 있다. 대가야토기의 분포권은 크게 지배적 관계의 확산지역과 교류30) 관계의 확산지역으로 구분할 수 있는데, 전자의 경우는 정

---

27) 곽장근, 2007, 「대가야와 섬진강」『5~6세기 동아시아의 국제정세와 대가야』, 고령군 대가야박물관 · 계명대 한국학연구원.

28) 이희준, 1995, 「土器로 본 大伽耶의 圈域과 그 變遷」『加耶史研究 -大加耶의 政治와 文化』, 慶尙北道.

29) 李盛周, 1993, 「新羅 · 伽耶社會 分立과 成長에 대한 考古學的 檢討」『韓國上古史學報』13.

30) 교류의 형태로는 交易과 交涉을 들 수 있다. 교역은 물물교환의 형태를 말하며, 교섭은 이러한 교역에 우호적 관계의 정치적 의미가 개재된 것으로 규정한다. 본고에서 사용하는 교류는 교역의 의미보다는 친연적 관계를 바탕으로 한 교섭에 해당된다.

치적 권역으로 설정할 수 있지만 후자의 경우는 그 성격을 달리하는 것으로 보인다.

대가야토기의 확산은 대가야의 발전과 직접적인 연계를 이루는 것으로서, 확산단계를 통해 영역의 확대·발전과정을 파악할 수 있을 뿐만 아니라 확산경로의 추적을 통해 대외교섭의 방향성을 찾아볼 수 있고, 확산유형의 분석에 의해 대가야의 관계망을 통한 정치구조를 파악할 수 있다. 특히, 일정한 성격 차이를 보여주는 지배적 의미의 확산분포권과 교류 관계의 확산분포권을 대비 분석함으로써 후기가야의 전체적인 틀 속에서 상호 관계망을 살펴볼 수 있다.

1. 확산에 따른 관계망

대가야토기의 확산을 통해 본 대가야의 관계망은 크게 대외관계망과 대내관계망에 의해 검토할 수 있는데, 대외관계망은 대가야와 함께 후기가야의 일 구성원으로 존재하는 아라가야 및 소가야와의 관계를 일컫는 것이고, 대내관계망은 대가야권 내의 諸 집단 사이에 형성된 관계를 일컫는다.

먼저, 대가야토기 확산경로의 분석을 통한 대가야의 대외관계망을 살펴보면, 확산 1단계의 西進 교통로는 대가야가 對백제 중심의 대외교섭의 방향성을 보여주고 있을 뿐만 아니라 가야 북부권에 대한 영역확대의 의지가 잘 나타나고 있다. 확산1단계의 서진교통로는 대가야가 후기가야의 신흥세력으로 발전하고 있음을 보여줌과 동시에 서진 확산의 대상이 되는 가야 북부권에는 아직 유력 지역집단이 형성되지 못하였음을 보여준다. 반면 확산1단계의 방향성이 서진으로 한정되고 있는 배경에는 가야 남부권에 유력 지역집단이 이미 형성되어 있었음을 반증하고 있다. 즉 대가야의 지역집단이 형성되고 대외 세력확장이 이루어지는 시점에 가야 남부권의 함안권과 진주·고성권에도 일정한 세력권을 가진 지역집단이 형성되어 있었음을 알 수 있게 해 준다. 이는 후기가야토기의 3대 지역양식이 되는 대가야양식, 아라가야양식, 소가야양식이 존재하는 점에서도 유추해 볼 수 있는 부분이다. 바꾸어 말하면 대가야의 서진교통로가 초기에 개척된 이유 중의 하나가 가야 남부권으로 진출하기 어려울 정도의 지역집단이 이미 존재하고 있었음을 보여주며, 이를 통해 확산1단계까지의 후기가야는 제 지역집단이 세력균점을 이루는 관계가 유지되고 있었음을 가늠해 볼 수 있다.

이에 비해 확산2단계의 낙동강경로 및 남진경로는 대가야의 1단계 서진경로에 의한 세력확장을 기반으로 가야 남부권에 대한 통합을 시도하는 새로운 세력확장의 방향성이 변화되는 과정을 보여주고 있다. 아울러 대가야의 서진에 의한 대외 세력확장이 가야 북부권을 넘어 백제권과 충돌하여 고착됨으로써, 대외 세력확장의 새로운 돌파구로서 종전의 세력균점의 관계를 유지하였던 가야 남부권에 대한 통합을 모색하였을 가능성도 보여진다. 이처럼 낙동강경로 및 남진경로를 통해 볼 때 확산2단계부터는 대가야의 세력이 가야 남부권의 지역집단들에 비해 우세하였음을 알 수 있고, 이러한 가야권 전체의 통합을 시도하게 된 것은 백제와 신라의 외교적 각축 사이에서 가야의 존립을 유지하기 위한 새로운 시도로 보여진다.

이상의 확산경로를 통해 본 대가야의 대외관계망은 후기가야의 일 구성원이 되는 아라가야, 소가야의 정치체와 2차적 연맹관계(후기가야연맹으로 부르고자 한다)를 이루고 있었음을 추정할 수 있고, 이러한 연맹관계는 확산1단계까지는 안정적인 관계를 유지하였으나 확산2단계부터 대가야가 후기가야의 내적 통합을 시도함으로써 상호 균점의 관계가 와해단계에 이르렀던 것으로 보인다. 이러한 대가야의 내적 통합의 시도는 후기가야연맹의 약화를 초래하게 되었을 뿐만 아니라 백제, 신라의 간섭과 가야 남부권의 반발로 인해 가야의 완전한 통합에 이르지 못함으로써 결국에는 각개로 멸망하고 만 것으로 보인다.

다음은 대가야토기의 확산유형에 대한 분석결과를 토대로 대가야 지역집단 내부의 대내관계망을 찾아보도록 한다.

대가야토기의 확산유형은 지역별로 그 유형을 약간씩 달리하고 있으며, 확산유형의 차이에 의해 대가야 중심집단과의 관계망도 달리하는 것으로 볼 수 있다. 대가야 중심집단과 동일한 묘제와 토기양식을 공유하는 I형은 대가야의 중심집단에 편제되어 직할지의 성격을 띤다고 할 수 있다. 그리고 II형은 대가야 중심집단과 동일한 묘제와 토기양식을 유지하지만 군집의 고총군을 조영함으로써 중심집단으로부터 일정한 자치권이 위임된 지역집단임을 알 수 있는데, 직접지배의 권역에 비해 보다 완화된 간접지배의 권역에 해당된다고 하겠다. III형은 대가야토기의 확산이 이루어지지만 재지의 묘제 또는 재지토기양식과 공존하는 것으로 보아 대가야 중심집단으로부터 독립적인 자치권이 보장된 지역집단으로서 대가야와 연맹관계를 유지하고 있는 것으로 볼 수 있다. 반면, IV형은 대가야토기의 분포가 지배관계에 의한 확산이라기보다는 교류관계에 의한 확산으로 판단되므로 대가야세력의 교류활동의 권역으로 이해하여야 한다.

대가야토기의 확산유형은 확산단계에 따라서도 차이를 보여주고 있는데, 확산1단계(IV단계)에는 Ⅰ, Ⅱ, Ⅲa, Ⅲb형이 해당되고 확산2단계(V단계)에는 새로 Ⅲc, Ⅳ형이 나타나게 된다. 또, 분포권역에 있어서는 Ⅰ형으로부터 Ⅳ형으로 변화할수록 지배영역 또는 교류권역의 확대가 이루어짐을 알 수 있다.

이와 같이 확산유형의 변화를 통해 본 대가야 내부의 관계망은 Ⅰ형의 직할지에 대해서는 직접지배의 관계망을, Ⅱ형의 준직할지에 대해서는 간접지배의 관계망을 유지하게 되며, Ⅲ형의 제 지역집단에 대해서는 일정한 독자성을 인정하는 가운데서 대가야 중심의 연맹관계를 이루는 정치구조를 형성한 것으로 보인다. 이에 비해 Ⅳ형은 지배적 확산에 의한 것이 아니라 특정의 지역집단과 교류 또는 교역에 의한 관계망을 가졌음을 보여주는 것으로서 지배관계에 의한 독자적인 확산이 아니므로 지배적 성격의 정치구조는 형성하지 못한 것으로 보인다. 이는 바꾸어 말하면 대가야의 세력범위가 한정적일 뿐만 아니라 종국에는 후기가야연맹의 통합이 실패하였음을 보여주는 증거가 된다. 결론적으로, 대가야토기의 확산유형을 통해 대가야의 관계망을 살펴보면, Ⅰ, Ⅱ형의 권역까지는 직할지에 해당되는 지배영역이라고 할 수 있고, Ⅲ형을 보여주는 제 지역집단과는 연맹체적 관계를 유지하고 있으므로 대가야토기의 Ⅰ~Ⅲ형이 분포하는 권역내에서 대가야연맹체가 형성되었던 것으로 유추할 수 있다. 아울러 Ⅳ형의 분포권은 대가야가 해당지역과 교류적 관계를 유지하는 것으로서 광역의 후기가야연맹 내의 단위집단(國)으로서 대가야연맹체에는 포함되지 않은 것으로 볼 수 있다.

이상의 확산을 통해 본 대가야는 대내적으로는 직접 또는 간접지배영역과 연맹체적 관계를 통해서 대가야연맹체의 정치구조를 유지하였음을 확인할 수 있으며, 나아가 대가야연맹체를 둘러싼 주변에는 또 다른 지역양식 토기의 분포권에 의한 정치체 또는 연맹체[31]의 존재가 상정되기 때문에 유력집단인 대가야연맹체를 중심으로 아라가야, 소가야의 정치체들을 포괄하는 2차 연맹 또는 연합이 형성되는 정치구조로서의 후기가야가 설정될 수 있다. 한편 후기가야의 정치구조가 유력집단인 대가야를 중심으로 발전적인 단일지배체제로 통합되지 못하고 지역집단들이 각각 존속됨으로써 신라, 백제의 對가야진출에 따른 주변 역학관계에 의해 소지역권의 제 집단(國)들

---

31) 白承忠, 1995, 「加耶의 地域聯盟史 硏究」, 釜山大學校 大學院 博士學位論文.

이 각개 멸망 또는 신라 병합에 의해 각개 멸망됨으로써 종국에는 全 가야의 종말을 맞이한 것으로 보인다.

2. 확산유형과 영역화과정

대가야토기는 토기양식의 형성 이후 양식의 중심지인 고령권을 벗어나 주변지역으로 확산이 이루어지고 있음을 앞서 검토한 바 있다. 이러한 대가야토기의 분포 확산에 대해서 지배적 확산 또는 교류적 확산의 구분을 명확히 언급하지 않은 채 대가야 정치체의 권역 또는 영역으로 설명하는 경우가 있다. 이에 여기서는 토기양식의 확산과 영역화 과정의 상호관계를 검토함으로써 어떠한 토기양식의 확산유형을 영역화로 인식할 수 있는가 하는 점을 살펴보도록 한다.

領域의 사전적 의미는 한 나라의 주권이 미치는 범위라고 하겠으며, 이를 확대하면 인간이 특정한 사회집단에 속하는 활동범위를 나타내고 있음을 알 수 있다. 즉 영역이라는 용어는 인간의 활동영역, 민족·민속적 영역, 문화적 영역, 기술적 영역, 그리고 물질문화의 일정한 공간점유 등에 이르기까지 상당히 넓은 의미를 내포하고 있다[32]. 또 영역을 국가형성의 징표로서 이해하고 있으며, 구체적으로 전쟁 또는 평화적 수단에 의한 정복활동을 통한 영역확대를 의미하고 있다[33].

영역의 형성은 영역국가의 성립과 상통한다고 볼 수 있으며, 그에 따른 영역형성 단계를 영역형성기, 영역확장기, 영역완성기로 설정할 수 있다[34].

이를 가야토기 양식의 확산과 연계하여 살펴보면, 영역형성기는 토기양식의 중심부가 형성되어 대외적으로 양식 분배의 제한이 나타나는 단계로서 4세기대의 금관가야양식과 5세기대의 아라가야양식을 통해서 이해할 수 있다. 즉 이들 토기양식의 성립과 분배에 따른 분포권을 통해서 4세기대 금관가야의 영역과 5세기대 아라가야의

---

32) 山本孝文, 2006, 『三國時代 律令의 考古學的 硏究』, 서경, p.421.

33) 千寬宇, 1989, 『古朝鮮史·三韓史 硏究』, 一潮閣, pp.274~275.

34) 山本孝文은 도시국가와 대비되는 서양 이론의 영역국가라는 개념과 구분하기 위하여 한반도를 포함한 동아시아의 고대 영역국가의 형태를 잠정적으로 '영토형국가'로 부르고자 제창하였으며, 영역형성기-영역확장기-영역완성기로 단계화하고 마지막 단계인 영역완성기는 고대국가체제를 완비한 정치체의 영역으로 인식하고 있다(山本孝文, 2006, 『三國時代 律令의 考古學的 硏究』, 서경, pp.421~430).

영역을 설정할 수 있다.

다음의 영역확장기는 토기양식의 중심부가 형성된 이후에 주변지역으로 확산되는 시기로서 5세기대 대가야양식의 확산을 통해서 대가야의 영역확대를 살펴볼 수 있다. 다만 토기양식의 확산이 지배적 확산인지 교류적 차원의 확산인지를 구분하여 지배적 확산인 경우에 한해서만 영역으로 인정하여야 한다.

마지막으로 영역완성기는 토기양식의 지역화 또는 재지적 수준을 벗어나 통일되는 시기로서 신라토기의 통일양식 또는 후기양식이 해당된다고 하겠으며, 고대국가 체제의 완비 및 영토의식이 명확해짐으로 인해 삼국이 정립하는 시기에 해당된다.

일반적으로 토기양식의 확산은 정치체의 영역과 일정한 관계가 있는 것으로 이해되고 있다. 다만 양식 내 일부 기종의 교류적 분포에 대해서도 정치적 영역으로 연결하여 확대 해석하는 것은 경계하여야 한다. 토기양식의 확산과 정치체의 영역 관계는 양식의 형성수준에 따라 달리 해석하여야 할 것으로 보이며, 양식의 형성수준에 따라 영역화의 단계도 동반할 수 있음이 인식된다. 즉 토기양식의 확산에 있어서 지배적 차원의 확산과 교류적 차원의 확산이 나타내는 의미가 다르다는 것을 인식하여야 하며, 지배적 확산과 교류적 차원의 구분에는 토기양식의 확산양상뿐 아니라 묘제와 위세품 등의 교섭양상도 고려하여야 한다. 따라서 높은 수준의 양식적 확산이 이루어진 분포권에 대해서는 양식권의 확대 또는 영역화로 이해할 수 있으나 교류적 분포권에 대해서는 양식과 관련된 어떠한 개념(소양식 또는 지역색)의 설정이나 영역화 등 정치적 해석은 무리라고 생각된다.

대가야토기 양식의 확산을 통해 본 대가야의 영역화 과정의 이해는 대가야토기가 재지토기와 형성하는 관계망 및 이와 연계된 고고학 자료의 검토를 통해서 가능하다고 여겨진다. 즉 대가야토기의 확산에 따른 분포유형이 어떠한가에 의해 영역화로 인정할 수 있는 점과 그렇지 않은 부분으로 나눌 수 있다.

앞서 검토한 바와 같이 대가야토기의 확산은 영역확장기에 해당된다고 할 수 있으며, 완전한 영역의 구축은 이루지 못한 것으로 볼 수 있다. 그러므로 대가야토기의 확산을 통한 영역의 문제를 명확히 파악하는 것은 원칙적으로 무리가 있다[35].

대가야토기의 확산을 통해 본 대가야의 영역화과정을 살펴보면, 확산에 따른 분

---

35) 일반적으로 영역이라고 표현하지만 엄밀한 의미에서는 영역화과정에 있는 영역이라고 할 수 있다.

포유형이 Ⅰ형과 Ⅱ형인 경우에는 직접지배 또는 간접지배의 영역으로 인식할 수 있으며, Ⅲ형의 경우에는 지배적 확산이 이루어졌다고 볼 수 있으므로 영역화의 과정에 있다. 그러나 Ⅳ형의 교류권은 대가야의 교류망에 포함되는 권역으로서 일시기적이거나 우호적 관계에 의한 교류적 확산이므로 영역과 연결하는 것은 무리가 있다.

앞서의 검토를 바탕으로 대가야토기의 확산이 이루어진 지역에 대해 영역화과정을 대입해 보면, 합천 반계제지역과 산청 생초, 함양 백천리의 경우는 직접지배 또는 간접지배의 권역으로서 대가야의 영역으로 구축되었다고 하겠으며, 남원과 장수지역의 경우는 재지세력의 존속이 확인됨으로 영역화의 과정에 있다고 할 수 있다. 이외에 순천과 여수지역의 경우는 대가야토기뿐 아니라 소가야토기와 신라토기도 함께 확산되는 양상을 보이므로 교류권으로 인식하여야 한다.

결론적으로 토기양식의 확산과 영역의 적용 문제는 신중히 고려되어야 할 사항으로 판단되며, 영역화단계가 형성기로부터 확장기, 완성기 중 어디에 해당하는가에 따라 논의의 기준을 달리하여야 한다고 생각된다. 대가야토기의 확산에 따른 영역 문제는 영역확장기의 수준에서 논의되어야 하며, 직접 또는 간접지배의 권역과 연맹권, 교류권의 구분에 따라 영역화의 설정이 달리 적용됨을 인식하여야 한다. 또한 확산유형이 지배적 확산인지 교류적 확산인지를 구분함으로써 지배적 확산에 의한 분포권은 영역화과정에 있다고 할 수 있고 그렇지 않은 경우에는 교류권으로 파악하여야 한다.

제4장 소가야토기

Ⅰ. 소가야토기의 성립과 변동

1. 성립과 배경

1) 성립 요소의 분석

소가야토기를 구성하는 기종의 조합 양상은 지금까지의 조사에서 확인된 공반관계에 의하면, 일단장방형투창고배와 개, 유개식 및 무개식 삼각투창고배, 발형기대와 수평구연호, 통형기대와 단경호, 광구장경호, 컵형토기, 개배가 주를 이루는데, 이러한 조합 양상은 주변지역의 토기문화와는 구분되는 점이 뚜렷하다. 즉 대가야양식 토기문화권에서는 이 지역과는 달리 파수부연질개, 대부파수부완, 저평통형기대 등이 존재함에서 차이를 보여주고 있다.

소가야토기 주요 기종의 형태적 특징에 대해서 살펴보면, 일단장방형투창고배는 구연부가 내경 후 반전상을 이루면서 구연단부 내연에 홈이 만들어지고 대각은 투창 하방에서 강한 돌대가 1조 돌려지면서 곡절상을 이루고 있음이 특징적이다. 앞서의 연구[36]에서 진주를 비롯한 남강유역의 특징적인 기종으로 분류한 것으로, 다른 지역에서는 이단투창고배가 주종을 이루고 있음에 비해 이 지역에서는 일단투창고배가 고배의 주를 이루고 있음도 특징적인 현상이다.

삼각투창고배는 배부의 형태 차이에 의해 유개식과 무개식으로 나누어지며, 이에 대한 집중적인 연구가 이루어져 성행시기와 분포권에 대해 연구된 바 있다[37]. 이에 의하면 三角透窓高杯의 성행시기를 크게 1, 2단계로 나누고, 1단계는 5세기 전반대로 형태의 다양성이 존재하는 시기로 지역적 분포의 한정성이 희박한 반면, 2단계는

---

36) 朴升圭, 1990, 「一段長方形透窓高杯에 대한 考察」, 東義大學校 碩士學位論文.
37) 趙榮濟, 1990, 「三角透窓高杯에 대한 一考察」, 『嶺南考古學』 7.

5세기 후반~6세기 전반으로 정형화된 형식이 이루어지며 분포권에 있어서도 진주를 중심으로 한 주변지역으로 한정됨을 밝히고 있다.

유개식의 삼각투창고배는 일단장방형투창고배와 배부의 형태에서 동일한 양상을 보여주고 있으나 대각에서는 하방의 곡절상이 보이지 않는 차이를 보여준다. 이는 일단장방형투창고배가 대각의 형태에 있어서 외래적인 요소가 일부 보이는 대신 삼각투창고배는 전 단계의 대각형태를 따르고 있음에서 오는 차이로 생각된다. 무개식에 있어서는 구연단부 내연에 뚜껑받이로 보이는 홈이 만들어지며 대각의 돌대가 완전히 소멸되는 특징이 보인다. 그리고 소성에 있어서도 다른 기종과는 달리 급격한 변화를 보여 불량한 상태를 보여주고 있는데 이러한 소성상태는 일단장방형투창고배에도 점차 적용됨을 알 수 있다. 특히 유개식 삼각투창고배는 6세기를 전후한 시기부터 점차 빈도수가 낮아져 전반적으로 일단장방형투창고배로 대체되고 있는데, 이는 앞 시기의 요소를 유지하고 있던 삼각투창고배 대신에 새로운 제작기법에 의해 만들어진 일단장방형투창고배의 토기문화가 정착됨으로서 생겨난 현상으로 보인다.

수평구연호는 장경호의 한 형식으로 구연부의 형태가 일정한 면을 가지고 수평을 이루는 기형적 특징에 의해 새롭게 불리어지고 있는 명칭으로, 서남부가야권의 대표적인 기종 중의 하나이다. 이 기종에 대한 기왕의 연구에서는[38] 수평구연호를 서부경남 가야후기 토기의 한 양상으로 파악하고, 그 연대를 6세기 전반이 중심인 것으로 보았으며, 분포권은 사천, 고성, 진주를 중심으로 한 주변지역으로 설정하고 있다.

수평구연호와 조합관계를 이루는 발형기대 역시 구연부의 수평화라고 하는 특징과 함께 강한 돌대의 사용, 밀집파상문과 열점문의 사용 등에서 특징적인 요소가 보이며, 대각의 각기부가 축소되며 대각하방의 곡절상 역시 특징적이다. 또 통형기대는 특별한 장식이 없는 단순한 형태로서 다른 지역의 기대에 비해 수발부가 간략화된 특징이 보이며, 삼각투창의 배치와 문양 시문에서 특수성이 보인다. 그리고 통형기대와 조합되는 단경호는 소형으로 동체에 격자타날이나 평행타날이 이루어지며 저부는 평저를 띠는 것이 특징이다.

한편 수평구연의 발형기대와 수평구연호는 전 단계의 토기문화와는 상당히 이질적인 요소를 반영하고 있으며, 이러한 특징적인 양상은 백제지역의 토기문화와 연관

---

38) 趙榮濟, 1985, 「水平口緣壺에 대한 一考察 -西部慶南 伽耶後期土器의 一樣狀-」 『慶尙史學』 1.

성이 깊은 것으로 파악된다.

광구장경호는 종래 이 지역에서는 보이지 않았던 신 기종으로 경부의 중위에서 굴절하며 1~2조의 돌대가 돌려지는 특징이 보이는데, 이는 백제지역에서 보이는 귀때 단지 또는 광구호 계통의 자료와 형태적으로 유사한 양상을 보이고 있음으로 광구호 역시 그 계통의 기원은 백제지역의 토기문화에서 찾아야 될 것으로 보인다.

이외에도 이 지역의 특징적인 형태를 보여주는 기종으로는 일단장방형투창고배와 짝이 되는 개와 컵형토기를 들 수 있는데, 개는 드림이 곡절상을 이루며 꼭지가 두툼하게 처리되는 점과 신부의 문양이 열점문을 이루고 있음에서 특징적이다.

소가야토기에 보이는 문양과 소성상태 등 제작에 따른 특성을 살펴보면, 타날은 사격자타날과 평행타날이 주를 이루며 정면은 회전물손질과 함께 접합부분에서의 깎기수법이 보인다. 그리고 태토는 세사가 약간 혼입된 점토가 주를 이루며, 소성상태는 고배류가 6세기를 전후하여 점차 약해져 명회청색 또는 회백색계통을 띠나 나머지 기종은 대체로 양호하여 회흑색 또는 흑색을 띤다. 또 문양의 시문은 밀집파상문과 열점문이 많이 사용되고 있으며, 6세기 1/4분기가 되면 부분적으로 밀집파상문이 단선파상문으로 바뀌고 있는데 이러한 변화 역시 백제계통으로 검토된 바 있다[39]. 아울러 열점문도 시기적인 변화로서 단순화되는 양상이 보이는데 파상문이 단선파상문으로 변하는 양상도 동일한 의미일 것으로 보인다.

2) 소가야토기의 성립과 배경

(1) 소가야토기의 성립

小加耶라는 명칭은 三國遺事 五伽耶條와 高麗史 地理志 등의 문헌에 전해지고 있으며, 지금의 고성지역에 존재하였던 하나의 가야를 가리키고 있다. 하지만 고고학상으로는 소가야권으로 불리어지는 晋州·固城을 비롯한 서부경남지역을 배경으로 형성되었던 가야의 한 세력집단으로 인식되고 있다.

소가야토기는 晋州, 固城, 泗川을 비롯한 서부경남지역에 5세기 2/4분기부터 6세기 2/4분기까지 분포하는 특징적인 토기양식으로, 대가야토기, 아라가야토기와 함께 후기가야토기의 3대 지역양식을 이루는 토기를 가리킨다. 대표적인 기종으로는 일단

---

39) 定森秀夫·吉井秀夫·內田好昭, 1990,「韓國慶尙南道晉州水精峰2號墳·玉峰7號墳出土遺物」『伽倻通信』第19·20合輯.

(①④⑪하촌리채집, ②우수리채집, ③중촌리3호남토광, ⑤오곡리11호, ⑥가곡리채집, ⑦사촌리채집, ⑧~⑩예둔리43
호, ⑫고성종고소장품, ⑬⑲우수리18호, ⑭중촌리3호서토광, ⑮원당채집, ⑯서동리채집, ⑰⑱중촌리채집)

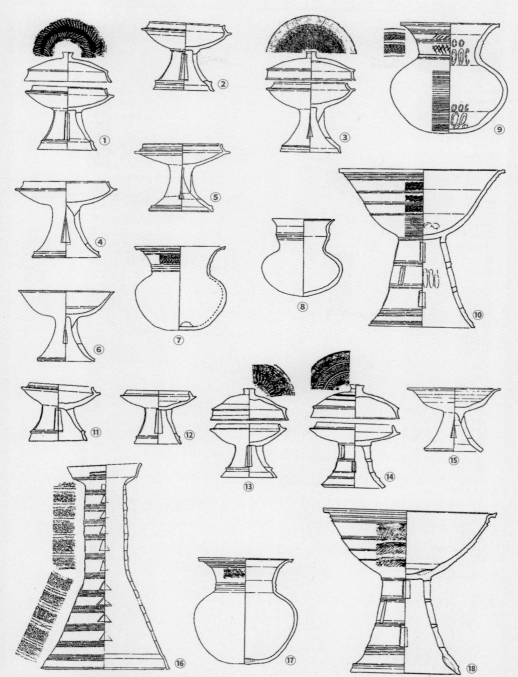

(①예둔리1호, ②예둔리54호, ③중촌리3호동석곽, ④고이리나12호, ⑤연당리14호, ⑥원당채집, ⑦고이리나3호, ⑧고이리나10호, ⑨⑩우수리16호, ⑪⑯가좌동1호, ⑫고이리나17호, ⑬⑭배만골채집, ⑮예둔리27호, ⑰사촌리채집, ⑱예둔리57호)

<도면 46> 소가야토기의 퇴화 · 소멸기 자료

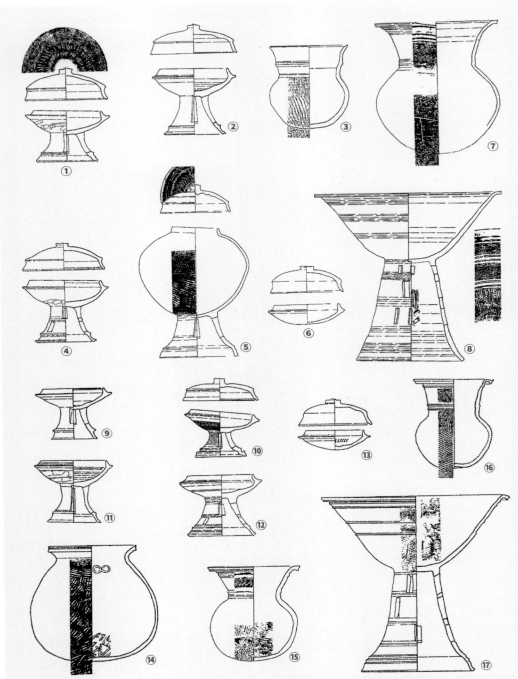

(①④천곡리10-1호, ②③가좌동2호, ⑤⑥내산리8호, ⑦⑧연당리23호, ⑨가좌동4호, ⑩운곡리2호, ⑪⑫연당리18호, ⑬⑯⑰배만골채집, ⑭천곡리3호, ⑮천곡리35-2호)

장방형투창고배, 삼각투창고배, 수평구연호와 발형기대, 개배, 컵형토기가 해당된다.

4말5초의 시기에는 영남지역 도질토기의 최대 변혁이라고 할 수 있는 신라, 가야토기의 양식 분화가 이루어지게 되며, 5세기 2/4분기부터 가야토기는 대가야양식, 아라가야양식, 소가야양식의 지역양식이 등장함으로써 새로운 변모를 이루게 된다. 즉 5세기 2/4분기에 전개되는 후기가야토기의 지역양식은 정치적 변동과 직접 연동된다고 할 수 있을 뿐만 아니라 가야토기의 내부에 나타난 새로운 변혁에 해당된다고 할 수 있다.

5세기 2/4분기에 가야토기에 나타나는 지역양식의 전개는 가야토기의 시기구분에 따라 후기로 설정할 수 있으며, 후기가야토기가 대가야권의 대가야양식, 아라가야권의 아라가야양식, 소가야권의 소가야양식으로 지역양식이 성립되는 양상을 통해서 가야사회가 연맹체적 분립을 이루고 있었음을 추정할 수 있다. 또한 가야토기의 지역양식이 등장하는 변화가 가야의 주요 권역에서 동시기에 나타남을 확인함으로써 가야사회의 문화변동이 동일한 방향성에 의해 이루어졌음을 이해할 수 있다.

이처럼 5세기 2/4분기부터 후기가야토기의 지역양식이 등장하는 것과 궤를 같이 하여 소가야권에서도 소가야양식으로 표현되는 일군의 토기들에 의해 새로운 지역양식을 표방하게 된다. 이들 소가야양식의 대표적인 기종인 일단장방형투창고배, 이단투창고배, 삼각투창고배, 수평구연호, 발형기대, 개, 컵형토기, 광구호, 단경호는 형태적 특징과 기종 구성을 통해 하나의 지역양식을 뚜렷이 성립함을 알 수 있다.

(2) 소가야토기의 성립 배경

소가야권에서는 앞서 살펴본 바와 같이 5세기 2/4분기부터 주변지역과는 구분되는 양식요소들이 등장하여 지역양식을 성립하게 되며, 5세기 3/4분기에 들어서서 각 기종별로 정형화됨으로써 지역양식의 발전을 이루게 된다.

이러한 지역양식의 성립은 4세기 4/4분기 이후 일 시기 성립되었던 전환기 변동에 의한 공통양식적 토기문화로부터 여러 지역에서 분립을 시도함으로써 이루어지게 된다. 이러한 지역적 분립은 새로운 토기문화의 성립과정에 일정한 외부의 영향이 있었던 것으로 인식되는데, 아라가야권과 달리 대가야권과 소가야권에서는 특정부분에 있어서 외부의 영향에 의한 문화적 변동이 일어나고 있음을 찾아 볼 수 있다. 즉, 대가야권에서는 고배의 각기부가 넓어지고 투창이 장방형으로 바뀌는 변화가 나타나고, 소가야권에서는 일단장방형투창고배와 수평구연호, 기대를 비롯한 각 기종에서 형식

변화와 제작기법의 차이에 의해 변화요소가 확인된다.

4세기 4/4분기~5세기 1/4분기의 가야를 둘러싼 주변정세는 A.D.400년 고구려군의 남정으로 낙동강 하류역의 가야세력이 타격을 받음과 동시에 신라의 급성장이 이루어지게 되며, 이후 대가야 지역의 정세는 고구려와 신라로부터 신 문물의 파급이 이루어짐으로써 새로운 변화와 더불어 급격한 성장을 이루게 된 것으로 보인다. 또한 가야북부권의 정세변화는 아직 서부경남의 소가야권까지 미치지 못함으로 인해 이 지역에서는 백제와의 전통적인 유대관계를 계속 성립하고 있었을 것으로 보이며, 백제 역시 고구려와 신라의 對가야 우호관계와 관련하여 친백제적 지지구반 구축의 필요성에 의해 이 지역과의 지속적인 유대관계가 필요하였던 것으로 보인다. 이러한 주변 정세와 관련하여 볼 때 소가야권은 지리적으로 백제와 왜를 연결하는 교통로를 유지하고 있을 뿐만 아니라 전통적인 유대관계를 형성하고 있는 백제가 새로운 소가야 양식 토기의 성립에 상당한 영향을 미쳤을 것으로 인정된다.

이처럼 앞서 제기된 지역양식의 성립은 단순한 토기문화의 변화라기보다는 정치적 변동에 수반되었을 가능성이 높은 것으로 보인다. 즉, A.D.400년에 일어난 정치적 변동에 따른 가야의 재편으로 함안의 아라가야는 기존의 전통을 고수하는 반면, 새로 고령의 대가야와 진주·고성지역의 소가야 집단은 기존의 전통으로부터 분화되는 문화상을 이루게 됨으로서 토기문화에 있어 지역양식의 성립이라고 하는 문화변동이 생겨난 것으로 보인다.

이상에서 지역양식의 성립배경을 정치적 측면에서 살펴보았는데, 여기서는 소가야양식의 성립이라고 하는 문화변동이 백제지역의 토기문화와 어떠한 관련성이 있는지를 고고자료의 비교 검토를 통해 살펴보도록 한다.

소가야권의 지역양식을 보여주는 토기문화의 검토에 의하면 전 단계 토기문화와 형식계통을 달리하는 부분들이 다수 확인되는데, 이러한 이질적인 형식요소의 계통 추적을 통해 어느 정도의 해결은 가능할 것으로 보인다. 소가야양식은 수평구연호와 발형기대의 평탄면 처리기법, 일단장방형투창고배와 발형기대 대각 하방의 곡절상 처리 기법, 문양시문기법, 소성기법 등에서 보이는 특징적인 형식요소가 표출되고 있는데, 이는 종래와는 다른 제작기법으로 보인다. 또, 이러한 신기술에 의한 토기제작 기법의 사용은 자체적 제작기술의 발전에 의했을 가능성도 높으나, 부분적으로는 외부로부터의 영향도 있었을 것으로 추정된다. 따라서 소가야양식 토기에 보이는 기형의 변화양상과 유사한 요소를 보여주는 자료들을 지금까지 소개된 자료에서 살펴보면, 충남지방의 논산, 공주, 부여지역에서 보이는 발형기대의 수평면 처리기법, 각부의 축소현상, 배부의 형태 등에서 유사성이 인정되며, 아울러 대각 하방의 곡절현상도 상당한 관련성을 보여주고 있다. 이외에도 수평구연호의 고식으로 추정되는 자료가 이 지역과 백제지역의 교통로 상에 위치해 있는 남원 월산리고분군과 함양 손곡리, 구룡리, 산청 묵곡리, 옥산리 등에서 다수 보이는 점으로 볼 때 소가야권에 있어서 지역양식의 설정에 따른 외부적인 영향은 서북의 백제지역으로부터 일정한 영향이 작용하고 있음을 토기자료의 비교 검토를 통해서도 알 수 있다.

다만, 이들 자료가 소가야토기의 성립 초기의 자료가 아니기 때문에 양 지역권의 교류를 보여주는 현상으로 이해할 수 있으나, 정치적 측면과 교통로에 의한 교류관계, 동일 형식자료의 분포양상 등을 고려할 때, 재지토기의 자체적인 제작방식의 변화·발전과 더불어 백제권과 일정한 영향 관계를 유지하고 있음을 유추해 볼 수 있다.

2. 분포 변동

1) 소가야토기의 분포권

소가야토기의 분포권은 진주를 비롯한 남강유역권과 고성, 통영, 사천의 남해안권으로 크게 구분할 수 있으며, 이들은 다시 남강상류역의 경호강과 양천강유역의 단성권(산청 중촌리고분군)과 남강중류역의 진주권(진주 가좌동, 원당리), 남강북안의 의령권(의령 중리), 남해연안의 고성권(고성 송학동, 내산리)으로 소단위의 분포권을 설정할 수 있으며, 이외에 진교 및 섬진강 하구의 하동지역과 사천지역도 분포권에 해당된다.

이와 달리 소가야토기의 주 분포권에는 포함되지 않으나 특정 자료들이 분포하는 유적이 알려져 있는데, 마산 현동, 합천 봉계리, 저포리, 함양 손곡리, 남원 월산리, 김해 예안리, 동래 복천동, 고령 지산동, 합천 옥전, 순천 등 주변의 여러 지역에서 삼각투창고배와 수평구연호, 일단장방형투창고배, 수평구연 발형기대 등 개별 기종만이 분포하는 경우도 있다.

5세기 후반 소가야토기의 최대 분포범위는 북서쪽의 산청, 함양 경로는 산청 평촌리, 함양 손곡리까지로 남강상류 북안의 산청 생초고분군과 접하게 되고, 북쪽의 합천, 고령 경로는 삼가와 저포리 및 봉계리가 위치하는 황강유역 남쪽까지, 동쪽의 의령 경로는 예둔리, 유곡리까지, 서쪽의 하동 경로는 섬진강 하구까지, 남쪽으로는 고성, 통영, 사천지역을 포함하는 권역을 형성하였을 것으로 보인다.

한편 소가야토기의 분포권 중 남강하류 북안의 의령 천곡리, 서동리, 예둔리, 경산리, 천곡리로 이어지는 선과 함안 군북 명관리, 창원 진동 대평리로 이어지는 선에는 소가야토기와 아라가야토기가 복합 분포를 보여주고 있는데, 여기서는 소가야토기가 분포의 우월양상을 보여주고 있으므로 아라가야권과 소가야권의 상호 우호적 교류에 따른 복합 분포임을 알 수 있다.

소가야토기가 함안 오곡리 등 아라가야권 내부에도 반출되지만 대체로 소가야토기와 아라가야토기의 경계는 의령~군북~진동을 잇는 선을 유지하게 되며, 대가야토기와의 경계는 6세기 1/4분기에 남강 북안의 고총군인 진주 수정봉·옥봉고분군에 대가야토기가 진출함으로써 6세기 1/4분기 이후의 소가야토기의 실질적인 분포권은 남강북안의 진주, 산청권을 제외한 범위로 축소된다. 다만 의령 천곡리, 산청 명동유적 등의 일반 분묘에는 소가야토기가 계속 부장되고 있음이 확인되는데, 이는 대가야가 이 지역에 대한 점 단위의 거점지배가 이루어진 것으로 볼 수 있다. 그리고 6세기 1/4분기 이후에 고성권에도 신라토기와 대가야토기가 확산됨으로써 소가야토기는 확실한 분포권을 형성하지 못하고 대가야토기 또는 신라토기와 공존하게 된다. 이로써 소가야권의 정치체는 자체적인 발전상을 상실하게 되며, 후기가야의 소집단으로 전락한 것으로 추정된다.

2) 소가야토기의 분포 변동

소가야권 정치체의 추이를 파악하기 위한 방법으로서 토기의 대외교류에 따른 교섭양상을 통해서 살펴볼 수 있으며, 더불어 소가야토기의 분포변동을 통해 소가야권 정치체의 영역적 변화 및 세력권의 추이를 파악하는데 유효할 것으로 보인다.

소가야토기의 분포권 변동은 합천 삼가→진주 수정봉·옥봉의 경로와 산청 생초→산청 옥산리, 묵곡리로 이어지는 경로에서 나타나는데, 이는 대가야토기의 확산에 따른 복합분포가 나타남으로써 주 분포권의 범위가 축소되고 있음을 알 수 있다.

대가야토기는 5세기 4/4분기 이후 산청의 북서지역까지 확산되며, 6세기 이후 진주 수정봉·옥봉고분군으로 확산되어 남강 북안을 경계로 하여 소가야양식 토기의 분포권이 축소되는 변동을 가져오게 된다. 한편, 진주 수정봉·옥봉고분군의 고총에 대가야토기가 확산되는 반면, 삼가와 진주의 중간지점인 의령 천곡리와 산청 화현리에서는 재지의 토기가 존속하고 있음을 볼 때, 대가야토기의 확산이 점 단위의 거점 확산임을 알 수 있다.

또한 고성권에서도 대가야토기와 신라토기가 확산되고 있음이 확인되고 있는데, 이는 대가야와 신라의 우호적인 관계가 이루어진 6세기 2/4분기에 낙동강 교통로를 따라 우회의 교류가 이루어진 것으로서 대가야토기는 일부 기종에 한정되어 있다. 이는 대가야가 낙동강 교통로를 따라 중간 지점인 함안 도항리, 마산 자산동, 창원 반계동, 의령 유곡리에 보이는 대가야토기의 교류와 연계되는 것으로 보인다. 따라서 고성권에 대한 대가야토기의 교류는 신라와 공동으로 이루어졌음을 알 수 있다.

3. 대외교섭의 변동

1) 소가야토기의 대외교섭

(1) 아라가야

소가야권과 아라가야는 지리적으로도 인접해 있을 뿐만 아니라 토기문화에 있어서도 전기가야토기의 시기동안 동일 계통을 유지하고 있음을 볼 때 상호 밀접한 관계임을 유추해 볼 수 있다. 소가야권과 아라가야권의 토기문화가 밀접한 관계였음을 보여주는 자료로는 아라가야권에서 다수 보이는 투공고배, 삼각투창고배, 이단투창무개식고배가 진주 하촌리, 산청 옥산리, 합천 저포리 등 소가야권의 여러 곳에서 출토되고 있음에서 쉽게 파악할 수 있다[40]. 이처럼 소가야권의 토기문화는 5세기 1/4분기까지 아라가야와 동일문화상을 보여주고 있으나, 5세기 2/4분기부터 소가야양식의 지역양식이 성립되면서 토기문화상의 분립이 이루어지게 된다. 그러나 이러한 토기문화의 분립 이후에도 아라가야권과의 접촉지대인 마산 현동, 함안 군북 사촌리 및 의령 천곡리, 상리, 서동리에서 소가야토기와 아라가야토기가 공존하는 양상을 보여주고 있다. 따라서 아라가야와 소가야권은 상호 권역을 유지하면서 접경지대의 공존을 유지하고 있는 것으로 보아 우호적인 교류관계가 계속 유지되었던 것으로 보인다.

(2) 대가야

대가야는 가야의 북부권에 그 세력기반을 두고 있으며, 5세기 후반에 西進에 의한 세력확장이 급속도로 이루어지게 된다. 대가야의 서진에는 신라 또는 아라가야권이

---

40) 이러한 양상은 전기와 후기가야토기의 전환기에 있어서 소가야권 뿐만 아니라 범영남권에서 비슷한 양상으로 전개되고 있다.

위치함으로 인한 역학관계가 작용한 것으로 보이며 아울러 백제와의 교섭에도 일정한 연관이 있을 것으로 보인다.

황강상류역(반계제지역)과 함양, 남원지역에 대한 대가야의 진출 이전에는 소가야권의 토기문화가 이곳에 파급되어 있었음은 저포리, 반계제, 봉계리고분군의 자료를 통해서 파악할 수 있다. 5세기 4/4분기에서 6세기 초에 걸쳐 대가야세력이 황강상류역과 함양 백천리, 남원 월산리, 산청 생초고분군까지 진출함으로써 소가야권은 대가야와 직접적인 교섭관계를 형성하게 된다.

6세기 이후 대가야는 백제와 접경을 이루어 영역다툼이 전개됨으로써 새로 소가야권으로 세력확장을 시도하게 되는데, 이로써 소가야권의 남강유역권은 對백제 교통로의 차단 및 권역의 축소가 불가피하게 된다. 대가야가 남강 북안에 위치한 진주 수정봉·옥봉고분을 장악함으로써 세력기반을 상실한 이 지역은 이후 대가야연맹체에 편입되었을 것으로 추정된다. 이로 인해 남강유역권과 남해안권의 양대 중심집단에 의해 유지되었던 소가야연맹체는 해체된 것으로 보이며, 다만 고총군이 아닌 일반분묘(의령 천곡리, 산청 명동)에서는 아직 소가야토기가 주를 이루고 있는 것은 대가야의 완전한 지배 구축이 이루어지지 않았음을 보여주는 증거라고 할 수 있다. 이로 보아 남강유역권에서의 대가야와 소가야의 교류관계는 우호적인 교류가 아닌 지배적인 확산 교류가 전개됨으로써 소가야의 권역 축소와 연맹체의 해체가 이루어졌으며, 소가야는 새로이 남해안권의 고성지역을 중심으로 한정된 권역을 형성하게 된다.

한편, 대가야는 서진에 의한 진출과 함께 낙동강 경로에 의한 南進이 이루어지는데, 6세기 이후 신라와의 결혼동맹을 맺는 우호적인 관계를 바탕으로 낙동강 교통로의 개설과 그에 따른 확산이 이루어져 창원 반계동, 다호리, 마산 자산동으로 진출하게 되고, 이러한 상황에 더불어 고성권의 율대리2-2호와 내산리 등에도 신라와 함께 확산되는 교류상을 보여준다. 그러나 낙동강 경로에 의한 대가야의 진출은 신라에 동반된 것으로서 신라와의 관계 악화 이후에는 지속되지 않은 것으로 보인다. 이처럼 함안 도항리, 창원 반계동, 고성 율대리 등에 대가야토기가 출토되는 것은 일시기의 교류에 의한 확산으로 인식하여야 하겠으며, 이를 두고 이들 지역을 대가야의 권역에 포함시키거나 대가야연맹체에 편입된 것으로 보는데는 무리가 따른다.

(3) 신라

소가야권과 신라의 관계는 6세기 이후에 전개되는데, 이는 신라의 금관가야와 창녕지역에 대한 실질적인 지배가 이루어졌음과 연관성이 있다. 신라는 對가야 진출을 위해 2개의 교통로를 이용하고 있는데, 하나는 남해안을 따라 고성지역으로 진출하는 교통로이고, 다른 하나는 대가야와 아라가야의 중간지대인 남강 북안의 의령지역으로 진출하는 방법을 취하고 있음이 확인된다. 낙동강 하류 및 남해안을 통한 신라토기의 확산은 창원 다호리, 반계동, 고성 내산리, 송학동, 연당리에서 나타나며, 의령권을 통한 확산은 의령 경산리, 죽전리, 운곡리로 이어지는 교통로상에서 파악된다.

토기문화에 있어서 신라가 소가야권과 교섭관계를 유지하고 있음은 진주·고성식의 이단엇갈린투창고배에 신라토기 요소의 토기제작기술이 영향을 미치는 경우와 고성 율대리2, 3호, 고성 연당리18호 주구, 진주 가좌동2호, 고성 내산리8호, 의령 천곡리4-2, 10-3호, 의령 경산리, 운곡리에 신라토기가 직접 파급되는 경우로 나누어 볼 수 있다.

이처럼 신라토기의 확산은 소가야권의 여러 지역에 광범하게 이루어지고 있는데, 일시기 대가야토기와 동반되는 양상을 보여주기도 한다. 이러한 양상에 대해서는 신라와 대가야의 결혼동맹이 이루어진 일정 시기에 이루어졌을 것으로 보이며, 이 경우 확산의 주도적인 역할은 신라가 행하였던 것으로 파악된다.

6세기 2/4분기 이후에 소가야권에 신라토기의 도제술이 파급됨으로써 소가야토기의 제작기반이 완전히 해체되고 이와 함께 소가야토기는 소멸하게 된다. 따라서 소가야토기의 소멸은 소가야권이 신라의 지배권역에 흡수되었음을 반영한다.

(4) 백제

백제는 왜와 교섭관계를 유지함에 있어서 소가야권을 중요한 교통로로서 인식하여 전통적인 우호관계를 유지하고 있다. 소가야권과 백제와의 교류는 소가야권의 소가야토기가 성립하는데 백제가 영향을 줌으로써 소가야권이 아라가야권으로부터 토기문화의 분립을 가능하게 하였으며, 이는 수평구연호와 광구호, 일단장방형투창고배의 형식적 속성이 백제토기와 일정한 관계가 있음을 알 수 있다. 아울러 삼각투창고배와 수평구연호가 백제권의 여러 지역에서 출토되고 있음은[41] 백제와 소가야권의 대외교섭망이 폭넓게 유지되었음을 알 수 있다.

이후 6세기를 전후하여 백제계의 횡혈식석실 묘제가 소가야권에 파급되는 등 지

---

41) 삼각투창고배는 금산 창평리에서 출토되었으며, 수평구연호는 청주 신봉동10호, 부안 죽막동, 논산 모촌리, 청원 주성리2호, 공주 금학동12호에서 출토되었다.

속적인 교섭이 이루어졌으나, 6세기 1/4분기에 발발된 대가야와 백제의 기문·대사 공략사건에 의한 대립으로 인해 남강유역의 교통로가 차단되고 이로 인해 소가야권과 백제의 실질적인 교섭관계는 단절된 것으로 보인다. 그리고 백제와 가야의 교섭관계를 보여주는 문헌기록을 볼 때, 6세기 2/4분기까지 지속적인 교섭이 이루어졌으나 여기에 소가야권의 적극적인 역할이 나타나지 않음을 볼 때 당시의 對백제 교섭의 창구는 아라가야와 대가야에 의해 이루어진 것으로 보인다.

한편, 고성지역의 송학동과 내산리의 고분 축조방식은 봉토를 쌓은 뒤 묘광을 파고 석곽 또는 석실을 축조하는 분구묘 축조방식으로, 이는 영산강유역의 고분 축조방식과 관계있는 것으로 검토되었으며, 이는 소가야권이 영산강유역의 집단과도 교섭관계를 유지하였음을 보여주는 사례이다[42].

(5) 왜

소가야권과 왜의 교섭은 백제와 왜의 교섭로에 위치함으로 인해 지속적으로 이루어지고 있는데, 5세기대의 교섭자료로는 삼각투창고배 등 소가야토기가 왜의 長崎縣 惠比須山2호묘, 滋賀縣 入江內湖유적 등에서 출토되고 須惠器가 합천 봉계리 20호에서 찾아볼 수 있다. 그리고 6세기 이후의 교섭자료로는 최근 고성 송학동고분군, 의령 운곡리1호분, 경산리1, 2호분, 거제 장목고분, 산청 생초9호분에서 왜계의 묘제와 須惠器가 다수 확인됨으로써 소가야권과 왜의 교섭 사실을 파악할 수 있다.

2) 소가야토기의 대외교섭 변동

소가야토기는 5세기 1/4분기까지 아라가야토기와 동일한 문화상을 보여주고 있으나, 5세기 2/4분기 이후 소가야양식에 의해 하나의 지역양식을 성립한다. 그리고 5세기 3/4분기와 4/4분기에는 지역양식의 발전과 대외교류가 활발히 전개되며, 6세기 이후 대가야토기의 확산으로 소가야토기의 분포권이 축소되고 형식의 퇴화도 동반됨으로써 종국에는 신라토기로 대체되어 소멸된다.

이러한 소가야토기의 발전·소멸과 연동하여 소가야토기의 대외교섭도 변동양상을 보여주고 있다. 여기서는 소가야토기의 대외교섭을 크게 2기로 나누어 살펴봄으

---

42) 李盛周, 2000, 「小伽倻地域의 古墳과 出土遺物」『묘제와 출토유물로 본 소가야』, 국립창원문화재연구소.

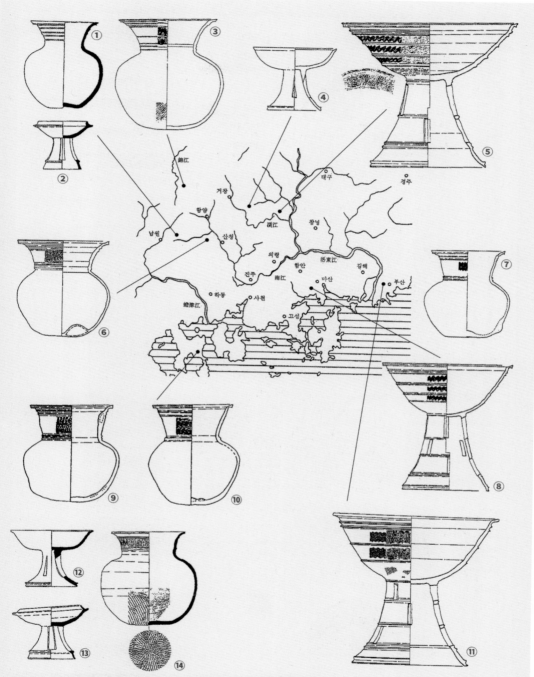

(①남원 월산리M1-G, ②남원 월산리M1-A, ③장수 삼고리13호, ④합천 저포A-1, ⑤합천 옥전35호, ⑥함양 손곡리2호, ⑦⑧마산 현동64호, ⑨⑩여수 죽포리, ⑪동래 복천동학소대1호, ⑫長崎縣 惠比須山2號, ⑬滋賀縣 入江內湖遺蹟, ⑭長崎縣 토우토고야마遺蹟)

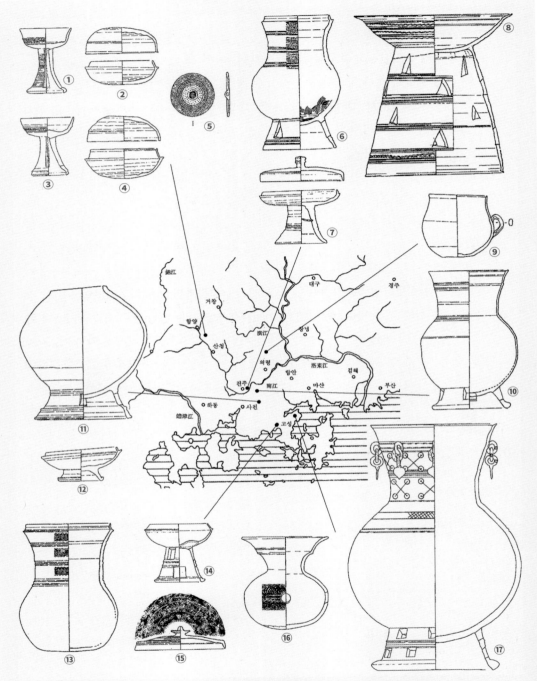

(①~⑤산청 생초9호, ⑥⑦진주 수정봉옥봉2호, ⑧진주 수정봉옥봉7호, ⑨의령 천곡리35-2호, ⑩진주 가좌동2호, ⑪⑫고성 연당리18호, ⑬~⑮고성 율대리2-2호, ⑯⑰고성 내산리8호)

로써 대외교섭의 변동을 파악하고자 하는데, 제1기는 소가야토기의 성립기로부터 전성기에 이르는 시기까지로 아라가야토기 또는 백제토기와 일정한 우호관계 또는 영향에 의해 대외교섭이 유지되는 시기로 설정한다. 제2기는 대가야토기의 남강 북안에 대한 지배적 확산이 이루어짐으로써 소가야토기의 분포권이 고성권을 중심으로 축소되고 소가야권에 대가야토기가 신라토기와 함께 이입되고, 또 왜계문물 및 영산강유역의 토기들도 출현하는 다원화된 교류시기로 설정한다.

(1) 제1기의 대외교섭

제1기는 소가야권이 아라가야, 백제, 왜와 교섭관계를 유지하는 시기로서, 남강유역의 단성권과 남해안권의 고성권을 중심으로 한 소가야연맹체가 유지된 상황의 대외교섭시기를 말한다.

제1기에는 소가야토기가 아라가야토기로부터 분화되고, 또 백제권 토기문화로부터 일정한 영향을 받았음이 뚜렷한 점으로 보아 이들과의 교섭이 밀접하였음을 알 수 있다. 소가야토기가 아라가야권에 대한 교류를 보여주는 양상은 함안 오곡리에서 확인되고 있으며, 마산 현동, 의령 천곡리, 서동리, 함안 사촌리 등에서 아라가야토기와 공반되는 양상도 확인된다. 그리고 백제권과의 교류는 풍납토성에서 소가야토기의 뚜껑이 출토되거나 금산지역에서 확인된 삼각투창고배의 존재를 통해서 파악할 수 있다. 또 왜와의 교류자료로는 소가야토기의 삼각투창고배가 왜의 長崎縣 惠比須山 2號, 滋賀縣 入江內湖遺蹟 등에서 출토된 바 있다.

제1기는 5세기 2/4분기부터 6세기 1/4분기까지로서 소가야토기가 성립되고 발전을 이루는 시기일 뿐 아니라 소가야양식의 대외교섭이 활발히 전개되는 시기이다. 그리고 이 시기는 무엇보다도 아라가야토기와 밀접한 관계를 지속하면서 아라가야와 백제권과의 교섭에 있어서 주도적인 매개 역할을 유지한 것으로 보인다.

(2) 제2기의 대외교섭

제2기는 소가야권에 대한 대가야토기의 확산이 이루어짐으로써 남강 북안의 소가야권역이 대가야 지배체제에 편입되어 앞 시기의 소가야연맹체가 해체된 이후의 대외교섭시기를 말한다.

제2기는 대가야토기가 합천 삼가고분군과 진주 수정봉·옥봉고분에 지배적 확산이 이루어지고, 산청 생초고분을 비롯한 남강 상류역과 의령 유곡리고분, 경산리고분도 대가야토기의 분포권에 편입됨으로써 이들 지역이 대가야연맹체로 재편되었을 것으로 보인다.

이 시기에는 소가야토기가 퇴화될 뿐 아니라 외래토기가 다수 이입되는 시기로서, 소가야토기의 대외교섭은 소가야권의 잔존지역인 고성권을 중심으로 이루어진다. 소가야권의 잔존지역에 대한 대가야토기의 확산은 지배적 양상이 아닌 교류적 차원의 확산으로 보이는데 이는 신라토기와 동반되어 이입되는 양상을 통해 유추해 볼 수 있다. 이 시기의 소가야권에는 대가야토기와 신라토기 이외에도 영산강유역의 토기자료와 왜계문물도 일부 보이고 있어 다원화된 대외교섭양상을 보여주고 있다.

제2기는 6세기 1/4분기부터 전개되고 있으며, 소가야의 주도적 대외교섭보다는 대가야와 신라의 세력 확산과정에 주변의 여러 정치체와 교섭하는 중계지의 역할을 겨우 유지한 것으로 보인다.

II. 소가야 정치체의 형성과 추이

1. 정치체의 형성

1) 소가야권의 지역집단

소가야권의 대표적인 고총군을 지리적 입지에 의해 일정한 권역으로 구분하면, 고성 송학동과 기월리, 율대리, 내산리에 의해 형성되는 고성권, 진주 수정봉·옥봉, 가좌동, 원당, 무촌리에 의해 형성되는 진주권, 산청 중촌리, 배양리에 의해 형성되는 단성권, 의령 중리, 중동리, 운곡리, 죽전리에 의해 형성되는 의령권으로 설정할 수 있으며, 사천과 하동지역에도 별도의 권역이 존재할 가능성이 추정되나 아직 뚜렷한 고총군이 확인되지 않으므로 가능성만 설정해 두고자 한다. 따라서 소가야권에서 지역집단의 존재가 추정되는 곳은 여럿 있으나 최근까지의 고고학적 조사결과에 의하면 단성권과 고성권에 각각 중심집단이 존재하고 있었음이 확인되며, 나머지 지역에서도 일정한 세력권을 지닌 지역집단이 존재한 것으로 보인다.

이들 각 지역집단의 권역과 그에 해당되는 주요 유적을 살펴보면 대체로 다음과 같다.

(1) 단성권

남강상류인 경호강, 양천강의 유역권으로서 산청 중촌리고분군이 중심 고총군으로 분포한다. 산청 중촌리고분군은 남강의 상류인 양천강을 통해 합천 삼가고분군과 이어져 있으며, 배후지역에는 다수의 분묘군들이 분포하고 있다. 단성권은 남강 상류의 산청, 함양, 남원으로부터 합천 삼가, 의령, 진주, 고성권으로 통하는 교통로임을 고려할 때 이 지역이 백제-소가야권-왜로 연결되는 내륙교통로의 중심지역임을 알 수 있다. 산청 중촌리고분군은 과거 능선 말단부에 위치한 고분이 일부 조사된 바 있으나[43] 이를 통해 고분군의 전체를 가늠하는 데는 적절치 않은 자료이다. 이 고분군은 인접하는 백마산성의 하단부에 위치하는 산성고분군과 연결되어 있으며, 종래 알려진 능선 사면보다는 능선의 정상부에 대형의 고총들이 분포하고 있는데, 지금은 개간으로 인해 상당수가 훼손된 상태이다. 중촌리고분군과 산성고분군은 백마산성과 연계된 고총군으로 그 수는 백여기에 달할 것으로 추산되며, 발굴자료와 채집자료는 모두 소가야토기가 주를 이루고 있다. 따라서 중촌리고분군의 규모와 배후 분묘군의 권역과 교통로로서의 입지적 우월성을 고려할 때 단성권에는 소가야권의 대표적인 지역집단이 존재하였음을 알 수 있다.

(2) 고성권

고성권은 현 고성읍의 송학동, 기월리, 율대리가 중심이 되며, 고성 동부권의 내산리 및 통영지역을 기반으로 하는 소가야권에 있어서 대표적인 권역의 하나이다. 역사기록에도 古自國 또는 小加耶로 전해지고 있으며, 고성패총의 자료로 볼 때 앞 시기부터 문화적 기반이 형성되어 있었음을 알 수 있다. 고성권의 중심지인 송학동과 기월리에는 50여 기의 고총이 분포하였던 것으로 전해지고 있으나, 지금은 송학동에 7기가 분포하고 기월리에는 4기만이 분포하고 있다. 그리고 율대리에는 4기의 고총이 있었던 것으로 전해지며, 최근 일부가 발굴조사 되었다. 특히 내산리는 함안권의 남해안 관문인 진동만에 접해 있으면서 60여 기에 이르는 고총군을 이루고 있음을 볼 때, 소가야권의 대외 창구로서의 역할과 동시에 독자적인 세력권이 유지되었을 가능성도 있다.

---

43) 新羅大學校博物館, 2004, 『山淸 中村里 古墳群』.
　　安春培, 1983, 「山淸中村里古墳發掘調査槪報」『韓國考古學年報』10.

고성권의 대표적인 고총군인 송학동고분군에 대한 조사에서 석실의 다곽분 구조와 왜계요소가 파악되었고, 소가야토기와 신라토기가 함께 출토되고 있음이 확인 되었다. 송학동고분군은 6세기 전반의 소가야 중심고분임을 추정할 수 있으며, 이를 통해 고성권이 소가야권의 대표적인 지역집단의 하나임을 확인할 수 있다.

(3) 진주권

남강중류역의 현 晋州市와 문산, 지수, 이반성에 이르는 지역이 해당되는데, 진주 가좌동, 원당, 무촌리, 고성 연당리고분군 등이 존재한다. 가좌동고분군은 고총 4기와 기왕에 조사된 1호분과 유사한 소형분이 다수 분포되어 있고, 원당(운천리)에는 세장방형의 횡혈식석실을 가진 대형의 고총 2기와 분묘군으로 이루어져 있고, 무촌리는 대형의 고총이 1기 분포하고 주변에 분묘군이 다수 분포하고 있다. 또 남강의 지류인 영천강 유역에는 고성 연당리에 20여 기의 중형분과 주변에 영대리고분군이 분포하고 있다. 이처럼 남강유역권에는 이외에도 우수리, 죽산리, 배만골, 하촌리, 압사리, 가곡리 등 다수의 분묘군이 존재하고 있는데, 분포권역에 비해 고총군의 규모는 미미한 편이다.

남강유역권은 고총의 분포가 수기에 지나지 않아 세력규모가 떨어지는 것으로 보이는데, 이는 남강의 범람으로 인해 남강유역에 대규모의 집단이 자리잡기 어려웠던 지리적 여건이 그 요인으로 작용하였을 것으로 보이며, 오히려 남강수계의 지류인 영천강의 상류에 위치하는 고성 연당리와 유사한 지역에 소규모의 고총군이 형성되어 진주권의 광역적인 집단이 형성되었을 것으로 추정된다.

한편, 진주 수정봉·옥봉고분군의 자료들은 대부분 6세기 중엽경에 해당되며, 이들은 대가야의 세력의 확산과 관련되어 있음을 고려할 때 진주권의 중심고총군으로 설정하기 어렵다.

(4) 의령권

의령은 남강의 하류역으로 함안권과 접해 있으며, 의령읍의 중동리, 중리, 운곡리, 죽전리에 고총군이 형성되어 있다. 중동리에는 4기의 고총으로 이루어져 있고 수혈식석실과 횡혈식석실이 함께 분포한다. 중리는 8기의 고총이 분포하나 내부구조는 아직 알 수 없다. 의령권에는 이들 고총군 이외에도 운곡리고분군을 비롯하여 상리, 서동리, 후곡리 등 다수의 분묘군이 분포하고 있어서 의령읍의 중동리와 중리고분군으로 연계되는 지역집단이 존재하였을 것으로 추정된다.

최근 조사된 의령 동부지역의 경산리고분군에서는 대가야토기와 신라토기가 다수 출토되었고 소가야토기와 아라가야토기는 소수만 보인다. 6세기 2/4분기의 연대를 보여주는 경산리고분군은 왜계문물이 다수 확인되는 것으로 보아 대가야가 낙동강을 통한 대왜교역의 거점으로 활용하였을 가능성이 있으며, 이와 동시에 신라의 對가야 진출을 위한 거점이었을 가능성도 있다. 그러므로 경산리고분군 집단은 소가야권과 교류관계는 가졌으나 소가야권의 지역집단은 아닌 것으로 파악된다.

2) 소가야 정치체의 형성

가야 정치체의 기본 구조가 연맹체를 이루고 있음은 주지의 사실로서, 전기가야의 시기에는 아직 뚜렷이 밝혀진 바가 없으나 후기가야의 시기에는 대가야와 아라가야 및 소가야가 중심이 되는 연맹체를 형성하였던 것으로 이해되고 있다. 이처럼 가야연맹체를 이루는 지역권에는 문화권의 구분도 함께 나타나고 있어서 가야사회의 구조를 한층 명확하게 해 주고 있으며, 이들 지역권에는 가야연맹체의 하부적인 성격을 가진 지역연맹체가 토기문화의 지역양식과 연동되어 형성되어 있음을 알 수 있다.

앞서 소가야권에는 단성권과 고성권에 대규모의 지역집단이 존재하고, 소규모 지역집단으로는 진주권과 의령권 등의 지역집단들이 존재함을 살펴보았다. 또 소가야권의 여러 지역집단들은 소가야양식 토기의 동일한 지역양식권에 포함되어 있음을 볼 때, 대·소의 지역집단들이 각지에 분포하여 소가야연맹체를 형성한 것으로 보인다.

소가야연맹체의 형성구조는 앞서 제시된 지역집단의 존재와 묘제 및 토기양식의 동질성을 고려할 때 남강유역권의 단성지역과 남해안권의 고성지역이 네트워크를 구축한 연합적 성격의 지역연맹체가 만들어졌던 것으로 추정할 수 있다.

소가야권에 대한 문헌연구에서는 固城(古自國), 泗川(史勿國), 晋州(子他國), 丹城(乞湌國), 宜寧(稔禮國) 등에 소국이 존재하였던 것으로 추정하기도 하였으며, 또 固城, 泗川, 곤양 등 이 지역을 무대로 한 浦上八國의 존재사실도 소가야권에 소국형태를 이루는 다수의 지역집단이 앞 시기부터 존재하였음을 방증해 주고 있다.

또한 소가야연맹체의 중심지는 6세기 초까지 지역집단의 규모와 교통로의 거점에 의해 산청 중촌리고분군으로 대표되는 단성권과 고성 송학동고분군으로 대표되는 고성권에 분립하였을 것으로 추정된다. 이후 6세기 1/4분기에 대가야가 진주권의 수정봉·옥봉고분군에 세력을 확산함으로 인해 소가야연맹체는 고성권과 단성권을 연결하는 교통망의 거점인 진주권을 상실하게 되며, 이로 인해 연맹체의 기능이 정상적으로 유지되기 어려웠을 것으로 보인다. 뿐만 아니라 이후 단성권은 남강수계의 교통로 상실에 따른 고립으로 연맹체의 주도적인 역할을 유지하기가 어려워짐으로써 소지역 집단으로 전락한 것으로 보인다. 이로 보아 소가야는 6세기 1/4분기 이후 연맹체의 양대 축을 유지하였던 단성권과 고성권의 연계가 어려워짐으로써 연맹체의 해체라는 구조 변동이 이루어진 것으로 보인다. 따라서 소가야 정치체의 말기는 고성 송학동고분군과 내산리고분군, 연당리고분군을 비롯한 남강 이남지역으로부터 남해안에 이르는 권역에서 유지되었으며, 고성권을 중심으로한 소가야 정치체가 후기가야의 일원으로서 명맥을 유지한 것으로 보인다.

2. 정치체의 추이

1) 소가야연맹체의 형성과 주변 역학관계

5세기 1/4분기의 전환기 변동은 전기가야토기의 지역양식이 통합되는 양상이 나타나며, 이러한 배경에 의해 아라가야권과 소가야권의 토기문화는 상당부분 동일양상을 보여주게 된다. 이후 후기가야토기의 시작은 3대 지역양식의 분화를 가져오게 되며, 그로 인해 소가야토기는 5세기 2/4분기부터 아라가야권의 토기문화로부터 분화가 이루어진다.

소가야토기의 등장은 일단장방형투창고배와 무개식 삼각투창고배가 대표적이며, 이들 자료를 중심으로 보여주는 새로운 양식요소에 의해 아라가야권으로부터 명확히 분화하여 소가야양식의 지역양식을 형성하게 된다.

소가야토기 양식의 성립은 소가야권에 위치하는 지역집단이 동일한 토기문화를 공통적으로 공유하고 있음을 반증하는 것으로서, 이에 의해 소가야연맹체를 형성하였을 것으로 추정된다[44].

소가야토기의 성립과 함께 전개된 소가야권의 대외교섭은 아라가야권과 밀접한 교섭관계가 유지되며, 아라가야토기로부터 소가야토기의 분화가 보여주듯이 문화계통이 동일함으로 인해 양 지역집단은 상호 우호적인 관계를 지속하면서 각각 후기가

---

44) 서남부가야권에 존재하였던 포상팔국동맹의 기사로 보아 지역연맹체의 가능성은 이미 내재되어 있었던 것으로 생각된다.

야의 한 축으로서 발전하게 된다[45]. 아울러 소가야권은 앞 시기에 아라가야가 구축해 놓은 대백제 및 대왜 교섭망을 확보함으로써 남해안권과 남강 및 황강상류역까지 권역이 확대되어 소가야연맹체가 형성될 수 있는 여건을 형성하였다.

5세기 3/4분기부터 소가야토기는 형식이 정형화되고 권역의 안정성이 우선 이루어지게 됨으로써 전 단계까지의 대외교섭망을 토대로 대외교류를 활성화하는 양상을 보여 준다. 소가야토기는 주변의 세력집단과 우호적 관계에 의한 교류적 확산이 전개되는데, 마산 현동, 합천 옥전, 동래 복천동에 보이는 수평구연발형기대와 남원 월산리M1-A호의 일단장방형투창고배, 함양 손곡리, 장수 삼고리, 여수 죽포리에 보이는 수평구연호 등을 통해서 폭넓게 이루어졌음을 알 수 있다. 또 소가야권의 삼각투창고배가 백제권의 금산지역과 왜의 구주지역에서 다수 출토되는 것을 통해 당시 대백제 및 대왜 교섭관계도 활발하게 이루어지고 있었음을 알 수 있다.

소가야토기 양식의 성립과 교류는 소가야연맹체의 형성과 발전을 반증하고 있으며, 아라가야와 특수한 역학관계를 기반으로 백제 및 왜와 우호적인 교류관계를 지속하는 것으로 추정된다. 이는 소가야토기가 아라가야토기로부터 분화하였을 뿐 아니라 지역집단의 규모를 고려할 때 아라가야의 도항리고분군에 비해 소가야권의 고분군이 하위에 해당되는 점에 비추어 볼 때, 소가야의 주변 역학관계가 아라가야를 중심으로 유지되었을 가능성을 짐작해 볼 수 있다.

또한 소가야토기는 대외교섭에 있어서 광역적이고 개방적인 양상을 보여주고 있으며, 아라가야권의 토기양식이 대외 유통에 있어 제한적인 양상을 취하는 것과는 차이를 보여주고 있다. 이는 전기가야토기의 금관가야양식과 범영남양식의 관계와 유사한 양상으로서 이러한 토기양식의 유통구조는 우위집단과 하위집단 간의 정치적 관계를 보여주는 하나의 모델이 된다.

따라서 소가야토기의 성립과 연동하여 남강유역의 단성권과 남해안의 고성권에 의한 연합적 성격의 네트워크 구축에 의한 소가야연맹체의 형성은 우위집단인 아라가야권과 밀접한 우호관계를 유지하고 있음을 유추해 볼 수 있다.

---

45) 5세기 2/4분기 이후 아라가야권과 소가야권의 경계는 의령-군북-진동을 잇는 선으로 나누어짐으로써 아라가야권의 권역이 축소되는데, 이후에도 아라가야는 소가야권과 우호관계를 유지하면서 소가야권의 해상교통로 및 백제로 이어지는 내륙교통로를 함께 활용함으로써 아라가야권의 한정된 소권역을 갖고서도 후기가야의 한 세력권으로서 유지가 가능하였을 것으로 생각된다.

2) 대가야토기의 지배적 확산과 소가야의 소멸

5세기 후반에 이르러 대가야는 西進에 의한 세력 확장이 시도되며, 이는 당시 백제의 세력 위축이 계기가 되고 있다. 이로써 대가야는 황강상류역의 합천과 남강상류역의 산청북부, 함양, 남원지역에 진출하여 간접지배에 의한 대가야연맹체에 편입시키게 된다[46]. 이후 백제와 대가야는 남원지역에서 영역확장과 교통로 확보의 문제로 충돌하게 되며, 이후 대가야의 서진은 중지되고 새로운 교통로인 낙동강과 남강을 따라 남진을 시도하게 된다.

소가야권과 대가야의 초기 관계는 산청 북부권에 진출한 대가야세력과 산청남부의 단성권(중촌리고분군)을 중심으로 한 소가야 세력 간의 교류관계가 이루어지고 있음이 산청 옥산리와 묵곡리, 평촌유적에서 확인되고 있다. 그러나 6세기 이후 소가야권에 대한 대가야토기의 지배적 확산이 시도되어 6세기 1/4분기에는 합천 삼가를 경유하여 진주 수정봉·옥봉고분군에 이르게 되며, 산청 생초로부터 남강경로로는 중촌리고분군까지 이르렀을 것으로 보인다[47].

대가야세력의 남강유역권에 대한 진출은 소가야와 백제와의 교역로 차단이 이루어진 상태로서, 6세기 1/4분기에 이 지역은 대가야 세력권에 포함되었을 것으로 보인다. 아울러 중촌리고분군으로 대표되는 남강유역권의 세력위축은 남해안권과 연계된 소가야연맹체가 해체가 불가피하였을 것으로 보이며, 이때부터 소가야는 고성을 중심으로 남해안권에서 후기가야의 소 지역집단으로 유지된 것으로 보인다.

한편 대가야의 남강유역권에 대한 교섭양상을 살펴보면, 고총군에는 대가야토기가 주를 이루고 있으나 일반성원의 분묘에는 소가야토기가 계속 부장되고 있는데, 이로 보아 남강유역권에 대한 대가야의 지배체제는 대가야권으로 편입을 통한 간접지배가 이루어졌음을 짐작해 볼 수 있다.

대가야세력이 남강유역권으로 진출함으로 인해 소가야연맹체가 해체되고 이후 소가야권은 고성을 중심으로 유지된다. 6세기 2/4분기의 소가야권은 남해안권의 고성지역과 남강하류의 의령지역에서 명맥을 유지하고 있으나 당시의 대외교섭양상으로

---

46) 朴升圭, 2003, 「大加耶土器의 擴散과 관계망」『韓國考古學報』49.

47) 아직까지 중촌리고분군에 대한 대가야토기의 파급이 구체적으로 보고되지 않았으나 주변 상황으로 보아 대가야 세력의 진출이 이루어졌거나 대가야 세력의 진출에 의해 고립되었을 가능성이 있다.

보아 소멸기에 접어든 것으로 보인다.

6세기 2/4분기의 소가야권이 보여주는 대외교섭은 신라, 대가야, 왜 및 영산강유역 백제세력에 의한 다원관계를 보여주는데, 이는 소가야가 지닌 세력이 미미하여 주도적인 대외교섭의 창구를 확보할 수 없었음에 기인한다. 즉, 신라토기와 대가야토기의 동반 파급, 왜계문물의 다량유입, 영산강유역의 분구묘 방식 채용 등 대외교섭에 있어서 다원관계를 보여줌으로써 소가야의 세력집단이 이미 정치체로서의 기능을 상실했을 가능성도 있다.

또 고성지역에 한정된 소가야는 해상교통로와 내륙교통로의 지리적 입지에 따른 각 세력집단의 교역장으로의 기능과 對倭 교역 창구로서의 역할을 유지하였을 가능성도 추정된다.

따라서 6세기 2/4분기 이후에 소가야권에 보이는 주변 세력집단의 다원화된 대외교섭의 현상으로 보아, 소가야의 대외교섭은 실질적이고 주도적인 역할이라기보다는 중계지로서의 기능을 하였을 것으로 보인다.

이상에서 소가야권 정치체는 소가야연맹체가 형성된 6세기를 전후한 시기까지는 아라가야권과 밀접한 우호관계를 유지하며 발전한 것으로 보이며, 이후 대가야의 지배적 확산이 이루어진 6세기 1/4분기부터는 소가야연맹체가 해체되고 '대가야'와 '소가야'라는 명칭에서 보이는 대·소의 의미와 같이 대가야와 밀접한 우호관계를 가지는 소규모의 세력집단으로 전락한 고성권 중심의 소가야가 유지된 것으로 파악된다.

그리고 고성권 중심의 소가야는 대가야의 지배적 확산 이후 세력이 위축된 가야의 한 정치체로 유지되지만 실제는 각 세력의 교역지로서 변모함으로써 실질적인 정치체로서 역할은 소멸되었다. 특히 후대의 역사 기록에 전해지고 있는 고성의 소가야는 소가야연맹체가 해체된 6세기 이후에 고성권을 중심으로 새로 구축된 소가야를 가리키고 있는 것으로 보인다.

결론적으로 소가야 정치체의 형성구조는 초기와 말기에 서로 달리하고 있는데, 초기에는 소가야권의 유력 집단인 단성권과 고성권의 연합적인 네트워크에 의한 소가야연맹체가 형성되었으며, 말기에는 대가야의 지배적 확산 이후 고성권을 중심으로 소규모의 가야 정치체로서 유지되었음을 알 수 있다. 또한 초기의 소가야연맹체는 후기가야연맹체의 일원으로서 아라가야와 밀접한 우호관계에 의해 유지되었을 가능성이 있으며, 말기의 고성권 중심의 소가야는 대가야와 밀접한 우호관계를 유지하는 가운데서 소규모의 가야 정치체로 전락한 것으로 보인다.

제5부

가야토기의
고고학적 해석

제1장 가야토기 양식과 정치체

I. 토기 양식과 정치체의 관계

토기 양식과 정치체의 문제는 물질문화의 형성과정이 정치체의 형성 및 발전과정과 일치하는가 하는 점으로서, 토기 양식의 성립과 변동이 정치체의 존재와 발전과정으로 대응될 수 있는지에 대한 해석의 타당성이 관건이다. 고고학 자료의 분석이 역사적 실체로서의 정치체와 대응될 수 있는지에 대해서는 구체적으로 입증된 바 없으나 토기 양식과 장신구 등 다양한 고고학 자료를 활용한 연구가 이루어져 왔음은 사실이다[1].

토기 양식의 연구는 신라·가야토기의 양식이 낙동강을 경계로 구분된다는 논의로부터 시작되었으며, 1990년대 이후 토기 양식의 구분과 분포범위의 설정은 정치체의 존재와 그 세력범위를 파악하는 근거자료로 활용되기에 이르렀다[2]. 그 후 토기 양식의 분포를 정치적 영역으로 해석하는 접근방식에 대한 비판과 함께 생산·분배체계의 분석을 통한 토기 양식 연구의 필요성을 강조하고 있다[3]. 그러나 삼국시대에는

---

1) 朴淳發, 1996,「百濟의 國家形成과 百濟土器」『第2回 百濟史 定立을 위한 學術세미나』, 百濟文化開發研究院.
   李漢祥, 1999,「裝身具를 통해 본 大伽耶聯盟」『대가야의 정치와 문화적 특성』, 한국고대사학회.
2) 李熙濬, 1995,「토기로 본 大加耶의 圈域과 그 변천」『加耶史研究-대가야의 政治와 文化』, 慶尙北道.
   朴天秀, 1996,「大伽耶의 古代國家 形成」『碩晤尹容鎭教授停年退任記念論叢』, 刊行委員會.
   朴升圭, 1998,「加耶土器의 地域相에 관한 研究」『伽倻文化』11, 伽倻文化研究院.
3) 李盛周, 2003a,「伽耶土器 生産·分配體系」『가야 고고학의 새로운 조명』, 부산대학교 한국민족문화연구소·혜안.
   李盛周, 2003b,「樣式과 社會 : 三國時代 土器樣式에 대한 解釋의 問題」『江原考古學報』2, 江原考古學會.

토기 양식의 분포와 변동이 정치체의 존재와 발전과정을 보여주는 지표가 되고 있음은, 그것이 정확히 일치한다고 보거나 후행지표로 인식하는 경우[4]라 하더라도 일정한 관계가 있음을 인정하고 있다.

종래 토기 양식의 연구에서 다루어진 토기 양식과 정치체의 관계가 정치적 해석의 측면이 강조된 느낌도 없지 않지만, 그 이면에는 생산·분배체계와 관념체계에 대해 정치적 통제행위가 어떻게 작용하는가 하는 점도 모색하려는 의도가 있었으리라 여겨진다.

토기 양식체계를 형성하고 있는 요소로는 경제적 측면의 생산·분배체계, 사회적 관념체계, 정치적 통제행위 등을 들 수 있다. 생산·분배체계는 생산방식과 제작기술 및 경제행위에 의해 양식의 외형적 구조와 공간성을 나타내주고 있으며, 관념체계는 전통적 생활방식과 매장의례 등에 의해 양식의 수요 조건을 제시하는 것으로 이해된다. 그리고 정치적 통제행위는 생산·분배체계와 관념체계의 조정을 통해 양식의 구조와 확산 및 수준을 만들어내는 것으로 파악해 둔다. 토기 양식의 성립과 변동의 이면에는 정치적 측면만이 아니라 경제행위로서 생산기술체계와 분배체계의 문제, 매장의례로 나타나는 관념체계의 문제 등이 내포되어 있음이 사실이다. 즉 제작기술전통과 생산체계(전업화 및 대량생산)와 연계된 토기 형식의 정형화가 양식의 성립과 밀접한 관계를 유지하고 있음을 인식하고, 생산체계 변화의 배경에는 관념체계와 정치적 통제행위가 어떻게 상호 작용함으로써 토기 양식의 성립과 변동으로 나타나는지를 살펴보는 것도 의미 있는 일이다.

토기 양식의 성립 또는 분포 그 자체로서 정치체의 존재 또는 영역으로 이해하는 해석에 문제가 있을 수도 있으나 타당성이 있는 해석으로 인식되기도 한다. 토기 양식의 분포와 성립에 있어서 그 배경이 되는 분포양상과 양식의 성립수준이 어떠한가를 검토하여야 하겠으며, 또 어떠한 역사성을 반영하는가에 따라 해석의 차이가 있을 수 있다. 이와 관련하여 특징적인 토기의 성립과 발전, 확산이 그 지역 정치체의 성립과 발전이라고 해석한 경우[5]에도 토기 양식의 성립 수준과 시대적 배경을 고려하여

---

4) 成正鏞, 2008, 「토기 양식으로 본 고대국가 형성 -백제토기를 중심으로-」『국가형성의 고고학』, 韓國考古學會.

5) 李熙濬, 1995, 「토기로 본 大加耶의 圈域과 그 변천」『加耶史研究 -대가야의 政治와 文化』, 慶尙北道.

야 함을 전제로 한 것으로 이해된다. 또 토기 생산분배체계에 대한 정치체의 통제(통치)행위는 대량생산의 요구와 분배의 제한 및 기술전파의 통제 등이 있을 수 있다. 대량생산의 요구는 전업적 생산체계의 구축과 전문화된 기술을 필요로 하고 이로 인해 한정된 기종의 표준 형식이 만들어지고 나아가 형식의 정형화가 이루어짐으로써 토기 양식의 성립이 구체화된다고 하겠다. 따라서 토기 양식의 성립은 대량생산의 요구(통제행위)에 의해 형식의 정형화가 이루어지고 분배망의 제한(통제행위)에 의해 특정의 분포권이 형성됨으로써 토기 양식의 성립이 완성된다고 할 수 있다.

한편 일정한 기간 동안 한정된 지역에서 발견되는 독특한 토기를 지역색이 강한 토기로 인식하고 지역색이 강한 토기는 그 지역에 존재했던 정치체의 유물로 이해하는 바와 같이 정치체의 존재와 지역색의 관계가 특정의 연계성이 있음을 반영한다고 하겠다[6]. 다만 토기만으로는 정치체의 존재를 인식하는데 한계가 있으므로 보수성의 묘제와 기술성의 금속제 유물 등 관련 고고자료와 병행 검토에 의한 복합적 해석의 필요성이 강조된다.

그리고 토기 양식의 분포와 함께 토기 양식의 확산과 통합은 정치체의 세력확장과 사회통합의 현상을 보여주는 상호작용으로서 토기 양식의 분포와 정치체의 상호작용은 밀접하다고 하겠다. 토기 양식의 확산은 지배적 확산과 우호적 확산(교류관계)으로 구분할 수 있으며, 지배적 확산은 영역화와 직접 상호작용이 나타나고 있는 것이라 할 수 있고 우호적 확산은 대응집단과의 친연적 관계를 반영한다.

토기 양식의 성립수준은 정치체의 통제행위 방법(수준)에 따라 달리하고 있음이 파악되는데, 개방적 교류의 단계 - 특정권역으로 제한된 분배체계에 의한 양식 분배의 제한 단계 - 특정 양식의 지배적 확산에 의한 양식 확산단계 - 중심부 양식에 의한 양식통합 단계로 구분해 볼 수 있다. 이처럼 토기 양식의 성립 수준이 단계화되고 있음과 같이 토기 양식과 정치체의 관계를 논함에 있어서 토기 양식의 성립 수준이 어떠한가에 따라 해석이 달라져야 한다[7]. 즉 정치체의 집권화 수준이 발전할수록 생산기

---

6) 趙榮濟, 2003, 「加伽土器의 地域色과 政治體」『가야 고고학의 새로운 조명』, 부산대학교 한국민족문화연구소 · 혜안.

7) 가야토기, 신라토기, 백제토기라는 양식의 형성은 정치체의 존재와 영역을 나타내는 것으로 이해되며, 국가발전단계에 따라 영역국가 형성기의 양식수준과 영역국가 완성기의 양식수준은 차이가 있을 것으로 보인다.

술체계와 분배에 대한 정치체의 통제가 강화된다는 등식이 성립됨으로써, 토기 양식과 정치제의 관계는 토기 양식의 수준에 따라 정치체의 국가발전단계 또는 영역화과정에 관한 해석을 달리하여야 한다. 또한 토기 양식의 성립수준이 생산체계 구축의 순환구조(매장관념에 의한 대량 수요 유발 - 대량생산체계에 따른 정형화된 양식 구축 - 분배와 유통에 따른 분포권 형성)와 정치체의 통제에 의해 결정되어 당대의 사회수준을 반영하고 있음을 알 수 있다.

과거 사회의 정치체는 경제행위에 직·간접적으로 관여하며, 특히 생계용품 등 물품의 생산과 분배에 대한 통제행위를 취함으로써 개입하는 방식을 취한다고 한다. 또 물품생산의 통제는 생산 규모의 증대와 생산자들 사이의 경쟁이 크게 감소되는 현상이 나타나고, 생산의 규모가 증대되면 제품의 표준화가 높아지고 변이가 줄어들게 됨으로써 토기 형식의 정형이 이루어진다고 보았다[8]. 이처럼 토기 형식의 정형이 이루어진다는 것은 양식의 정착과 직결된다고 할 수 있으며, 이는 정치체의 통제에 의한 토기생산방식이 적용되었음을 추정할 수 있다.

가야토기의 생산과 분배는 실질경제의 관점이 아니라 정치경제의 관점에서 설명되어야 할 여지가 많다고 한 바와 같이[9] 토기 양식과 정치체의 관계도 실질경제가 아닌 정치경제시스템 차원의 통제(제한)가 어떻게 작용하는가 하는 점이 검토되어야 한다. 토기 양식의 변동(확산)이 나타나는 양상이 일방적인 생산분배체계의 변동에 의한 것이 아닌 생산분배체계와 정치경제적 통제, 재지전통과 연계된 복합적인 양상에 의해 결정된다고 볼 수 있다.

결론적으로 토기 양식과 정치체의 관계는 상호 대응되는 관계망이 구축되는데, 토기 양식의 성립은 정치적 측면보다는 기술적·경제적 측면의 생산·분배체계와 관념체계가 크게 작용하여 이루어지지만, 토기 양식의 분포 확산과 양식구조는 정치체의 통제행위가 크게 작용하여 결정된다. 즉 토기 양식의 분포 확산은 분배망과 유통구조에 대한 정치체의 통제에 의해 이루어지게 되며, 양식구조가 공통의 단일 양식으로 이루어져 있는지 다수의 지역양식으로 이루어져 있는지의 결정도 생산기술의 보급 통제와 분배의 제한적 통제에 의해 나타나는 현상이라고 할 수 있다. 그리고 이러

---

8) 칼라 시노폴리(이성주 역), 2008, 『토기연구법』, 도서출판考古.
9) 李盛周, 1998, 『新羅·伽耶社會의 政治·經濟的 起源과 成長』, 서울대학교 박사학위논문.

한 통제행위는 정치체의 집권화 정도(사회발전단계의 수준)에 따라 영향이 달리 나타나는 것으로 이해된다.

이상과 같이 토기 양식과 정치체의 관계에서 토기 양식의 변동에 따른 정치체의 대응양상으로는, 토기 양식의 성립=정치체의 형성, 분포권=영역, 변동=발전과정, 성립수준=발전단계, 양식통합(확산)=사회통합(확장)과 연동된다. 이로써 토기 양식의 변동과 정치체의 통제(통치)행위의 사이에는 상호작용이 나타나고 있음을 알 수 있으며, 특히 토기 양식의 분포권이 정치체의 영역으로 상정할 수 있다는 점은 정치체의 통제(통치)행위가 토기 양식의 분포 확산을 비롯한 변동을 주도하고 있음을 알 수 있다.

Ⅱ. 가야토기 양식의 해석

1. 양식구조와 수준

가야토기의 양식구조가 지역양식을 형성하고 있음은 둘 이상의 정치체가 존재하고 있는 것으로 볼 수 있다. 다만 지역양식의 형성 수준이 어느 단계에 해당되는가에 따라 달리 보아야 하는 경우도 있는 것이 사실이다. 또 공통양식을 형성하고 있음은 단일 정치체 또는 정치체의 통합이 이루어진 것으로 인식할 수 있다.

전기가야토기는 4세기 2/4분기부터 양대 지역양식이 성립된다. 이 시기의 지역양식은 김해·부산권의 외절구연고배로 대표되는 금관가야양식과 함안권의 통형고배로 대표되는 범영남양식(아라가야고식)의 양대 지역양식이 구축된다. 이 시기의 양식구조는 완전한 분립구조를 보이는 것이 아니라 토기 양식의 구축에 있어서 전개양상의 차이를 보여주고 있다. 즉 금관가야양식이 독립적인 권역을 가진 지역양식을 성립함에 비해 범영남양식은 함안권을 중심으로 범영남권의 각지에서 아라가야고식의 토기와 재지 토기가 공존하는 분포양상을 보임으로써 특이한 대비 양상을 보여준다. 또한 전기가야토기는 4세기 4/4분기 이후 양대 지역양식의 교류와 양식 복합에 의해 전 영남권이 공통양식적 기조를 강하게 형성하게 됨으로써 전기가야토기의 양식구조는 지역양식 형성기로부터 공통양식적 구조의 양식 복합기로 바뀌게 됨으로써 시기에 따른 변화를 보여주고 있음을 알 수 있다.

전기가야토기의 금관가야양식은 생산 · 분배체계에 있어서 범영남양식에 비해 다른 차원의 양상을 보여주고 있다. 금관가야양식의 외절구연고배를 비롯한 토기 기종은 제작 전통을 강하게 유지하고 있을 뿐만 아니라 분배에 있어서 김해 · 부산권을 벗어나지 않는 한정성을 뚜렷이 보여주고 있다. 이는 분배의 통제에 있어서 자율적인 교류를 유지하는 범영남양식과는 달리 금관가야양식에서는 정치체에 의한 분배의 제한적 통제가 이루어졌음을 보여준다. 반면 범영남양식은 통형고배를 지표로 하여 함안권을 중심으로 고령권, 대구권, 경주권의 제 집단들이 재지계 토기문화와 함안권 토기문화 간의 경제적 차원의 교류가 이루어짐으로써 공통양식적 양상을 보여준다. 이로보아 4세기 전기가야토기의 시기에는 생산과 분배의 통제에 있어서 김해 · 부산 권에서 정치적 차원의 분배 제한이라는 통제가 이루어진 반면에 나머지 범영남권에서는 분배가 개방적이고 경제적 차원의 교류가 유지되었음을 알 수 있다.

후기가야토기의 양식구조는 대가야권의 새로운 세력 형성으로 대두된 대가야양식, 전기의 계승적 양상을 보여주는 아라가야양식, 신형식의 수용과 아라가야양식으로부터 분립에 따라 새로 성립된 소가야양식의 3대 지역양식이 존재함이 파악된다[10]. 후기가야토기의 지역양식은 5세기 2/4분기에 성립하는 것으로 이해되고 있으며, 이들 3대 지역양식은 대가야, 아라가야, 소가야 정치체의 존재를 인식할 수 있는 고고학 자료로서 활용되고 있다.

후기가야토기 지역양식의 형성에 있어서 대가야권에 대해서는 정치체와 직접적인 관계로 이해되고 있으며, 아라가야권과 소가야권에 대해서는 구체적인 견해가 제시되지 않았으나 후기가야토기의 지역양식이 해당 정치체와 일정한 연계성을 지닌다는 점에 대해서는 대체로 받아들여지고 있는 견해이다. 즉 후기가야토기의 3대 지역양식이 설정된다는 것은 이 시기의 가야 정치체가 3개 지역군에 따른 지역양식의 단위별로 일정한 정치세력이 분립하여 존재한 것으로 추정할 수 있으며, 나아가 이러한 일정한 정치세력은 대가야양식과 연관성을 가지는 대가야를 비롯하여 아라가야양식과 아라가야, 소가야양식과 소가야로 상호 관련성이 있음을 찾아볼 수 있다.

이상에서 검토한 양식구조의 양상에 관한 해석은 지역양식 또는 공통양식의 표출에 따른 의미를 살펴보는 기초적인 수준에 해당하는 것으로서 단편적인 문제만을 해

---

10) 朴升圭, 1998, 「加耶土器의 地域相에 관한 硏究」 『伽倻文化』 11, 伽倻文化硏究院.

결할 수 있는 한계성을 가지고 있다. 이러한 한계성을 극복하기 위한 방안으로서 양식 구조의 일차적인 해석을 바탕으로 양식 수준과 연계된 복합적인 해석을 시도함으로써 토기 양식의 해석이 정치체의 여러 문제를 해결할 수 있는 실마리가 되는 것이다.

토기 양식의 성립은 생산·분배체계와 관념체계 등 양식체계의 상호 작용에 의해 이루어지지만 토기 양식의 확산과 양식구조는 정치체의 통제행위에 의해 결정된다. 또한 정치체의 통제행위는 정치체의 집권화 정도, 즉 국가발전단계의 수준에 의해 영향이 나타난다.

이러한 관점에서 토기 양식의 수준을 정치체의 통제행위와 관련하여 단계화하면, 개방적 교류의 단계(1단계) - 특정권역으로 제한된 분배체계에 의한 양식 분배의 제한 단계(2단계) - 특정 양식의 지배적 확산에 의한 양식 확산 단계(3단계) - 중심부 양식에 의한 양식 통합단계(4단계)로 구분해 볼 수 있다.

1단계는 전기가야토기의 범영남양식이 보여주는 단계로서, 아라가야고식의 개방적인 교류·확산에 의한 광역적인 범영남양식을 형성하는 수준이 해당되며, 정치적 측면보다는 경제적 측면이 강조되는 단계이다.

2단계는 토기 양식이 특정 권역에 제한되어 폐쇄적 양식 분포권을 보여주는 단계로서, 전기가야토기의 금관가야양식(외절구연고배와 파수부노형기대 등에 의함)이 보여주는 제한된 분배권과 후기가야토기의 아라가야양식(화염형투창고배 등에 의함)이 보여주는 도항리고분군 중심의 양식 수준이 해당된다.

3단계는 토기 양식의 지배적 확산에 따른 양식 형성단계로서, 대가야양식(대가야토기)의 西進에 의한 양식 확산과 신라토기의 초기단계 확산에서 보여주는 양식 수준이다. 이 단계는 지배적 확산에 있어서 재지적 토기와 복합된 소지역적 특성을 유지하는 점에서 4단계와 차이를 보인다.

4단계는 신라토기의 통일양식 토기[11]처럼 양식의 통합이 완성되는 수준으로서, 종래 재지 토기와 복합에 의해 형성된 소지역적 특성을 통합하여 통일양식화 함으로써 영역완성기의 모습을 보여준다.

이처럼 토기 양식의 수준이 단계화되고 있음과 같이 토기 양식의 수준이 어떠한가에 따라 정치체의 발전단계를 나타내주고 있음을 인식하여야 하겠으며, 정치체의 집

---

11) 洪潽植, 2000, 「新羅 後期樣式土器와 統一樣式土器의 研究」 『伽耶考古學論叢』 3, 駕洛國史蹟開發研究院.

권화 수준이 발전할수록 생산기술체계와 분배에 대한 정치체의 통제가 강화된다는 등식이 성립됨을 알 수 있다.

덧붙여 토기 양식의 성립수준을 정치체의 영역화과정에 대입해보면, 1단계는 영역적 개념과 연계하기 어려우나 2~4단계는 영역형성기로부터 영역완성기에 연동되는 발전단계를 보여주고 있다. 2단계는 영역형성기의 양식 수준으로서 금관가야양식의 금관가야와 아라가야양식의 아라가야가 보여주는 양식 수준과 영역화과정이 상호 연동된다. 3단계는 영역확장기의 양식 수준으로서 대가야양식의 대가야토기와 신라토기의 초기 양식을 통해 파악할 수 있으며, 4단계는 영역완성기의 양식 수준으로서 신라토기의 통일양식이 보여주는 양식통합에 의해 영역완성기의 영역화과정을 잘 보여주고 있다.

그리고 토기 양식의 성립을 통해 정치체의 존재를 인식할 수 있음과 같이 '토기 양식의 성립수준에 의한 정치체의 발전단계를 가늠할 수 있다'는 전제도 가져볼 수 있다. 가야토기의 양식 수준을 통해 가야 정치체(사회)의 발전단계를 검증할 수 있다면 가야의 국가발전단계는 고대국가의 수준인지 아닌지를 검토해 보는 것도 의미있는 시도라고 할 수 있다.

결론적으로 전·후기가야토기 양식 수준의 변화는 개방적 교류의 단계 - 제한된 분배권 단계 - 양식의 확산 단계 - 양식의 통합 단계로 설정할 수 있다. 또 토기 양식의 성립수준과 정치체의 영역화과정을 연계하여 살펴보면 영역형성기 - 영역확장기 - 영역완성기로 발전하고 있음을 추론할 수 있다. 따라서 전기의 금관가야와 후기의 아라가야는 영역형성기의 양식 수준을 보여주고 있으며, 대가야는 영역확장기의 양식 수준을 보여준다고 할 수 있다. 또한 종래 가야 사회(정치체)의 발전단계를 논함에 있어서 대가야의 국가발전단계를 고대국가로 인식하기도 하나[12] 아직 고대국가의 개념과 수준이 명확히 합일되지 않은 상황일 뿐 아니라 어떠한 고고학적 증거를 문헌연구에서 말하는 고대국가의 개념[13]과 연결시킬 것인가 하는 어려운 문제가 있다. 이에 전·후기의 중심이 되는 금관가야와 대가야의 국가발전단계에 대해서 명확히 논할 수는 없으나 문헌연구에서 말하는 고대국가 형성 전단계의 수준으로서 영역형성기에

---

12) 박천수, 1996, 「大加耶의 古代國家 形成」 『碩晤尹容鎭敎授停年退任記念論叢』, 刊行委員會.

13) 문헌 연구에서는 율령체제와 지방제도의 정비가 이루어진 수준을 말한다.

해당되는 영역국가 또는 초기국가 수준으로 이해하는 것이 타당하다[14].

한편, 가야토기의 양식구조에 보이는 구조적 특성으로서 특정 양식의 대외교섭양상을 통해 중심부 양식과 주변부 양식으로 나눌 수 있다. 즉, 전기가야토기의 금관가야양식과 후기가야토기의 아라가야양식이 각기 중심부 양식으로 인정될 수 있는 양식구조를 보이고 있으며[15], 전기가야토기의 범영남양식과 후기가야토기의 소가야양식은 주변부 양식의 양상을 보여주고 있다. 반면 후기가야토기의 대가야양식은 대외확산을 보여주고 있는 점에서 신라토기 양식과 일부 유사한 성격을 가지고 있다. 그리고 전기가야토기의 지역양식이 보여주는 형성구조로 볼 때 금관가야양식은 하나의 정치체로서 구축되었을 가능성이 있고, 범영남양식의 함안권은 지역양식적 구조를 보이나 생산·분배체계의 통제가 뚜렷하지 않아 명확한 설정은 어렵다. 이에 비해 후기가야토기의 지역양식은 대가야양식과 아라가야양식에서 생산·분배체계의 통제에 의한 확산 또는 권역화를 유지하는 것이 파악되므로 여타 고고학 자료의 분석과 연계하여 정치체의 존재를 설정할 수 있다.

2. 양식변동과 확산

1) 양식변동의 의미

가야토기의 양식 변동과 시기구분의 연계성에 있어서 전·후기가야토기의 양식변동과 시기구분이 연동된다는 인식이 일반적이다. 5세기 2/4분기에 새로 3대 지역양식의 등장으로 후기가야토기가 정착되는데, 이는 금관가야토기의 소멸(신라토기 양식으로 편입) 및 전기가야토기의 '전환기 변동' 이후의 토기 양식이 보여주는 공통성이 소멸되는 양상과 연동됨을 알 수 있다. 이처럼 전기가야토기의 소멸이라는 양식변동은 후기가야토기의 등장이라는 양식변동과 상통하며, 이러한 양식변동은 전·후기가야

---

14) 이처럼 양식구조와 양식 수준의 복합적인 해석을 통해 특정 정치체(사회)의 국가발전단계를 논할 수 있음은 토기 양식의 확산과 통합에는 정치적 의미가 명확히 투영되어 있기 때문에 가능하다고 할 수 있다.

15) 후기의 아라가야양식은 전기의 금관가야양식이 유지하였던 대외교섭방식을 그대로 계승한 것으로 볼 수 있다. 또한 토기 양식의 위계적 구조는 양식 수준과 연동될 수 있는 것으로서, 중심부와 주변부 양식의 설정에 따라 전기가야의 시기에는 중심부 양식인 금관가야(금관가야양식)에 의해 주도된 것으로 파악할 수 있다.

의 교체라는 정치체의 변화와 밀접한 관련이 있는 것으로 파악된다.

반면, 전기가야토기의 '전환기 변동'16)은 그 의미에 있어서 전·후기가야토기의 양식변동과는 다른 의미를 가지고 있다. '전환기 변동'의 의미는 정치적 측면이 아닌 토기 양식의 변화와 기술적 변동 등에 따른 기종구성의 변화에 의해 전개된 것으로서 양식체계 가운데서 정치적 측면이 아닌 문화적, 기술적 측면이 강하게 작용하고 있음을 알 수 있다. 이는 토기 양식의 변동에 있어서 정치적 측면이 작용하는 경우와 같이 기술적, 관념적 측면에 의해서도 나타나고 있음을 보여주는 하나의 예라고 하겠다.

이로보아 전·후기가야토기의 교체는 가야토기의 양식변동에 따른 정치체의 대응으로서 시기구분이라는 획기를 보여주고 있어 정치적 부분과 밀접한 상관성을 가지는 것으로 이해된다. 그러나 전기가야토기의 '전환기 변동'은 정치적 사건과 직접 연계되지 않고 문화변동에 의한 가야사회의 통합을 추구하고 있다. 즉 '전환기 변동'이 신라토기 양식에 대응된 새로운 가야토기의 필요에 의해 나타난 것으로 이해되지만, 전·후기가야토기의 변동은 고구려군의 남정이라는 정치적 변화에 의해 촉발되어 다시금 가야토기의 지역양식이 분립되는 변화를 보여주는 것으로 이해된다. 다시 말해서 고구려군의 남정사건이 없었다고 한다면 가야토기는 신라토기와 유사한 발전과정을 거쳤을 것으로 추정되며, 전기가야토기의 범영남양식이 정착됨으로써 하나의 새로운 가야토기 양식으로 변동, 발전하였을 것으로 추정해 볼 수 있다.

이처럼 가야토기의 양식변동을 통해 가야 정치체의 발전을 논할 수 있는 점은 다수가 존재하지만 양식변동이 반드시 정치체의 발전과 연동되는 것이 아님도 인식하여야 하겠다. 즉 양식변동은 획기로서 인정되나 전기가야토기의 '전환기 변동'이 보여주는 의미처럼 반드시 정치적 변화와 연동되는 것이 아님을 알 수 있다. 그렇지만 원론적으로 토기 양식의 변동이 정치체의 발전과 밀접한 관계를 가지고 있다는 사실을 인식하여야 한다.

한편, 가야토기의 양식은 시기에 따라 변화하고 있음이 파악되는데, 4세기 2/4분기부터 전기가야토기는 와질토기의 잔존 기종과 기술적 요소가 모두 사라지고 새로 통형고배가 함안권에서 등장하게 되고, 이어서 외절구연고배가 김해·부산권에서 도질토기로 정착하게 된다. 노형토기는 김해·부산권에서 단면원형의 환형파수와 판상파

---

16) 朴升圭, 2006, 「加耶土器의 轉換期 變動과 樣式構造」『伽倻文化』19, 伽倻文化硏究院.

수가 부착되는 특징이 나타나고 함안권에서는 무파수의 노형토기가 형식상의 발전을 보여준다. 4세기 2/4분기에는 김해·부산권과 함안권에서 양식 설정의 가능성이 나타나기 시작하여 4세기 3/4분기에는 금관가야양식이 성립되고 이에 더하여 영남 각지 재지계 토기의 연합에 의한 범영남양식이 성립된다.

4세기 4/4분기의 어느 시점에서부터 5세기 1/4분기에 이르기까지 전기가야토기는 '전환기 변동'으로 불리는 새로운 변동을 보여주는데, 김해·부산권의 외절구연고배와 함안권의 통형고배, 그리고 노형토기의 기종 구성이 이단투창고배와 투공고배 및 소형발형기대로 전영남권에서 동시기적으로 바뀌는 양상이 전개된다. 이러한 변동은 금관가야양식과 범영남양식 간의 교류에 의해 제작기술과 형식의 공유를 통한 생산·분배체계의 통합을 시도하는 과정에서 이루어진 것으로 생각된다. 이러한 변동은 가야토기의 지역양식을 통합하고자 하는 시도로서 제작기술의 전파와 생산·분배체계에 대한 정치적 통제가 변화되었음을 의미하는 것으로서, 한편으로는 김해·부산권의 정치체가 주도하고 함안권을 비롯한 범영남권의 동조로 양식 통합의 시도가 이루어졌다고 추정된다.

전기가야토기의 '전환기 변동'은 가야의 각지에 새로운 토기문화의 다양성을 보여주고 있으며, '전환기 변동' 이후 통합의 불발은 특정 권역에서 새로운 토기 기종이 출현하여 기종내의 형식의 다양성이 나타나기도 하였으나 곧이어 함안권에서 새로 지역양식이 성립되고 고령권과 진주·고성권에서도 약간의 시차를 두고 지역양식을 성립하게 됨에 기인한다.

5세기 2/4분기부터 전개되는 후기가야토기의 지역양식은 정치적 변화에 따른 토기문화의 변동으로 이해할 수 있으며, 과거에 구축한 생산체계의 활용과 새로운 기술전통의 수립으로 후기가야토기의 3대 지역양식이 성립되는 변화를 보여주게 된다. 이러한 가야토기 전·후기의 구분에 따른 지역양식의 분립은 각각의 지역정치체가 생산·분배체계에 대한 정치적 통제뿐만 아니라 새로운 형식의 기종을 채택함으로써 정치체의 존재를 인식시키고자 한 것으로 이해된다.

2) 양식 확산과 영역화과정

가야토기의 확산은 5세기 후반대에 전개되는 대가야토기 양식의 확산과 4세기 3/4분기에 이루어지는 함안고식의 확산으로 구분하여 살펴볼 수 있다. 대가야토기 양식의 확산은 정치적 측면의 영역화 문제와 연계시킬 수 있으나 범영남양식의 경우는 경제적 교류에 의한 확산 양상을 보여주고 있으므로 양자 간에는 성격을 서로 달리하고 있음을 파악할 수 있다.

5세기 후반에 이루어진 대가야토기의 양식 확산은 대가야의 발전과정을 이해하는 데 유효할 뿐만 아니라 토기 양식의 확산과 영역화과정에 있어서 정치체의 관계를 살펴보는 데 좋은 자료가 된다. 대가야토기의 양식 확산은 대가야토기의 분포양상에 의해 확인되며, 확산유형과 확산경로의 다양성이 나타나고 있다. 대가야토기의 확산단계와 확산경로는 상호 연동되는 것으로서, 확산1단계는 가야 북부권을 중심으로 한 西進경로로 이루어지며, 확산2단계는 가야 남부권에 대한 통합을 시도하는 南進경로의 변화가 나타난다. 또 대가야토기의 확산에 따른 분포유형은 Ⅰ~Ⅳ형으로 구분되는데, Ⅰ型의 분포권역은 직접지배권, Ⅱ型은 간접지배권, Ⅲ型은 연맹권, Ⅳ型은 교류권이 형성되는 것으로 파악하였다[17]. 특히 Ⅳ型의 교류권에 해당되는 함안, 고성, 창원, 순천·여수는 대가야토기가 신라토기 또는 소가야토기와 동반 진출하고 있으므로 이들 지역이 대가야와 정치적인 지배 또는 연맹관계를 형성하지 않은 것으로 볼 수 있다.

대가야토기 양식의 확산을 통해 본 대가야의 영역화 과정의 이해는 대가야토기가 재지토기와 형성하는 관계망 및 이와 연계된 고고학 자료의 검토를 통해서 가능하다고 여겨진다. 대가야토기의 확산에 따른 분포유형이 어떠한가에 의해 영역화로 인정할 수 있는 점과 그렇지 않은 부분으로 나눌 수 있겠다. 대가야토기의 확산에서 나타나는 분포유형의 Ⅱ형까지는 대가야의 영역화로 인식할 수 있고 Ⅲ형에 포함되는 권역에 대해서는 대가야연맹체를 형성한 것으로 이해된다.

전기가야토기는 4세기 3/4분기에 범영남양식의 통형고배 등 한두 기종의 토기들이 경주 월성해자, 경주 죽동리, 경산 임당, 칠곡 심천리, 대구 비산동, 합천 옥전 등 범영남권에 널리 분포상을 이루게 된다. 이러한 양상은 지배적 확산이라기보다는 개별 토기의 교류적 확산이 이루어진 것으로서 정치체의 영역화와는 별개의 문제라고 생각된다. 또 함안고식은 김해·부산권에도 동일한 교류양상이 이루어지고 있음이 확인되는데 이는 금관가야양식이 대외적으로 교류의 제한을 보여주는 것과는 대조적

---

17) 朴升圭, 2003, 「大加耶土器의 擴散과 관계망」『韓國考古學報』49, 韓國考古學會.

인 양상이다.

한편, 대가야토기와 신라토기는 양식의 확산방식에서 상호 유사성이 높게 나타나고 있음을 알 수 있다. 신라토기 양식의 확산에 있어서 부산권과 경산권 등 특정지역에서는 양식의 유사도가 높고 성주권, 의성권 등은 재지 토기와 복합분포에 의한 지역색이 나타나고 있음에서 확산방식의 지역적 차이를 확인할 수 있다. 이러한 신라토기 양식의 확산방식 중 경산권 및 부산권의 확산은 대가야토기 양식의 합천 반계제권에 대한 확산방식과 서로 통하고, 신라토기 양식의 성주권, 의성권 등 북서부권으로 확산은 대가야토기 양식의 남원권에 대한 확산방식에서 유사성을 찾아볼 수 있다.

결론적으로 토기 양식의 확산은 정치체의 영역과 일정한 관계가 있는 것으로 이해되고 있다. 다만 양식 내 일부 기종의 교류적 분포에 대해서도 정치적 영역으로 연결하여 확대 해석하는 것은 경계하여야 한다. 토기 양식의 확산과 정치체의 영역 관계는 양식의 형성수준에 따라 달리 해석하여야 할 것으로 보이며, 양식의 형성수준에 따라 영역화의 단계도 동반할 수 있음이 인식된다.

III. 가야 사회의 형성구조와 발전

문헌연구에 의하면 가야 사회의 형성구조에 대해서는 일반적으로 연맹체로 인식하고 있으나 세부적으로는 견해를 달리하는 논자도 있다. 이 점에 대해서 고고학적으로 언급하는 데에는 일정한 한계가 있으나 가야토기의 양식구조와 고총군의 존재를 통해 그 대강을 짐작해 볼 수 있다.

가야토기의 양식 연구에 의하면 전·후기에 따라 차이가 있기는 하나 대체로 지역양식이 존재함을 알 수 있다. 지역양식의 존재는 정치체가 분립되어 있다는 것을 의미하므로 가야사회는 전·후기가야연맹으로 이루어져 있음을 유추해 볼 수 있다. 전기가야연맹은 금관가야양식의 금관가야와 함안고식의 전기 아라가야에 의해 연맹체가 유지된 것으로 보이며, 후기가야연맹은 3대 지역양식에 의한 대가야양식의 대가야와 아라가야양식의 아라가야, 소가야양식의 소가야로 연맹을 형성한 것으로 이해함이 타당하다.

이들 전·후기가야연맹은 내부적인 관계망을 형성하고 있는 것으로 보이는데, 전기에는 금관가야양식과 범영남양식이 연대를 형성하고 있지만, 각 지역양식의 성립 수준과 영역화과정을 고려할 때, 금관가야양식이 중심부 양식이 되고 범영남양식이 주변부 양식으로 존속한 것으로 파악된다.

후기에는 3대 지역양식에 의해 대가야, 아라가야, 소가야의 각 정치체가 분립되어 있었음을 보여주고 있으며, 이들 가운데서 대가야는 대가야양식의 중심부인 고령권을 기반으로 주변의 지역정치체를 통합해가는 과정의 대가야연맹체를 형성한 것으로 보이며, 소가야는 남강유역의 단성권과 남해안의 고성권을 비롯한 지역정치체 간의 연대에 의한 연맹체를 형성하였음을 알 수 있다. 이와 달리 아라가야양식의 아라가야는 양식 분포권 내에 다른 지역집단의 존재가 파악되지 않으므로 연맹체가 아닌 독자적 성격의 정치체를 유지한 것으로 이해된다. 다만 아라가야 정치체는 전기의 금관가야양식과 범영남양식간에 유지되었던 관계망처럼 소가야연맹체와 우호적 관계를 유지하여 북부가야권의 대가야연맹에 대응되는 남부가야권의 연대 세력을 형성함으로써 후기가야의 각 정치체 간 세력 균점을 유지한 것으로 보인다.

다음으로, 가야토기의 양식적 위계를 통한 각 정치체의 특성은 중심부 양식과 주변부 양식의 관계망과 양식 수준을 통해서 유추해 볼 수 있다.

전기의 금관가야양식은 범영남양식과 연대하여 중심부 양식과 주변부 양식으로 관계망을 형성하고 있을 뿐 아니라 외절구연고배의 분배망 제한에 의해 영역형성기의 양식수준을 보여주고 있으므로 금관가야양식의 금관가야가 전기가야의 중심적 위치에 있었음을 알 수 있다. 또 후기의 아라가야양식도 전기에는 주변부 양식의 위치에 있었으나 후기에는 화염형투창고배의 분배망 제한을 통해 영역형성기의 양식수준을 보여줄 뿐 아니라[18] 남부가야권의 중심부 양식이 되어 주변부 양식으로 소가야연맹체의 소가야양식과 관계망을 형성함으로써 후기에 있어서 독자적 정치체로서 유지될 수 있었다.

이와 달리 후기의 대가야양식은 토기 양식의 지배적 확산을 통해 영역확장기의 양식 수준을 보여주면서 재지 토기 또는 재지 세력과 공존하는 연맹체의 양상을 보여주고 있는데, 이는 5세기대에 보이는 신라토기의 초기적 확산과 유사한 양상을 보여주고 있어 주목된다. 대가야는 西進에 의한 대외팽창이 백제와 충돌함으로써 대내 확산

---

18) 이는 전기의 금관가야가 보여주었던 토기 양식의 유통구조를 계승한 것으로 이해된다.

으로 전환하게 되며 이후 소가야권으로의 지배적 확산에 따른 소가야연맹체의 해체와 대가야연맹체의 확대를 이루게 되지만 급변하는 국제정세 속에서 지속적인 동력의 부족으로 인해 멸망에 이르게 된다.

한편 소가야양식은 초기에 아라가야양식을 중심부로 한 주변부 양식으로서 남부가야권을 형성하는 유력 정치체로 유지되었으나, 6세기 이후 대가야의 南進에 의해소가야연맹체가 해체됨으로써 남강유역권이 대가야연맹체에 소속되고 고성권에서만 소규모의 정치체로 유지되는 변화를 초래하게 된다.

마지막으로 가야토기 양식변동과 양식구조의 변화를 근거로 하여 가야 사회의 형성구조와 발전을 정리하면, 가야사는 도질토기가 발생하는 3세기 4/4분기에 시작되며, 금관가야가 중심이 되는 전기와 대가야가 중심이 되는 후기로 구분됨은 주지의사실이다. 전기가야토기는 금관가야양식의 금관가야토기와 범영남양식의 전기 아라가야토기가 병립함으로써 성립된다. 이후 4세기 4/4분기에 양대 지역양식의 통합에 따른 '전환기 변동'의 문화변동이 일어남으로써 새로운 전기를 맞이하게 되지만, A.D.400년 고구려군의 남정이라는 정치적 변동으로 인해 다시금 3대 지역양식으로분립하여 후기가야토기로 대체된다. 또 전기가야토기는 지역양식 성립기와 양식 복합기로 구분하고 후기가야토기는 3대 지역양식의 분립기와 대가야토기의 확산기로구분할 수 있다.

전기가야토기 지역양식 성립기는 금관가야의 금관가야양식과 아라가야의 범영남양식(아라가야고식)에 의해 구성되며 3세기 4/4분기부터 4세기 3/4분기까지 유지된다.이 시기에는 금관가야양식의 외절구연고배와 범영남양식의 통형고배로 대표되는 문화상을 보여주고 있으며, 금관가야양식이 외절구연고배의 분포권을 통해 알 수 있듯이 분배망의 제한이 나타나지만 범영남양식은 통형고배가 범영남권에 분배되는 양상으로 발전된다. 토기 양식수준과 영역화과정을 분석한 바에 의하면 금관가야양식은제한된 분배권에 따른 영역형성기의 양식수준을 보여주고 있으나 범영남양식은 개방적인 교류망으로 인해 영역형성기 이전단계의 양식수준으로 파악된다. 따라서 전기가야토기 지역양식 성립기에 있어서 금관가야양식이 양식수준에 있어 상위에 위치되므로 중심부 양식으로 볼 수 있고, 범영남양식이 우호적 연대의 주변부 양식으로 위치함으로써 전기가야의 시기에는 금관가야양식의 금관가야를 중심으로 발전한 것으로 이해된다.

전기가야토기 양식 복합기는 4세기 4/4분기부터 5세기 1/4분기까지 해당되며, 전기가야토기의 '전환기 변동'에 의해 이루어진다. 외절구연고배와 통형고배 대신에 이단투창고배와 발형기대로 공통화되는 '전환기 변동'에 의해 공통양식기가 전개되며 전 영남권에서 동일한 토기문화상을 보여준다. 이 시기는 '전환기 변동'에 의한 전기 가야토기의 내적 발전이 도모되었으나 A.D.400년 고구려군의 남정에 따른 정치적 변동이 가야토기의 양식변동에 커다란 영향을 미침으로써 실질적인 가야토기의 양식 통합은 불발에 그치게 된다.

'전환기 변동'은 금관가야토기와 아라가야토기의 형식 공유를 통한 양식 통합이 시도된 것으로서 이단투창고배의 선행 형식이 김해 대성동고분군에서 확인되고 있음을 볼 때 금관가야를 중심으로 전기가야토기의 양식통합이 시도되었으나 완성을 이루지 못함에 따라 금관가야 중심의 가야 발전이 중도에서 멈추게 된다.

이처럼 전기가야토기 양식 복합기의 문화변동은 가야토기의 획기적 발전이 도모되었으나 고구려군의 남정이라는 정치적 사건에 의해 공통양식적 통합의 완성이 불발됨으로써 전·후기가야의 전환기 변동으로 막을 내리게 된다. 이후 가야토기는 3대 지역양식권에 따라 분립하게 되고 그와 연동하여 대가야양식의 대가야, 아라가야 양식의 아라가야, 소가야양식의 소가야로 다시 나누어지게 된다. 이로써 전기가야의 중심이 되었던 금관가야는 고구려군의 남정에 따른 정치적 사건과 대성동고분군의 축조 중단이라는 고고학적 양상이 연동될 뿐 아니라 신라토기의 확산으로 인해 가야토기의 양식권에서 사라지게 된다.

후기가야토기의 지역양식 분립기는 3대 지역양식권이 성립되나 엄밀히 따지면 북부가야권의 대가야와 남부가야권의 아라가야와 소가야의 연대로 나눌 수 있다. 남부가야권은 아라가야의 아라가야양식이 전기가야 지역양식기의 토기 양식 유통구조 -분배망의 제한이라는- 를 계승하여 아라가야양식이 중심부 양식으로 소가야양식이 주변부 양식으로 연대를 형성하게 된다. 북부가야권의 대가야는 대가야양식의 기반을 전환기 변동에서 찾을 수 있으나 상당부분 신라토기적 요소를 반영하고 있을 뿐 아니라 토기 양식의 확산에 있어서도 신라토기의 초기적 양상과 궤를 같이하고 있음이 파악됨으로써 전기가야의 문물적 계통을 유지하는 신흥 정치체로 보인다. 아라가야양식의 아라가야는 함안 도항리고분군을 배경으로 성장하는데, 전기가야토기로부터 계승적인 발전을 이룸으로써 독자적인 정치체로 발전하게 된다. 이러한 독자적 정치체로서의 존속은 전기의 금관가야가 유지하였던 중심부 양식과 주변부 양식의 연대라는 대외교섭방식을 적극적으로 수용함으로써 가능하였다고 하겠다. 한편 소가야양식의 소가야는 남강유역권과 고성권 등 지역내 유력집단의 연대에 의한 소가야 연맹체를 형성하였으며, 그 배경에는 '전환기 변동'의 토기문화와 백제권의 토기 요소가 작용한 것으로 보인다.

후기가야토기의 3대 지역양식이 분립되어 남·북부가야권이 유지되었던 후기가야사회는 대가야토기의 대외확산으로 인해 균형이 무너지게 된다. 5세기 후반대 대가야토기의 확산은 초기에 남부가야권의 아라가야와 소가야의 존재를 의식함으로써 西進에 의한 대외 팽창이 이루어지게 된다. 6세기 이후 대가야의 西進은 5세기 후반대의 혼란을 극복한 백제와 기문지역에서 충돌하게 되며 이로 인해 대가야토기의 확산은 낙동강경로와 삼가→진주경로를 통한 南進으로 바뀌게 된다. 이로써 가야사회 내부는 정치적 변동이 나타나게 되는데, 그 양상으로는 대가야의 소가야권에 대한 진출로 소가야연맹체의 해체와 함께 종래 유지되었던 남부가야권의 아라가야와 소가야연맹체의 우호적 연대관계도 깨지게 된다. 이후 6세기 1/4분기부터 가야사회는 북부가야권의 대가야 중심으로 재편되지만 당시 급변하는 국제정세에 휘말린 대가야는 친신라정책과 친백제정책을 반복하는 가운데서 가야 내부 역시 분열이 일어나게 됨으로써 신라의 장기간에 걸친 가야 공략책에 의해 후기가야는 종말을 고하게 된다.

제2장 가야토기 양식의 확산과 계층성

　"중심과 주변"은 단어 그 자체가 의미하는 바와 같이 일차적으로 계층성의 문제를 제기할 수 있으며, 다음으로 중심과 주변이 유지하고 있는 관계망의 문제가 주요한 논점으로 대두된다. 이외에도 공반유물의 편년 분석에서 중심부와 주변부의 문화격차에 따른 고고자료의 시간성 문제도 고려되어야 함이 제기된 바 있으며[19], 중심과 주변에 대한 피상적인 표현보다는 고고학적 분석에 의한 중심과 주변의 지표가 무엇인지를 파악할 필요가 있다.

　加耶史는 통상 4세기의 前期加耶와 5~6세기의 後期加耶로 나누고 있으나 최근 가야토기의 고고학적 분석에 의해 轉換期가 새로 설정되고 있다. 轉換期는 가야토기의 양식변동에 따른 과도기로서 前期加耶의 금관가야양식과 범영남양식이 공통양식화의 변동에 의해 나타난다[20]. 가야토기의 분포권이 洛東江 以西地域에 해당됨은 일반화된 사실이며, 5~6세기의 後期에는 대가야양식(대가야토기), 아라가야양식(아라가야토기), 소가야양식(소가야토기)의 3대 지역양식이 형성되어 있음도 마찬가지이다. 다만 4세기의 前期에 있어서는 공통양식론과 지역양식론이 제기되어 상반된 견해를 보여주고 있다.

　통설적으로 가야 사회는 前期에 금관가야(金海)를 중심으로, 後期에는 대가야(高靈)를 중심으로 발전하고 있는 것으로 인식하고 있으며, 최근 들어 前·後期에 걸쳐 일정 세력을 유지하고 있는 아라가야(咸安)와 주변부 가야로서 소가야가 주목받고 있다.

　가야고고학에 있어서 "중심과 주변"을 나타내주는 指標가 무엇인가에 대해서는 高塚群의 존재와 군집수량, 부장유물의 威勢的 성격 등 다양한 분야에서 다루어 볼 수 있으나 여기서는 토기양식의 擴散을 통해 살펴보고자 한다.

---

19) 趙榮濟, 2007, 「中心部와 周邊部 加耶土器의 認識」『考古廣場』 창간호.

20) 이 글에서는 가야사의 기점을 前史論의 입장에서 다루고 있다(朱甫暾, 1995, 「序說-加耶史의 새로운 定立을 위하여」『加耶史研究』, 경상북도). 전환기의 배경과 성격에 대해서는 다음의 글을 참고할 수 있다(朴升圭, 2006, 「加耶土器의 轉換期 變動과 樣式構造」『伽倻文化』 19, (財)伽倻文化研究院).

구체적으로, 토기양식의 성립을 집단 또는 정치체의 존재를 보여주는 指標가 될 수 있다는 前提를 두고서, 하나의 토기양식이 성립되는 경우에 그 중심지를 어떻게 볼 것인가 하는 것이 첫 번째 논점이 될 수 있다. 다음으로 중심지로부터 주변으로 전개되는 토기양식의 확산을 통해 각각의 토기양식이 보여주는 양식수준을 등급화하고 중심부 양식과 주변부 양식과의 관계망을 통해 가야토기 양식의 계층성을 찾아보려고 한다.

Ⅰ. 양식의 성립과 중심지

1. 토기양식의 성립

토기양식은 전통적인 제작기술체계에서 생산되어 특징적인 형식을 가진 기종의 복합체로서 일정한 시간성과 공간성을 가지며 전개되는 특유의 문화상을 말한다.[21] 이러한 개념의 토기양식은 기술 전승과 定型에 의한 기종구성, 문화변동의 시간성, 분배에 따른 공간성, 정치체의 존재에 의한 역사성 등 여러 요소의 복합에 의해 성립된다.

토기양식의 성립은 집단 또는 정치체의 존재를 상정할 수 있으며, 토기양식의 수준에 의해 집단 간의 관계와 계층성을 짐작할 수 있다. 즉 토기양식은 형식변화에 의한 시간성과 분포권역에 의한 공간성을 보여줄 뿐만 아니라 토기양식의 확산방식을 통해 토기양식의 수준을 설정할 수 있으므로 계층성에 대한 논의도 가능하다.

토기양식의 성립배경이 되는 여러 요소의 상호작용을 구체적으로 살펴보면, 외형적 표현을 둘러싼 요소는 제작자의 기술에 의해 일차적으로 표출되고 제작자의 기술은 사회성을 반영하게 된다. 이로써 사회적 요구에 의한 토기의 대량 생산은 특정의 定型化된 형식을 가진 다수의 기종들이 만들어짐으로써 기종 복합에 의한 土器群으로서 토기양식이 성립된다. 이 과정에 대량 수요에 따른 제작의 편의성을 위한 동일 기술의 적용을 통해 定型이 나타나게 되며, 대량 수요는 사회의 관념을 반영하는 것

---

21) 朴升圭, 2010, 『加耶土器 樣式 硏究』, 東義大學校 大學院 博士學位論文, pp.20~28.

으로서 가야 사회의 경우 대량부장의 관념이 수요로 직결된다고 하겠다. 다음으로 2차적 요소가 되는 특정의 시간성과 공간성의 부분으로서 이들은 정치체의 통제가 그 배경으로 작용하고 있다.

이상과 같이 토기양식의 성립은 형식변화를 가진 기종복합체, 분포정형(분배권)의 공간성, 양식변동(성립-전성-소멸)의 시간성, 전통적 생산기술체계(전승체계의 유지), 정치체에 의한 통제 등 양식요소의 상호작용에 의해 나타나며, 이는 문화권의 동질성을 이루는 고분구조와 매장의례(부장양상) 등에 의해 검증될 수 있다.

이에 더하여 중심부에서 성립된 토기양식이 주변부로 확산되어 양식 내 소지역양식의 양식화과정도 앞서 살펴본 토기양식의 성립과정 속에서 이루어진다고 하겠다[22]. 그리고 토기양식과 관련된 하위 개념의 용어로는 器種, 類型, 型式으로 구분하여 사용하는 것이 적절하며, 중앙양식과 지방양식, 지역양식과 소지역양식 등의 용어와 지역상, 지역성, 지역색의 의미도 사용되고 있다. 이에 대한 구체적인 개념과 의미에 대해서는 따로 검토하여야 할 사안이므로 다음의 과제로 남겨둔다.

2. 가야토기 양식의 중심지

가야고고학에 있어서 중심부와 주변부를 나타내주는 指標는 高塚群의 존재와 군집수량, 부장유물의 위세적 성격 등 다양한 분야에서 다루어 볼 수 있다. 토기양식의 성립은 집단 또는 정치체의 존재를 보여주는 指標가 될 수 있을 뿐 아니라 그 중심부의 존재를 인식할 수 있게 해준다. 그리고 중심부로부터 주변부로 전개되는 토기양식의 확산은 분포권(문화권)의 확대를 보여주는 것으로서 내적 관계망으로서 중심과 주변의 설정이 가능하다. 이에 더하여 토기양식의 확산방식을 통해 양식수준을 등급화할 수 있다면 樣式 間의 관계망 가운데서 상호 계층성을 찾아볼 수 있다.

일반적으로 하나의 토기양식이 성립되면 양식권의 중심지 또는 역사성(문헌기록)에

---

22) 신라토기 소지역양식의 신라양식화는 다음의 절차로 진행되는 것으로 보고 있다. ①경주로부터 신라 중앙양식 기종 유입, ②재지공인의 중앙양식 모방제작, ③일정 기종의 제작에서 관습화된 기술행위 등장 : 소지역양식 발생, ④관습화된 기술의 전승 : 소지역양식의 존속, ⑤기종별로 전혀 다른 제작공정의 등장 : 소지역양식의 소멸(이성주, 2009, 「新羅・加耶 土器樣式의 生成」『한국고고학보』72, 한국고고학회).

따라 토기양식의 명칭이 命名되는 경향성을 보여주고 있다. 토기양식의 命名은 시대(시기)에 따른 시대양식명과 中心地, 初出地, 盛行地 등에 의한 지역양식명이 통용되고 있다.

가야토기의 양식 명칭은 역사성에 따른 양식명과 중심지에 의한 양식명이 함께 命名되고 있다. 토기양식의 命名을 문헌 기록에 보이는 역사성에 따르는 점은 타당하다고 여겨지나 토기양식의 중심지 설정은 토기 그 자체만으로는 한계가 있으므로 인접 고고자료의 분석을 통한 지역집단의 존재와 중심세력의 파악이 병행되어야 한다.

토기양식의 중심지를 파악하는 방법으로는 먼저 토기양식의 확산과 분배의 기능을 수행하는 중심지를 찾는 방법이 있으며, 다음으로 양식 내 형식변화의 진행이 주도적으로 유지되고 있는 지역을 중심지로 파악할 수 있다. 그리고 주변부의 소지역양식이 중앙양식의 양식화과정에서 기술보급과 모방의 대상이 되는 근원지를 확인하는 방법을 들 수 있다.

가야토기 양식에서 찾아볼 수 있는 중심과 주변은 토기양식의 형성구조가 일원적인 경우(공통양식)와 다원적인 경우(지역양식)에 따라 달리하며, 시기에 따른 존재양상의 차이도 보여주고 있다. 가야토기 양식의 중심과 주변은 토기양식의 변동에 의한 前·後期의 시기에 따라 달리 나타나고 있으며, 각각의 지역양식 내에서 파악하기보다는 樣式 間의 관계망 속에서 계층성의 문제로서 인식할 수 있다.

가야토기 양식은 前·後期에 따라 달리 유지되는데, 前期에는 금관가야양식과 범영남양식이 존재하다가 轉換期부터 범영남권의 공통양식화로 바뀌게 된다[23]. 이어서 5세기 2/4분기부터 전개되는 後期에는 대가야양식, 아라가야양식, 소가야양식으로 재편된다.

가야토기의 前期(前期Ⅰ기)는 금관가야의 금관가야양식과 아라가야의 범영남양식이라는 초기적 지역양식이 성립되는 시기로서 3세기 4/4분기부터 4세기 3/4분기까지 해당된다. 이 시기에는 금관가야양식이 외절구연고배의 분배망 제한에 의한 한정된

---

23) 좀더 구체적으로 살펴보면 前期가야토기는 4세기 3/4분기까지는 金海·釜山圈域과 咸安圈域으로 크게 대비되는 지역양식의 시기가 확인되고 있으나, 4세기 4/4분기의 전환기에는 범영남권에서 공통양식적 양식구조를 보여주고 있으므로, 시기에 따른 양식구조의 복합이 확인된다. 前期가야토기의 지역양식은 정형화된 형식의 존재시기가 지속되지 못하며, 정치적 양상보다는 문화적 성격이 강하게 표출되고 있다.

<도면 49> 전기가야토기의 양대 토기양식

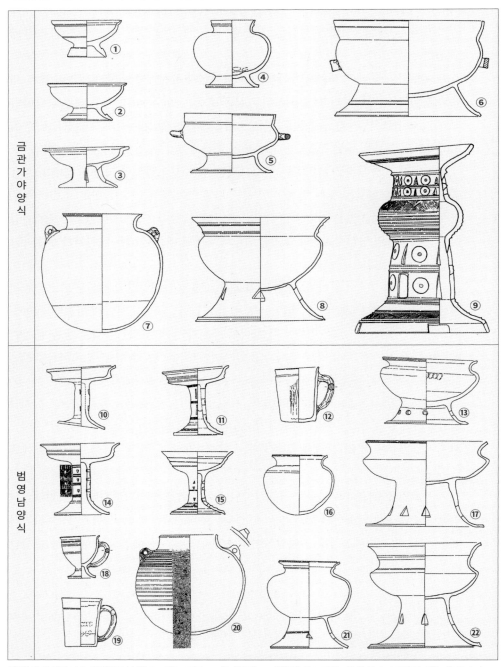

금
관
가
야
양
식

범
영
남
양
식

(①⑥⑧예안리138, ②④⑤복천동57, ③노포동17, ⑦대성동13, ⑨복천동60주곽, ⑩⑪황사리도갱정리품, ⑫황사리40, ⑬⑳도항경33, ⑭황사리35, ⑮㉑황사리32, ⑯⑲도항문42, ⑰예둔리48, ⑱황사리4, ㉒황사리45)

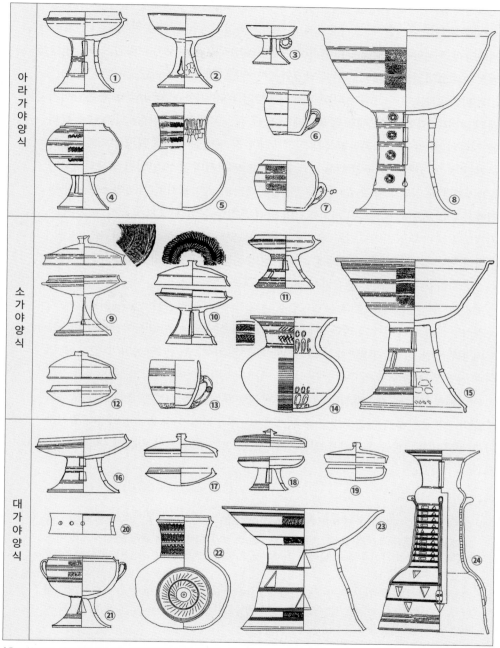

(①도항문14, ②도항문40, ③~⑤도항문54, ⑥암각화, ⑦도항문47, ⑧도항15, ⑨연당리14, ⑩예둔리1, ⑪연당리18, ⑫천곡리35-3, ⑬예둔리25, ⑭우수리16, ⑮우수리14, ⑯㉓옥전M3, ⑰옥전M7, ⑱저포DI-1, ⑲삼가1-A, ⑳두락리1, ㉑백천1-3, ㉒지산동32, ㉔옥전M4)

분포권을 보여주고, 범영남양식은 통형고배가 범영남권에 분배되는 양상을 통해 광역의 분포권을 형성한다. 토기양식의 수준과 영역화과정을 분석한 바에 의하면 금관가야양식은 제한된 분배권에 따른 영역형성기의 양식수준을 보여주고 있으나 범영남양식은 개방적인 교류망으로 인해 영역형성기 이전단계의 양식수준으로 파악된다.

轉換期(前期Ⅱ기)는 4세기 4/4분기부터 5세기 1/4분기까지 해당되며, 공통양식기에 해당된다. 외절구연고배와 통형고배 대신에 이단투창고배와 발형기대로 공통화되는 전환기 변동에 의해 공통양식기가 전개되며 전 영남권에서 동일한 토기문화상을 보여준다. 이 시기는 전환기 변동에 의한 前期가야토기의 내적 발전이 도모되었으나 A.D.400년 高句麗軍의 南征에 따른 정치적 변동이 가야토기의 양식변동에 커다란 영향을 미침으로써 실질적인 가야토기의 양식 통합은 불발에 그치게 된다. 이처럼 전환기의 문화변동은 가야토기의 획기적 발전이 도모되었으나 高句麗軍의 南征이라는 정치적 사건에 의해 공통양식적 통합의 완성이 불발됨으로써 前期 加耶土器는 새로이 3대 지역양식권에 따라 분립하게 된다.

後期는 5세기 2/4분기부터 대가야양식의 대가야[24], 아라가야양식의 아라가야[25], 소가야양식의 소가야[26]에 의한 3대 지역양식권이 성립되며, 아라가야양식의 변동과 분배망의 제한 양상, 아라가야양식의 지배적 확산 양상, 소가야양식의 小地域 間 연대와 권역 위축 양상 등이 주목된다.

이상에서 언급된 가야토기의 양식변동에 따른 시기별 중심부는 前期에는 金海와 咸安의 2대 중심부가 만들어지고 後期에는 대가야, 아라가야, 소가야의 3대 중심부가 형성되어 관계망을 유지하고 있음을 알 수 있다. 다만 토기양식 間의 중심부와 주

---

24) 대가야양식은 高靈 池山洞古墳 출토자료로 대표되는 대가야의 토기, 분포권은 高靈과 陜川地域을 중심으로 居昌, 山淸, 南原地域과 晋州, 宜寧地域의 일부분도 일시기 포함된다. 이단투창고배의 각기부 폭이 넓어지고 대부분 기종이 대형화되며, 문양에 있어서 송엽문의 존재가 특이하다.

25) 아라가야양식은 화염형투창고배로 대표되며, 아라가야의 역사성 및 문화성과 결부된 하나의 지역양식으로서 咸安 道項里古墳群이 중심고분군이다. 咸安, 馬山, 昌原地域과 宜寧의 일부지역이 분포권에 해당된다.

26) 소가야양식은 수평구연호 등의 신기종과 일단투창고배의 특징적인 기형이 대표적인 양상, 분포권은 晋州, 山淸, 河東, 宜寧, 陜川 등 南江 중상류역과 固城, 泗川, 統營, 巨濟 등 남해안 일대로 구분된다.

변부의 설정은 토기양식만으로 단정하기에는 무리가 있으며 지역정치체의 규모에 따라 연동될 수 있는 사항으로서 종합적으로 고려되어야 할 문제이다.

II. 확산과 양식수준

1. 가야토기 양식의 확산

토기양식은 일정한 공간성을 가지며 성립된 이후에 정치적 또는 경제적 요인에 의해 주변으로 확산(분배)이 이루어지거나 제한되기도 한다. 이 과정에 정치적 측면이 강조되어 확산(분배)의 통제가 나타나는 경우와 개방적인 교류양상을 보이는 경우로 구분할 수 있다. 또 토기양식의 확산(분배)은 중심부로부터 주변부로 전개되는 방향성에 따라 위계적 양상을 내포하고 있음도 파악된다.

가야토기 양식의 확산은 前·後期의 각 시기에 성립된 각각의 지역양식들이 그 양상을 달리하고 있는데, 그 중에서 대가야양식(대가야토기)의 확산에 대해서는 많은 연구가 이루어졌으나 나머지에 대해서는 분포와 교류(유통) 양상을 분석하는 수준에 머물러 있다. 여기서는 토기양식의 확산방식에 따른 양식수준의 차이가 있음을 전제적으로 인식하고 양식수준 분석을 위한 기초 자료로서 각 지역양식의 확산 양상을 살펴본다.

1) 금관가야양식

금관가야양식은 전기가야의 金海·釜山地域에 분포권역을 둔 토기양식으로서 외절구연고배와 파수부노형토기로 대표된다. 금관가야양식의 도질제 외절구연고배는 금관가야권 이외의 지역에서는 발견되지 않는 것으로 알려져 있으며, 4세기 후반에 보이는 외절구연고배의 분포권이 금관가야의 최대 영역으로 인식하고 있다[27]. 금관가야양식은 성립 초기부터 소멸기의 5세기 1/4분기까지 金海·釜山地域과 昌原 일부지역 등 洛東江 하류역에 분포권을 형성하고 있으며, 이외의 지역에서 확인되는 금

---

27) 홍보식, 2000, 「考古學으로 본 金官加耶」『考古學을 통해 본 加耶』, 한국고고학회, pp.32 ~36.

관가야양식은 찾아보기 어렵다. 일부 지역에서 외절구연고배가 확인되는 경우가 알려져 있으나 이는 교류적 양상으로서 양식적 확산으로 보기에는 무리가 있다. 따라서 금관가야양식은 제한된 분포권을 형성하고 있는 지역양식으로서 확산(분배)이 이루어지지 않은 특성을 보여주고 있다. 한편 동시기의 범영남양식이 개방적인 교류에 의한 광역의 분포권(교류권)을 형성하고 있음에 비해 한정된 분포권을 보여준다는 점은 당대의 정치체에 의한 통제가 강하게 작용한 것으로 이해된다.

2) 아라가야양식

가야토기 아라가야양식은 前期와 後期로 나누어 설정되며, 前期는 통형고배와 무파수노형기대를 중심으로 이루어지고 後期는 화염형투창고배, 이단투창고배, 발형기대, 컵형토기 등에 의해 만들어진다. 아라가야양식은 前·後期의 구분을 위해 前期는 범영남양식(아라가야고식)이라 부르고 後期는 아라가야양식으로 명명한다.

前期 범영남양식의 확산은 경제적, 교류적 차원의 유통으로 인식하고 통형고배, 승석문타날단경호를 통해 범영남양식의 교류적 확산(유통)이 4세기 후반까지 이루어진 것으로 보고 있다[28]. 한편 이러한 범영남양식의 교류적 양상을 수장간 정치적 교섭에 의해 유통된 것으로 인식하기도 한다[29].

이처럼 범영남양식의 대외 교류에 보이는 토기의 형태적 기술적 양식적 유사성과 분포정형을 근거로 범영남양식의 확산을 보여주는 것으로 인식하고 있으며, 이를 全的으로 경제행위로만 해석할 순 없겠지만 함안의 일방적인 정치적 사회적 영향력 행사를 강조하기보다는 영남 각지의 상호 관계에 기인한 것으로 당시 영남지방의 정세와 변동의 일면을 보여주는 것으로 이해하고 있다[30].

後期 아라가야양식은 대표적인 화염형투창고배를 비롯하여 이단투창고배, 발형기대, 컵형토기, 대부호 등이 기종복합체를 이루고 있으며, 5세기 2/4분기 이후 아라가야양식은 咸安盆地 일원과 宜寧地域에 한정된 것으로 파악된다[31]. 아라가야양식은 前期에 晉州·固城圈을 비롯한 서부경남 일대를 포괄하는 분포권과 범영남권의 광

---

28) 李政根, 2006, 「咸安地域 古式陶質土器의 生産과 流通」, 영남대학교 대학원 석사학위논문.

29) 박천수, 2010, 『가야토기』, 진인진.

30) 정주희, 2009, 「咸安樣式 古式陶質土器의 分布定型과 意味」『한국고고학보』 73.

31) 朴升圭, 2010, 『加耶土器 樣式 研究』, 東義大學校 大學院 博士學位論文, pp.137~159.

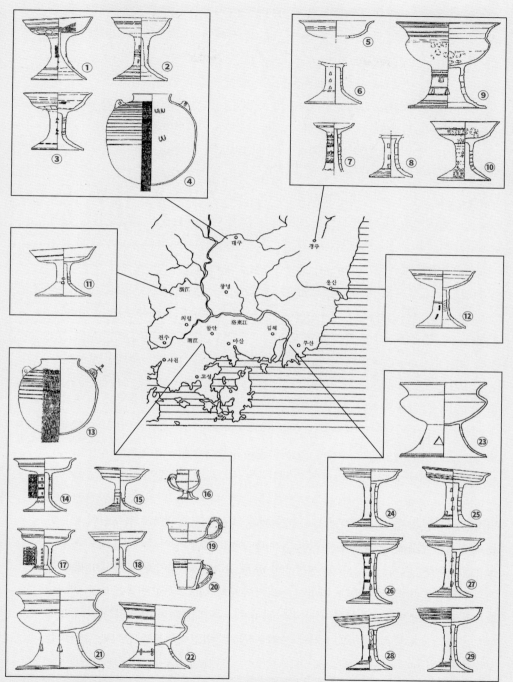

(①칠곡 심천리44, ②칠곡 심천리93, ③경산 조영1B지구, ④대구 비산동1, ⑤경주 월성해자1 주거지, ⑥~⑧경주 월성
해자 라지역, ⑨경주 죽동리2, ⑩경주 죽동리1, ⑪합천 옥전54, ⑫울산 중산리, ⑬⑭함안 황사리35, ⑮⑰함안 황사리
32, ⑯⑲⑳함안 황사리47, ⑱㉒함안 황사리44, ㉑함안 황사리45, ㉓부산 복천동74, ㉔㉖~㉙부산 복천동57, ㉕부산
복천동54)

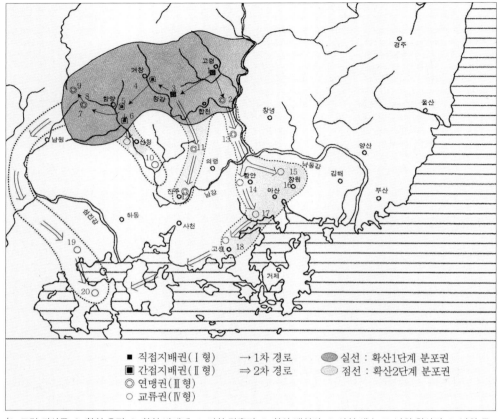

<도면 52> 대가야토기의 확산단계와 확산경로

- ■ 직접지배권(Ⅰ형)
- ▣ 간접지배권(Ⅱ형)
- ◎ 연맹권(Ⅲ형)
- ○ 교류권(Ⅳ형)
- → 1차 경로
- ⇒ 2차 경로
- ⬤ 실선 : 확산1단계 분포권
- ◯ 점선 : 확산2단계 분포권

(1. 고령 지산동, 2. 합천 옥전, 3. 합천 반계제, 4. 거창 말흘리, 5. 함양 백천리, 6. 산청 생초, 7. 남원 월산리, 8. 남원 두 락리, 9. 장수 삼고리, 10. 산청 중촌리, 11. 합천 삼가, 12. 진주 수정봉옥봉, 13. 의령 경산리, 14. 함안 도항리, 15. 창 원 다호리, 16. 창원 반계동, 17. 고성 내산리, 18. 고성 대율리, 19. 순천 운평리, 20. 여수 고락산성)

역적인 교류권을 형성하고 있었으나, 後期에는 咸安盆地 일원으로 축소되어 분포하는 특징적인 변동을 보여준다. 이러한 양식 분포권의 축소가 이루어졌음에도 불구하고 咸安 道項里古墳群의 규모와 부장유물 등을 고려할 때 정치체의 위세가 계속 유지되고 있음을 파악할 수 있다. 따라서 아라가야양식의 前·後期 변동에 따른 권역의 축소가 확산(분배)의 중단 현상이 아니라 정치체의 통제에 의한 분배의 제한에 의해 생겨난 현상으로서 前期 加耶土器에 보이는 금관가야양식의 확산방식과 유사함을 찾아볼 수 있다.

3) 대가야양식

대가야양식(대가야토기)의 확산에 관해서는 이미 많은 연구가 이루어진 바 있으며, 대가야양식의 확산에 대한 양상과 의미에 대해서는 부분적인 견해 차이를 보이고 있다[32].

5세기 후반에 이루어진 대가야토기 양식의 확산은 대가야의 발전과정을 이해하는 데 유효할 뿐만 아니라 토기 양식의 확산과 영역화과정에 있어서 정치체의 관계를 살펴보는 데 좋은 자료가 된다. 대가야토기의 양식 확산은 대가야토기의 분포양상에 의해 확인되며, 확산유형과 확산경로의 다양성이 나타나고 있다. 대가야토기의 확산단계와 확산경로는 상호 연동되는 것으로서, 확산1단계는 가야 북부권을 중심으로 한 西進경로로 이루어지며, 확산2단계는 가야 남부권에 대한 통합을 시도하는 南進경로의 변화가 나타난다. 또 대가야토기의 확산에 따른 분포유형은 Ⅰ~Ⅳ형으로 구분되는데, Ⅰ형의 분포권역은 직접지배권, Ⅱ형은 간접지배권, Ⅲ형은 연맹권, Ⅳ형은 교류권이 형성되는 것으로 파악하였다[33]. 특히 Ⅳ형의 교류권에 해당되는 咸安, 固城, 昌原지역은 대가야토기가 신라토기 또는 소가야토기와 동반 진출하고 있으므로 이들 지역이 대가야와 정치적인 지배 또는 연맹관계를 형성하지 않은 것으로 볼 수 있다.

특히 대가야양식의 확산과 같이 토기양식이 지배적 확산을 보여주는 경우에는 영역화와 연계하여 검토할 수 있으나 교류적 확산에 의한 분포는 영역화와 연계시킬 수 없음을 염두에 두어야 한다.

4) 소가야양식

소가야양식의 성립에 대해 많은 연구가 이루어졌으며, 양식의 중심지에 대한 인식 차이와 양식의 命名이 다양하게 제시되었지만 소가야토기의 시대양식에는 대체적으로 공감하고 있다. 소가야양식의 확산은 광역의 교류적 차원을 보여주고 있는데 성립

---

32) 이희준, 1995, 「土器로 본 大伽耶의 圈域과 그 變遷」 『加耶史硏究 -大加耶의 政治와 文化』, 慶尙北道.
朴升圭, 2003, 「大加耶土器의 擴散과 관계망」 『韓國考古學報』 49, 韓國考古學會.
박천수, 2004, 「토기로 본 대가야권의 형성과 전개」 『大加耶의 遺蹟과 遺物』, 대가야박물관.
곽장근, 2007, 「대가야와 섬진강」 『5~6세기 동아시아의 국제정세와 대가야』, 고령군 대가야박물관 · 계명대 한국학연구원.

33) 朴升圭, 2003, 「大加耶土器의 擴散과 관계망」 『韓國考古學報』 49, 韓國考古學會.

기로부터 전성기에 해당되는 5세기 후반대에는 아라가야양식과 밀접한 교류를 유지하고 상호 복합적으로 분포하기도 한다. 또 대외적으로도 널리 교류되고 있으나 경제적 교류의 차원인 것으로 보인다. 소가야양식은 6세기 이후에 대가야의 대가야양식이 확산됨으로 인해 위축되는 변화를 보이고 있으며, 晉州를 중심으로 한 南江流域圈으로부터 南海岸圈의 固城地域으로 축소되는 양상이 나타난다.

2. 확산방식과 양식수준

'확산'의 의미가 중심부로부터 주변부로 퍼져나감을 뜻하는 바와 같이 토기양식의 확산은 분배 또는 교류(유통)와 밀접한 관련이 있다. 분배와 교류(유통)에 의한 확산은 정치적 또는 경제적 차원으로 나누어 볼 수 있는 것으로서 정치적 차원의 것은 지배적 확산을 의미하고 경제적 차원의 것은 교역의 의미를 보여준다. 즉 토기양식의 확산은 정치적 또는 경제적 차원의 배경에 따라 의미를 달리하고 있음을 알 수 있다.

토기양식의 확산과 양식수준의 상호관계를 검토하기 위한 방법으로 우선 토기양식의 확산유형을 파악할 필요가 있다. 토기양식의 확산유형은 對內 분배가 이루어지는 경우를 A형, 對外 분배(또는 교류)가 이루어지는 경우를 B형으로 설정하고 B형은 다시 경제적 차원(교역) 또는 기술적 차원(기술 전파)에 의한 확산을 B1형, 정치적 차원에 의한 확산을 B2형으로 나눈다.

A형은 토기양식의 분배가 폐쇄적이어서 확산이 파악되지 않거나 극히 제한된 권역에 이루어지는 경우로서, 金海·釜山圈과 昌原 일부지역 등 洛東江下流域에 한정된 분포범위를 보여주는 前期가야의 금관가야양식(금관가야토기)이 해당된다.

B1형은 경제적 또는 기술적 차원(교역 또는 기술 전파)의 확산이 이루어져 범영남권에 광역적으로 토기양식이 분포하는 前期가야의 범영남양식이 해당된다. 후기가야의 소가야양식도 대외교류양상을 통해 볼 때 이에 가깝다고 할 수 있다.

B2형은 정치적 차원(영역 확대)의 확산이 이루어져 토기양식 분포권의 확장을 보여주는 후기가야의 대가야양식(대가야토기)이 해당된다. 이 유형은 확산에 따른 재지토기의 존속여부에 따라 양식 확산의 성격을 구분해 볼 수 있으나 여기서는 주된 논점이 아니므로 재론하지 않는다.

이상으로 보아 토기양식의 확산은 크게 3유형으로 설정할 수 있으며, 이들 각 유형은 일정한 양식수준을 보여준다고 할 수 있다. 즉 토기양식의 확산은 양식수준과 일

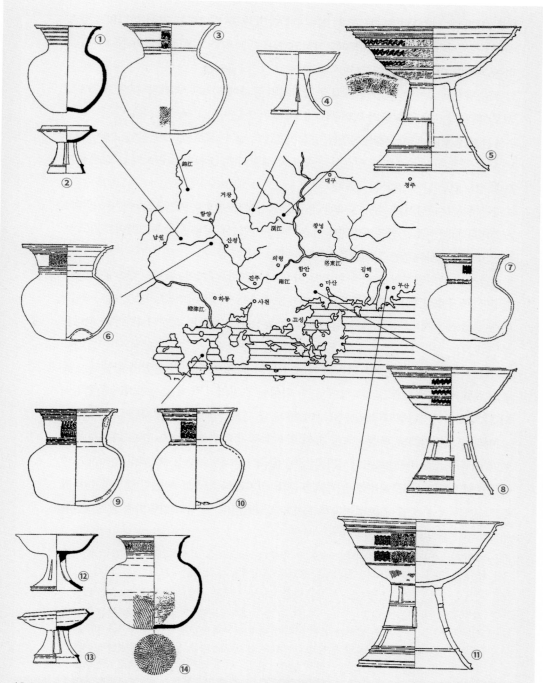

(①남원 월산리M1-G, ②남원 월산리M1-A, ③장수 삼고리13호, ④합천 저포A-1, ⑤합천 옥전35호, ⑥함양 손곡리2호,
⑦⑧마산 현동64호, ⑨⑩여수 죽포리, ⑪동래 복천동학소대1호, ⑫長崎縣 惠比須山2號, ⑬滋賀縣 入江內湖遺蹟,
⑭長崎縣 토우토고야마遺蹟)

정한 상관성이 있으나 확산유무가 양식수준의 높음을 반영하는 것이 아니라 확산방식에 따른 정치체의 통제가 영향을 미치고 있음이 토기양식과 정치체의 관계를 검토하는 과정에 다루어진 바 있다[34].

토기양식의 수준은 확산과 관련된 정치체의 통제에 의해 단계화할 수 있는 것으로서 각 단계의 내용은 다음과 같다[35].

1단계는 前期 加耶土器의 범영남양식이 보여주는 단계로서, 개방적인 교류·확산에 의한 광역적인 분포권을 형성하는 수준이 해당되며, 정치적 측면보다는 경제적 측면이 강조되는 단계이다.

2단계는 토기양식이 특정 권역에 제한되어 폐쇄적 양식 분포권을 보여주는 단계로서, 前期 加耶土器의 금관가야양식이 보여주는 제한된 분배권과 후기가야토기의 아라가야양식이 보여주는 양식수준이 해당된다.

3단계는 토기양식의 지배적 확산에 따른 단계로서, 대가야양식의 西進에 의한 양식 확산과 新羅土器의 초기단계 확산에서 보여주는 양식수준이다. 이 단계는 지배적 확산에 있어서 재지토기와 복합된 소지역적 특성을 유지하는 점에서 4단계와 차이를 보인다.

4단계는 新羅의 통일양식기 토기에 보이는 바와 같이 양식의 통합이 완성되는 수준으로서, 종래 재지토기와 복합에 의해 형성된 소지역적 특성을 통합하여 통일양식화 함으로써 영역완성기의 모습을 보여준다.

이러한 토기양식의 확산방식을 통한 양식수준의 등급화는 어느 정도 가능성이 있는 것이라 하겠으며[36], 토기양식의 수준이 등급화된다는 것은 그에 따라 정치체의 발전단계를 나타내주고 있음을 알 수 있다. 또 정치체의 집권화 수준이 발전할수록 생산기술체계와 분배에 대한 정치체의 통제가 강화된다는 등식이 성립됨을 알 수 있다.

---

34) 朴升圭, 2008, 「토기양식과 정치체」, 『樣式의 考古學』, 제32회 한국고고학전국대회.

35) 朴升圭, 2010, 『加耶土器 樣式 硏究』, 東義大學校 大學院 博士學位論文, pp.212~229.

36) 대가야토기의 확산 양상을 첫째는 고령지역 토기제작법의 모방에 의한 직접 생산, 둘째는 고령지역으로부터 공급, 셋째는 고령 세력이 재지 생산체계를 장악하여 생산한 것으로 상정하였다. 이러한 토기양식의 분배에 있어서 직접 분배보다도 생산·분배체계에 대한 중심지 세력의 장악이 가장 높은 단계의 정치체 통합수준을 보여준다는 견해를 제시하고 있다(이희준, 1995, 「土器로 본 大伽耶의 圈域과 그 變遷」, 『加耶史硏究 -大加耶의 政治와 文化』, 慶尙北道).

III. 양식 간의 관계망과 계층성

토기양식에서 중심과 주변의 관계망 파악은 對內 관계망과 對外 관계망으로 나눌 수 있다. 토기양식의 대내 관계망은 개별 양식의 관계망을 일컫는 것으로서 이의 중심과 주변의 설정은 앞 장에서 살펴 본 중심지를 파악하는 방법을 통해 가능하다. 그리고 토기양식 間의 대외 관계망에서 중심부와 주변부의 파악은 토기양식 그 자체만으로는 파악하기 어려운 부분도 있으므로 고총군의 군집수량과 부장유물의 위세적 수준 등에 의해 보증되어야만 가능하다.

가야토기의 대외 관계망은 토기양식의 친연관계에 의해서도 찾아볼 수 있는 것으로서, 後期加耶의 대가야양식과 소가야양식이 상호 우호적인 친연관계를 보여주고, 대가야양식은 소가야양식에 대한 지배적 관계를 형성하게 된다. 한편 前期加耶의 금관가야양식과 범영남양식 간의 교류관계를 보면 범영남양식이 金海·釜山圈에 분포하는 양상은 포착되나 금관가야양식이 咸安圈에서는 보이지 않는 특이성이 있다.

가야토기 양식이 보여주는 양식수준을 확산(분배)방식을 통해 구체적으로 살펴보면, 前期의 금관가야양식은 분배망의 제한이 이루어지는 2단계의 양식수준을 보여주고 범영남양식은 개방적 교류에 의한 1단계의 양식수준을 보여주고 있어서 상호 비교된다. 후기의 아라가야양식은 분배의 제한이 나타나는 점에서 前期의 금관가야양식과 동일한 양식수준을 보여주고 있으며, 대가야양식은 중앙양식이 주변부로 확산되고 있으므로 3단계의 양식수준을 보여준다.

이러한 양식수준의 검토에서 지배적 차원의 확산이 이루어지는 대가야양식의 양식수준이 높은 수준에 해당됨은 대체로 인정할 수 있으나 後期의 아라가야양식이 前期에 비해 권역이 축소됨에도 불구하고 양식수준이 상향되고 있는 점은 다각적인 검토가 필요한 것으로 보인다[37].

가야토기 양식 間의 관계망에 대해 살펴보면, 前期의 금관가야양식은 내적 관계망이 강한 유대를 이루어 영역화를 이룸으로써 前期加耶의 중심부적 위치를 유지하고,

---

37) 아라가야양식의 권역이 前期에 비해 축소됨에도 불구하고 후기 아라가야의 독자성이 유지되고 있음은 前期 범영남양식의 중심부가 후기 아라가야양식의 권역과 일치할 가능성이 높다. 또 前期 범영남양식이 중심부와 주변부의 관계망이 강한 유대관계를 유지하지 못하였을 가능성도 고려된다.

범영남양식은 지역양식의 내적 관계망으로서 중심지를 이루나 외적 관계망에서 토기양식의 수준과 인접 고고자료의 위상으로 보아 前期加耶의 주변부 양식으로서 하나의 지역양식을 유지한 것으로 이해할 수도 있다. 하지만 前期의 금관가야양식과 범영남양식이 이원적 중심부로서 존재한 것인지? 아니면 양자가 중심부와 주변부의 관계망을 형성한 것인가에 대해서도 명확한 근거를 제시하기 어렵다. 그리고 後期加耶의 토기양식이 보여주는 외적 관계망에서 북부가야권의 대가야양식은 대내외적으로 계층성의 우위가 두드러지지만 남부가야권의 아라가야양식과 소가야양식은 양식수준의 차이에 의해 중심부 양식과 주변부 양식으로 설정할 수도 있으나 상호 친연관계를 고려할 때 상하 위계를 의미하는 것이 아니라 양식수준의 상위와 하위의 관계망을 의미한다고 할 수 있다. 따라서 가야토기 양식 間의 관계망에서 중앙양식과 지방양식의 위계적 구분은 後期의 대가야양식 이외에는 나타나지 않는 것으로 파악된다.

토기양식은 양식 間의 양식수준의 대비를 통해 계층성을 파악할 수 있고 확산(분배)방식의 검토에 따라 상위수준의 중심부 양식과 하위수준의 주변부 양식을 설정할 수 있다. 더욱이 가야토기 양식의 계층성에 따라 중심부 양식과 주변부 양식의 설정이 양식수준의 단순 비교를 보여주는 것이 아니라 정치세력의 대비로 비추어지기도 한다. 하지만 가야토기 양식에 나타나는 양식수준이 양식적 차원의 계층성을 반영하고 있으나 지역정치체 간의 정치적 위계로 곧바로 연결하는 점에 대해서는 재고의 여지가 없지 않다. 그리고 양식수준에 의한 계층성이 보여주는 중심부 양식과 주변부 양식을 그 정치체의 발전수준으로 직접 연계하는 점도 문제가 된다.

이러한 관점에서 본다면, 前稿에서[38] 前期加耶의 금관가야양식(금관가야)과 범영남양식(前期 아라가야)의 관계를 중심부 양식과 주변부 양식으로 설정한 부분과 후기가야의 아라가야양식(후기 아라가야)과 소가야양식(소가야)의 관계를 동일한 양상으로 파악한 것은 양식수준에 의한 위계 차이를 의미할 뿐 정치체 간의 관계망 분석으로는 명확하지 않다.

이처럼 토기양식에 의해 설정한 중심부양식과 주변부양식을 정치적 측면의 중앙과 지방을 가리키는 것으로 인식하여 직접 대비하는 것은 문제가 있으며, 인접 고고자료인 高塚群의 존재와 군집수량 및 위세품의 분석을 통해 보증이 되어야만 명확히

---

38) 朴升圭, 2010, 『加耶土器 樣式 硏究』, 東義大學校 大學院 博士學位論文, pp.212~229.

언급할 수 있다. 즉 토기양식의 확산방식을 통해 등급화 한 양식수준의 단순 비교만으로는 중심과 주변의 설정이 어려우므로 인접 고고자료의 분석에 의한 객관적인 기준이 필요하다.

또한 가야토기의 前·後期 양식에서 확산방식에 의한 양식수준을 통해 가야토기 지역양식 간의 관계망과 계층성을 찾아 볼 수 있었으나 이를 근거로 가야 정치체의 정치적 위계와 사회발전수준을 가늠하는 데에는 한계가 있으므로 부가적인 검토가 이루어져야 가능한 일이라 하겠다.

제3장 대가야토기의 생산과 유통

대가야토기의 본산인 고령에서는 4세기 말~5세기 초의 전환기 변동에 의해 양식복합기의 전개와 대형의 목곽묘가 만들어지는 변동이 쾌빈동 1호에서 일어나고, 뒤이어 위석목곽을 내부주체로 하는 高塚의 대형 분구가 등장하는 변동(지산73호)이 순차적으로 일어나게 된다. 이즈음 가야 내부에는 김해 대성동고분군의 축조 중단이라는 커다란 변화가 일어나고, 아라가야권에서도 대가야처럼 고총의 분구가 축조되는 양상이 나타난다.

이러한 상황에 연동하여 고식도질토기 단계의 가야토기는 전환기 변동과 함께 일시적으로 양식복합기를 이루다가, 5세기 2/4분기 이후에 앞 시기의 토기제작기술이 전승되는 가운데서 새로운 기종의 출현에 따른 각지의 토기양식을 성립하게 된다. 즉 대가야토기와 아라가야토기가 지역양식을 성립하고 뒤이어 5세기 3/4분기에 소가야토기도 새로운 지역양식을 성립함으로써, 후기가야토기의 3대 지역양식이 정립하게 된다.

대가야권의 토기문화는 5세기 2/4분기부터 '대가야양식' 또는 '대가야양식'으로 불리는 새로운 토기양식을 성립하게 되며, 고배와 개, 장경호와 발형기대, 단경호와 연질개, 개배, 통형기대가 대표 기종이다. 이들 기종으로 구성된 대가야양식은 대가야토기만의 특징적인 형식을 보여주며, 대가야권역을 설정할 수 있는 분포권과 고유의 제작기술도 전승되고 있다. 또 대가야의 존속기간으로 이해되는 5세기 초엽부터 6세기 중엽까지 지속적인 토기문화의 발전과 변화도 보여줌으로써 실체적인 대가야의 역사성을 대변하고 있다.

토기의 생산과 유통은 당시 사회의 실체적 양상을 반영하는 것으로서 생산체계와 유통양상의 변화가 일어나는 배경이 어떠한지에 대해 충분한 검토가 이루어져야 한다. 대가야토기의 생산과 유통의 연구는 토기양식의 한 요소로서만이 아니라 제작소의 가마 조사와 생산체계 및 유통에 관한 연구가 필요함은 당연하다. 하지만 형식적 특성을 표출하는 과정에 있는 토기 제작기술과 생산에 대해서는 아직 구체적인 발굴자료가 확보되지 않음으로 인해 현실적으로 연구의 한계가 있음도 사실이다.

Ⅰ. 대가야토기의 생산

1. 제작기술

1) 제작기술의 특성

토기의 양식 연구는 기종구성, 형식적 특성, 시간성으로 변천, 공간성의 분포권, 생산 · 분배의 구조에 대해 다룸으로써 그를 둘러싼 사회의 다양한 연구가 이루어질 수 있다. 양식 연구의 실질적 완성을 위해서는 생산체계와 유통의 사회적 의미를 밝힘으로써 기왕에 주로 논의되었던 형식학적 연구에 의한 편년연구, 분포 분석의 정치적 해석 등 그간의 한계를 극복할 수 있을 것으로 보인다.

(1) 토기의 일생

토기는 생산(제작), 유통(분배), 소비(사용), 폐기라는 일련의 과정을 거치면서 고고학 자료로 변모하게 되며, 토기의 생산은 다시 제작단계와 소성단계로 구분할 수 있다.

토기 제작은 태토의 준비, 성형과 정면 및 마무리의 과정을 통해 이루어진다. 토기의 원료는 가소성의 점토와 혼입물(비가소성입자) 및 수분으로 구성되며, 이외에 필요에 따라 착색제가 사용된다. 도공이 원료인 흙을 水飛하여 제토를 만들고, 거기에 점토 이외의 유기물이나 암석조각들을 첨가하여 태토를 구성하게 된다. 태토는 가소성의 유지와 소성시 기벽의 균열과 공극 및 부풀림을 방지하기 위해 세밀한 반죽에 의해 완성되며, 일정한 숙성의 시간을 가지기도 한다. 태토 작업이 완성되면 성형이 이루어지고 이후 정면과 투창 뚫기, 손잡이 부착, 문양 작업 등을 거치게 되며, 일정한 건조 후 가마에서 2~3일 정도의 소성을 거쳐 토기가 완성된다.

대가야토기의 외형을 실현하는 제작기술의 특성은 장경호, 발형기대, 고배, 개, 연질개, 저평통형기대 등에서 찾아볼 수 있다. 팔자형 대각에 네모의 광폭 투창이 일렬로 뚫린 고배, 뾰족한 구연단의 뚜껑받이턱과 물결무늬가 돌려진 곡선적인 경부의 장경호, 송엽문과 파상문이 시문된 몸체, 대각부에 삼각형 또는 종모양의 투창이 3단 또는 4단으로 뚫은 발형기대, 보주형이나 유두형의 꼭지가 달려있고 열점문을 원형으로 배치한 뚜껑, 반환형의 둥근 고리가 달린 대형의 연질개, 그 외 저평통형기대와 통형기대의 형식들이 주목된다.

대가야토기의 제작기술적 특성의 한 부분으로서 원료 흙의 채취를 어디에서 하는지를 따져볼 수도 있으나 그에 대한 구체적인 분석 자료가 제시된 바 없어 알기가 어렵다. 태토적 특성을 분석함으로써 토기의 산지 문제와 태토 첨가물의 종류에 대해 과학적인 자료를 획득할 수 있으나 현실적으로는 대가야적 특성을 찾아내기가 어려운 형편이다.

제작기술의 성형에서 보이는 기술적 특성은 형태적 특성에서 살펴보았듯이, 곡선적 기형을 이루는 가야토기의 전통적 성형의 근간을 유지하고 있으며, 뚜껑받이턱과 보주형 및 유두형 꼭지 등 특이한 형태가 표현되고, 연질뚜껑과 발형기대, 저평통형기대와 저평발형기대의 신기종이 창안되는 특성이 있다.

성형 후 2차적 가공으로 이루어지는 정면은 문양 시문방법과 투창의 형태, 장식의 부착 형태를 통해 특징적인 양상이 나타나게 된다. 대가야토기의 정면 단계의 형태적 특성으로는 송엽문의 채용과, 고배 투창의 광폭화, 발형기대의 뱀장식 부착을 들 수 있다.

아직 대가야 토기 가마의 조사 사례가 충분하지 않아 가마내 토기의 재임방법 등 소성과정의 뚜렷한 특성은 나타나지 않으나, 이기재와 이상재 중에서 개배 뚜껑에 보이는 이기재의 막대상의 흔적이 대가야토기의 특징적인 양상으로 꼽을 수 있다(최종규 1999).

2) 제작기술의 계통

대가야토기의 기술적 속성을 살펴보면 가야토기의 전환기 변동에 따른 양식복합기의 기술적 전통을 계승하는 요소가 다수를 차지하지만, 대가야만의 새로운 제작기술 요소가 더해지고 있음을 알 수 있다. 그에 더하여 신라토기의 제작기술적 요소가 여러 점에서 나타나고 있고 주목된다.

대가야토기는 전기가야토기 양식복합기의 제작기술적 특성을 계승하고 있으며, 가야토기만의 특징인 곡선적인 대각과 투창의 일렬배치, 회청색 계열의 색조, 소성상태 등에서 이를 잘 파악할 수 있다.

대가야의 새로운 제작기술 요소는 앞서 제작기술의 특성에서 살펴보았듯이 장경호, 고배 등의 뚜껑받이턱 제작방식, 발형기대의 아치형투창과 송엽문의 시문, 개배 꼭지의 보주형이나 유두형의 형태, 연질개의 반환형의 둥근 고리, 통형기대의 뱀장식과 투창의 배치양상, 저평통형기대의 새로운 형식들이 주목된다.

　대가야토기에는 앞 시기 제작기술의 계승이나 새로운 대가야만의 특징적인 제작 기술이 보이기도 하지만 이질적인 제작기술의 특성도 나타나고 있다. 동시기 후기가 야토기의 다른 지역양식에서 보이는 고배에 비해 대각 각기부의 폭이 현저하게 넓은 광폭을 이루고 있는 점과 고배 대각 투창의 폭이 넓어진 점은 가야적인 토기제작기술 과는 차이를 보여준다. 아마도 지리적으로 인접한 신라토기의 고배 제작기술이 부분 적으로 받아들인 것으로 추정하는데, 명확한 증거를 제시하기는 어렵다. 이러한 고배 대각의 광폭화가 성형과 소성의 용이함에서 이루어졌을 가능성도 있지만 가야적인 토기제작 전통에서 이질적인 양상이므로 인접의 신라토기 제작기술과 관련이 있지 않을까 고려된다.

　크게 보아 대가야토기의 제작에 따른 형태적, 기술적 계통은 앞 시기의 가야 계통 의 제작기술은 유지하면서 대가야만의 독자적 제작기술이 다양하게 두루 반영된 것 으로 볼 수 있다. 그리고 고배 대각의 광폭화를 보면 인접한 신라토기의 제작기술 정 보를 일부 활용하였을 가능성도 있다.

2. 토기가마

　가야토기를 생산하는 토기가마는 아직 발굴된 유적이 몇 곳에 지나지 않는다. 이 들 중 4세기대 전기가야토기를 생산한 가마로는 김해 구산동유적, 함안 우거리유적, 함안 윗장명유적, 창녕 여초리유적, 대구 신당동유적(삼한문화재연구원 발굴)이 있고, 5~6세기대 후기가야토기를 생산한 가마는 고령 송림리유적, 창원 중동유적, 산청 어 서리유적, 함양 신관리유적, 진주 상촌리유적, 의령 율산리유적이 있으며, 그 중에 대 가야토기를 생산한 가마유적은 고령 송림리유적과 창원 중동유적이 해당된다.

　가야의 토기가마는 군집을 이루는 경우와 1~2기가 구축되어 있는 경우로 나눌 수 있으며, 평면형태는 배모양으로 길이가 짧고 소성실 중앙부가 폭이 넓은 형태(우 거리)와 길이가 길고 소성실에서 연도부로 갈수록 폭이 좁아지는 형태(여초리)가 확 인된다.

　가야의 토기가마에 대한 발굴자료가 부족하여 아직까지 가야토기의 생산시설인 가마에 대한 정보가 부족하다. 이로 인해 가야토기의 생산체계와 유통에 대해서는 초 보적인 연구 수준을 보이고 있다.

<그림 10> 고령 송림리 토기가마 발굴 전경

고령에서 발굴조사 된 가마유적은 고령 송림리유적의 자료가 있고, 고령 이외지역
인 창원 중동유적에서 6세기대의 대가야토기가 생산되어 주목된다.

1) 고령 송림리 가마유적[39]

2015년에 발굴조사가 실시되었으며, 유적에서 확인된 토기 가마는 총 3기이고 폐
기장이 넓게 분포한다. 1호와 2호는 중복 조성되었고 3호는 단독으로 따로 떨어져 있
다. 해발 100m 정도의 비교적 경사가 가파른 지형에 가마가 구축되었으며, 토기가마
의 장축방향은 남-북방향으로 등고선과 직교되게 설치되었다.

가마의 평면형태는 장타원형에 가깝고, 가마가 설치된 기반층은 황갈색 사질점토
또는 풍화암반층을 이루고 있다. 토기가마 등 소성유구에서 보이는 환원 소결된 벽체
또는 바닥부가 거의 확인되지 않아 토기가마의 실체가 명확지 않다. 다만 폐기장에서
출토되는 토기 상당량이 서로 엉겨 붙거나 자연유가 함유되어 있는 양상을 통해 가마

---

39) 영남문화재연구원, 2014,『高靈 松林里 大加耶 土器 가마 시굴조사 보고서』.

유구의 실체를 가늠해 볼 수 있다.

가마의 규모는 길이 5m, 너비 1.6m 정도이고, 잔존깊이는 0.2~0.6m이다. 소성부 일부가 지상에 드러나는 반지하식의 구조로 보이며, 내부 바닥시설은 확인되지 않는 무계무단식이다. 연도부의 양상에 대해서는 구체적으로 알 수 없다.

송림리 대가야 토기가마 유적은 고령지역에서 확인된 토기요지 중 최초로 발굴(시굴)조사된 유적이다. 송림리 토기가마는 대가야토기를 생산하여 고령의 지산동고분군 등에 공급하였던 가마유적으로서 대가야 고분에 부장된 수많은 토기의 생산지를 파악할 수 있고, 당대의 생산시설에 대한 기초자료를 제공해주고 있어서 대가야의 역사와 문화를 연구하는데 중요한 가치를 가진다.

이번 조사지역은 가마유적의 서쪽 부분에 해당되고 조사대상지 내에는 4기 이상의 토기가마와 폐기장이 위치하고 있을 것으로 판단된다. 그리고 가마의 일부는 북동쪽 조사경계 밖으로 계속 이어져 유구가 조성되었을 것으로 판단되므로 조사대상지 주변에 다수의 토기가마가 분포할 것으로 추정된다.

조사대상지 내에서 출토된 유물은 고배, 개, 배, 파수부배, 단경호, 장경호, 기대 등 기종이 다양하며 많은 양의 유물이 수습되었다. 출토된 유물은 주로 고령지역의 대가야 고분에서 부장되는 토기의 기종으로 판단된다. 그리고 같은 기종의 여러 개체가 포개져 붙어있는 토기와 벽체편과 붙어 있는 토기편도 함께 수습되어 대가야토기의

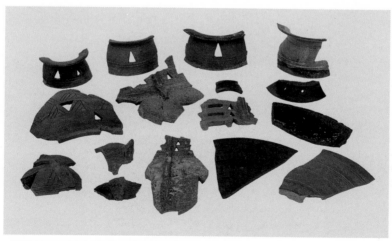

<그림 11> 고령 송림리 토기가마 출토유물

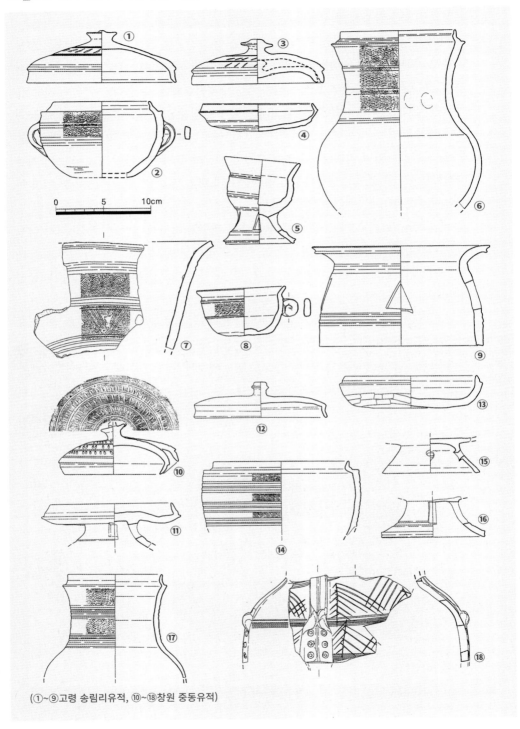

<도면 54> 대가야토기 가마유적 출토유물

(①~⑨고령 송림리유적, ⑩~⑱창원 중동유적)

생산에 대한 중요한 증거 자료가 확보되었다.

특히 2차 조사에서 확인된 塼(벽돌) 가마는 아직까지 국내에서 발굴된 사례를 찾아볼 수 없고, 대가야의 왕궁지 등에서 수습된 전이 실제로 이곳 고령에서 생산되었음을 확인한 것은 중요한 의미가 있다. 앞으로 이루어질 발굴조사에서 가마의 구조 등 추가적인 양상이 확인되면 한층 그 중요성이 부각될 것으로 기대된다. 더욱이 이곳에서 수습 된 塼(벽돌) 중 한쪽 면에 단판의 연화문이 찍혀 있는 전이 확인되었는데 이는 대가야(고령) 지역에서 가장 이른 시기의 연화문 자료로서 고아동 벽화고분에서 확인된 연화문과 함께 계통 등 많은 점에서 연구가 기대된다.

고령 송림리 대가야 토기가마 유적은 유적의 학술적 중요성을 감안할 때 이 일대에 대한 전면 발굴조사가 필요하며, 그 결과에 따라 대가야토기와 塼(벽돌)의 생산 수급과 관련한 연구에 획기적인 전환점이 될 것으로 기대한다.

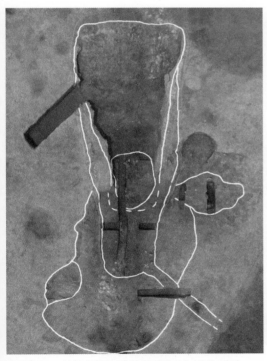

<그림 12> 창원 중동유적 토기가마 2호 발굴 전경

<그림 13> 창원 중동유적 토기가마 출토유물

2) 창원 중동유적[40]

토기가마와 폐기장으로 이루어져 있고 토기가마는 2기가 2m 정도의 간격을 두고 나란히 조성되었다. 해발 36~37m 사이에 위치하며, 토기가마의 장축방향은 등고선 방향과 직교되게 설치되었다.

가마의 평면형태는 장방형을 이루며, 규모는 1호 가마가 전체길이 6.5m, 최대너비 2.2m이고, 2호 가마는 전체길이 7.7m, 최대너비 2.2m 정도이다.

가마의 축조는 반지하식의 수혈을 굴착하여 만들었는데 연소부는 평탄하게 굴착하였고, 소성부는 5~25° 정도의 경사를 주었다. 바닥은 기반토를 그대로 사용하였으며, 벽체는 점토와 유기물을 혼합하여 구축하였다. 연소부와 소성부의 경계는 1호 가마의 경우 할석을 이용하여 단이 지도록 만든 것으로 추정되며, 2호 가마는 자연스럽게 이어지도록 만들었다. 가마는 여러 차례 벽체와 바닥을 보수하여 사용하였는데 2호 가마는 연소부를 좁혀 개수한 것이 특징적이다. 부속시설로 2호 가마에서 배수로가 확인되었다.

<표 6> 대가야토기 관련 가마유적 현황(지표조사)

유적명	시대	입지	현황
1. 고령 내곡리 유적	삼국 (대가야)	고령군 고령읍 내곡리 산 36번지 일원으로 앞산(해발 96.5m)의 남쪽 능선 경사면에 분포한다.	소토층과 요벽체, 대가야토기편이 산재한다. 가마의 바닥면이 드러나 등요 설치의 양상이 확인된다. 채집된 토기들을 통해 5~6세기에 걸쳐 토기를 생산하던 대가야의 토기요지로 추정된다.
2. 고령 합가1리 유적	삼국 (대가야)	고령군 쌍림면 합가리 산 184번지 일원으로 개실마을 뒤편의 화개산에서 서쪽으로 뻗어 내린 나지막한 가지 능선의 구릉 사면에 해당한다.	화개산 등산로로 개설해 놓은 산길 주변으로 약 100m 이상의 넓은 지역에서 각종 토기편과 함께 요벽체가 채집되었다. 대가야양식의 토기 전 기종이 확인된다.
3. 고령 합가2리 유적	삼국 (대가야)	고령군 쌍림면 합가리 산 133번지 일원으로 합가2리의 중마을에서 상마을로 올라가는 중간지점의 도로변 우측 구릉으로 상마못 바로 위쪽에 자리한다.	구릉의 능선 부분에 대가야토기 가마가 있을 가능성이 높다. 요벽체와 대가야토기편이 산재한다.
4. 고령 연조리 토기요지	삼국 (대가야)	고령군 대가야읍 연조리, 주산등산로에서 충혼탑 쪽으로 100m 지점, 주산의 8부능선, 주산성 외성 남서편에서 100m 지점, 비교적 완만한 경사면에 요지 1기 분포한다.	단애면에 요지의 상부 굴뚝이 확인, 등요이며, 벽체의 두께는 5~10cm 정도, 굴뚝은 높이 50cm, 폭 35cm 정도, 주변에서 대가야의 고배, 단경호편이 산재한다.

---

40) 동서문물연구원, 2012, 『昌原 中洞遺蹟』.

이외에 지표조사에 의해 확인된 토기가마 유적은 고령읍 내곡리 토기요지와 합가 1, 2리 토기요지, 연조리 토기요지(주산 토기요지?)가 있다. 해당 유적의 자세한 설명은 <표 6>과 같다.

3. 생산체계의 변화

1) 대가야토기의 생산체계

토기 생산체계는 토기가 하나의 제품으로 완성되기까지의 모든 공정과 그 공정을 유지하기 위한 모든 행위를 종합하는 것이라고 정의할 수 있으며(조성원 2014), 또 생산체계는 생산량과 생산효율, 생산자 집단의 성격, 사회적 노동의 조직과 생산관계와 방식 등을 포괄하는 개념으로 정의된다(이성주 2003).

토기 생산체계를 파악하기 위해서는 앞서 살펴본 제작기술과 생산시설(토기 가마)을 비롯하여, 생산물품(기종), 생산규모, 생산수준, 생산형태 등 종합적인 검토가 있어야 하며, 고고학적인 연구에서 파악하기 어려운 부분도 있다. 아직 대가야토기 가마 조사 자료가 부족한 한계도 있지만 현실적으로 고분 부장토기의 분석에 의존할 수밖에 없는 상황이다.

생산 기종에 대해서는 최근 고령 송림리 가마유적에서 발굴조사의 결과로 볼 때, 대가야토기의 대부분 기종이 함께 생산되고 있음을 확인할 수 있었으며, 생산규모와 운송망(도로)에 대해서도 추가적인 발굴조사를 기다려야 할 상황이다.

대가야토기 생산체계의 구축 시기는 구체적으로 파악할 수 없으나 대가야토기의 양식적 성립과 연동될 것으로 보이며, 양식 변동이 생산체계의 변화와 연동되어 권역별로 다양한 변화를 보인다고 생각된다. 더불어 생산체계 구축의 배경은 대가야토기 양식의 성립에 연동한 독자적 생산체제를 구축함에 의하지만 초기에는 정치경제의 영향보다는 매장의례에 수반되었을 가능성이 높다. 이러한 대가야토기의 생산체계는 대량생산에 따른 전업적 생산체계가 구축되고 그로 인해 토기 형식의 정형화와 전승이 이루어져 양식 변동에 일정한 영향을 미치게 된다.

대가야토기는 전업적 생산체계에 의한 공방시설이 만들어지고 그에 의한 대량생산체제 구축은 가마 시설의 집단화와 운송망(도로)의 구축이 이루어지고, 더불어 수요와 공급의 조절 등 생산과 분배에 관한 통제가 이루어지는 관영유통이 유지된 것으로 파악된다.

생산체계의 완벽한 논의를 위한 생산시설, 생산기술, 생산규모 등 다양한 부분의 파악이 완전하지 못하기 때문에 현실적으로는 양식 연구의 범주에서 생산체계에 관한 연구가 이루어져야 하는 한계가 있다. 한편, 토기 생산·분배체계의 연구가 필요함을 역설하면서 토기의 편년이나 지역성 등 양식적 연구에 대해 비판적인 시각을 나타내는 경우가 있는데, 이는 양식 연구 그 자체의 문제가 아니라 양식적 연구 결과의 지나친 정치적 해석에 있다고 생각된다. 즉 생산·분배체계는 토기양식의 구성 요소로서 양식의 성립 과정에 일정한 순환작용을 함으로써 양식과 생산·분배체계는 상호 보완적 관계라고 할 수 있다.

2) 대가야토기 생산체계의 변화

토기 생산체계의 변화요인은 관영유통에 따른 정치적 통제가 직접적이겠지만, 간접적으로는 매장의례에 따른 배경도 작용하였을 것으로 생각된다. 내세관념에 의한 고분의 대량부장이 수요를 증가시키는 요인이 되고 점차 정치경제적 배경이 작용하였을 가능성이 있다. 대형목곽의 출현이라는 현상과 내세관적 관념의 정착은 고분 부장을 확대하는 원인이 되고, 정치체의 영역내 지배력 강화를 위한 상징수단으로 부장토기의 분배를 통제함으로써 생산체계의 변화가 나타나게 된다. 대가야 권역의 확대에 따른 동일체 의식과 그에 따른 정치경제적 현상이 나타나게 됨으로써 수요증가를 기반으로 대량 생산체제 구축이 전개된다.

또한 유통방식과 연계된 생산체계의 변화도 고려할 수 있다. 1단계는 중앙으로부터 현물분배에 의한 직접 공급이 이루어지고, 2단계는 기술공여에 의한 재지생산으로 변화가 이루어진다. 또 신기종의 출현과 분배범위의 확대에 따른 생산규모의 확대도 변화의 한 부분으로 볼 수 있다.

대가야토기의 생산체계 변화는 양식 변동과 연계된다고 할 수 있으며, 중심고분군을 대상으로 시기별 변화상을 정리하면 아래와 같다.

① 1기 : 지산73호분 단계, 5세기 2/4분기, 대가야의 새로운 생산체계의 구축 시도, 대량 생산의 기반 마련, 중심부(고령권)의 내수용 공급.

② 2기 : 지산33호분 단계, 5세기 3/4분기, 생산체계의 완전한 구축, 중심부 인접지역에 대한 대외 유통(교류)의 시작.

③ 3기 : 지산44호분 단계, 5세기 4/4/분기, 대외 유통(확산) 확대(합천, 함양, 남원 등),

중앙공급 및 생산규모 확대, 신 기종(저평통형기대) 출현.

④ 4기 : 금림왕릉 단계, 6세기 1/4분기 이후, 유통경로의 변화, 원거리 지역에 대한 기술제공(공인 파견)에 의한 재지생산으로 새로운 유통 거점(창원 중동유적의 예)의 확보(함안, 고성권에 2차적 분배).

이상에서 대가야토기의 생산체계를 살펴보았듯이 종래 이루어진 대가야토기의 생산체계에 관한 연구는 대체로 고분 부장품을 통한 연구이기 때문에 일정한 한계를 지니고 있으며, 향후 토기 가마와 공방에 대한 발굴조사가 추가됨으로써 실질적인 대가야토기의 생산체계에 관한 논의가 이루어질 것으로 보인다.

참고로 앞서 검토된 대가야토기의 생산체계와 유통에 대한 보완자료로서 해당 시기의 양식변동을 살펴보면 아래와 같다(박승규 2014).

① 대가야토기의 성립 : 대가야토기의 실질적인 성립은 대가야토기의 특징적인 구성요소를 갖추게 되는 5세기 2/4분기의 지산동73·35호분 단계이므로 이로부터 대가야토기의 성립시기로 볼 수 있다. 즉, 지산동73·35호분 단계에 이르면 앞선 단계의 옥전23호가 보여주는 전환기적 요소의 잔존양상이 소멸되어 뚜렷한 차별성이 나타나고 있음에서 입증된다. 대가야토기의 성립기에 해당되는 기종은 지역성을 뚜렷이 표방하는 발형기대와 장경호, 이단투창고배, 개, 평저단경호 등으로 구성된다.

② 대가야토기의 정형 : 대가야토기 대가야양식의 정형이 이루어지는 5세기 3/4분기에 해당되며, 지산동32호분으로 대표된다. 이 시기부터 대가야토기의 지역성을 표방하는 기종별 형식이 안정화를 이루는 시기이다. 광각의 대각을 가진 고배가 등장하여 전형적인 대가야토기로 형식변화를 이루며, 판상파수가 달린 대부파수부완, 궐수문손잡이의 대부파수부호, 저평통형기대가 새로 등장하여 구성요소를 완성하게 된다. 또 발형기대도 삼각투창과 엽맥문의 문양을 가진 것으로 정형화되어 안정화를 이루게 된다.

③ 대가야토기의 확산 : 대가야토기는 5세기 4/4분기에 북부가야권의 주변지역으로 확산이 전개된다. 이 시기에는 대가야토기의 西進에 의한 지배적 확산이 이루어지는 확산 초기 단계로서 대가야의 완성된 토기문화가 호남 동부지역까지 이르게 된다. 대가야의 최고 전성기에 해당되는 이 시기에는 남원 월산리M1-A호, 합천 옥전M3호, 함양 백천리1-3호, 지산44호가 해당된다.

④ 대가야토기의 변동 : 6세기 전반의 대가야토기는 기종 구성과 확산경로의 변동이 나타나는데, 대가야토기의 전성기에는 보이지 않았던 단각발형기대와 대부장경호

가 대가야토기의 서진 확산이 고착된 이후에 새로운 기종으로 등장한다. 또 이 시기의 대가야토기는 남부권 가야의 창원, 함안, 고성권에 신라토기와 동반하여 분포하는 양상을 보여주고 있다. 이 시기의 자료로는 지산45호분을 필두로 옥전M6호 및 삼가 1-A호, 옥전M10호, 수정봉2호, 옥봉7호 등이 해당된다.

II. 대가야토기의 유통

1. 유통의 배경과 양상

1) 토기 유통의 배경

유통은 재화나 물건이 생산자로부터 소비자에 도달하기까지 여러 단계에서 교환 또는 분배되는 활동을 가리킨다. 유통은 근본적으로 물자의 교환 행위에 포함되는 개념으로서, 교환 · 교류 · 교역 · 교섭 · 확산 · 분배의 개념과 서로 통하는 점이 있다. 한편 교류는 쌍방 간의 교환의 행위로서 물질적 이동과 정보 교환이 함께 이루어진다. 특히 물질적 교환거래에 대해 교역이라고 하고 집단 간의 접촉에 대해 교섭으로 보면서 정치적 의미를 부여하기도 한다.

고대 사회에서 이루어진 유통은 오늘날 문헌기록과 고고자료를 통해 찾아볼 수 있다. 특히 문헌기록이 부족한 시대의 유통에 대해서는 발굴된 고고자료가 여러 많은 의문을 해결해 주고 있다. 고고학적으로 여러 지역 사이의 유통을 찾아볼 수 있는 구체적 증거는 실제의 교환의 결과물인 유물이다.

종래 대가야토기의 분포와 확산에 관한 논의가 이루어진 바 있다(이희준 1994, 박승규 2003, 박천수 2004). 대가야토기의 유통은 생산자와 소비자 사이에서 토기가 이동 · 분배되는 일련의 행위를 통해 경제적 차원에서 살펴보아야 한다. 고고학적으로 유통의 현상은 소비지에서 분포양상의 분석을 통해 찾아볼 수 있다. 그러므로 대가야토기의 유통 연구애서 경제적 차원의 구체적인 증거가 명확지 않으므로 현실적으로는 생산 · 분배의 결과로서 나타나는 고분 부장토기의 분포양상을 통해 다룰 수밖에 없는 한계가 있다. 그리고 앞서 논의되었던 확산은 중심지론에 입각하여 정치경제적 차원의 분배에 의한 관영유통을 보여주는 것으로 볼 수 있고 생업경제 차원의 시장유통과는 일정한 거리가 있다.

유통의 대상이 되는 유형의 재화 즉 물건에는 일상적인 물물교환체계를 통해 쉽게 교환되는 일용재와 사회 내에서 의례적 교환에 사용되는 가치재 즉 위세품으로 구분된다. 이러한 관점에서 토기는 흔히 일용재로 분류되고 있는데, 대가야 사회에서 토기가 과연 일용재였을까? 고분 부장토기는 의례의 상징도구(의례품목)로서 위세품이 가지는 상징도구의 특수 가치에 비해 현저한 차이는 있겠지만 매장의례의 기본 상징도구로서 가치를 갖고 있다고 볼 수 있다.

토기는 왜 유통되는가? 토기의 유통은 고분의 부장 물품에 선정되었기 때문이며, 매장의례에 따른 기본 상징도구로서 토기의 부장이 필요했기 때문이다. 고분의 부장품은 내세관에 따른 의례의 상징도구인 의례품목과 위세의 상징도구인 위세품목들로 구성된다. 아마도 토기는 의례품목으로 기본적으로 부장되는 대상으로서 내세의 안정적인 생활을 위한 기본 품목이기 때문이다. 이러한 연유로 고분의 부장 필요에 의해 토기를 유통하여야 하고, 토기의 대량 부장이 사회 풍습으로 되는 5세기에는 토기의 대규모 유통과 대량 생산이 뒤따르게 되는 것이다.

아마도 위세의 상징도구인 위세품(금동관, 장식대도, 장식마구 등)은 특수 가치를 나타내겠지만, 당대의 기본 상징도구의 기능을 가진 토기와 일반의 무기와 마구 등은 매장의례의 필수품으로서 가치를 지니고 있었을 것으로 짐작된다. 이 점이 토기, 마구, 무구 등이 고분에 부장되는 배경이라고 하겠으며, 그러한 연유로 이들의 유통에는 단순히 일용재의 교환 수준은 넘어서는 단계의 유통이 이루어졌다고 볼 수 있다. 결국 대가야토기는 기본적인 상징도구의 고분 부장 기능 때문에 대가야 사회에서 유통하게 되며, 아울러 대량 부장의 근원적 요인은 내세관에 의한 당대의 매장관념에 기반하고 있음을 알 수 있다.

토기의 또 다른 유통의 요인으로는 대가야의 대외정책과 관련이 있다고 생각된다. 대가야는 그들의 세력이 강성해짐에 따라 외부로 영역 확대를 꾀하고 있다. 초기에는 서진에 의한 경남서북부지방과 호남동북부지방으로 영역을 확대하게 되며, 그 확장지역에 대가야양식의 토기를 공급하는 분배를 추진하게 된다. 이러한 대가야토기의 분배는 대가야적 심볼적 의미를 가지는 상징 도구로서 사용하게 되며, 영역확장지역의 정치적 관계에 따라 분배방식의 차이도 보여준다. 이러한 토기의 분배정책은 신라토기에서도 동일하게 나타나고 있어 상호 정치적 성향이 유사함을 알 수 있다[41].

한편, 토기는 매장관념에 따른 기본 상징도구에 해당되어 유통에 따른 정치·사회적 의미를 파악하는 데는 한계가 있으므로 금공품이나 장신구 등 위세품의 유통과 연계하거나 고분구조의 분석결과를 활용해서 복합적인 검토가 필요하다.

2) 대가야토기의 유통에 따른 분포

대가야토기의 분포에 관한 연구는 이미 많은 진척이 이루어져 있으며, 대가야권의 내부는 물론이고 가야권과 인접한 신라, 백제권 그리고 일본열도의 여러 고분에서도 출토되고 있음을 볼 때 대가야의 대외 교류가 활발히 이루어졌음을 알 수 있다.

대가야토기는 5세기 3/4분기 이후 가야 북부권에 널리 분포하게 되며, 6세기대에 이르면 가야 남부권의 여러 지역에도 분포하는 광역 분포상을 이루게 된다. 다만 가야 북부권에서는 대가야토기의 중앙공급이 주를 이루나 6세기대에 전개되는 가야 남부권의 분포는 재지토기 또는 외래토기와 공반되는 양상을 보여준다.

대가야토기의 각지 분포양상을 살펴보면 다음과 같다.

• 황강하류역은 옥전고분군이 해당되며, 대가야토기의 확산은 5세기 4/4분기의 M3호분에서 일색으로 나타나게 되고, 소형묘에서도 동일한 양상을 보인다. 이후 이러한 양상은 M4, M7호분까지 이어지고 있으나, 기종구성에서 고령지역과의 일부 차이를 보여주고 있다. 대가야의 세력 확장과 연계된 지배적 차원의 확산이 전개되고, 6세기의 M6호분에서는 신라계토기와 공반된다.

• 황강상류역은 반계제고분군과 봉계리, 저포리, 창리고분군 지역으로, 반계제고분군이 이 지역의 수장집단묘로 대표된다. 5세기 4/4분기에 집중적으로 확산되고, 수장집단묘인 반계제고분에는 대가야토기가 확산되고 하위집단묘인 봉계리분묘군 등에는 소가야토기와 대가야계 모방의 재지토기가 함께 분포한다. 반계제고분군에서 점차 저포리, 창리고분군으로 연속하여 확산되며, 수장집단인 반계제고분군에서는 중대형묘와 소형묘에서 대가야토기가 일색으로 출토된다. 이처럼 황강상류역은 대가야토기의 확산이 이루어진 후 소멸기에 이르기까지 지속적으로 분포하고, 하위 분묘

---

41) 전기의 금관가야토기와 후기의 아라가야토기는 대가야토기와 달리 일정 권역에 한정하여 분포한 것으로 보아 대외정책에 있어서도 대가야와 다른 양상을 찾아볼 수 있다.

는 재지토기 또는 타지 유입토기도 보인다.

· 함양지역은 백천리, 상백리고분군 및 인접한 산청 생초고분군도 동일권역에 해당된다. 본격적인 확산은 5세기 4/4분기부터 확인되고, 수장집단인 백천리, 생초고분군에서는 대가야토기의 발형기대와 장경호가 출토되고, 인접하는 하위집단의 손곡리분묘군에서는 재지의 소가야토기가 함께 출토된다. 대가야토기가 확산되는 과정에 재지의 소가야토기와 접촉이 나타나며, 수장집단은 대가야토기가 일색을 이루는 중심분포권이다.

· 남강수계의 최상류인 남원지역은 월산리, 두락리고분군이 대표되며, 대가야토기가 5세기 4/4분기의 확산이래 지속적으로 분포하지만, 재지토기도 다수 분포하고 있다. 또한 소가야토기도 일부 분포하고 있음을 볼 때 대가야권과 소가야권 및 백제권과의 교섭이 활발히 이루어졌음을 추정할 수 있다. 남원의 운봉고원을 넘어 장수지역에도 삼봉리, 동촌리, 삼고리고분군에서 대가야토기가 분포하며, 백제토기와 공반되는 양상도 보인다.

· 남강수계의 산청지역은 묵곡리, 옥산리분묘군에서 재지의 소가야토기와 공반되어 대가야토기가 분포하는 것으로 알려져 있으며, 중심고분군인 중촌리고분군은 일찍이 소가야의 유력집단으로 조영되었으나 6세기 초엽 이후에는 아직 발굴자료가 명확지 않으나 대가야토기가 확산된 것으로 추정된다. 반면 묵곡리와 옥산리에 보이는 대가야토기는 재지 및 백제계의 토기자료와 공반하고 있으며, 하위집단의 명동리에는 소가야토기가 집중 출토되는 양상을 보여준다. 그리고 동일 수계의 합천 삼가고분군은 이른 시기에는 소가야토기가 주로 분포하는 지역이나 6세기 1/4분기 이후에 대가야토기가 본격적으로 확산된다. 전체적인 양상은 뚜렷하지 않으나 재지토기의 쇠퇴 이후 대가야토기가 확산되고, 6세기 2/4분기에는 신라토기로 대부분 대체되고 있다. 삼가고분군은 황강유역 및 합천읍의 영창리고분과 연결되고 있어 이곳을 거쳐 진주권의 수정봉 · 옥봉고분군과 남강중류역으로 대가야토기가 확산된다.

· 진주권의 수정봉 · 옥봉고분군에는 재지토기와 함께 대가야토기의 새로운 기종인 단각발형기대가 출토된다. 하위집단에는 재지의 소가야토기가 유지되고 상위집단에 재지토기와 대가야토기가 공반되어 출토된다. 한편 의령권에서도 천곡리고분군 등 하위집단에는 소가야토기가 주를 이루고 대가야토기의 분포는 미미하다.

· 낙동강 수계의 의령 경산리고분군에는 6세기 초엽 이후의 대가야토기가 소가야토기와 아라가야토기 및 신라토기와 공반되어 출토된다. 이 지역의 대가야토기는 6

세기 초엽 이후에 낙동강경로를 따라 확산하는 과정에 분포하며, 함안과 창원지역으로 연결된다.

· 창원지역은 낙동강수계로 남해안에 이르는 교통로에 해당되는 창원 다호리, 반계동, 자산동고분군, 중동 및 합성동유적에서 대가야토기가 분포하는데, 아라가야토기와 소가야토기 및 신라토기와 공반된다. 이들 지역에 보이는 대가야토기는 대체로 신라의 對가야 진출에 동반된 분포로서, 6세기 초엽 이후가 중심을 이룬다.

· 함안지역은 중심고분군인 도항리고분군에 분포하며, 재지의 아라가야토기가 주를 이루는 가운데서 소가야토기와 함께 6세기 2/4분기에 일부 확산된다. 한편 고성지역도 율대리, 송학리, 내산리, 연당리고분군에서 대가야토기가 분포하며, 재지의 소가야토기를 비롯하여 신라토기와 함께 분포한다.

· 순천, 여수지역은 순천 운평리고분, 여수 미평동고분, 고락산성 등에서 대가야토기가 소가야토기, 신라토기와 동반되어 출토된다. 대가야토기가 소가야토기 및 신라토기와 동반하여 분포하고 백제와의 관계를 고려할 때 대가야토기의 일시기 확산지역으로 파악된다. 한편 하동 흥룡리고분군에서 대가야토기가 출토되는 양상으로 보아 섬진강 동안의 하동지역도 유사한 양상으로 추정된다.

2. 유통구조

유통의 사전적 의미는 지역 간에 사람, 물자, 정보 등의 장소적 이동을 말한다. 두 지역 간의 유통의 발생은 상호 보완적 관계일 때, 이동을 가능하게 하는 교통수단이 존재할 때, 유통을 방해하는 요인인 간섭 기회가 제거되었을 때 이루어진다. 두 지역 간의 유통의 양과 빈도는 두 지역 간의 거리에 반비례하고 두 지역의 인구 규모에 비례하는 중력모형에 의하여 결정된다.

유통구조는 생산지로부터 소비지에 공급되거나 분배되는 과정에서 일어난 유통방식과 유통의 형태, 유통 경로 등 다양한 요소에 의해 이루어져 있다. 대가야토기의 유통에서 중요한 위치를 차지하는 생산지에 관한 부분은 최근 발굴조사 된 고령 송림리 가마유적을 통해 볼 때, 대가야의 중앙인 고령에서 생산이 이루어져 유통된 것으로 추정할 수 있다.

대가야토기의 유통은 고분의 발굴 결과에 의해 확인된 대가야토기가 유통의 결과물이라고 할 수 있다. 즉 소비지인 각지의 고분에 부장된 토기의 분포양상을 통해 유통방식과 유통경로를 찾아볼 수 있고, 이로써 유통구조의 양상을 파악할 수 있다.

대가야토기의 소비지(고분 부장품) 분포분석에 나타난 유통의 양상은 중앙으로부터 공급에 의한 것으로 대부분의 연구자가 이해하고 있으며, 그 방식에 대해서는 다양성을 인식하고 있다. 또한 대가야토기의 유통에서 중심집단은 중앙으로부터 현물분배에 의한 공급이 이루어지지만 지역의 하위집단에는 재지생산의 토기들이 유통되며, 원거리의 연맹권에는 타지역 유입토기도 함께 분배되는 양상이 나타난다.

생산기술은 유통과 연계되어 현물분배로부터 기술 제공에 의한 현지생산에 의한 유통방식으로 변화를 유도하며, 유통방식의 하나로서 기술 제공에 따른 현지 생산도 추가적인 검토가 필요하다.

대가야토기의 유통경로는 초기에 가야 서북부권으로 西進하는 경향성이 나타나고 6세기 초엽 이후부터 새로 南進의 경로가 활성화되는 변화가 나타난다.

대가야토기가 광역적으로 확산되는 5세기 4/4분기의 분포망을 보면, 고령지역을 위시하여 합천(옥전, 반계제), 거창, 함양, 남원지역에 이르고 있음을 알 수 있다. 이러한 분포망은 자연지리적 교통로를 통해 검토하면, 고령을 중심으로 西進의 경로를 따르고 있음이 확인되므로 대가야토기의 대외확산이 이루어지는 1차경로는 가야 북부권에 한정된 서진경로를 보여준다.

6세기 1/4분기의 시기에는 앞 시기와 달리 제반 여건의 변화가 일어나면서 대가야토기의 확산은 일대 전환을 가져오게 되는데, 가야 남부권에 대한 내부통합을 위한 확산경로의 변화인지, 서진경로의 고착에 따른 돌출구의 모색에 의함인지 명확지 않지만, 이 단계부터 낙동강경로와 내륙교통로에 의한 남진경로가 등장하게 된다.

특히, 낙동강을 통한 남진 및 남해안경로의 전개는 창원 중동유적의 생산시설을 통해 볼 때, 기술 제공(공인 파견)에 의한 재지생산이 이루어지는 새로운 유통 거점을 마련하게 됨으로써 함안, 마산, 고성 등 남해안권에 2차적 분배의 유통구조가 형성되었을 가능성도 있다.

대가야토기의 유통은 생계경제적 차원의 거래에 의한 시장유통이 이루어지거나, 정치경제적 차원의 분배에 의한 관영유통이 실시되었을 가능성이 있는데, 부장토기가 내포하고 있는 상징도구로서의 기능과 내세 관념에 따른 부장행위가 이루어졌을 가능성을 고려하면 관영유통이 주도적이었을 것으로 보인다.

대가야토기의 유통이 관영유통의 체제를 유지하고 중앙으로부터 현물의 확산이 이루어졌을 가능성이 높은 점에서 생계경제적 차원의 해석보다는 정치경제적 차원의 해석이 우선될 여지가 많다. 생계경제에 의한 시장교류와 정치경제에 따른 분배망의 연구는 대가야 사회의 관계망 검토의 가능성을 보여준다. 즉 유통구조의 유형에 따라 대가야의 실질적 경제권을 알 수 있고, 부분적이나마 영역적 차원의 문제와 지배구조에 대한 유추가 가능하다고 여겨진다.

3. 유통의 분포유형과 변화

1) 유통양상에 따른 분포유형

유통양상이 어떠한 방식으로, 어느 경로로, 얼마의 양이, 어떠한 형태(도매, 소매)로 유통되었는가를 종합적으로 보여줄 경우에 이를 유통이 이루어지는 종합적 양상을 가리킨다. 고고학적으로 유통에 따른 결과물을 분석하여 유통구조의 제 양상을 밝혀야 하는 한계가 있으므로 토기 유통에 있어서 결과의 분포양상을 통해 분석이 가능하다. 따라서 앞서 파악한 유통경로와 유통방식을 종합하여 유통구조의 유형을 설정할 수 있으며, 이는 앞서 연구된 토기의 확산유형과 유사한 결과를 보여주게 된다.

토기 유통의 분포유형은 소비지에서 중심고분군을 대상으로 유통된 결과로서, 이를 정리하면 아래와 같다. 하위집단의 분포유형은 대부분 토착의 재지토기가 유통되는 경향이다.

① 현물분배(A유형) : 대가야의 중심지(중앙)인 고령을 포함하여 5세기 4/4분기의 대가야토기 확산지역인 합천 옥전고분군, 반계제고분군, 함양 백천리고분군에 나타나는 유통양상이다.

② 현물분배와 함께 재지양식 및 유입양식 토기가 함께 복합되는 경우(B유형)로서, 재지양식이 복합되는 경우(B1유형)와 유입양식 토기가 복합되는 경우(B2유형)로 나눌 수 있다.

③ 기술제공과 모방에 의한 재지생산분배(C유형) : 원거리 집단 또는 가야 남부권 집단이 해당된다. 기술제공(공인 파견)에 의한 재지생산(C1유형)과 모방에 의한 재지생산(C2유형)으로 나눌 수 있다.

이상의 토기유통의 분포유형과 연계하여 분배에 의한 분포와 교류에 의한 분포를 구분하여야 하며, 교류에 의한 분포에 대해서도여 정치적 해석을 하는 경우도 있는데 적절한 관점이 아니다. 그리고 생산기술의 제공에 의한 재지생산은 상호 밀접한 관계를 반영한다고 생각되며, 유통거점의 역할을 수행하고 있을 가능성도 있다.

2) 유통양상의 변화(발전단계)

종래 논의된 바 있는 확산유형은 중심지론에서 비롯되었다고 할 수 있으며, 유통양상의 분포유형은 소비지 중심에서 논의된 것으로서 분류기준의 차이가 있다. 대가야토기의 생산체계의 변화와 연동되며, 시기별 유통양상의 변화를 정리하면 아래와 같다.

① 1기 : 전기의 양식복합기로부터 새로운 토기문화의 수입과 재지의 복합화가 나타나는 단계로서, 생계경제에 따른 기술유입의 단계에서 정치경제의 유통구조가 구축되는 단계이다. 대가야 중심부(고령)에서 현물공급의 대내유통이 전개된다(5세기 2/4분기).

② 2기 : 대가야양식의 성립과 대가야 중심부의 대내유통 지속, 신라토기와 교류적 유통을 통해 기술요소와 기형을 생산에 반영, 중심부 인접지역에 대한 대외유통(교류)의 시작된다(5세기 3/4분기).

③ 3기 : 대가야토기양식의 대외유통(확산), 현물분배 및 생산규모 확대, 정치경제적 차원의 유통이 전개되며, 중심집단은 현물분배가 이루어지고 하위집단은 재지생산에 의한 유통이 이루어어지는 위계상의 유통방식 차이가 보인다(5세기 4/4/분기).

④ 4기 : 재지생산에 의한 대외유통 변화, 유통지역 확산과 재지 토기생산체계를 대신한 대가야토기의 새로운 생산체계(가마 구축 등)으로 유통방식의 변화가 확인된다. 유통경로의 변화와 새로운 유통 거점(창원 중동유적)의 확보(함안, 고성과 2차적 분배), 최대의 대가야 유통권역을 형성한다(6세기 1/4분기).

유통(확산)단계별 변화양상을 통해 대가야의 대외관계망의 추이를 찾아볼 수 있는데, 제1기(5세기 2/4분기)는 대가야 중심부에서 현물공급의 대내유통이 전개되고, 제2기(5세기 3/4분기)는 대가야 중심부의 대내유통이 지속되고 중심부 인접지역에 대한 대외 유통(교류)가 이루어진다. 제3기(5세기 4/4/분기)는 중앙공급 및 생산규모가 확대되고, 정치경제적 차원의 대외유통(확산)이 확대된다. 중심집단은 현물분배가 이루어지고 하위집단은 재지생산에 의한 유통이 이루어지기도 한다. 제4기는(6세기 1/4분기)는 원거리 권역에 대가야토기의 새로운 생산체계가 구축되어 유통 거점을 확보함으로써, 재지생산에 의한 대외유통 변화가 나타난다. 유통경로의 변화를 통한 최대의 대가야 유통권역을 형성하게 된다.

III. 대가야토기 유통을 통해 본 관계망 재론

1. 대가야토기 유통의 권역별 분석

토기양식에 있어서 생산체계는 양식요소의 하나로서 양식의 성립에 있어서 상호 작용을 보여주고 있으며, 토기양식의 형식학적 연구와 제작과 생산의 기술적 연구는 상호 보완의 관계에 있다. 또한 대가야토기의 확산에 대해서도 양식적 관점만이 아니라 생산·유통의 관점에서 함께 분석하여 상호 보완할 필요가 있다.

대가야토기의 양식 확산과 유통 간의 관계에 있어서 분포양상과 경로, 변화단계와 분포유형의 설정 등에서 상호 연구 분야가 유사함을 알 수 있다. 또한 양식 확산이 중심지론에 의해 전개하는 특성이 있고, 유통은 생산지와 소비지와의 사이에서 일어나는 경제적 측면을 강조하는 차이가 있을 뿐, 실질적으로는 토기양식의 확산과 유통에 관한 연구 결과는 동일하게 나타날 것으로 보인다.

대가야토기는 5세기 4/4분기부터 고령으로부터 주변의 합천, 함양, 산청, 남원 등지로 본격적인 확산이 이루어지는데, 이제 이러한 대가야토기의 확산을 유통이라는 측면에서 다루어 보려고 한다.

유통의 연구는 생산지의 분석이 우선 이루어져야 하나 현실적으로 대가야의 중심지(중앙)인 고령지역과 창원 중동유적에서만 생산지가 파악되어 구체적인 분석이 어려운 형편이다. 그러므로 대가야토기가 생산되어 소비지에 유통된 결과로서 나타나는 고분의 부장토기를 통해 유통의 소비지 분석이 이루어질 수밖에 없다. 대가야토기의 생산지를 검토할 수 있는 토기가마의 자료는 극히 일부에 지나지 않으나, 중심지인 고령을 벗어난 지점인 창원 중동유적의 자료는 유통양상을 검토하는데 중요한 자료적 가치가 있다.

앞서 대가야토기 유통의 소비지 분석의 결과를 보여주는 토기유통의 분포유형은 크게 현물분배(A유형), 현물분배와 함께 재지양식 및 유입양식 토기가 함께 복합되는 경우(B유형), 재지생산분배(C유형)로 나눈 바 있다. A유형(현물분배)은 대가야의 중심지(중앙)인 고령을 포함하여 5세기 4/4분기의 대가야토기 확산지역인 합천 옥전고분군, 반계제고분군, 함양 백천리고분군에 나타나는 유통양상이다. B유형은 현물분배와 함께 재지양식 및 유입양식 토기가 함께 복합되는 경우로서 재지양식이 복합되는 경우(B1유형)와 유입양식 토기가 복합되는 경우(B2유형)로 나눌 수 있다. 그리고 C유형은 기술제공과 모방에 의한 재지생산분배가 이루어지며, 원거리 집단 또는 가야 남부권 집단이 해당된다. 기술제공(공인 파견)에 의한 재지생산(C1유형)과 모방에 의한 재지생산(C2유형)으로 나눌 수 있다.

여기서는 소비지인 고분에 부장된 대가야토기의 분포유형을 기반으로 권역별 주요 사례를 통해 대가야토기의 유통양상을 살펴보기로 하겠다.

① 현물분배권(A)유형으로서, 대가야의 중심지(중앙)인 고령을 포함하여 5세기 4/4분기의 대가야토기 확산지역인 합천 옥전고분군, 반계제고분군, 함양 백천리고분군 등의 중심집단에 나타나는 유통양상이다. 그 대표적인 양상으로서 합천 옥전고분군에서 대가야토기가 확산·유통되는 양상을 살펴보기로 하겠다.

옥전고분군에 전개되는 대가야토기의 확산 양상을 살펴보면(박승규 2014), 5세기 3/4분기에 대가야와 옥전고분군의 교류적 차원의 분포로서 종형투창과 엽맥문이 시문된 발형기대가 28, 36, 95호분에서 볼 수 있다. 이 시기는 옥전고분군이 창녕권과 교섭이 이루어지고 있는 점을 고려할 때, 대가야와 옥전고분군 간에는 일부 기종의 교류되는 양상만 전개되고 있다. 5세기 4/4분기부터 M3호분에서 대가야토기 일색으로 바뀌는 변화가 나타난 이후로 6세기 1/4분기의 M4, M7호분까지 지속되고 있다. 그리고 6세기 2/4분기에는 옥전고분군에서 대가야토기의 확산 기종이 줄어들고 수량도 급격하게 줄어들게 된다.

다른 측면으로, 옥전고분군에 확산된 대가야토기의 변동을 생산·분배체계의 관점에서 검토한 논고(이성주 2003)를 통해 대가야토기의 유통양상을 살펴보면 다음과 같이 전개됨을 알 수 있다[42](<도면 55> 참조). 첫째, 대가야토기가 옥전고분으로 확산되는 기점은 옥전 28호분 단계부터로 단편적인 대가야토기의 유입을 확산이라고 표현하기는 어려운 수준이다. 5세기 2/4분기까지는 옥전 23호분과 같은 당시 대형묘를 비롯해 소형묘에까지 옥전의 재지 생산체계로부터 생산된 토기가 부장된다. 23호분 단계는 소지역(옥전)양식의 특성이 드러나는 단계로 이후 5세기 3/4분기까지 옥전의 소지역양식은 지속적으로 생산된다. 둘째, 5세기 3/4분기에는 옥전의 소지역양식도 존속하지만 창녕토기, 소가야토기, 대가야토기 등 이웃한 다른 소지역양식 토기들이 유입된다. 이 5세기 3/4분기에는 다른 지역보다 창녕지역토기가 꽤 많은 양이 유입되어

---

[42] 논고의 발췌내용과 <도면 55>에 표기된 연대는 필자의 연대관에 따라 수정하였음을 밝혀둔다.

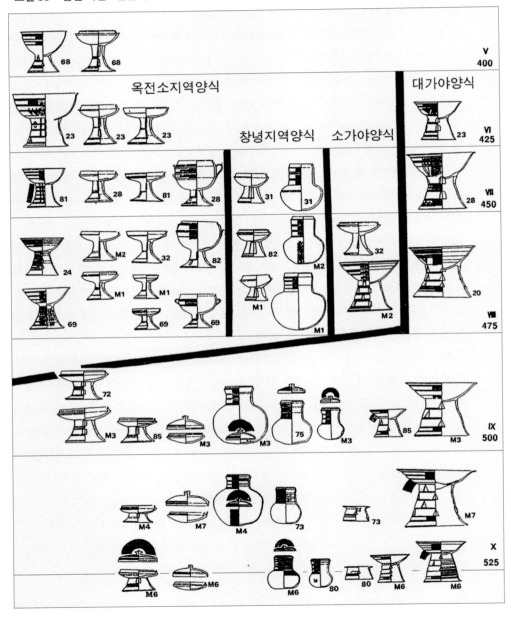

대형분에 부장되는 현상을 보여주며 소가야토기는 몇 점 정도 유입되는데 불과하고 고령지역토기도 창녕지역 토기에 비해 상대적으로 적은 빈도를 차지할 뿐이다. 셋째, 5세기 4/4분기에 접어들면 옥전고분군의 부장토기 양상이 일변한다. 70호 목곽묘와 M3호분이 이 시기의 대표적인 대형묘인데 부장토기의 거의 전부가 대가야토기에 속한다. 이와 같은 대가야토기들은 제작기술상의 속성이나 소성방식에서도 고령지역에서 출토된 토기와 거의 유사하다. 따라서 이들은 옥전의 소지역양식을 생산하던 재지 공인들이 고령토기를 모방하여 제작한 것은 아닌 것으로 판단되며, 고령으로부터 유입된 것으로 보아야 한다는 견해(이성주 2003)이다.

이상의 옥전고분군에서 전개된 대가야토기의 양식 확산과 생산·분배체계의 관점에 대해 각각 살펴보았는데, 옥전고분군의 대가야토기 유통은 5세기 4/4분기에 고령의 중앙으로부터 현물분배에 의한 직접 공급이 이루어졌고, 그 이전에 구축되었던 옥전고분군의 생산체계는 점차 축소되어 5세기 4/4분기가 되면 대가야토기가 대량 유입되는 양상과 함께 재지 생산체계는 소멸하였거나 하위집단의 분배망으로 대체되었을 가능성이 있다. 또한 토기양식의 확산과 생산·분배체계의 관점에서 살펴본 결과는 대동소이한 것으로서, 이를 통해 양식의 확산·변동이 생산체계와 유통의 결과적 양상임을 인식할 수 있다.

그리고 이 유형에 속하는 산청 생초고분군은 대가야토기의 확산 초기에는 대가야로부터 현물분배에 의한 직접 공급이 이루어지나, 다음 단계에는 재지에서 생산된 대가야계토기가 중심집단의 고분군에 부장되는 양상이 확인되어 주목된다[43].

한편 현물분배가 중심집단에 이루어지는 경우에도 주변의 하위집단에는 타 지역 양식 토기의 유입이나 재지생산의 토기가 유통되고 있음이 합천 반계제고분군(중심집단)과 봉계리고분군(하위집단) 사이에 전개되는 유통양상을 통해 살펴볼 수 있다(이성주 2003).

② 현물분배와 함께 재지양식 및 유입양식 토기가 함께 복합되는 경우(B유형)로서, 중앙으로부터 원거리에 해당되는 남원 월산리고분군 권역과 소가야권으로부터 대가야연맹체에 편입된 남강유역의 진주 수정봉·옥봉고분군 등이 해당된다.

남원 월산리고분군에는 대가야토기의 현물분배에 의한 직접 공급과 함께 토착의

---

43) 경상대학교박물관, 2006, 『산청 생초고분군』.

발형기대 형식이 존재하고 소가야토기가 함께 유통되는 양상이 확인되고 있으나, 6세기 이후로 편년되는 두락리고분군에는 대가야토기의 현물분배가 강화되고 있어 주목된다. 이러한 유통양상은 남원 월산리·두락리권역에서도 산청 생초고분군처럼 대가야토기의 기술제공(공인파견)에 의한 재지생산이 이루어진 변화일 가능성이 있으나 아직 토기 가마의 존재가 확인되지 않아 명확히 단언하기는 어렵다.

종전 소가야권에 해당되었던 진주 수정봉·옥봉고분군에도 토착의 소가야토기와 대가야토기가 중심집단의 고분군에 함께 부장되고 있어 대가야의 중앙으로부터 현물분배에 의한 직접 공급은 제한적이고 토착의 지역양식 토기가 계속하여 함께 부장되었음을 알 수 있다. 그리고 진주 수정봉·옥봉고분과 삼가고분군의 주변 하위집단에 해당되는 의령 천곡리고분군과 진주 가좌동고분군에는 계속하여 소가야토기가 주된 부장토기로서 사용되고 있는 점으로 보아 대가야의 소가야권에 대한 연맹체 편입방식이 거점의 중심고분군을 중심으로 토기유통망을 장악한 것으로 보인다. 따라서 하위집단의 고분군에는 토착의 토기양식들이 계속 부장되고 있는 양상으로 보아 거점의 중심집단을 제외한 지역내 토기 생산·유통은 재지생산토기가 유통된 것으로 이해된다.

한편 순천 운평리고분군에도 통형기대를 비롯한 대가야토기가 일시기 유통되고 있는데, 생산지가 명확지 않으나 대가야토기의 현물분배에 의한 공급이 이루어진 후에 주변지역의 하위고분군에서 모방에 의한 재지생산품이 유통되고 있다(조성원 2014). 순천지역의 대가야토기는 일시기 대가야연맹체에 포함되거나(이동희 2008) 대가야의 교역거점으로 기능함에 따라 유통된 것으로 추정되며, 섬진강 하구의 하동 흥룡리고분 또는 순천 운평리고분군 지역에서 모방생산과 2차적 유통을 위한 대가야 토기가마가 분포할 가능성이 있다.

③ 기술제공과 모방에 의한 재지생산분배(C유형)로서 새로운 생산지로서 토기가마의 자료를 확보하여야 실체를 뚜렷이 파악할 수 있다.

창원 중동유적의 대가야 토기가마의 발굴 자료는 대가야토기 제작기술이 제공되었거나 도공의 파견이 이루어져 재지생산이 이루어진 경우이다. 대가야토기의 낙동강 확산경로의 거점에 위치하는 창원 중동유적에 새로운 토기가마가 구축되어 재지생산이 이루어짐으로써 창원 중동유적 고분군을 비롯하여 창원 반계동유적, 창원 다호리유적에 유통·공급된 것으로 파악된다. 그리고 이 가마유적을 거점으로 마산 자산동고분군, 합성동유적, 함안 도항리고분군, 고성 율대리고분군 등 가야 남부권의 여러 집단에 2차적 유통이 이루어졌을 가능성이 높다. 창원 중동유적은 재지생산분배유형(C유형) 중 기술 제공(공인 파견)에 의한 재지생산(C1유형)을 보여주고 있다.

2. 유통을 통해 본 관계망 재론

앞서 필자는 대가야토기의 확산에 따른 관계망을 연구한 바 있으며(박승규 2003), 여기서는 이를 토대로 대가야토기의 유통구조와 유통에 따른 분포유형에 관한 검토를 더해 대가야의 대내관계망에 대해 재론하고자 한다.

토기의 분포는 생산과 유통에 의해 이루어지는 일차적인 관계가 형성된다. 이를 양식적 분포로 인식하는 것은 특정의 토기군에 의한 기종 조합과 시·공간적 특성을 보여줄 때 이루어진다. 토기 유통에 관한 실체적인 접근은 소비의 결과로 나타난 고분 부장이나 생활유구의 폐기 등에서 역으로 유추하여 살펴볼 수 있다.

대가야토기는 고령을 중심으로 각지로 확산하여 분포하는 것으로 연구되어 있다. 여기서 대가야토기의 확산을 유통의 관점에서 본다면 중앙으로부터 공급에 의한 것으로 대부분의 연구자가 이해하고 있으며, 그 방식에 대해서는 다양성을 인식하고 있다. 또한 대가야토기의 유통에서 중심집단은 중앙으로부터 현물공급이 이루어지지만 지역의 하위집단에는 재지생산의 토기들이 유통되며, 원거리의 연맹권에는 타지역 유입토기도 함께 분배되는 양상이 나타난다.

대가야토기의 유통은 생계경제적 차원의 거래에 의한 시장유통이 이루어지거나, 정치경제적 차원의 분배에 의한 관영유통이 실시되었을 가능성이 있는데, 부장토기가 내포하고 있는 상징도구로서의 기능과 내세 관념에 따른 부장행위가 이루어졌을 가능성을 고려하면 관영유통이 주도적이었을 것으로 보인다.

대가야토기의 유통이 관영유통의 체제를 유지하고 중앙으로부터 현물의 확산이 이루어졌을 가능성이 높은 점에서 생계경제적 차원의 해석보다는 정치경제적 차원의 해석이 우선될 여지가 많다. 생계경제에 의한 시장교류와 정치경제에 따른 분배망의 연구는 대가야 사회의 관계망 검토의 가능성을 보여준다. 즉 유통구조의 유형에 따라 대가야의 실질적 경제권을 알 수 있고, 부분적이나마 영역적 차원의 문제와 지배구조에 대한 유추가 가능하다고 여겨진다.

유통경로는 시기에 따른 변화가 이루어지는데, 확산1단계에는 서진의 경로에 의해 소가야와 백제권 주변으로 확산되고, 현물분배가 지역중심집단에 이루어진다. 2단계에는 남진의 경로가 생기고 가야 대내의 통합 추진을 시도하는 양상이 전개되면서 재지생산에 따른 새로운 생산과 유통의 거점이 마련되는 양상을 창원 중동유적의 대가야토기 가마에서 찾아볼 수 있다.

대가야토기의 위계에 따른 유통양상의 차이를 보여주는데, 중심집단에는 중앙의 현물분배가 이루어지고 하위집단에는 재지생산의 지역토기 또는 모방토기가 분배되는 양상이 확인된다. 이러한 유통양상은 합천 반계제의 중심집단과 봉계리의 하위집단 간의 고분 부장토기를 통해 확인할 수 있으며(이성주 2003), 순천 운평리고분에서는 대가야토기의 현물분배와 함께 모방에 의한 재지생산토기가 유통되는 양상을 보여준다(조성원 2014).

선행 연구(박승규 2003)에서 대가야토기의 양식 확산을 통해 나타난 분포유형을 제시하였는데, I형은 분포지역에 대가야토기가 일색으로 출토되는 경우로서, 대가야의 직접지배 영역으로 설정하였다. II형은 I형과 같이 대가야토기가 일색으로 출토되나 중심고분군이 계속 축조되는 경우로서, 대가야연맹체의 권역으로 설정하였다. III형은 대가야토기의 대다수 기종이 확산되고 재지토기가 함께 존속하는 유형으로서 지역집단의 독자성이 유지되거나 새로 연맹체에 편입됨으로 인한 초기적 유형이다. 이 경우에도 대가야연맹체의 권역으로 설정하였다. IV형은 6세기 이후에 대가야토기가 재지토기 및 외래계토기와 공반되어 반출되고 분포비율상 소수인 경우로서 대가야와 교역 및 교류적 차원의 관계로 인식하였다.

이제 앞서 논의한 토기유통에 따른 분포유형을 보면, 현물분배(A유형), 현물분배와 함께 재지양식 및 유입양식 토기가 함께 복합되는 경우(B유형), 기술제공과 모방에 의한 재지생산분배(C유형)로 나누어진다. 현물분배(A유형)는 대가야의 중심지(중앙)인 고령을 포함하여 5세기 4/4분기의 대가야토기 확산지역인 합천 옥전고분군, 반계제고분군, 함양 백천리고분군에 나타나는 유통양상이고, 현물분배와 함께 재지양식 및 유입양식 토기가 함께 복합되는 유형(B유형)은 재지양식이 복합되는 경우(B1유형)와 유입양식 토기이 복합되는 경우(B2유형)로 나눌 수 있다. 그리고 기술제공과 모방에 의한 재지생산분배유형(C유형)은 원거리 집단 또는 가야 남부권 집단이 해당되며, 기술제공(공인파견)에 의한 재지생산(C1유형)과 모방에 의한 재지생산(C2유형)으로 나눌 수 있다.

양식의 확산유형은 중심지론에 의거하여 정치적 측면의 관계망을 염두에 두고 연구한 것임을 알 수 있으며, 토기유통의 분포유형은 소비지에서 유통된 결과로서 유통의 실체적 양상을 분류한 것으로 보인다. 이들 각각의 검토를 통해 대가야의 지배구조와 관련한 대내관계망을 재론하면 권역별로 약간의 변화가 있으나 전체적인 맥락에는 뚜렷한 차이는 보이지 않는다. 우선 대가야의 정치구조는 연맹체를 형성한 초기 국가적 단계로 인식하고, 지배구조는 직접지배권과 간접지배 및 연맹권, 교류권으로 설정할 수 있다.

권역별로는 기술제공에 의한 재지생산과 분배가 이루어진 유형(C유형)의 창원 중동유적을 비롯한 창원지역에 대가야토기가 재지생산 및 유통이 이루어진 점은 정치적 영향보다는 경제적인 교류에 의한 측면이 강하다고 발굴보고자가 보았듯이(동서문물연구원 2012) 창원지역에 대가야계의 대규모 고총고분군이 없다는 점에서도 교류적 차원의 관계인 것으로 파악된다. 그리고 순천 운평리고분군 권역은 6세기경에 대가야토기가 현물분배에 의한 직접공급이 일시기 이루어지는 점으로 보아 교역거점을 확보하기 위한 차원에서 대가야세력이 일시기 진출한 것으로 파악된다.

대가야토기의 양식 확산은 대가야 사회의 연구에서 특기할 만한 양상이다. 대가야토기의 확산·유통은 5세기 4/4분기 이후 본격적으로 이루어지며, 확산경로와 확산단계의 변화가 연동되고 있음을 알 수 있다.

대가야토기의 유통(확산)단계별 변화양상을 통해 대가야의 대외관계망의 추이를 보면, 제1기(5세기 2/4분기)는 대가야 중심부에서 현물공급의 대내유통이 전개되고, 제2기(5세기 3/4분기)는 대가야 중심부의 대내유통이 지속되고 중심부 인접지역에 대한 대외 유통(교류)이 이루어진다. 제3기(5세기 4/4분기)는 중앙공급 및 생산규모가 확대되고, 정치경제적 차원의 대외유통(확산)이 확대된다. 중심집단은 현물분배가 이루어지고 하위집단은 재지생산에 의한 유통이 이루어지기도 한다. 제4기는(6세기 1/4분기)는 원거리 권역에 대가야토기의 새로운 생산체계가 구축되어 유통 거점을 확보함으로써, 재지생산에 의한 대외유통 변화가 나타난다. 유통경로의 변화를 통한 최대의 대가야 유통권역을 형성하게 된다.

대가야토기의 확산단계는 생산·유통의 변화와 직접 연결하는 데는 다양한 변수가 있어 쉽지 않지만 대체로 유통양상의 변화 중 제3기와 제4기가 여기에 해당될 수 있다.

먼저, 확산1단계(5세기 4/4/분기)는 대가야토기양식의 대외유통(확산)이 본격화되는 단계로서 황강하류역의 옥전고분군과 황강상류역의 반계제고분군을 비롯하여 거창 말흘리고분군, 함양 백천리, 상백리고분군, 남원 월산리고분군으로 확산된다. 1단계의 확산은 서진경로에 의해 이루어지며, 이 단계의 분포권은 가야 북부권과 남원지역

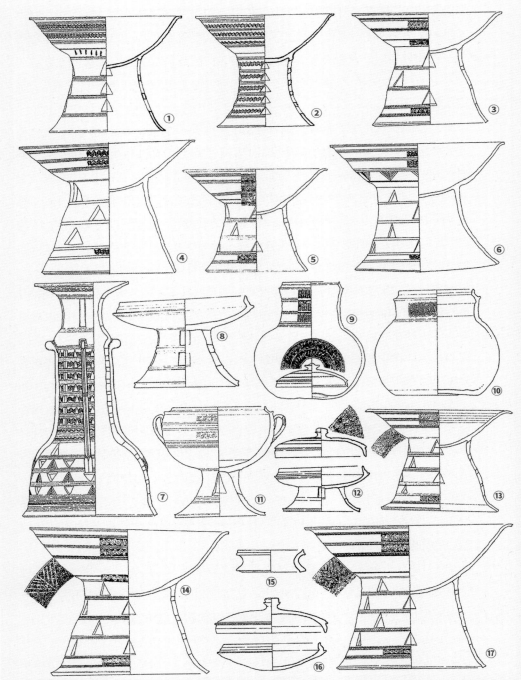

(①②월산M1-A, ③⑧⑨옥전M3, ④⑥지산44, ⑤반계제가A, ⑦반계제가B, ⑩반계제다A, ⑪⑬백천1-3, ⑫⑭옥전M4, ⑮~⑰옥전M7)

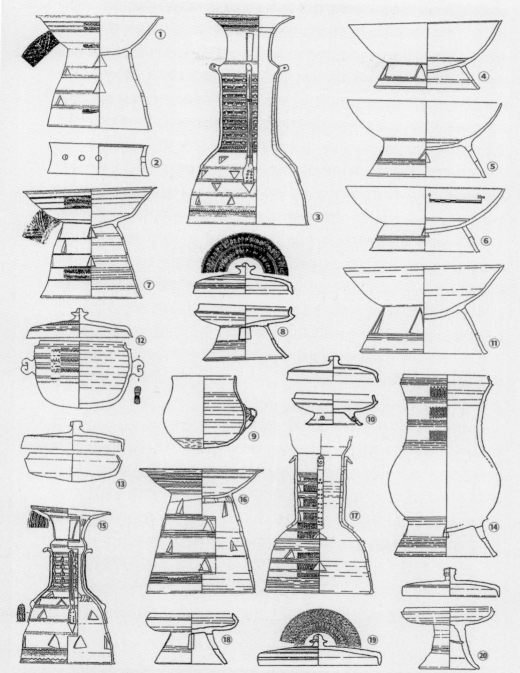

(①③⑥두락1, ②본관36, ④지산45, ⑤반계제다B, ⑦~⑨옥전M6, ⑩옥전M6-1, ⑪~⑬삼가1-A, ⑭율대2, ⑮⑳수정봉2, ⑯옥봉7, ⑰도항8, ⑱옥전78, ⑲도항5)

에 이르는 광역분포권을 이루게 된다. 한편 이 단계의 확산지점별 분포유형은 황강상류역의 반계제고분군과 함양 백천리고분군은 묘제와 토기의 양식구성에 있어서 고령지역과 동일한 양상을 보여주고, 황강하류역의 옥전고분군은 토기의 양식구성은 동일하나 묘제는 재지의 전통을 따르는 차이를 보여주고 있다. 그리고 남원지역의 월산리고분군은 묘제에 있어서는 동일한 양상을 보이나 토기양식에서는 재지적인 요소를 보이는 자료가 혼재하고 있음에서 확산지점별 분포유형의 차이를 보여준다(<도면 58> 참조).

다음으로, 확산2단계(6세기 1/4분기)는 西進경로로부터 대내의 남진경로 및 낙동강경로를 통해 가야 내부로의 확산이 이루어지는 단계이다. 확산1단계에 형성된 대가야토기의 분포권이 지배 또는 연맹관계를 유지하고 있음에 비해, 확산2단계는 확산분포권의 확장에 따른 연맹관계의 추가확대가 이루어짐과 더불어 새로운 거점 단위의 교류망이 출현하는 특징을 보여준다. 이 단계는 6세기 초엽에 전개되는 대가야의 반백제·친신라 외교정책의 결과 진주(남강 남부권), 사천을 비롯한 남해안권은 백제의 견제에 의해 대외 확산이 소강상태에 이르게 되고, 낙동강유역과 함안, 고성권역은 신라와 동반 진출이 이루어지는 새로운 확산양상이 나타나게 된다(<도면 59> 참조).

이상의 확산단계에 의한 변동양상과 유통에 따른 분포유형(또는 확산유형)은 대가야의 발전과정을 이해하는 데 유효할 뿐만 아니라 토기양식의 확산에 따른 영역화과정을 살펴보는 데 좋은 자료가 된다.

5세기 후반에 이루어진 대가야토기의 양식 확산은 대가야토기의 분포양상에 의해 확인되며, 확산유형과 확산경로의 다양성이 나타나고 있다. 대가야토기의 확산단계와 확산경로는 상호 연동되는 것으로서, 확산1단계는 가야 북부권을 중심으로 한 西進경로로 이루어지며, 확산2단계는 가야 남부권에 대한 통합을 시도하는 南進경로의 변화가 나타난다. 또 기왕의 연구에서(박승규 2003) 대가야토기의 확산에 따른 분포유형은 I~IV형으로 구분하고, I型의 분포권역은 직접지배권, II型은 간접지배권, III型은 연맹권, IV型은 교류권이 형성되는 것으로 파악하였다. 특히 IV型에 해당되는 함안, 고성, 창원, 순천은 대가야토기가 신라토기 또는 소가야토기와 동반 진출하고 있으므로 이들 지역이 대가야와 정치적인 관계보다는 유통상의 거점으로 유지되었을 가능성도 있다.

대가야토기 양식의 확산을 통해 본 대가야의 영역화과정의 이해는 대가야토기가 재지토기와 형성하는 관계망 및 이와 연계된 고고학 자료의 검토를 통해서 가능하다고 여겨진다. 대가야토기의 확산에 따른 분포유형이 어떠한가에 의해 영역화로 인정할 수 있는 점과 그렇지 않은 부분으로 나눌 수 있다. 대가야토기의 확산에서 나타나는 분포유형의 Ⅱ형까지는 대가야의 영역화로 인식할 수 있고 Ⅲ형에 포함되는 권역에 대해서는 대가야연맹체를 형성한 것으로 이해된다. 이러한 영역화의 양상은 유통양상에서 살펴볼 때 중심집단에 한정된 현물분배가 이루어지는 점으로 보아 연맹체의 관계망은 거점의 중심지역(고분군) 단위로 이루어졌을 가능성이 있다.

결론적으로 토기 양식의 확산은 유통의 결과로 인식할 수 있으며, 당시의 유통이 정치경제적 차원에서 이루어지는 특수성을 고려할 때, 정치체의 영역화과정과 일정한 관계가 있는 것으로 이해된다. 다만 양식내 일부 기종의 교류적 분포는 유통과 관련된 양상으로 이해함으로써 정치적 영역화로 연결하여 확대 해석하는 것은 경계하여야 한다.

토기가 고고학 연구의 중심자료가 되고 있음은 공감하듯이 토기는 편년과 분포 및 교류의 연구에 최적의 자료로서 가치가 있다. 이러한 토기는 생산, 유통(공급), 소비(사용), 폐기라는 일련의 과정(일생)을 거쳐 고고학 자료로서 중요한 연구대상이 되고 있다. 지금까지 소비와 폐기의 결과에 대한 분석이 주를 이루어졌다면 앞으로 생산과 유통에 대해서도 적정한 연구가 이루어져야 함이 토기의 일생에서 보여주고 있다.

토기의 생산과 유통은 당대 사회의 경제적 측면을 보여주는 것으로서 관영에 의한 생산체계와 유통이 이루어졌다면 그 배경으로서 사회구조에 대해서도 충분한 검토가 이루어져야 한다. 또 대가야토기의 생산과 유통의 연구는 토기양식의 한 요소로서 연구만이 아니라 제작소의 가마 조사와 유통구조를 둘러싼 다양한 정치경제적 양상들에 관한 연구도 필요함은 당연하다. 하지만 토기 제작과 생산체계에 대해서는 아직 구체적인 발굴 자료가 확보되지 않음으로 인해 현실적으로 연구의 한계가 있음으로 지속적인 토기가마의 발굴조사가 필요함을 강조해 둔다.

향후 대가야토기의 생산과 유통에 관해 ①대가야토기의 제작기술과 생산체계의 분석, ②토기가마(공방지)의 입지와 구조 분석, ③토기 유통방식의 이론적 분석으로서 직접 공급, 기술자 파견, 기술 전수 등의 유통방식 검토, ④산지분석을 통한 각지 대가야토기의 생산지 및 분배(공급)의 분석, ⑤생산 토기의 운반과 공급에 따른 교통로와 운송방식 검토, ⑥부장토기와 일상토기의 생산과 소비에 관한 차별성 검토를 향후 과제로 제시하면서 더욱 진전된 연구가 이루어지기를 기대해 본다.

제4장 4~5세기 가야토기의 변동과 초기스에키의 생산

가야의 역사는 전기와 후기로 나누어지며, 가야토기로 살펴 본 전·후기의 전환은 4~5세기의 중간 기점인 A.D.400년을 전후로 이루어진다. 가야토기는 전기로부터 후기로 전환하면서 새로운 지역성을 표방하게 되고 그에 더하여 신라 양식과 대비된다. 이러한 가야토기의 전·후기의 전환 과정에 보이는 변동에 대해서는 앞서 검토한 바 있다[44].

가야토기의 전환기 변동은 전기의 김해양식과 아라가야양식이 복합과 파급을 바탕으로 신라토기에 대응되는 새로운 후기가야토기의 양식으로서 변화하게 된다. 가야토기의 전환기 변동은 가야 내부에서만 일어난 변동이 아니라는 새로운 사실을 알 수 있다. 즉, 가야토기 양식의 일본 열도내 파급이 이루어진다는 사실이다. 이로 인해 5세기 때 왜에 혁신적인 도질제 스에키(須惠器)의 생산이 개시되었다는 사실이다.

가야토기 전환기 변동의 파급이 왜의 초기스에키 생산 개시에 직접 영향을 끼친 사실은 이미 오래 전에 연구되었으나[45] 실체적 사실에 대한 추가 연구는 드물었다고 할 수 있다. 토기 양식 연구에 대한 정치적 해석을 경계하려는 경향도 있었겠지만, 당대의 구체적인 자료 검토와 연구방향은 국내 편년 인식의 갈등에 묻혀 실질적인 의미를 살피는 데 충분하지 않았다.

이에 가야토기가 어떠한 과정을 거쳐 왜의 토기문화를 바꾸게 되었는지를 밝히기 위한 토기제작기술과 교류에 대한 연구가 부족하였기에 다시금 가야토기의 변동에 따른 왜의 초기스에키 생산에 대해 살피고자 한다.

---

44) 朴升圭, 2006, 「加耶土器의 轉換期 變動과 樣式構造」『伽倻文化』19, (財)伽倻文化研究院.
   朴升圭, 2010, 『加耶土器 樣式 研究』, 東義大學校大學院 博士學位論文.
45) 申敬澈, 1997, 「日本 初期 須惠器의 發現」『東아시아 속의 한·일 관계』, 釜山大學校 韓國民族文化研究所.

Ⅰ. 가야토기의 전환기 변동

1. 전환기 변동의 요소와 배경

가야토기는 출현시점을 3세기 후엽으로 보는 것이 일반적이며, 가야사의 시기구분과 연동하여 전·후기가야토기로 구분할 수 있다. 전기가야토기는 전기Ⅰ기(3세기 후엽~4세기 3/4분기)와 전기Ⅱ기(4세기 4/4분기~5세기 1/4분기)로 나눌 수 있으며, 시기별로 형식과 기종 구성의 변화가 나타남과 더불어 토기양식도 차이를 보이고 있다. 가야토기는 4세기 4/4분기의 전환기 변동에 의해 일시 통합양상을 이루다가 5세기 2/4분기부터 신라·가야토기의 분립과 함께 고령권의 대가야양식, 함안권의 아라가야양식, 진주·고성권의 소가야양식으로 다시 나누어져 후기가야토기를 형성하게 된다(도면 3).

가야토기의 전환기 변동은 새로운 토기 기종의 등장(도면 58)과 시공적 특정성을 통해 찾아 볼 수 있으며, 이는 전기가야토기의 통형고배 또는 외절구연고배, 노형기대로 대표되는 토기군으로부터 이단투창고배와 발형기대로 대표되는 신 기종의 토기군으로 대체되는 양상에서 확인된다.

가야토기의 전환기 변동을 이루고 있는 변동요소는 형식적인 측면과 기술적인 측면에서 나타나는데, 신 형식 및 신 기종의 출현과 제작기법상의 변화가 주된 요소이다. 전환기 변동은 이단투창고배와 발형기대의 등장에 의해 이루어지는데, 세부적인 요소로서 ①신 기종의 등장, ②전단계 형식의 속성변화, ③제작기법의 변화, ④문양 시문의 보편화를 들 수 있다.

첫째, 신 기종의 등장은 고배와 기대에서 나타나는데, 고배는 전단계의 통형고배와 단각외절구연고배가 이단투창고배로 대체되는 변화가 나타나고, 기대는 파수부노형기대와 무파수형노형기대가 발형기대로 바뀌는 획기적인 변화가 나타난다. 이러한 양상과 더불어 전 단계에 보이지 않았던 화염형투창고배, 대부파수부완이 출현하는 변화도 이루어진다.

둘째, 전 단계 형식의 속성변화로는 통형고배의 대각이 점차 나팔상으로 바뀌어 통형고배의 퇴화형식인 투공고배가 등장하고, 금관가야양식의 단각외절구연고배가 장각화 및 외반구연화하는 형식적 속성변화가 이루어진다.

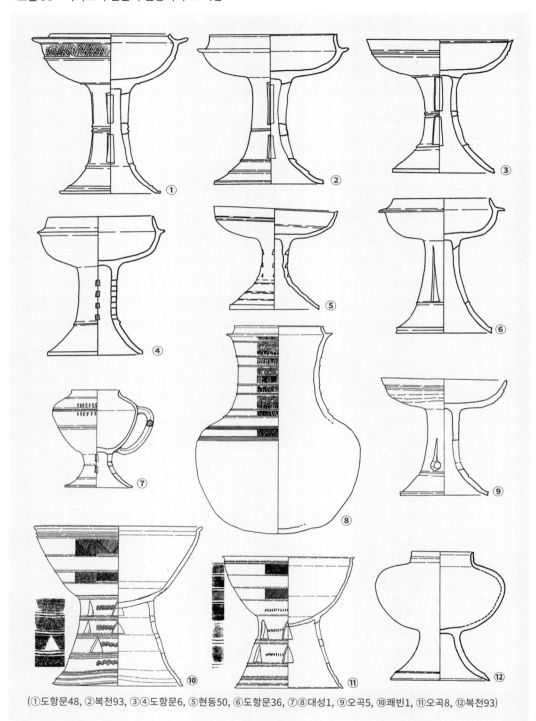

(①도항문48, ②복천93, ③④도항문6, ⑤현동50, ⑥도항문36, ⑦⑧대성1, ⑨오곡5, ⑩쾌빈1, ⑪오곡8, ⑫복천93)

셋째, 제작기법의 변화는 종래 투공문 또는 투공의 사용 단계에서 토기 제작의 편리성이 인정되는 투창의 사용이 일반화 된다.

넷째, 문양시문에 있어서 전 단계에는 횡침선문이나 사격자문, 삼각거치문 등이 뚜껑이나 노형기대에 제한적으로 사용된 데 비해, 발형기대와 뚜껑 등에 사격자문, 거치문, 결승문, 유충문, 파상문 등이 보편적으로 사용되는 변화가 보인다.

이처럼 전환기 변동의 제 요소는 형식변화가 주된 변화상으로 꼽을 수 있으며, 부수적으로 제작기법의 변화도 상당부분 작용한 것으로 보인다. 전환기 변동은 전기가야토기로부터 후기가야토기로 전환하는 실질적인 형식변화가 수반된 문화변동으로, 전·후기의 정치변동에 수반된 시기구분과는 달리 순수한 문화변동의 측면에서 찾아볼 수 있는 중요한 의미의 변동이라고 할 수 있다. 또한 이 시기에는 토기뿐만 아니라 묘제의 변화 등 관련 고고자료에 있어서도 변화상이 나타나고 있다.

전환기 변동에 의한 기종 변동은 4세기 3/4분기의 지역간 교류에 의해 형식의 복합이 이루어짐으로써 새로운 형식의 기종들이 만들어졌을 가능성이 있는 것으로 추정된다. 즉, 단각외절구연고배가 장각의 통형고배와 교류가 이루어짐으로써 장각화가 이루어지고, 통형고배가 팔자형의 고배대각을 받아들임으로써 나팔상의 투공고배로 변화한 것으로 보인다. 또 하나의 가능성은 토기의 대량제작이 요구됨으로써 제작상의 편리성에 의해 통형의 대각으로부터 나팔상의 대각으로 변화하고, 제작기술에 있어서도 균일한 소성을 위한 투창의 사용이 이루어짐으로써 전체적인 형식변화가 초래된 것으로도 생각해 볼 수 있다. 아울러 이러한 투창의 사용은 소성의 편리성을 추구하기 위한 방법으로 토기 제작기술의 진보에 의해 이루어진 변동으로도 이해된다.

이러한 기술적인 의미의 변동이 일어나게 된 것은 무엇보다도 가야 사회 내부의 정치, 사회적 변화에 의하였을 것으로 보인다. 즉 전기가야토기의 시기에는 지역간 교류가 활발히 이루어지고 있음을 여러 지역에서 보이는 동일 형식의 통형고배와 노형기대를 통해서 알 수 있으며, 이러한 교류의 결과 김해·부산권과 함안권의 결속이 더욱 강화되고 밀접한 교류체계를 유지함으로써 동일 형식의 이단투창고배와 발형기대들이 제작되어 여러 지역에 확산된 것으로 추정해 볼 수 있다. 더욱이 이단투창고배와 발형기대는 전 단계와 완전히 이질적인 것이 아니라 전 단계의 형식적 요소를 상당수 반영하고 있음을 볼 때 그 가능성이 높다.

이 시기에 있어 김해·부산권과 함안권의 주도하에 여러 지역집단들이 상호 동질성의 문화상을 형성하려고 하는 구도와 연맹체를 구성하고 있는 가야 제 집단을 나타내는 상징적 표현도구의 필요에 의해, 신기종의 토기인 이단투창고배와 발형기대가 만들어져 동시기에 여러 지역에 파급되었을 가능성이 있다.

2. 전환기 변동의 단계와 파급

가야토기의 전환기 변동은 가야사의 전·후기 시기구분 시점인 5세기 2/4분기보다 앞서는 변동 획기로서 4세기 4/4분기로부터 5세기 1/4분기에 걸쳐 전개되고 있음이 파악된다. 이러한 변동의 배경으로는 4세기 3/4분기부터 고식도질토기의 양대 지역권을 이루는 김해·부산권과 함안권 간의 활발한 교류에 의해 토기 제작기술과 형식의 복합이 이루어진 점에서 찾을 수 있으며, 이후 변동양상의 확산은 양 지역권이 연맹체 구축에 따른 광역적인 교류체계를 토대로 전환기 변동에 따른 새로운 토기형식이 전 가야권에 교류·확산되거나 각지에 보급된 제작기술에 의한 재지 제작에 의했을 가능성이 높다. 즉 전환기 변동이 광역적인 교류체계에 의해 활발한 교류·확산이 이루어짐에 따라 동일 형식 계통의 토기들이 여러 지역에 분포하게 되며, 이러한 전환기의 변동은 일정기간 전 가야권의 토기 기종이 공유되는 가운데서 세부 형식의 다양성이 함께 전개되는 현상을 초래하게 된다.

또한 전환기 변동은 고식도질토기가 발전된 양상을 표출하는 것으로서, 포괄적인 면에서는 계통성을 유지하고 있으나 세부적으로는 형식상의 다양성을 뚜렷이 보여주고 있다. 아울러 이러한 전환기의 변동은 후기가야토기가 재지적 기반과 주변 관계에 따라 새로운 지역양식을 성립하게 되는 계기가 되고 있다.

전환기 변동은 정치적 변동과 연계된 가야사의 시기구분과는 달리 가야토기의 자체 획기에 의한 문화변동을 가리키고 있다. 또한 가야토기의 전환기 변동은 가야토기의 시기구분이 보여주는 변동에 비할 바는 아니지만 가야토기의 형식요소 중 고식적 요소가 지속되는 가운데서 후기가야와 계통성을 가지는 전환기적인 성격을 가진 문화변동으로서 하나의 획기를 나타내고 있다.

가야토기의 전환기 변동은 시간상으로 단계를 나눌 수 있으며, 1단계는 양식적 변화가 나타나기 시작하는 4세기 4/4분기이고, 2단계는 후기가야토기의 분립이 나타나기 직전의 통합이 지속되는 5세기 1/4분기가 해당된다.

1단계는 노형토기와 외절구연고배 및 통형고배가 퇴화되고 새로 이단투창고배와 발형기대가 등장하는 변화에 의해 설정되는 단계로서, 전 단계에 비해 뚜렷한 문화변동이 나타난다. 이 단계는 이단투창고배와 발형기대의 신 기종이 출현하는 변화와 더불어 기종 간 속성복합에 의한 형식변화도 나타난다. 이 단계에는 이단투창고배의 등장과 더불어 김해·부산권에서 외절구연고배의 형식변화가 나타나고, 함안권에서는 통형고배가 퇴화된 형태를 보이거나 투공고배로 바뀌게 된다. 그리고 기대는 파수부노형기대와 무파수노형기대가 일부 잔존하나 대부분 소형의 발형기대로 바뀌어진다. 대성동3호, 구지로41호, 예안리117호, 황사리4호, 현동18·51호, 도항문42호, 예둔리39호, 옥전17·27호 등이 해당된다.

2단계는 전환기의 변동이 본격화됨으로써 1단계의 이단투창고배와 발형기대가 발전하는 양상이 지속된다. 또 대부파수부완과 삼각투창고배, 화염형투창고배 등의 신기종이 등장하며, 가야토기의 전환기 변동을 거치면서 후기가야토기의 지역양식이 등장하기 직전의 시원 양상을 보여준다. 이 단계에는 가야의 각지에서 형식공유에 의한 유사한 토기문화상이 전개되는 가운데서 고배와 발형기대의 형식이 다양화되는 현상이 나타나며, 더불어 이 단계에는 신라토기가 발현되어 신라·가야토기의 분화가 이루어지게 된다. 해당되는 형식은 전단계의 이단투창고배가 지속되고, 함안권에서는 새로 삼각투창고배와 화염형투창고배가 등장한다. 기대는 소형 발형기대가 점차 대형화 추세를 보인다. 대성동1호, 복천동93호, 예안리130호, 도항리3, 6, 36, 44, 48호, 오곡리5, 8호, 현동50호, 옥전68호, 쾌빈리1호, 임당G-5, 6호, 봉기리2, 3, 4호, 하촌리, 우수리, 예둔리43호가 해당된다.

다음으로 전환기 변동의 공간적인 범위는 변동요소의 분포권을 파악함으로써 이해할 수 있는데, 변동요소의 분포권은 전환기 변동의 특징적인 자료인 이단투창고배와 발형기대의 분포권에서 유추해 볼 수 있다. 그리고 전환기에 통형고배로부터 형식변화를 보여주는 투공고배의 분포도 함께 이루어지고 있음이 확인되며, 이로써 투공고배 역시 전환기의 변동요소로서 인정할 수 있다.

전환기 변동의 양상을 잘 보여주는 이단투창고배의 분포권(도면 59)은 김해 예안리117호, 동래 복천동93호, 함안 도항리6호, 합천 옥전68호, 경산 임당동G-5호, 청도 봉기리3호, 의령 예둔리43호 등 여러 지역에서 확인된다. 또 발형기대(도면 60)는 김해 예안리117호, 동래 복천동101호, 함안 도항리6호, 함안 오곡리, 합천 옥전68호, 고령 쾌빈리1호, 경산 임당동G-6호를 비롯하여 청도 봉기리, 진주 하촌리 등 여러 지역에서 확인되는데 이러한 점으로 보아 전 가야권에 분포를 이루고 있는 것으로 추정된다.

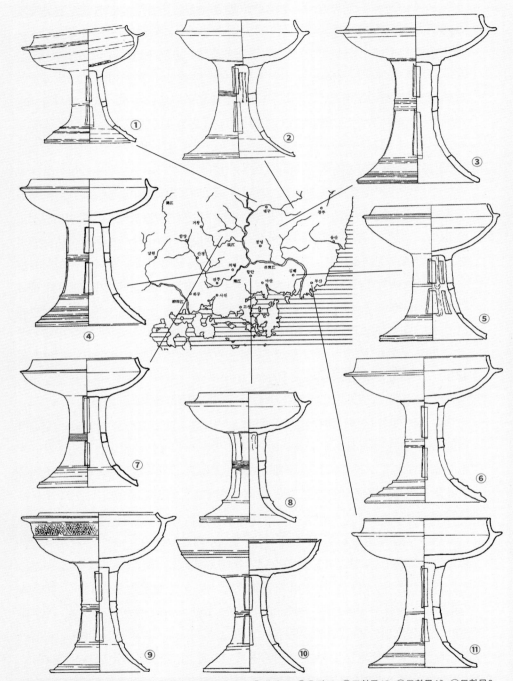

<도면 59> 가야토기 '전환기 변동'의 이단투창고배 분포

(①심천85, ②임당G-5, ③봉기3, ④예둔43, ⑤예안117, ⑥대성57, ⑦옥전68, ⑧도항문42, ⑨도항문48, ⑩도항문6, ⑪복천93)

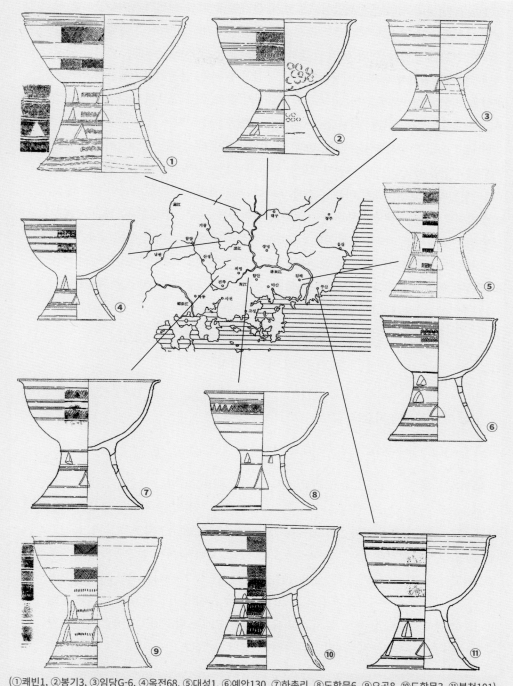

(①쾌빈1, ②봉기3, ③임당G-6, ④옥전68, ⑤대성1, ⑥예안130, ⑦하촌리, ⑧도항문6, ⑨오곡8, ⑩도항문3, ⑪복천101)

전환기 변동의 지역별 전개양상으로서, 금관가야권에서는 4세기 4/4분기의 한 시점에 판상파수가 달린 노형기대가 존속하는 가운데서 새로운 형식의 발형기대가 등장하는 변화가 보인다. 이와 함께 단각외절구연고배가 장각으로 바뀌는 변화와 함께 이단장방형투창고배와 무개식장각고배도 등장하게 된다. 금관가야권에서의 이러한 변화는 대성동2호, 복천동 93호, 예안리17호에서 찾아볼 수 있으며, 이후 예안리130호, 화명동2호, 대성동1호, 복천동31·32호로 이어져 지속된다.

그리고 아라가야권에서는 통형고배가 존속하는 가운데서 통형의 대각이 나팔상을 이루고 투공문이 장식되는 투공고배로의 전환과 이단장방형투창고배가 새로 출현하며, 노형기대는 발형기대로 바뀌는 변화가 나타난다. 그리고 투공고배와 투창고배 및 발형기대의 새로운 형식이 출현하는 변화를 뒤이어 5~6세기 아라가야양식의 시원을 보여주는 삼각투창고배와 화염형투창고배가 출현하는 변화로 이어진다. 아라가야권의 이러한 변화는 황사리4호, 도항문42호, 오곡7호, 현동18·24·45·51호에서 처음 등장하며, 이후 도항문3·6·36·44·48호, 현동5·19·42·50·61호로 지속된다.

II. 초기스에키의 생산 개시

1. 초기스에키 자료의 검토

1) 持ノ木古墳(도면 61)

持ノ木古墳은 大阪府 岸和田市에 소재하는 久米田古墳群의 중간지점에서 발견된 고분으로 한변 13m의 방형분이다. 출토자료는 매장시설의 주구 혹은 분구상에 공헌된 것으로 파악된다. 가야계의 도질토기와 초기스에키로 구성되어 있으며, 유개고배, 발형기대, 통형기대, 유개대부파수부호가 있다. 고배와 개가 함안권의 가야계로 추정되고 발형기대는 김해·부산권의 계통으로 볼 수 있다. 태토분석에 의하면 가야계 도질토기와 초기스에키로 추정하고 있다. 持ノ木古墳의 자료에 대한 연대는 발형기대가 부산 복천동고분군 31호 자료와 유사하고, 고배는 함안권의 전환기 변동 2단계 가야토기와 유사하므로 5세기 1/4분기로 편년할 수 있다.

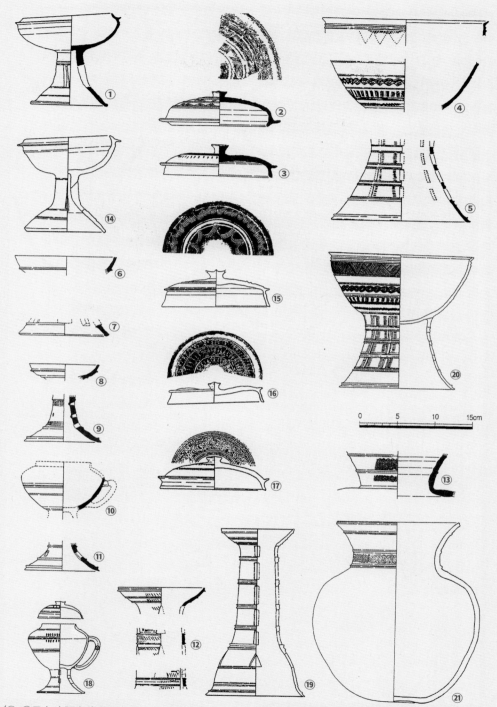

(①~⑬日本 大阪府 岸和田市 持ノ木古墳, ⑭산청 옥산56, ⑮경주 월성로가6, ⑯산청 옥산71, ⑰함안 도항48,
⑱김해 대성동1, ⑲⑳부산 복천동31·32, ㉑부산 복천동21·22)

(①~⑯宇治市街遺蹟 SD302 출토 스에키, ⑰진주 무촌2구122, ⑱김해 대성동11, ⑲부산 화명동2, ⑳김해 대성동57, ㉑마산 현동50, ㉒진주 우수리채집, ㉓김해 대성동Ⅴ-28, ㉔창원 도계동24, ㉕㉖함안 도항리32, ㉗김해 대성동1, ㉘부산 화명동2)

2) 宇治市街遺蹟(도면 62)

宇治市街遺蹟은 京都府 宇治市에 있는 취락유적이며, 수로에서 출토된 목제품의 벌채연대가 389년으로 부여되어 주목받는 유적이다. 宇治市街遺蹟 출토 자료는 도질토기와 초기스에키 및 연질토기가 있으며, 기종별로는 개, 고배, 컵형토기, 유공광구호, 기대, 소형기대의 도질토기와 평저발, 시루, 장동옹, 완 등이 있다.

宇治市街遺蹟의 출토 자료는 수로의 동일지점에 일괄 출토된 것으로 보고되어 있으며, 가야계 도질토기가 대부분을 차지하고 있다. 가야계(함안권 중심 : 함안을 비롯한 경남서남부지역) 도질토기와 관련성이 인정되며, 이들 자료의 연대는 가야토기의 자료와 대비하여 5세기 1/4분기로 볼 수 있다. 大庭寺遺蹟과도 비슷한 연대이나 일부는 시간적으로 고식에 해당된다. 연질토기도 가야계로 함안과 경남서남부지역의 자료로 추정된다.

宇治市街遺蹟의 계보에 대해서는 가야토기의 전환기 변동 2단계인 5세기 1/4분기의 김해·부산권과 함안권에서 전문기술자(도공)의 이주에 의해 도질토기의 교류 및 제작기술이 파급된 사례로서 볼 수 있다. 당시 가야 사회의 변동을 고려할 때 일본열도의 近畿지역에 토기제작 전문기술자가 이주하였다는 사실에서 특정의 배경이 작용했을 가능성이 있으나 명확히 언급하기는 어렵다. 아마도 가야와 왜 수장층 간의 교섭이 전제될 수 있으나 실체적 이주집단의 조직적 활동과 규모에 대해서는 자세히 알 수 없다. 그렇지만 가야계의 함안과 이서의 경남서남부지역의 도질토기 전문기술자 집단이 주류일 것으로 추정된다.

3) 大庭寺遺蹟 TG231·232號窯(도면 63, 64)

大阪府 남부의 泉北구릉에 넓게 분포하는 陶邑窯蹟群은 일본열도에서 초기스에키의 생산 개시로부터 정형화된 스에키로 정착하기까지의 변천양상을 잘 보여주고 있는 대규모의 가마유적이다. 남북 약 9km, 동서 약 15km의 범위에 5세기부터 9세기에 이르는 수백년간 약 800여 기의 가마가 축조되었다.

陶邑窯蹟群의 지구내에 위치하는 大庭寺遺蹟 TG231·232號窯는 고속도로 건설에 앞서 발굴조사가 이루어졌다. 대규모 회원(토기가마 폐기장)이 조사되었으며, 초기스에키가 다량 출토되었다. 이들 가마는 일본열도에서 초기스에키가 처음 생산된 가마로 추정된다. 출토된 초기스에키 자료는 무개고배와 유개고배, 파수부무개고배, 개,

(①~④⑦~㉗大庭寺遺蹟 TG232號窯, ⑤⑥大庭寺遺蹟 TG231號窯)

(①마산 현동48, ②진주 무촌2구85, ③함안 도항(문)36, ④⑧진주 가곡리, ⑤⑥⑩산청 중촌3, ⑦산청 옥산43, ⑨함안 도항(문)44, ⑪부산 복천동53, ⑫함안 도항(문)3, ⑬⑮진주 무촌2구55, ⑭부산 복천동10 · 11, ⑯부산 복천동52, ⑰함안 도항(文)36, ⑱산청 옥산 21, ⑲진주 우수17, ⑳㉒㉓부산 복천동21 · 22, ㉑부산 복천동10 · 11)

다투창고배, 발형기대, 통형기대 등 다양하다. 평저발과 시루, 장동옹의 연질토기도 출토되었다.

이곳에서 출토된 초기스에키는 가야의 김해·부산권, 함안권 및 경남서남부지역에 계보를 두고 있으며, 가야계 도질토기의 기형을 토대로 재지생산이 이루어진 자료들이다. 토기가마 주변의 유구에서는 한식계의 연질토기가 다수 출토되고 있는 점도 주목된다.

TG231·232號窯 출토품의 연대는 회원의 유구적 특성을 고려할 때 일괄적으로 명시하기 어려우므로 가야계 토기자료의 연대를 고려할 때 5세기 1/4분기~2/4분기에 해당된다. 출토 토기의 형식을 고려할 때 TG231號窯가 TG232號窯보다 고식일 것으로 추정된다.

2. 초기스에키의 생산 시기와 양상

가야토기 전환기 변동의 파급과 도질제 토기 생산기술을 수용한 일본열도의 초기스에키 관련 유적은 持ノ木古墳, 宇治市街遺蹟, 大庭寺遺蹟 TG231·232號窯를 들 수 있다. 이들 유적에서 출토된 토기 자료의 검토에서 대부분 가야토기 전환기 변동의 2단계에 해당된다는 점을 찾아볼 수 있다.

가야토기 전환기 변동은 4세기 4/4분기~5세기 1/4분기에 범영남권에서 찾아볼 수 있는데, 1단계는 가야 내부의 파급이 주를 이루고 있다. 2단계는 1단계와 달리 내부적 파급에 따른 범영남양식의 양상이 뚜렷해지고 이에 더하여 대외의 일본열도로 파급되고 있음이 확인되고 있다.

일본열도에 파급된 가야토기 전환기 변동의 最古 자료는 持ノ木古墳과 宇治市街遺蹟, 大庭寺遺蹟 TG231·232號窯에서 출토되고 있으며, 이들은 가야토기 전환기 변동의 2단계 자료와 동일 형식의 기종들이 포함되어 있음이 파악된다. 당대에 일본열도에 파급된 가야토기 전환기 변동 2단계의 도질제 토기는 가야토기의 편년을 기준으로 할 때 5세기 1/4분기 또는 그 이후에 해당된다고 볼 수 있다. 따라서 일본열도에서 처음 생산된 도질제의 초기스에키의 생산 시기는 5세기 1/4분기로 볼 수 있으며 일부는 다음 시기까지 해당될 수 있다.

참고로 일본열도의 초기스에키는 가야 도질토기의 파급에 따른 수용이 이루어지는 초기스에키 1단계와 초기스에키로부터 정형화 과정을 거쳐 스에키 생산으로 정착되는 초기스에키 2단계로 나눌 수 있다. 1단계는 가야 도질토기의 반입과 전문기술자의 이주 1세대에 의한 생산으로 볼 수 있고, 2단계는 가야 도질토기의 양식 요소가 미미해지고 영산강유역 등 백제토기의 제작기술이 더해져 재지화 양상을 보이는 단계로서 스에키의 정형화 과정에 해당된다. 초기스에키 1단계는 持ノ木古墳, 宇治市街遺蹟, 大庭寺遺蹟 TG231 · 232號窯가 해당되고 가야토기 전환기 변동의 2단계에서 대응자료를 찾을 수 있는 시기이다. 이들 중에서 주된 교류지로 추정되는 함안권을 비롯한 경남서부지역의 반입품 또는 동일 형식을 유지하는 가운데서 생산된 것으로 볼 수 있는 持ノ木古墳의 자료가 고식을 유지하고 있다. 이후 도질토기의 생산기술의 전수에 의한 재지생산으로 볼 수 있는 大庭寺遺蹟 TG232號窯의 자료로 이어진다고 볼 수 있다. 또 초기스에키 2단계는 스에키의 정형화 과정이 이루어지는 단계로서 가야토기의 양식적 계보를 벗어나는 양상과 영산강유역과 백제계의 새로운 토기제작 기술이 수용되어 재지화가 정착되는 시기이다. 종래 田辺昭三의 초기스에키 시기로서 陶邑窯 TK73, TK216단계가 해당된다[46].

일본열도에서 가야 도질토기의 수용과 초기스에키 생산 개시는 동시기적 현상으로 볼 수 있으며, 가야토기의 변동과 동일한 양상을 보여준다. 즉 가야토기의 전환기 변동에 따른 양식복합기의 양상이 수용되고, 이후 가야토기의 제작기술에 보이는 변화와 동일하게 유지되는 점으로 보아 도질토기의 수용으로 초기스에키의 생산 개시가 이루어졌음을 알 수 있다.

가야 도질토기의 수용은 일본열도의 近畿地域에 집중적으로 이루어지고 있는 점은 당대의 정치체로부터 일정한 협력과 지원이 이루어졌음을 보여준다. 초기스에키의 생산 개시는 전기가야의 김해권 및 함안권의 특정지역과 교섭을 유지하고 있는 점에서 이를 인식할 수 있다. 일본열도에 파급된 가야계 도질토기는 전기가야토기의 김해양식(또는 낙동강하구양식)과 범영남양식(咸安을 비롯한 내륙양식)의 기술 교류와 형식의 복합 등에 의한 양식복합기가 전개되는 5세기 1/4분기의 토기문화가 왜의 近畿地域에 수용된 것으로 볼 수 있다. 그리고 이러한 변동은 가야 도질토기 전문기술자=도공의 이주에 의해 가능한 것이라고 할 수 있으며, 또 가야토기의 전환기 변동의 양상을

---

46) 스에키(須惠器)의 편년은 持ノ木古墳(宇治市街遺蹟 SD302) - 大庭寺遺蹟TG231 · 232 - TK73 - TK216 - TK208 - TK23 - TK47 - MT15 - TK10의 순으로, 持ノ木古墳 자료의 출현을 5세기 1/4분기로 보고 TK47형식까지를 5세기대로 이해한다.

그대로 보여주고 있으므로 상호 관계성이 있음을 살필 수 있다.

한편 5세기 초에 출현하는 초기스에키의 가야계 도질토기는 기종 복합에 의한 양식적 양상을 보이는 점에서 1~2점의 특정 기종만이 존재하는 양상과 차이를 보여준다. 기종 복합이 이루어지는 양상은 교역 등 일상적 교류과정에 의한 것이라기보다는 전문기술자 집단의 이주에 의했을 가능성이 높다. 이는 5세기 후반에 일본열도에서 보이는 가야계 각지 토기의 교류 양상이 특정의 기종을 중심으로 교류되는 점과 그 성격을 달리하고 있음을 보여준다.

III. 초기스에키의 생산 배경과 기술 계보

1. 초기스에키의 생산 배경

일본열도에서 초기스에키가 출토된 持ノ木古墳과 宇治市街遺蹟은 가야 도질토기의 반입품이 포함되어 있는 것으로 볼 수 있다. 또 이들과 동일한 형식을 보여주는 가야토기 전환기 변동 2단계 도질토기의 연대를 고려할 때 5세기 1/4분기의 연대를 추정할 수 있다. 이들 유적과 달리 大庭寺遺蹟 TG231 · 232號窯에서는 초기스에키 자료의 재지 생산이 이루어지고 있다. 持ノ木古墳과 宇治市街遺蹟의 초기스에키가 가야계 도질토기 반입품과 재지 생산품이 함께 출토될 수 있지만 大庭寺遺蹟 TG231 · 232號窯의 초기스에키는 가야로부터 이주한 전문기술자(도공)에 의한 재지생산품이다. 이들 초기스에키의 생산 개시에 따른 배경 문제를 교류의 측면에서 살펴본다.

초기스에키 생산 개시 문제를 다루기에 앞서 전제되어야 할 사항이 있다. 무엇보다도 가야의 도질제 토기가 기존에 일본열도에서 통용되던 연질제 토기(하지끼)에 비해 상위의 우수한 품질로 인식되고 있어야 한다. 다음으로 일본열도에서는 아직 도질제 토기가 생산되지 않았다는 점과 일부분 가야의 도질제 토기를 접촉하거나 선물 등으로 보유하게 됨으로써 가야 도질제 토기의 신정보를 알게 되었다는 사실이다. 이러한 전제 사항은 충분히 고려될 수 있으므로 당시 일본열도에서는 우수한 도질제 토기의 필요성이 생겨났으며, 그로 인해 초기스에키를 생산하게 되었다고 할 수 있다.

가야 도질토기가 일본열도에 파급되었다는 사실은 표현의 차이가 있으나 한일 양국의 연구자들이 공감하고 있는 사실이다. 그러한 가운데서 가야 도질토기의 교류과 정에 현물의 이동과 기술의 파급 중 어떠한 방식으로 이루어졌는지에 관한 문제이다. 이동수단의 어려운 여건으로 대량의 현물 이동은 어려웠을 것으로 추정할 수 있다. 그러므로 도질제 토기 생산기술의 파급과 수용으로 일본열도에서 초기스에키의 생산 개시가 이루어졌다고 볼 수 있다. 나아가 생산기술의 전수인지, 전문기술자의 이주가 이루어졌는가의 문제는 명확히 근거를 찾기 어려우나 전문기술자의 이주 가능성이 높다고 하겠다.

과연 가야의 도질제 토기 생산기술을 보유한 전문기술자가 일본열도로 이주하게 된 배경이 자연발생적 이주인지, 가야와 왜의 수장층 간의 교섭에 의한 초청 또는 파 견에 의한 이주인지에 대해서 검토가 이루어져야 한다.

자연발생적인 이주의 사실 여부와 그에 따른 전개양상은 특정하여 검토하기는 쉽 지 않은 일라고 할 수 있다. 그러므로 시기적 상황을 전제로 검토하는 것이 타당하다 고 할 수 있다. A.D.400년 전후의 시기적 상황으로서 왜와 가야의 교섭양상과 정세 에 관한 고려가 필요하다. 초기스에키 출현 이전의 일본열도에는 아직 하지키(土師器) 가 통용되고 있었으며, 4세기 후반에 가야와 왜의 밀접한 교섭관계가 유지되었음은 대성동고분군의 출토유물을 통해 알 수 있다. 또 가야는 4세기 4/4분기에 전기가야토 기의 전환기 변동에 따른 새로운 토기문화가 대외에 확산되고 있었고 이에 더하여 대 성동고분군의 축조중단으로 추정할 수 있는 금관가야를 비롯한 전기가야의 정치적 변동도 고려해 볼 수 있다.

가야에서 5세기 초의 상황은 정세 변동에 따른 주민의 이주 가능성이 나타날 수 있 는 상황으로서, 새로운 도질제 토기를 수용하려는 왜의 입장과 전기가야세력의 몰락 에 따른 이주 가능성이 상호 작용을 일으킬 경우에 가야로부터 일본열도로 주민=전 문기술자의 이주가 가능하다고 할 수 있다.

이 과정에 가야와 왜의 수장층 간에 형성되었던 밀접한 교섭관계가 기반으로서 활 용되었을 것이며, 전기가야의 도질토기 전문기술자 집단이 倭 수장층의 협력으로 선 택적으로 일본열도 近畿지역에 이주한 것으로 상정할 수 있다. 이로써 일본열도에 가 야 도질토기가 현물로서 반입되는 초보적 정보 인식의 단계를 거치고 더불어 가야로 부터 이주한 전물지술자에 의해 가야계 도질토기가 초기스에키로서 재지생산이 이루 어졌다고 할 수 있다.

정리하면, 왜의 가야 도질제 토기문화의 수용 과정은 도질토기의 현물 반입과 이

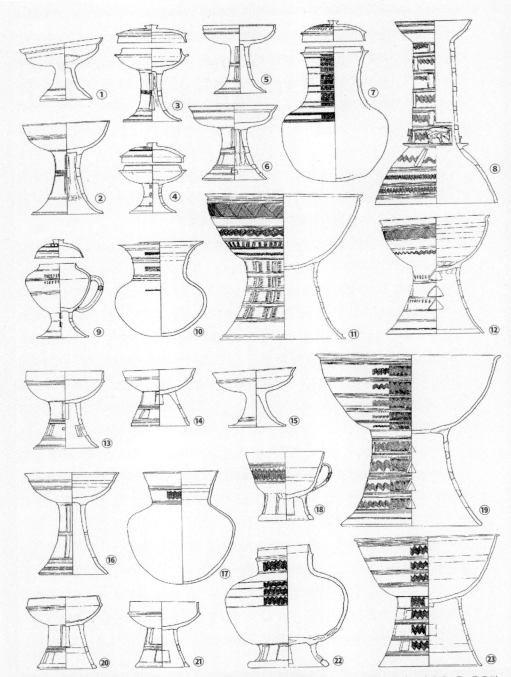

(김해 · 부산권 : ①③⑦⑨대성1, ②⑩예안130, ④⑤⑫화명2, ⑥⑧⑪복천31 · 32, 합천 · 고령 · 경산권 : ⑬~⑰옥전 68, ⑱~⑳임당G-5 · 6, ㉑~㉖쾌빈1)

(함안권 : ①현동50, ②현동42, ③⑧도항문44, ④⑦⑮도항문6, ⑥⑪오곡5, ⑨현동12, ⑩현동61, ⑤⑫도항문1, ⑬⑯
도항문3, ⑭도항문48, 의령·진주권 : ⑰㉑~㉓예둔43, ⑱⑳㉕㉗하촌, ⑲우수리, ㉔오곡11, ㉖가곡리, ㉘중촌3-남)

주 공인에 의한 재지생산의 과정을 거친 것으로서, 최초의 가야 도질토기는 4세기 말 ~5세기 초에 이루어진 가야계 이주집단에 의해 반입된 것으로서 이해할 수 있다. 가야계로 인식되는 초기스에키의 전문적인 생산은 5세기 1/4분기에 이루어졌을 가능성이 높으며, 이러한 변동은 가야토기의 전환기 변동과 연동되고 있음이 확인된다. 持ノ木古墳, 宇治市街遺蹟에 출토된 초기스에키 자료는 가야토기 전환기 변동의 2단계에서 볼 수 있는 자료와 동일 형식에 해당되며(도면 65, 66 참조), 이후 초기스에키의 재지 생산이 大庭寺遺蹟 TG231 · 232號窯 단계에서 이루어진다. 이 시기까지는 가야계 이주 공인에 의한 가야토기의 양식 요소가 토기제작기술에 적용되고 있음이 확인된다.

2. 초기스에키 생산 기술의 계보

일본열도에서 초기스에키의 출토는 소비지와 생산지에서 각각 나타나고 있다. 소비지는 고분과 취락 유적에서 부장 또는 생활도구로 사용한 것으로서 持ノ木古墳, 宇治市街遺蹟의 자료가 해당된다. 생산지는 토기가마 유적의 생산시설에서 출토된 것으로서 大庭寺遺蹟 TG231 · 232號窯 자료가 해당된다. 이들 중에서 초기스에키 생산 기술의 계보는 생산 시설의 가마유적의 자료를 중심으로 찾아보는 것이 적정하다고 생각된다.

大庭寺遺蹟 TG231 · 232號窯은 大阪府 泉北 구릉의 陶邑窯蹟群의 한 지점으로 일본열도 스에키 토기가마 중 가장 시기가 앞서는 초기스에키가 생산된 곳으로 회원(토기가마 폐기장)에서 다량의 초기스에키가 출토되었다. 大庭寺遺蹟 중 TG231號窯가 TG232號窯보다 생산활동 시기가 앞서는 것으로 보인다.

大庭寺遺蹟 TG231號窯에서 발굴된 초기스에키는 가야계 도질토기로 이들 토기의 계보를 가야권에서 특정할 수 있다. 이곳에서 발굴된 초기스에키는 함안을 비롯한 경남서부권에서 5세기 1/4분기에 주로 출토되고 있는 자료로서 기종이나 형식에서 동일한 것이 다수 확인된다. 특히 최근 발굴된 일본열도의 奈良縣 彊原市 新堂遺蹟에서 함안지역에서 주로 출토되는 화염문(불꽃무늬)투창이 뚫린 고배가 확인되고 있는 점은 함안의 토기제작기술이 일본열도에 파급된 것으로 특정할 수 있다. 또 大庭寺遺蹟 TG232號窯에서는 부산 복천동고분군에서 조형을 찾을 수 있는 발형기대들이 확인되고 있어서 부산권 전문기술자의 생산 기술도 반영되고 있음을 알 수 있다.

<그림 14> 大阪府 堺市 大庭寺遺蹟 TG231號窯 출토 초기스에키

　소비지에서 해당되는 持ノ木古墳과 宇治市街遺蹟의 초기스에키는 재지생산과 반입품이 공존하는 것으로 보이며, 이들 자료는 시간상으로 5세기 1/4분기에 해당되는 가야토기 전환기 변동의 2단계 토기자료와 기종과 형식상 유사하다. 초기스에키에 반영된 생산 기술의 계보로는 전기가야의 중심이 되는 김해·부산권과 함안권을 비롯한 경남서부권에서 공간적인 계보를 구할 수 있다.

　가야토기 전환기 변동의 토기자료와 왜의 초기스에키 토기 자료를 대비하여 초기스에키의 생산 개시에 따른 시기와 계보를 중점 검토하여 살펴보았다. 토기의 생산에는 생산의 결과물인 토기 그 자체만이 아니라 생산시설을 포함한 생산체계에 대한 검토도 필요하다.

　왜의 스에키 토기 생산은 대규모 토기가마 군집을 기반으로 이루어지고 있다. 이러한 대규모 토기가마 유적이 大阪府 泉北 구릉의 陶邑窯蹟群이다. 陶邑窯蹟群에서 가장 이른 시기의 초기스에키를 생산하는 가마유적이 大庭寺遺蹟 TG231·232號窯로서 이들 토기가마에서는 가야 도질토기의 생산 기술이 반영되었음을 뚜렷이 보여주고 있다.

　최근 함안군 법수면 일대에는 4세기대 도질토기 가마유적이 발굴되고 있으며, 국립가야문화재연구소에서 주변에 대한 정밀지표조사가 실시되어 종래 알려지지 않았던 새로운 가마유적이 다수 확인되었다. 추정컨대 함안군 법수면 일대에는 10여 곳에서 확인된 토기가마유적이 발굴된다면 지금의 조사자료보다 훨씬 더 늘어날 것으로 기대된다. 실로 가야권에서 최대 규모의 토기가마유적이라고 하겠으며 이들 토가가마에서 발굴되는 도질토기의 연구를 통해 더욱 풍부한 가야사 연구의 기초자료가 확보될 것으로 확신한다.

여기서 왜의 大阪府 泉北 구릉의 陶邑窯蹟群과 우거리 토기가마로 대표되는 함안 법수면 일원의 토기가마유적을 비교할 필요가 있다. 입지적으로 양 지역은 토기가마유적으로서 적합한 조건을 갖추고 있으며 교통로와 가마의 분포양상도 비슷할 것으로 추정된다. 왜의 陶邑窯蹟群은 발굴조사가 여러 차례 이루어져 일본열도 스에키 토기문화의 중심으로서 변천과 생산체계 및 대외 확산 등 다양한 연구성과를 이루고 있다. 함안 법수면 일원의 우거리 토기가마도 앞으로 추가조사가 진행되면 유사한 연구결과가 도출될 것으로 보인다.

가야 도질토기와 왜의 초기스에키의 상호 계보의 새로운 검토로서 토기 생산의 실체인 토기가마의 구조적 측면과 토기가마유적의 생산체계 등을 고려할 필요가 있다. 즉 가야토기를 생산하는 함안군 법수면 일원의 토기가마유적과 스에키 생산유적인

<그림 15> 奈良縣 橿原市 新堂遺蹟 출토 초기스에키

大阪府 泉北 구릉의 陶邑窯蹟群이 토기가마의 구조와 토기 생산체계에 있어서 상호 유사성이 있음은 알 수 있다. 나아가 구축시기를 고려할 때 우거리 토기가마를 비롯한 함안 법수면 일원의 토기 생산체계를 운영하였던 전문기술자 집단이 A.D.400년을 전후하여 일본열도로 이주하여 大阪府 泉北 구릉의 陶邑窯蹟群을 구축하였을 가능성이 높다고 할 수 있다.

　단순히 가야토기 전환기 변동의 도질토기 기종과 형식을 일본열도에 전하여 초기 스에키를 생산 개시한 사실을 넘어 우거리 토기가마가 포함된 함안 법수면 일원의 토기 생산체계를 왜에 구축하였다는 점이다. 이러한 과정을 통해 구축된 것이 곧 일본열도의 大阪府 泉北 구릉의 陶邑窯蹟群이라 할 수 있다.

제6부

가야토기
종합

가야는 '신비의 왕국'으로 불리면서 역사상 제 위치를 뚜렷이 찾지 못하고 있었으나 근년의 고고학 발굴조사의 성과에 힘입어 그 실체가 점차 파악되고 있다. 그리고 삼국사기를 비롯한 역사서에 '5가야' 또는 '6가야'의 국명들이 전해져 오는 바와 같이 김해, 고령, 함안, 합천, 고성 등 각지에는 가야 각국의 유적들이 자리 잡고 있다. 가야는 신라, 백제, 고구려와 함께 존속했던 나라로서 신라에 복속되기 전까지 함께 각축을 벌였던 四國시대의 한 왕국으로 우리나라 고대사의 한 축을 이루고 있었음이 명백하다.

일반적으로 가야사는 전기론과 전사론으로 서술되고 있으며, 문헌 분야에서는 전기론의 관점에서 변한시기와 가야시기로 나누어 설명하고 고고 분야에서는 변한을 독립된 시기로 설정하고 4~6세기의 가야를 전기와 후기로 나누어 설명하고 있다. 고고 분야의 관점에 의하면 전기에는 김해의 금관가야가 중심이 되어 발전하였고, 후기에는 고령의 대가야와 함안의 아라가야, 고성과 진주의 소가야가 각기 독자적인 문화권을 형성한 것으로 고고학 발굴의 성과를 통해 서술하고 있다.

가야사를 구체적으로 밝히기 위한 문헌 자료는 극히 드문 상황으로서, 역사 사실에 대한 잔존 기록이 부족한 부분의 해명에는 고고학적인 자료의 활용에 기댈 수밖에 없다. 이러한 점이 가야사 연구에 있어서 고고학 발굴과 연구가 절대적으로 필요하며, 그 논의의 중심에 가야고분과 가야토기가 위치하고 있다. 때문에 가야사를 해명함에 있어 가야토기를 탐구하고자 하는 이유가 바로 여기에 있다.

고대의 토기는 단순히 그릇의 의미만 지니는 것이 아니라 당대의 역사와 문화를 간직하고 있으며, 이를 밝히고자 하는 고고학적 연구에 있어서 중요한 학술자료로서 가치를 가지고 있다. 즉 가야토기가 전해주는 분포권과 변화모습, 제작기술과 대외교류양상은 가야가 어떠한 규모의 영토를 가졌는지, 어떻게 발전하였는지, 또 그 기술은 어느 수준에 있었으며 어느 나라들과 교류를 하였는지를 알 수 있게 해 준다.

가야토기는 외질토기(瓦質土器)로부터 새로운 제작기술에 의해 만들어진 도질토기(陶質土器)가 주종을 이루고, 이외에 적갈색을 띠는 연질토기(軟質土器)도 해당된다. 일반적으로 접하고 있는 가야토기의 대부분은 고분의 부장품이며, 실생활에 사용되었던 토기는 이와는 다른 양상을 보이고 있다. 고분에서 발굴된 대부분의 토기는 도질토기로서, 이들은 1200도 정도의 고온에 환원염 상태로 구워진 토기를 말하는 것으로서 회청색 또는 회흑색을 주로 띤다. 반면 생활용의 일상토기는 대부분 산화염 상태로 구워진 적갈색 연질토기가 대부분을 차지한다.

가야토기의 기종으로는 고배(굽다리잔), 단경호, 장경호, 기대(노형기대, 발형기대, 통형기대), 잔, 개배, 개 등 다종다양하며, 형태적 속성의 비교에 의해 신라토기, 백제토기와 차이를 뚜렷이 보여주고 있다. 즉 표식적인 고배를 통해서 보면, 신라토기는 투창이 엇갈리고 대각이 직선적임에 비해 가야토기는 투창이 일렬로 배치되고 대각이 나팔상으로 곡선을 이루는 차이점이 뚜렷이 나타난다. 이처럼 가야토기의 형태적 특징이 뚜렷이 나타나고 있음은 당시의 가야가 일정한 문화권을 형성하였음을 보여준다. 또 가야토기는 형식학적 연구를 통해 편년체계를 수립하는 데 중요한 자료로서의 가치를 지니고 있으며, 이를 통해 편년체계가 명확지 않은 가야사의 발전 단계를 설정하는 것도 가능하게 해준다. 그리고 가야토기는 신라, 백제, 왜의 여러 지역에서 출토되고 있어, 당시의 각국들과 교류 관계를 살피는 데 좋은 자료가 되고 있다. 특히 왜의 각지에서 가야토기의 존재와 교류양상을 확인할 수 있는데, 이를 통해 왜의 5~6세기대 토기를 가리키는 쓰에끼(須惠器)의 원류가 가야토기에 있음을 입증해주고 있다.

일반적으로 가야토기의 시작은 3세기 4/4분기의 도질토기 출현과 함께 하며, 4세기대의 토기 문화(고식도질토기)와 5~6세기대의 토기 문화로 구분된다.

4세기 고식도질토기의 초기에는 지역양식이 완전히 성립되지 않으나 4세기 2/4분기부터 김해권과 함안권에서 지역적 특성을 보여주는 양대 지역양식이 성립된다. 즉, 김해·부산권의 외절구연고배로 대표되는 금관가야양식과 함안권의 통형고배로 대표되는 범영남양식이 그에 해당된다. 이 시기의 금관가야양식이 독립적인 권역을 가진 지역양식을 성립함에 비해 범영남양식은 함안권을 중심으로 범영남권의 각지에서 범영남양식의 토기와 재지 토기가 공존하는 분포양상을 보임으로써 양식구조에 있어서 상호 대비된다. 또 금관가야양식은 제작 전통을 강하게 유지하고 있을 뿐만 아니라 유통에 있어서 김해·부산권을 벗어나지 않는 한정성이 뚜렷하다. 이는 토기의 유통에 있어서 자율적인 유통구조를 유지하는 범영남양식과는 달리 금관가야양식에서는 정치체에 의한 유통의 제한적 통제가 이루어졌음을 보여준다. 반면 범영남양식은 통형고배를 지표로 하여 함안권을 중심으로 고령권, 대구권, 경주권의 제 집단들이 재지계 토기문화와 함안권 토기문화 간의 개방적 차원의 유통이 이루어짐을 찾아볼 수 있다.

4세기 말~5세기 초에는 전환기 변동을 거치면서 양식 복합에 의해 전 영남권이 공통양식적 기조를 강하게 형성하게 되며, 이로써 가야토기의 양식구조는 지역양식 성립기로부터 공통양식적 기조를 이루는 양식 복합의 일원적 구조로 변화하는 양상을 보여준다.

5~6세기의 가야토기는 대가야권의 새로운 세력 형성으로 대두된 대가야양식, 전기의 계승적 양상을 보여주는 아라가야양식, 신형식의 수용에 따라 새로 성립된 소가야양식의 3대 지역양식의 존재가 뚜렷이 파악된다. 5세기 전엽에 성립된 이들 3대 지역양식은 대가야, 아라가야, 소가야의 존재를 인식할 수 있는 대표적인 고고학적 근거라고 할 수 있다.

종래 토기 연구는 형식분류와 편년, 분포양상의 연구 등 양식적 연구가 주를 이루고 있었으며, 토기 제작기술과 생산체계 및 유통에 대한 연구가 새롭게 주목받고 있다. 특히 양식적 연구 결과를 정치적 사건과 연결하여 확대 해석하는 부분에 대한 비판은 경청할 필요가 있다. 토기양식 연구에 있어서 생산과 유통의 분야가 양식 성립의 한 요소로서 다른 여러 요소와 상호관계를 가지고 있으며, 이들 양식요소의 각 분야는 기술적, 관념적, 정치적 순환관계에 의해 하나의 토기양식을 성립하게 됨을 알수 있다.

토기의 생산과 유통은 당시 사회의 실체적 양상을 반영하는 것으로서 생산체계와 유통양상의 변화가 일어나는 배경이 어떠한지에 대해 충분한 검토가 이루어져야 한다. 대가야토기의 생산과 유통의 연구는 토기양식의 한 요소로서만이 아니라 제작소의 가마 조사와 생산체계 및 유통에 관한 연구가 필요함은 당연하다. 하지만 형식적 특성을 표출하는 과정에 있는 토기 제작기술과 생산에 대해서는 아직 구체적인 발굴자료가 확보되지 않음으로 인해 현실적으로 연구의 한계가 있음도 사실이다.

I. 양식의 성립과 변동

가야토기는 출현시점을 3세기 후엽으로 보는 것이 일반적이며, 고고 분야의 관점에서 나눈 가야사의 시기구분과 연동하여 살피고자 한다. 4세기의 고식도질토기는 아직 신라 · 가야토기가 분립되지 않은 단계로 알려져 있으나, 낙동강하구를 중심으로 한 금관가야양식과 범영남양식으로 크게 나눌 수 있다. 이들 가야토기는 4세기 말의 전환기 변동에 의해 일시 통합양상을 이루다가 5세기 전엽부터 신라 · 가야토기의 양식 분립과 더불어 고령권의 대가야양식, 함안권의 아라가야양식, 진주 · 고성권의 소가야양식으로 다시 분화되어 5~6세기의 새로운 가야토기를 형성하게 된다. 이후 가야토기는 각각 발전을 거듭하지만 6세기 중엽경에 대가야의 멸망과 함께 신라토기로 대체되는 변화를 보여준다.

1. 양식의 성립

김해 · 부산권에는 1980년대 이후 복천동고분군, 대성동고분군, 양동리고분군 등이 발굴조사됨으로써 일찍부터 고식도질토기의 문화상을 파악하고 해석하는 데 선두적인 역할을 수행하였다. 김해 · 부산권에는 파수부노형기대와 외절구연고배라는 특징적인 기종이 분포하고 있음이 밝혀졌으며, 이를 통해 이 지역에 가야토기의 한 축을 이루는 지역양식이 존재하고 있음에 대해 대체로 의견의 일치를 보이고 있다. 함안권 역시 1990년대에 들어서 발굴조사가 본격화됨으로써 황사리, 윤외리의 발굴 자료에서 특징적인 기종들이 복합체를 구성함으로써 지역양식의 존재 가능성을 검토하게 되었으며, 이후 묘사리, 우거리 등의 가마유적에서 이들 자료가 생산되었음이 확인되어 독특한 토기문화의 존재를 인식하게 되었다.

김해 · 부산권은 단각외절구연고배, 파수부노형기대가 지역적 특성을 보여주고 있는데, 노형기대에 있어 파수의 부착이라는 특징을 통해 지역성을 표출하고 단각외절구연고배는 그에 비해 한 단계 정도 늦게 지역성을 보여주는 것으로 파악된다. 또 분포권이 김해 · 부산권역을 중심으로 한정되어 분포하는 점에서 금관가야양식의 지역양식을 명확히 보여준다.

함안권은 'エ'자형 대각의 통형고배, 무파수의 노형기대, 다양한 문양이 시문된 문양개, 파수부잔, 승석문단경호로 이루어진다. 이들 토기는 초기에 함안지역을 중심으로 남강유역과 남해안에 이르는 지역 및 남강과 합류하는 낙동강유역을 중심분포권으로 상정할 수 있으나 점차 광역적인 분포권을 형성하여 김해 대성동, 부산 복천동, 경주 죽동리, 황오동, 경산 임당동, 합천 옥전, 저포리, 창녕 여초리, 칠곡 심천리 등 전 영남권에 이르고 있다.

<도면 67> 가야토기의 시기별 양식의 변화(박승규 2010)

구분			금관가야	아라가야	소가야	대가야
전기 I 기	I ~ III 단계	지역양식형성기	① ② ③	⑩ ⑪ ⑫		
전기 II 기	IV · V 단계	양식복합기	④ ⑤ ⑥	⑬ ⑭ ⑮	㉔ ㉕ ㉖	㉝ ㉞ ㉟
후기	VI ~ X 단계	지역양식분립기	⑦ ⑧ ⑨ ⑲ ⑳ ㉑ ㉒ ㉓	⑯ ⑰ ⑱	㉗ ㉘ ㉙ ㉚ ㉛ ㉜	㊱ ㊲ ㊳ ㊴ ㊵ ㊶

(금관가야 : ①③예안리138, ②복천동57, ④대성동1, ⑤예안리130, ⑥복천동31 · 32, ⑦~⑨복천동10 · 11. 아라가야 : ⑩황사리35, ⑪황사리32, ⑫황사리45, ⑬도항문8, ⑭도항문44, ⑮도항문3, ⑯도항문14, ⑰도항문54, ⑱도항15, ⑲㉑㉒도항문47, ⑳㉓도항문4. 소가야 : ㉔예둔리43, ㉕가곡리채집, ㉖하촌리채집, ㉗예둔리1, ㉘고이리나-12, ㉙우수리14, ㉚가좌동4, ㉛운곡리2, ㉜배만골채집. 대가야 : ㉝㉞옥전68, ㉟쾌빈동1, ㊱옥전M3, ㊲지산동30, ㊳지산동32, ㊴옥전78, ㊵저포D I -1, ㊶옥봉7)

고식도질토기의 초기에는 아직 와질토기의 기종과 제작기법이 이어지고 있으며, 이후 4세기 초부터 와질토기의 잔존 기종과 기술적 요소가 사라짐으로써 도질토기로 정착된다. 초기의 단경호와 노형기대에 이어 새로운 기종으로 통형고배가 함안권에서 등장하게 되고 외절구연고배가 김해·부산권에서 대표 기종으로 자리 잡게 된다. 또 노형기대는 김해·부산권에서 단면원형의 환형파수와 판상파수가 부착되는 특징이 나타나고 함안권에서는 무파수의 노형기대로 발전하여 각각 지역적 특성을 보여준다.

4세기의 고식도질토기는 5~6세기의 가야토기가 보여주는 지역양식처럼 완전하지는 않으나 특정 시기에 있어서는 지역성을 뚜렷이 보여주고 있다. 고식도질토기의 초기에는 지역성이 보이지 않으나 4세기 전엽부터 노형기대에 의한 지역적 특성이 김해·부산권과 함안권에서 나타나게 된다. 이후 김해·부산권과 함안권에서 노형기대와 고배 등의 기종복합체에 의한 각각의 지역양식이 성립되고, 이와 더불어 범영남권에서는 함안권의 통형고배를 필두로 한 토기문화상이 전개됨으로써 공통의 형식적 요소에 의한 범영남양식으로 확대된다. 이로써 고식도질토기의 분포양상은 김해·부산권에서 '금관가야양식'으로 부를 수 있는 토기양식이 한정된 분포 범위를 보여주고 있고, 함안권에서 출현한 통형고배로 대표되는 '범영남양식'은 재지 생산과 유통에 의해 전 영남에 분포하는 양상을 보여준다.

이러한 변화를 거쳐 4세기 후엽에는 각각의 지역적 특성이 지속되는 가운데서 새로이 이단투창고배와 발형기대가 영남 각지에 분포하는 공통양식적 양상이 전개된다. 그러나 이러한 양식적 통합은 이후 A.D.400년에 일어난 고구려군의 남정이라는 정치적 사건으로 인해 고식도질토기의 통합이 완전히 이루어지지 못하고 5세기 초부터 신라·가야토기의 분립과 함께 5~6세기의 가야토기로 전환된다.

고식도질토기의 제작기술은 문양에서 잘 나타나고 있는데, 와질토기 제작기술에서 보이는 마연기법으로부터 회전물손질의 채용이 정착되고 동일한 양식적 속성을 유지하면서 다양한 형식을 보여주는 제작기술의 고도성을 찾아 볼 수 있다. 특히 점문과 선문으로 이루어진 다양한 문양과 여러 형태의 투공 사용, 승석문타날과 도부호의 사용 등은 지역적 특성을 잘 보여주고 있으며, 제작기술의 보급이 범영남권으로 이루어진 점도 하나의 특성으로 인정할 수 있다. 생산체계에 있어서도 전업적 생산체계가 완전하게 구축된 것으로 파악되며, 이러한 전업적 생산체계는 형식의 정형화를 이루는 기반을 형성한 것으로 볼 수 있다. 또한 김해·부산권과 함안권 뿐만 아니라 영남 각지에서도 자체적인 생산체계가 구축되어 권역간 기술 교류가 활성화된 것으로 이해된다. 특히 김해·부산권에서는 단각외절구연고배의 분포가 한정되어 있음을 볼 때 토기 제작기술 교류가 특정지역에 한정된 것으로 볼 수 있고, 이와 달리 함안권으로부터 비롯된 통형고배의 제작기술은 범영남권에서 기술 교류의 확산이 전개된다.

고식도질토기는 3세기 후엽에서 5세기 초에 걸쳐 발전한다. 크게 보아 고식 I 기와 고식 II 기로 나눌 수 있고, 세부적인 형식변화에 의한 편년단계와 권역별 병행관계도 파악된다.

고식 I 기는 아직 와질토기의 전통이 남아있고 단경호와 노형기대가 대표 기종이 되는 3세기 후반으로부터 4세기 중엽의 시기로서 김해·부산권과 함안권에서 지역양식이 형성되는 '지역양식의 형성기'이다. 그리고 고식 II 기는 4세기 후엽부터 5세기 초의 전환기 변동에 의해 전 영남권이 이단투창고배와 장경호 및 발형기대로 대표되는 새로운 양식의 공유에 의한 통합양상이 전개되는 '양식복합기'이다.

고식 I 기의 초기는 도질토기가 발생하여 단경호 중심의 기종 구성이 이루어져 있는 시기로서 특정의 기종복합체가 형성되지 않으므로 아직 지역양식이 형성되지 않은 단계이다. 이후 4세기 전엽에 김해·부산권에서 환상파수의 노형기대와 초기 형식의 외절구연고배에 의한 지역양식이 형성되고, 함안권에서는 무파수의 노형기대와 통형고배에 의한 지역양식이 만들어짐으로써 양 지역에서 초기적 지역양식이 형성하는 단계이다. 4세기 중엽에는 함안권의 통형고배가 범영남권에 교류적 확산을 이룸으로써 함안권의 지역양식이 범영남양식으로 바뀌게 되어 고식도질토기의 양대 지역양식이 형성된다.

고식 I 기에 있어서 지역양식의 형성 배경으로는 김해·부산권의 통제적 분배 시스템에 그 요인이 있으며, 이와 더하여 김해·부산권의 후기와질토기의 계승적 양상과 함안권의 새로운 도질토기의 출현으로 인한 양대 지역의 기종복합체가 차이를 보이기 시작함으로 지역화가 전개되었음을 알 수 있다. 또한 이 시기에 보이는 지역양식의 분포권은 김해·부산권에서 토기양식의 분포가 특정권역에서 한정되고 있음에 비해, 함안권의 토기자료가 직접 교류 또는 기술교류의 다양한 방식을 통해 범영남권에서 분포양상을 보여주게 된다. 이들의 권역별 분포는 김해·부산권의 대표 기종인 외절구연고배에 의해 '금관가야양식'을 설정할 수 있고, 함안권의 대표 기종인 통형고배의 분포권에 의해 '범영남양식'으로 크게 구분하여 설정할 수 있다. 금관가야양식의 분포권은 낙동강 하류의 김해·부산권으로, 범영남양식의 분포권은 함안권의 남강 및 낙동강 중류역을 중심으로 범영남권에 걸쳐 분포한다.

고식Ⅱ기는 앞 시기의 지역양식적 구조가 공통양식화함으로써 양식복합기를 이루게 된다. 4세기 후엽에 일어나는 새로운 토기양식의 변동은 단각외절구연고배와 통형고배 및 노형기대로부터 이단투창고배와 장경호 및 발형기대의 신 기종으로 바뀌는 양상이 주목된다. 또 이와 더불어 신 기종의 형식 공유에 의해 앞 시기의 양대 지역양식을 통합하여 영남권에서 공통양식적 구조를 이루게 된다. 이 변동은 이단투창고배와 장경호 및 발형기대라는 새로운 기종복합체의 출현과 함께 전 영남이 공통의 양식군을 형성하는 획기적인 변동으로서 고식도질토기로부터 5~6세기의 가야토기로 전환되는 과정에 나타남으로써 '전환기 변동'으로 인식하기도 한다.

김해·부산권과 함안권 간의 교류에 의해 새 기종으로 출현한 이단투창고배와 장경호 및 발형기대는 4세기 후엽 이후 전 영남권에서 재지 생산과 교류를 보여주며, 이러한 일련의 과정을 거치면서 고식도질토기는 특정 기종의 복합에 의한 형식공유를 보여주는 전환기적 변동이 뚜렷이 전개된다. 실제로 이단투창고배와 장경호 및 발형기대는 고식도질토기의 유통망을 통해 김해·부산권과 함안권의 주변부 집단으로 이동과 파급이 계속 이루어져 지역간 토기제작기술의 공유와 형식의 통합을 이루게 되며, 이러한 양상은 5세기 초에 중심 집단뿐만 아니라 주변부 집단의 합천 옥전68호, 고령 쾌빈리1호, 청도 봉기리2호, 경산 임당G-6호, 진주 하촌리 등 전 가야권에서 확인되고 있다.

이처럼 고식Ⅱ기의 양식복합기에는 전 단계에 이루어진 토기 이동에 따른 토기제작기술의 상호 수용과 모방을 통해 만들어진 형식 공유의 공통양식을 보여주며, 이단투창고배 및 장경호와 발형기대 등으로 이루어진 기종복합체의 존재와 이들의 각지 분포가 확인됨으로써 공통양식적 성격을 띠고 있다. 다만 양식 복합기의 기종복합에 있어서 4세기 후엽에는 이단투창고배와 투공고배, 발형기대 및 장각의 외절구연고배로 구성되지만 5세기 초에는 이단투창고배, 발형기대, 대부파수부호와 함께 화염형투창고배와 삼각투창고배로 기종 구성의 변화가 나타나고 있으므로 공통양식적 성격에 한계가 있음을 알 수 있다.

2. 양식의 전환과 변동

1) '전환기 변동'과 요소

가야토기의 양식 전환기는 4세기로부터 5~6세기의 가야로 바뀌는 과정에서 찾아

볼 수 있으며, 그간의 고고학 연구 성과에 의해 5세기 2/4분기에 전환된 것으로 일반적으로 이해하고 있다. 또 4세기 금관가야의 종말과 5~6세기 대가야를 비롯한 여러 가야의 시작을 둘러싼 변동에 대해서는 A.D.400년에 이루어진 고구려군의 남정에 따른 정세변동을 주된 배경으로 보고 있다[47].

　가야토기는 가야사의 시기구분과 연동하여 4세기는 고식도질토기로, 5~6세기는 가야토기로 크게 나눌 수 있다. 또한 가야사의 전환기와 연동되어 전개되는 가야토기의 '전환기 변동'은 새로운 토기 기종의 등장을 통해 찾아 볼 수 있으며, 이는 고식도질토기의 통형고배 또는 외절구연고배, 노형기대로 대표되는 토기군으로부터 이단투창고배와 발형기대로 대표되는 신 기종의 토기군으로 대체되는 양상에서 확인된다.

　가야토기의 '전환기 변동'은 가야사의 전 · 후기 시기구분 시점인 5세기 2/4분기보다 앞서는 변동 획기로서 4세기 4/4분기로부터 5세기 1/4분기에 걸쳐 전개되고 있음이 파악된다. 이러한 변동의 배경으로는 4세기 3/4분기부터 고식도질토기의 양대 지역권을 이루는 김해 · 부산권과 함안권 간의 활발한 교류에 의해 토기 제작기술과 형식의 복합이 이루어진 점에서 찾을 수 있으며, 이후 변동양상의 확산은 양 지역권이 연맹체 구축에 따른 광역적인 교류체계를 토대로 '전환기 변동'에 따른 새로운 토기 형식이 전 가야권에 교류 · 확산되거나 각지에 보급된 제작기술에 의한 재지 제작에 의했을 가능성이 높다. 즉 '전환기 변동'이 광역적인 교류체계에 의해 활발한 교류 · 확산이 이루어짐에 따라 동일 형식 계통의 토기들이 여러 지역에 분포하게 되며, 이러한 전환기의 변동은 일정기간 전 가야권의 토기 기종이 공유되는 가운데서 세부 형식의 다양성이 함께 전개되는 현상을 초래하게 된다.

　또한 '전환기 변동'은 고식도질토기가 발전된 양상을 표출하는 것으로서, 포괄적인 면에서는 계통성을 유지하고 있으나 세부적으로는 형식상의 다양성을 뚜렷이 보

---

47) 가야 전 · 후기의 전환은 고고학적인 연구결과에 보이는 금관가야의 해체와 동시기에 이루어지는데, 금관가야의 해체를 보여주는 고고학적인 현상으로서 5세기 전엽 이후 여러 지역에 고총이 등장하는데 비해 전기의 중심지인 김해지역에는 고총이 출현하지 않는 점과 외절구연고배의 소멸 및 김해지역 중심고분군인 대성동고분군의 축조 중단을 금관가야의 해체를 보여주는 대표적인 현상으로 인식하고 있다.
　　申敬澈, 1995, 「金海大成洞 · 東萊福泉洞古墳群 點描」 『釜大史學』 19, 부산대학교 사학회.
　　국립창원문화재연구소, 2007, 『가야와 그 전환기의 고분문화』.

여주고 있다[48]. 아울러 이러한 전환기의 변동은 5~6세기 가야토기가 재지적 기반과 주변 관계에 따라 새로운 지역양식을 성립하게 되는 계기가 되고 있다.

　'전환기 변동'은 정치적 변동과 연계된 가야사의 시기구분과는 달리 가야토기의 자체 획기에 의한 문화변동을 가리키고 있다. 또한 가야토기의 '전환기 변동'은 가야토기의 시기구분이 보여주는 변동에 비할 바는 아니지만 가야토기의 형식요소 중 고식적 요소가 지속되는 가운데서 5~6세기 가야와 계통성을 가지는 전환기적인 성격을 가진 문화변동으로서 하나의 획기를 나타내고 있다.

　'전환기 변동'을 이루고 있는 변동요소는 형식적인 측면과 기술적인 측면에서 나타나는데, 신 형식 및 신기종의 출현과 제작기법상의 변화가 주된 요소이다. '전환기 변동'은 이단투창고배와 발형기대의 등장에 의해 이루어지는데, 세부적인 요소로서 ① 신 기종의 등장, ②전단계 형식의 속성변화, ③제작기법의 변화, ④문양시문의 보편화를 들 수 있다.

　이들 요소에 대한 검토로서 첫째, 신 기종의 등장은 고배와 기대에서 나타나는데, 고배는 전단계의 통형고배와 단각외절구연고배가 이단투창고배로 대체되는 변화가 나타나고, 기대는 파수부노형기대와 무파수형노형기대가 발형기대로 바뀌는 획기적인 변화가 나타난다. 이러한 양상과 더불어 전 단계에 보이지 않았던 화염형투창고배, 대부파수부완이 출현하는 변화도 이루어진다.

　둘째, 전 단계 형식의 속성변화로는 통형고배의 대각이 점차 나팔상으로 바뀌어 통형고배의 퇴화형식인 투공고배가 등장하고, 금관가야양식의 단각외절구연고배가 장각화 및 외반구연화하는 형식적 속성변화가 이루어진다.

　셋째, 제작기법의 변화는 종래 투공문 또는 투공의 사용단계에서 토기 제작의 편리성이 인정되는 투창의 사용이 일반화 된다.

　넷째, 문양시문에 있어서 전 단계에는 횡침선문이나 사격자문, 삼각거치문 등이 뚜껑이나 노형기대에 제한적으로 사용된 데 비해, 발형기대와 뚜껑 등에 사격자문, 거치문, 결승문, 유충문, 파상문 등이 보편적으로 사용되는 변화가 보인다.

　이처럼 '전환기 변동'의 제 요소는 형식변화가 주된 변화상으로 꼽을 수 있으며, 부수적으로 제작기법의 변화도 상당부분 작용한 것으로 보인다. 그러므로 이러한 변동

---

48) 이러한 관점에서 이 시기의 토기문화에 대해 '형식난립기'라고 표현하기도 한다.
　　趙榮濟, 2008, 「'형식난립기'의 가야토기에 대하여」『고고광장』 2, 부산고고학연구회.

요소를 통해 설정되는 '전환기 변동'은 가야토기의 내적 변화와 발전에 의해 나타난 것으로서, 고식도질토기의 말기적 양상이 일정시기 공존함과 더불어 5~6세기 가야토기의 출발이 되고 있음을 보여준다.

2) '전환기 변동'의 배경과 전개

'전환기 변동'은 고식도질토기로부터 5~6세기 가야토기로 전환하는 실질적인 형식 변화가 수반된 문화변동으로, 전·후기의 정치변동에 수반된 시기구분과는 달리 순수한 문화변동의 측면에서 찾아볼 수 있는 중요한 의미의 변동이라고 할 수 있다. 또한 이 시기에는 토기뿐만 아니라 묘제의 변화 등 관련 고고자료에 있어서도 변화상이 나타나고 있다. 이러한 문화변동은 문화적 접촉과 교류 및 정치상황의 추이에 따라 나타나는 것으로서, 문화변동의 배경을 토기제작에 따른 기술적 측면에서 추정해 보도록 한다.

'전환기 변동'에 의한 기종 변동은 4세기 3/4분기의 지역간 교류에 의해 형식의 복합이 이루어짐으로써 새로운 형식의 기종들이 만들어졌을 가능성이 있는 것으로 추정된다. 즉, 단각외절구연고배가 장각의 통형고배와 교류가 이루어짐으로써 장각화가 이루어지고, 통형고배가 팔자형의 고배대각을 받아들임으로써 나팔상의 투공고배로 변화한 것으로 보인다. 또 하나의 가능성은 토기의 대량제작이 요구됨으로써 제작상의 편리성에 의해 통형의 대각으로부터 나팔상의 대각으로 변화하고, 제작기술에 있어서도 균일한 소성을 위한 투창의 사용이 이루어짐으로써 전체적인 형식변화가 초래된 것으로도 생각해 볼 수 있다. 아울러 이러한 투창의 사용은 소성의 편리성을 추구하기 위한 방법으로 토기 제작기술의 진보에 의해 이루어진 변동으로도 이해된다.

이러한 기술적인 의미의 변동이 일어나게 된 것은 무엇보다도 가야 사회 내부의 정치, 사회적 변화에 의하였을 것으로 보인다. 즉, 고식도질토기의 시기에는 지역간 교류가 활발히 이루어지고 있음을 여러 지역에서 보이는 동일 형식의 통형고배와 노형기대를 통해서 알 수 있으며, 이러한 교류의 결과 김해·부산권과 함안권의 결속이 더욱 강화되고 밀접한 교류체계를 유지함으로써 동일 형식의 이단투창고배와 발형기대들이 제작되어 여러 지역에 확산된 것으로 추정해 볼 수 있다.

더욱이 이단투창고배와 발형기대는 전 단계와 완전히 이질적인 것이 아니라 전 단

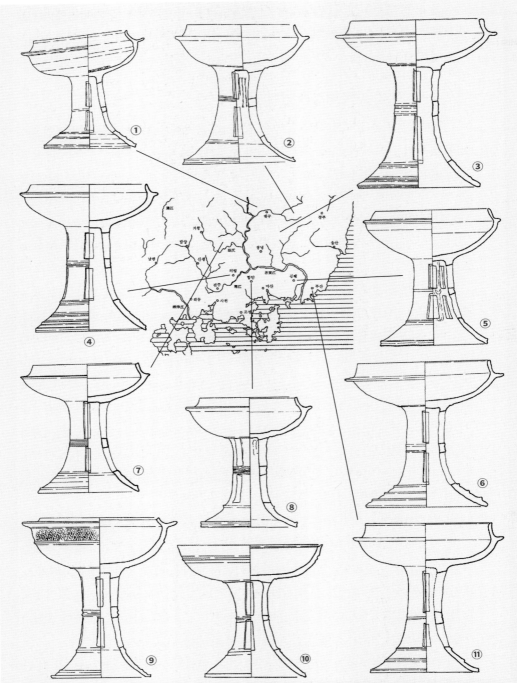

(①심천85, ②임당G-5, ③봉기3, ④예둔43, ⑤예안117, ⑥대성57, ⑦옥전68, ⑧도항문42, ⑨도항문48, ⑩도항문6, ⑪복천93)

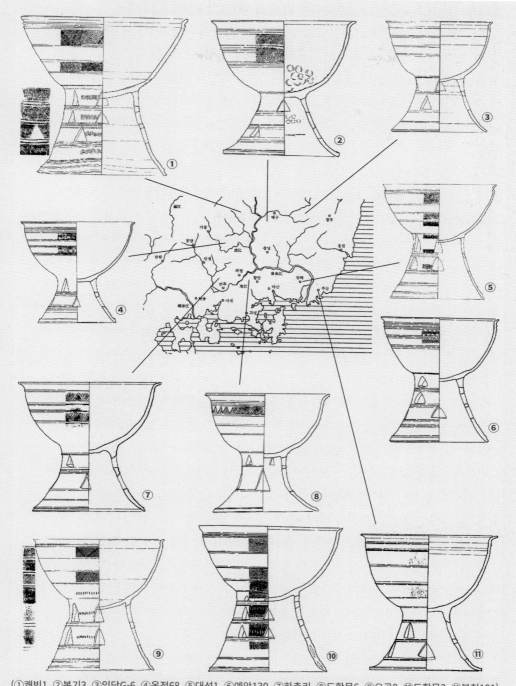

(①쾌빈1, ②봉기3, ③임당G-6, ④옥전68, ⑤대성1, ⑥예안130, ⑦하촌리, ⑧도항문6, ⑨오곡8, ⑩도항문3, ⑪복천101)

계의 형식적 요소를 상당수 반영하고 있음을 볼 때 그 가능성이 높다.

즉, 이 시기에 있어 김해·부산권과 함안권의 주도하에 여러 지역집단들이 상호 동질성의 문화상를 형성하려고 하는 구도와 연맹체를 구성하고 있는 가야 제 집단을 나타내는 상징적 표현도구의 필요에 의해, 신기종의 토기인 이단투창고배와 발형기대가 만들어져 동시기에 여러 지역으로 파급되었을 가능성이 있다.

전환기 변동의 시간적 범위는 '전환기 변동'의 출현시기로부터 새로운 5~6세기 가야토기로 바뀌는 시기까지로 설정할 수 있다. '전환기 변동'의 출현 시기는 기존 고식도질토기와 차별적인 형식적 요소의 등장시점이라고 하겠으며, 그 지속 시기는 변동의 중심을 이루는 형식적 요소들이 새로운 변화를 보이는 시기까지이다. 구체적으로 고식도질토기의 '전환기 변동'을 구성하는 제 속성들을 비교하여 그 차별성을 살펴보면, 고식 I 기(지역양식 성립기)의 대표 기종인 통형고배와 외절구연고배, 파수부노형기대, 무파수노형기대의 형식적 속성은 ①통형고배의 대각 형태, ②투공 및 투공문의 사용, ③외절구연의 배신, ④무개식의 형태, ⑤무파수노형기대에 있어서 노형의 배부 형태, ⑥노형기대의 무문양적 요소 등을 들 수 있다. 이에 비해 '전환기 변동'에 의해 변화하는 형식적 속성으로는 ①나팔상의 대각 형태, ②투창의 사용, ③외반구연의 배신, ④유개식의 채용, ⑤기대 배신의 발형으로 변화, ⑥발형기대에 있어서 문양의 보편적인 사용 등이 나타난다.

이러한 속성의 비교에 의해 '전환기 변동'의 출현을 구체화 할 수 있으며, 이들 제 속성들은 이단투창고배와 발형기대를 통해 확인된다. 그러므로 '전환기 변동'의 출현 시기는 이단투창고배와 발형기대의 등장 시점임을 알 수 있다. 따라서 가야토기의 형식변화에 기초한 '전환기 변동'은 4세기 4/4분기에 출현하였으며, 이러한 속성들은 부분적인 변화를 보이면서 가야토기의 지역성이 뚜렷이 나타나는 5~6세기 가야토기 성립시기인 5세기 2/4분기 직전까지 지속되고 있음을 알 수 있다.

다음으로 '전환기 변동'의 공간적인 범위는 변동요소의 분포권을 파악함으로써 이해할 수 있는데, 변동요소의 분포권은 '전환기 변동'의 특징적인 자료인 이단투창고배와 발형기대의 분포권에서 유추해 볼 수 있다. 그리고 전환기에 통형고배로부터 형식변화를 보여주는 투공고배의 분포도 함께 이루어지고 있음이 확인되며, 이는 투공고배 역시 전환기의 변동요소로서 인정할 수 있다.

'전환기 변동'의 양상을 잘 보여주는 이단투창고배의 분포권(도면 68)은 김해 예안리117호, 동래 복천동93호, 함안 도항리6호, 합천 옥전68호, 경산 임당동G-5호, 청도 봉기리3호(그림 16), 의령 예둔리43호 등 여러 지역에서 확인된다. 또 발형기대(도면 69)는 김해 예안리117호, 동래 복천동101호, 함안 도항리6호, 함안 오곡리, 합천 옥전68호(그림 17), 고령 쾌빈리1호, 경산 임당동G-6호를 비롯하여 청도 봉기리, 진주 하촌리 등 여러 지역에서 확인되는데 이러한 점으로 보아 전 가야권에 분포를 이루고 있는 것으로 추정된다.

<그림 16> 전환기변동의 전개 자료-청도 봉기리3호

'전환기 변동'의 지역별 전개양상으로서, 금관가야권에서는 4세기 4/4분기의 한 시점에 판상파수가 달린 노형기대가 존속하는 가운데서 새로운 형식의 발형기대가 등장하

<그림 17> 전환기변동의 전개 자료-합천 옥전68호

는 변화가 보인다. 이와 함께 단각외절구연고배가 장각으로 바뀌는 변화와 함께 이단장방형투창고배와 무개식장각고배도 등장하게 된다. 금관가야권에서의 이러한 변화는 대성동2호, 복천동 93호, 예안리17호에서 찾아볼 수 있으며, 이후 예안리130호, 화명동2호, 대성동1호, 복천동31·32호로 이어져 지속된다.

그리고 아라가야권에서는 통형고배가 존속하는 가운데서 통형의 대각이 나팔상을 이루고 투공문이 장식되는 투공고배로의 전환과 이단장방형투창고배가 새로 출현하며, 노형기대는 발형기대로 바뀌는 변화가 나타난다. 그리고 투공고배와 투창고배 및 발형기대의 새로운 형식이 출현하는 변화를 뒤이어 5~6세기 아라가야양식의 시원을 보여주는 삼각투창고배와 화염형투창고배가 출현하는 변화로 이어진다. 아라가야권의 이러한 변화는 황사리4호, 도항문42호, 오곡7호, 현동18·24·45·51호에서 처음 등장하며, 이후 도항문3·6·36·44·48호, 현동5·19·42·50·61호로 지속된다.

3. 양식의 분화

가야토기는 5세기 초의 전환기(고구려군의 남정과 연계된 전환기)를 거치면서 일시 통합양상을 이루다가 5세기 2/4분기부터 고령 중심의 대가야토기, 함안 중심의 아라가야토기, 진주·고성 중심의 소가야토기로 다시 나누어진다. 또한 이 때부터 김해·부산권과 창녕권은 신라토기를 반출하고 있으므로 실질적인 가야토기 양식은 아니라고 할 수 있겠다.

5~6세기 가야토기의 지역양식은 5세기 전엽의 시원기를 거쳐 5세기 2/4분기에 성립하며, 대가야가 신라에 복속되는 6세기 중엽까지 지속된다. 이들 5~6세기 가야토기의 각 지역양식에 해당되는 기종 구성과 분포권 등에 대해서 간략히 살펴보면 다음과 같다.

대가야양식은 지산동고분 출토자료로 대표되며, 대가야의 세력 확장으로 주변지역으로 확산되는 특징을 보여주고 있다. 대가야양식은 이단투창고배의 각기부 폭이 넓어지고 대부분 기종이 대형화되며, 문양에 있어서 송엽문의 존재, 종형투창 또는 삼각투창의 존재, 즐묘열점문의 시문, 돌선효과의 표현방식, 구연단과 뚜껑받이의 형태 등 여러 면에서 변화가 나타나고 있다. 또한 평저단경호와 연질뚜껑, 소형통형기대, 단각의 발형기대 등 신기종의 등장이라는 커다란 변화도 보인다. 대가야양식의 분포권은 고령과 합천지역을 중심으로 거창, 산청, 남원지역과 진주, 의령지역이 해당되며, 교류에 의해 고성 율대리고분군, 함안 도항리고분군, 창원 반계동고분군, 창원 다호리고분과 전남 동부지역 섬진강 하류의 순천 운평리고분 등의 조사에서 대가야양식 토기가 다수 출토되고 있어 분포권과 대외교류관계 등을 검토하는 데 있어서 주목된다.

아라가야양식은 전기의 범영남양식의 중심이 되는 함안지역의 토기양식을 계승하고 있으며, 화염형투창고배와 이단투창고배, 파수부컵 등의 대표적인 기종 조합과 함께 격자문의 시문 등에 의한 특징적인 형식들로 구성되어 있다. 아라가야양식은 전기로부터 토기양식의 변동이 나타나지만 한편으로는 계승적인 요소가 잔존하는 특징이 있으며, 함안, 마산, 창원지역과 의령의 일부지역이 분포권으로 설정된다.

소가야양식은 진주를 비롯한 산청, 의령 등 남강중상류역의 광범한 분포권과 남해안의 고성지역을 분포권으로 하고 있다. 소가야양식은 다른 지역에 비해 일단투창고배의 특징적인 기형이 대표적인 양상을 보이고 있으며, 일단투창고배의 기본적인 기형에 이단엇갈린투창의 기법을 받아들인 이단투창고배, 광구호, 조족문과 평행타날문이 이루어진 단경호, 통형기대 및 발형기대, 수평구연호 등이 대표적인 자료이다.

이상에서 살펴본 각 지역양식의 형성배경으로는 먼저 금관가야의 소멸 이후 새로운 주도세력의 필요가 제기됨으로 대가야를 비롯한 제 가야정치체가 형성되는 정치적 상황의 변화를 들 수 있으며, 다음으로 주변문화인 신라 또는 백제문화와의 교류에 의한 신 기종 또는 신 기술적 제작방식의 등장에 의해 지역양식이 형성되는 문화적 요인을 찾아볼 수 있다. 즉, 정치적 상황의 변화에 수반되어 새로 형성된 제 가야정치체들이 집권적 체제를 형성하기 위한 방편으로서 토기의 중앙공급에 의한 분배라든가, 토기제작기술자의 파견이나 일률적인 제작기술의 보급을 추진한다든가 하는 통제적 생산과 분배를 들 수 있다. 그리고 정치체의 대외교류과정에서 새로운 제작기술 또는 신기종을 받아들인 점에서도 그 요인을 찾을 수 있다.

II. 시기별 및 권역별 토기문화

1. 4세기의 지역양식

가야토기 양식의 지역성을 토기양식의 변동과 연계하여 살펴보면, 4세기의 고식 I기에는 지역양식의 구조가 완전히 성립되지 않으나 4세기 전엽부터 중엽에 걸쳐 양대 지역양식이 형성된다. 이 시기의 지역양식은 김해·부산권의 외절구연고배로 대표되는 금관가야양식과 함안권의 통형고배로 대표되는 범영남양식의 양대 지역양식이 구축된다. 이 시기의 토기양식은 완전한 분립구조를 보이는 것이 아니라 토기양식의 구축에 있어서 전개양상의 차이를 보여주고 있다. 즉 금관가야양식이 독립적인 권역을 가진 지역양식을 성립함에 비해 범영남양식은 함안권을 중심으로 범영남권의 각지에서 아라가야 고식의 토기와 재지 토기가 공존하는 분포양상을 보임으로써 특이한 대비 양상을 보여준다. 또 금관가야양식은 제작 전통을 강하게 유지하고 있을 뿐만 아니라 분배에 있어서 김해·부산권을 벗어나지 않는 한정성을 뚜렷이 보여주고 있다. 이는 분배의 통제에 있어서 개방적인 교류를 유지하는 범영남양식과는 달리 금관가야양식에서는 정치체에 의한 분배의 제한적 통제가 이루어졌음을 보여준다.

앞 시기에 성립되었던 양대 지역양식이 4세기 후엽을 거치면서 양식복합에 의해 전 영남권이 공통양식적 기조를 강하게 형성하게 되며, 이로써 고식도질토기 양식의 형성구조는 지역양식 형성기로부터 공통양식적 기조를 이루는 양식복합기로 변화하는 양상을 보여주고 있다. 다만 양식복합기의 공통양식적 구조가 완전하지 못함을 고려할 때 전반적으로는 지역양식의 기조를 유지하고 있음을 인식할 수 있다.

1) 양식 요소의 분석

고식도질토기 기종복합체의 구성은 김해·부산권역의 금관가야양식과 함안권역의 범영남양식으로 대별된다. 고식도질토기 중 금관가야양식의 기종 구성은 단각외절구연고배, 환상 또는 판상파수가 달린 노형기대, 원저단경호, 대부직구호로 구성되고, 아라가야양식은 工자형 대각의 통형고배, 무파수의 노형기대, 다양한 점문과 거치문으로 조합된 문양이 시문된 문양개, 승석문단경호로 이루어짐을 알 수 있다. 또한 이들 기종복합체는 지역적 특성을 가진 형식적 속성을 뚜렷이 보여주며 또 순차적인 형식변화에 의한 발전단계를 거치고 있으므로 양식상의 기종복합체를 형성하고 있음이 확인된다.

김해·부산권에는 1980년대 이후 복천동고분군, 대성동고분군, 양동리고분군 등이 발굴조사 됨으로써 일찍부터 고식도질토기의 문화상을 파악하고 해석하는데 선두적인 위치를 점하고 있다. 김해 예안리고분군의 발굴보고서를 통해 김해·부산권에는 파수부노형기대와 외절구연고배라는 특징적인 기종이 분포하고 있음이 밝혀져 있으며, 이를 통해 이 지역에 고식도질토기의 한 축을 이루는 지역양식이 존재하고 있음에 대해서는 대체로 의견의 일치를 보여주고 있다.

함안권 역시 1990년대에 들어서 발굴조사가 본격화됨으로써 황사리, 윤외리의 발굴자료에서 특징적인 기종들이 복합체를 구성함으로써 지역양식의 존재 가능성을 검토하게 되었으며, 이후 묘사리, 우거리 등의 가마유적에서 이들 자료가 생산되었음이 확인되어 범영남양식의 존재를 인정하게 되었다.

고식도질토기의 기종복합체는 김해·부산권에서는 명확한 분포권역을 형성하지만 함안권을 중심으로 한 기종복합체는 중심권의 설정은 보이지만 대체적인 분포상이 범영남권에서 나타나고 있어서 각 지역권이 보여주는 양상과 성격에서 차이가 있다.

한편, 기종복합체의 구성은 명확지 않지만 통형고배의 형식적 특이성을 볼 때 경주 죽동리 출토 통형고배와 인왕동 출토 통형고배를 중심으로 한 경주권의 기종복합체 가 형성될 가능성을 추정해 볼 수 있으나 아직 자료의 부족으로 명확히 하기는 어려운 상황이다.

이상의 기종복합체는 4세기 3/4분기까지의 양상을 한정적으로 살펴본 것으로서, 이와 달리 4세기 4/4분기부터 '전환기 변동' 이후의 기종복합체는 지역권의 구분이 명 확지 않고 범영남권에서 이단투창고배와 투공고배, 발형기대로 공통화되는 양상이 전개되고 있으므로 기종복합체의 구성이 바뀌어지는 양상이 뚜렷하다. 이러한 변동 가운데서도 함안권에서는 삼각투창고배와 화염형투창고배가 새로운 기종으로 등장 하는 특성이 나타나고, 김해·부 산권에서는 장각무개고배의 등장 도 새로운 요소로 보인다.

고식도질토기가 보여주는 형태 적 속성과 기술적 속성(제작기술)에 따라 특정되는 기종복합체는 김 해·부산권과 함안권에서 지역권 을 형성하는 것으로 관찰된다(도면 70).

금관가야양식의 분포는 김해· 부산권을 중심으로 단각외절구연 고배, 파수부노형기대가 지역적 특성을 보여주고 있는데, 노형기 대에 있어 파수의 부착이라는 특 징을 통해 초현기에 지역색을 표 출하고 단각외절구연고배는 그에 비해 한 단계 정도 늦게 지역성을 보여주는 것으로 파악된다. 특히 금관가야토기의 분포권은 김해· 부산권역을 중심으로 제한적으로 분포하며 교류권에 있어서도 창원

<그림 18> 금관가야양식의 고식도질토기(김해 대성동)

과 양산지역을 경계로 하고 있음이 파악된다. 이는 금관가야양식의 분배와 교류에 있어서 제한적 요인이 작용한 것으로 볼 수 있으며 이 점이 금관가야양식을 명확히 보여준다. 그리고 아라가야양식은 금관가야권에 유입됨에 비해 금관가야양식은 특정지역을 벗어나 분포하지 않는 특이성을 확인할 수 있다.

범영남양식의 분포는 함안지역을 중심으로 의령지역으로부터 진주지역에 이르는 남강유역과 남강 이남으로부터 남해안에 이르는 지역 및 남강과 합류하는 낙동강유역을 중심분포권으로 상정할 수 있다. 이와 함께 교류분포권은 아라가야양식의 대외교류에 의한 분포권을 일컫는 것으로서 4세기 3/4분기 이후에 형성된다. 교류분포권은 아라가야토기 중 한두 기종이 분포하는 경우로서, 김해 대성동, 부산 복천동, 경주 죽동리, 황오동, 경산 임당동, 합천 옥전, 저포리, 창녕 여초리, 칠곡 심천리 등 전 영남권에 이르고 있다.

이처럼 고식도질토기의 분포권은 김해·부산권에서는 중심분포권이 특정화되는 양상이 뚜렷하게 나타나며, 반면 함안권에서는 중심분포권과 교류분포권으로 나누어지는 양상이 나타난다. 이들 분포권은 '전환기 변동' 이후 공통양식화의 영향으로 권역의 설정이 명확지 않으나 김해·부산권과 함안권을 제외한 나머지 지역의 양상이 아직 밝혀지지 않은 상황이므로 새로운 자료의 증가를 기다려 재검토가 필요하다고 여겨진다.

고식도질토기의 제작기술은 문양에서 잘 나타나고 있는데, 와질토기 제작기술에서 보이는 마연기법으로부터 회전물손질의 채용이 정착되고 동일한 양식적 속성을 유지하면서 다양한 형식을 보여주는 제작기술의 고도성을 찾아 볼 수 있다. 특히 점문과 선문으로 이루어진 다양한 문양과 여러 형태의 투공 사용, 승석문타날과 도부

<그림 19> 범영남양식의 고식도질토기(함안 황사리)

호의 사용 등은 지역적 특성을 잘 보여주고 있으며, 제작기술의 보급이 범영남권으로 이루어진 점도 하나의 특성으로 인정할 수 있다.

생산체계에 있어서는 전업적 생산체계가 전환기 이후에는 완전하게 구축된 것으로 파악되며, 4세기 3/4분기 이전에도 거의 비슷한 수준에 이르렀을 것으로 보인다. 이러한 전업적 생산체계는 형식의 정형화를 이루는 기반을 형성한 것으로 볼 수 있으며, 김해·부산권과 함안권 뿐만 아니라 각지에서도 자체적인 생산체계가 구축되어 권역간 기술적 교류가 활성화 된 것으로 이해된다. 즉 김해·부산권에서는 기술적 교류가 특정지역으로 한정되는 정치체의 통제가 작용한 것으로 파악되고, 이와 달리 함안권은 범영남권에 4세기 3/4분기부터 기술적 교류의 확산이 전개되는데 이는 함안권의 정치적 통제가 미약했음을 반증한다.

2) 양식구조의 변화

고식도질토기에 있어서 지역양식의 형성은 4세기 2/4분기부터 형성되기 시작하여 4세기 3/4분기에 정착된다. 이후 김해·부산권의 "금관가야양식"과 함안권의 "범영남양식"을 중심으로 양립된 지역양식은 4세기 4/4분기 초두까지 존재하고 있음이 확인된다. 그러나 4세기 말부터 양 지역양식은 대표 기종 간 형식속성의 통합양상을 보이기 시작하여 4세기 말부터 5세기 1/4분기까지는 공통성을 보여주는 '전환기 변동'이 나타나게 된다.

지역양식 성립기의 형성구조가 지역양식을 보여주는 근거로는 양식요소의 특정성을 가지는 기종복합체가 김해·부산권과 함안권에서 2개의 군으로 확인되며, 이들 기종복합체는 대표기종 및 그 특성에서 차이를 보이고 있다. 이 점은 성립기 토기의 내적 양상에서 지역양식의 요소가 형태적 요소, 기술적 요소에 의해 존재함을 알 수 있으므로 공간적인 분류도 가능함을 알 수 있다. 또한 형태적 요소의 유형분류에 의한 공간 분석에서 4세기 2/4분기~3/4분기를 중심으로 고배는 통형고배와 외절구연고배로 대분류가 가능하고 통형고배는 다시 세분류도 가능하다. 그리고 노형토기도 동시기에 있어서 파수부노형기대와 무파수노형기대로 대분류되고, 무파수노형기대는 김해·부산권과 함안의 양 지역에 공존하는 양상도 확인된다.

지역양식 성립기에 있어서 지역양식의 형성 배경으로는 김해·부산권의 통제적 분배 시스템에 그 요인이 있다 하겠으며, 이와 더하여 김해·부산권의 후기와질토기

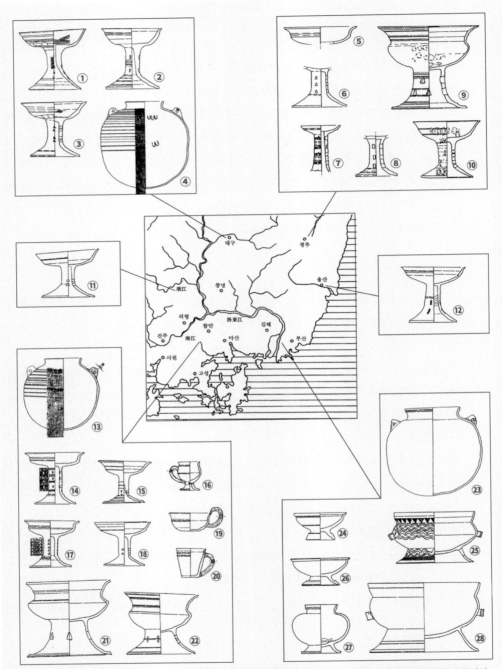

(범영남양식 : ①칠곡 심천리44, ②칠곡 심천리93, ③경산 조영1B지구, ④대구 비산동1, ⑤경주 월성해자1 주거지,
⑥~⑧경주 월성해자 라지역, ⑨경주 죽동리2, ⑩경주 죽동리1, ⑪합천 옥전54, ⑫울산 중산리, ⑬⑭함안 황사리35,
⑮⑰함안 황사리32, ⑯⑲⑳함안 황사리47, ⑱㉒함안 황사리44, ㉑함안 황사리45,
금관가야양식 : ㉓김해 대성동2, ㉔㉘김해 예안리138, ㉕~㉗부산 복천동57)

의 계승적 양상과 함안권의 새로운 도질토기 형식의 출현으로 인한 양대 지역의 기종 복합체가 차이를 보이기 시작함으로 지역화가 전개되었음을 알 수 있다.

또한 성립기에 보이는 지역양식의 분포는 앞서 언급한 바와 같이 김해·부산권과 함안권으로 대별된다. 김해·부산권에서 토기양식의 분포가 특정권역에서 한정되고 있음에 비해 함안권은 범영남양식의 토기자료가 직접 교류 또는 기술교류의 다양한 방식을 통해 범영남권에서 분포양상을 보여주게 된다. 이들의 권역별 분포는 김해·부산권의 대표 기종인 외절구연고배와 함안권의 대표 기종인 통형고배의 분포권에 의해 설정할 수 있는데, 금관가야양식의 분포권은 낙동강 하류의 김해 대성동, 양동리, 칠산리, 예안리, 부산 복천동, 화명동 등을 들 수 있다. 그리고 범영남양식의 분포권은 함안권의 남강 및 낙동강 중류역을 중심으로 함안 도항리, 황사리, 윤외리, 회산리, 우거리, 장명리, 창녕 일리, 진주 압사리, 마산 현동, 대평리 등을 들 수 있다.

이처럼 고식도질토기의 권역별 분포는 김해·부산권(낙동강 하구권)과 함안권(범영남권)을 중심으로 이루어져 있으나, 아직 이 시기의 발굴자료가 지역적으로 불균형을 보이고 있으므로 고령·합천권과 경주권(경주, 포항, 울산)의 설정 가능성도 배제하기 어려운 상황이다.

'전환기 변동'에 따른 새로운 토기양식의 형성은 토기제작기술의 전파와 수용이라는 일련의 과정을 통해 이루어지는 것으로서, 가야토기의 전환기에는 앞 시기의 기종과는 달리 새로운 형식들이 등장하여 하나의 기종복합체를 형성하는 것이 파악되는데, 이단투창고배와 투공고배, 발형기대와 대부파수부호 등으로 구성되는 토기군을 양식 복합기의 토기양식으로 설정하는 것이 가능하다.

'전환기 변동'의 핵심을 이루는 이단투창고배가 출현하는 것은 통형고배와 외절구연고배의 제작기술과 제작형태의 복합에 의해 이루어졌을 가능성을 배제할 수 없다. 이단투창고배는 특정 권역의 선행 형식과 전체적인 외형에 있어서는 직접적으로 연결하기 어려운 면도 있지만, 세부적인 형식요소에 있어서는 양 권역의 형식요소를 채용하고 있음을 알 수 있다. 이단투창고배의 대각이 나팔상으로 바뀌는 변화는 통형고배로부터 투공고배의 나팔상 대각으로 바뀌는 변화를 따르거나 외절구연고배의 대각 요소를 취한 것으로 볼 수 있으며, 특징적인 장방형투창 역시 김해·부산권의 선행 요소를 채용한 것으로 생각된다. 그리고 발형기대 역시 형태적 속성은 함안권의 무파수노형기대를 따르고 있음이 명확하나 배신과 대각에 시문된 문양은 김해·부산권에서 채용하였음이 선행 자료를 통해 유추해 볼 수 있다.

김해·부산권과 함안권 간의 교류에 의해 새 기종으로 출현한 이단투창고배와 발형기대는 4세기 4/4분기 이후 전 영남권에 2차적인 토기 이동과 교류를 보여주게 되며, 이러한 일련의 과정을 거치면서 가야토기는 특정 기종에 의한 형식공유를 보여주는 '전환기 변동'이 뚜렷이 전개된다. 실제로 이단투창고배와 발형기대는 고식도질토기의 유통망을 통해 김해·부산권과 함안권의 주변부 집단으로 이동과 파급이 계속 이루어져 지역간 토기제작기술의 공유와 형식의 통합을 이루게 되며, 이러한 양상은 중심 집단뿐만 아니라 주변부 집단의 합천 옥전68호, 고령 쾌빈리1호, 청도 봉기리2호, 경산 임당G-6호, 진주 하촌리 등 전 가야권에서 확인되고 있다.

　　이처럼 김해·부산권과 함안권 사이에 형성된 새로운 토기제작시스템과 형식의 공유는 양식 복합기의 초기적인 토기양식을 구축할 수 있게 해주었으며, 이러한 신양식을 구성하는 이단투창고배와 발형기대의 제작시스템이 전 가야권에 2차적인 파급을 이루어 재지의 토기제작기술에 영향을 끼침으로써 '전환기 변동'으로 형성된 공통양식의 기조가 전 가야권에 확산되고 있다.

　　고식도질토기의 공통양식적 양식구조를 형성하게 되는 배경은 4세기 3/4분기에 이루어진 토기의 이동과 교류에 의해 토기제작기술의 수용이나 모방이 이루어져 재지의 토기제작기술에 변화가 나타남으로써 토기제작기술의 공유에 의한 기종의 유사성이 전개된 점에서 찾아볼 수 있다. 이처럼 토기의 이동과 교류에 따른 토기제작기술의 전파와 수용은 '전환기 변동'의 기술적 배경이 되며, 아울러 양식 복합기의 공통양식을 성립하는 기반을 이루게 된다.

　　이상에서 살펴본 바와 같이 양식 복합기의 양식구조는 전 단계에 이루어진 토기 이동에 따른 토기제작기술의 상호 수용을 통해 만들어진 형식 공유의 공통양식을 보여주며, 이단투창고배, 발형기대 등으로 이루어진 기종복합체의 존재와 이들의 각지 분포가 확인됨으로써 공통양식적 성격을 띠고 있다. 다만 양식 복합기의 기종복합에 있어서 4세기 4/4분기에는 이단투창고배, 발형기대, 대부호와 함께 통형고배의 계통성을 보여주는 투공고배와 장각외절구연고배로 구성되지만 5세기 1/4분기에는 이단투창고배, 발형기대, 대부파수부호와 함께 화염형투창고배와 삼각투창고배로 기종구성의 변화가 나타나고 있으므로 공통양식적 성격에 한계가 있음을 알 수 있다. 다시 말하면, 5세기 1/4분기에 4세기 4/4분기의 요소가 잔존하는 양상과 5세기 1/4분기 함안권과 부산권에서 각기 신 기종의 출현이 이루어짐으로써 양식 복합기의 양식구조가 완전한 공통양식의 성격을 보여주는 형성구조가 아니라 지역적 요소가 존속하는 가운데서 형식의 공유에 의한 공통양식적 구조를 보여준다.

3) 지역양식의 성격

4세기 지역양식의 성격은 기왕의 연구를 통해 밝혀진 5~6세기 양식구조와 비교 분석을 바탕으로 추적해 볼 수 있다.

5~6세기 가야토기의 시작은 지역양식의 분립이라는 변동을 통해 이루어지는데, 이러한 3대 지역양식의 분립은 당시의 정치적 상황과 직접 연계되고 있다. 즉, 각 정치체가 정세변동에 따라 분립되어 있는 양상이 토기양식의 분립에 직접적인 영향을 끼치고 있음을 대변하고 있다. 이를 고식도질토기의 지역양식 성립기와 대비하면, 고식도질토기의 지역양식은 정형화된 형식의 존재시기가 지속되지 못하였지만 5~6세기 가야토기에서는 정형화의 형식적 속성을 상당기간 지속하는 차이점이 보인다.

또 5~6세기 가야토기의 지역양식이 고총군의 존재에 따른 생산단위 및 유통단위가 형성되는 점으로 보아 지역정치체와 일정한 관계를 유지하고 있음에 비해 고식도질토기는 특정지역에 한정된 지역양식이 형성됨으로 유통단위와 생산조직이 소규모로 존재하였음을 인식할 수 있고, 특정 정치체를 중심으로 정치적 연합을 이루었거나 정치체가 대규모화하지 못하였음을 보여준다.

이로 보아 고식도질토기의 지역양식은 특정의 시간성이 존재하며, 5~6세기 가야토기에 비해 정치적 양상보다는 문화적 성격이 강한 특성을 보여주고 있다. 또한 지역양식 성립기(I기)에 있어서 양식의 정형성과 형성 수준에 있어서 김해·부산권의 지역양식이 한정적으로 명확해지는 반면에 함안권의 지역양식은 교류적 광역적 양상을 보여주는 특성이 나타나고 있는데, 이는 지역양식권 간의 기술교류와 분배의 통제에서 서로 차이가 있음을 알 수 있다.

다음으로 양식 복합기(4세기 후엽)와 5~6세기 가야토기의 양식 형성구조를 대비하여 살펴보면, 양식 복합기는 노형기대, 통형고배, 외절구연고배로 구성되었던 앞 단계의 기종복합체로부터 이단투창고배와 발형기대라는 발전된 기종으로 자리매김하는 변동을 보여주고 있다. 그러나 앞서 살펴본 바와 같이 문화변동 차원의 '전환기 변동'은 이단투창고배 뿐 아니라 투공고배와 장각형고배도 유지되는 것으로 보아 기종의 획일성이 명확지 않음이 파악된다. 이는 전환기의 양식 형성구조가 후기의 지역양식 형성구조에 비해 형식의 발전이 획일적이지 못하고 지역별로 이질적인 기종복합체를 부분적으로 보여주고 있으므로 자체적인 문화변동에 한계가 있음을 보여준다.

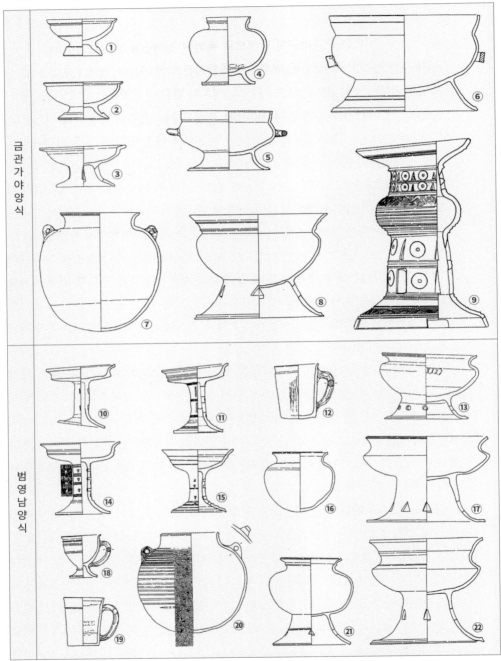

금관가야양식

범영남양식

(①⑥⑧예안리138, ②④⑤복천동57, ③노포동17, ⑦대성동13, ⑨복천동60주곽, ⑩⑪황사리도갱정리품, ⑫황사리40, ⑬⑳도항경33, ⑭황사리35, ⑮㉑황사리32, ⑯⑲도항문42, ⑰예둔리48, ⑱황사리4, ㉒황사리45)

전환기 가야토기의 문화변동이 토기제작기술의 전파에 의한 통합과 형식공유에 의한 토기제작시스템의 구축으로 형성되지만, 이후 전개되는 5~6세기 가야토기의 등장이라는 문화변동은 고구려군의 남정으로 촉발된 정세변동에 의한 것으로서, 이들의 정세변동에 의한 문화변동은 전환기에 만들어진 형식 공유에 의한 양식 통합을 중도에서 단절시키는 악영향을 보여준다. 즉, 정치적 변화가 반영되어 새로운 가야토기의 지역양식구조가 형성된 후기의 문화변동으로 인해 전환기의 양식 통합의 구조가 와해된 것이다. 4세기 말에 보이는 고식도질토기의 '전환기 변동'은 당시 전 가야권의 정치적 통합을 추구하였던 양상을 말해주는 후행지표로서 인정한다면, 전환기에 양 지역양식이 토기 제작기술의 교류와 형식적 속성의 공유, 토기 생산방식의 변화 등 다양한 요인에 의해 양식 통합의 필요성을 가졌던 것으로 이해할 수 있다. 이러한 관점에서 볼 때 고식도질토기는 지역양식적 양식 형성구조로부터 탈피하여 공통양식적 양식 형성구조가 이루어짐은 토기제작기술과 사회·정치적 상황, 생활방식 또는 의례 변화 등 복합적인 요인에 의해 양식 통합을 필요로 하였으며, 이러한 연유에 의해 '전환기 변동'이 이루어진 것으로 이해된다.

마지막으로 고식도질토기 양식 형성구조는 지역양식기와 양식복합기의 존재에 따른 형성구조의 복합성을 보여주고 있는데, 고식도질토기는 4세기 2/4분기부터 4세기 3/4분기까지는 금관가야양식과 범영남양식의 지역양식이 형성되어 있고, 4세기 4/4분기부터 5세기 1/4분기까지는 양식복합의 기조를 보여주고 있음이 파악된다. 이처럼 지역양식의 시기와 양식복합의 시기가 복합되어 있음은 고식도질토기의 특징적인 성격으로 인정된다. 또 양식의 형석구조가 시기에 따라 변천하고 있음은 당시의 토기 양식이 안정적이지 못함을 말해주고 있을 뿐 아니라 토기 양식을 형성하는 각 양식요소들의 결집도 미미한 상황임을 보여 준다.

3. 5~6세기의 지역양식

1) 권역별 지역양식

(1) 대가야양식(도면 72)

대가야양식은 고령 지산동고분군 출토자료로 대표되는 대가야토기로 널리 알려져 있으며, 대가야가 북부 가야권에 대한 세력 확장과 더불어 급속하게 확산되었다. 고령 쾌빈동고분군 1호 목곽묘 출토 기대 등을 볼 때 고식도질토기의 전통성을 계승한 '전환기 변동'의 단계에는 가야토기의 공통된 속성을 따르지만 5세기부터 점진적인 변화를 거쳐 대가야양식을 형성하게 된다.

대가야양식은 5세기중엽부터 이단투창고배의 각기부 폭이 넓어지고 대부분 기종이 대형화되며, 문양에 있어서 송엽문의 존재, 종형투창 또는 삼각투창의 존재, 즐묘열점문의 시문, 돌선효과의 표현방식, 구연단과 뚜껑받이의 형태 등 여러 면에서 변화가 나타나고 있다. 또한 평저단경호와 연질뚜껑, 소형통형기대, 단각의 발형기대 등 신기종의 등장이라는 커다란 변화도 보인다.

대가야양식은 대가야의 역사성 및 문화성과 결부된 지역양식으로 분포권은 고령과 합천지역을 중심으로 거창, 산청, 남원지역과 진주, 의령지역의 일부분도 일시기 포함되기도 하며, 이들 중 일부는 대가야양식 내에서도 약간의 지역적 특수성이 나타나기도 한다.

또 고성 율대리고분군, 함안 말이산고분군, 창원 반계동고분군, 창원 다호리고분과 전남 동부지역 섬진강 하류의 순천 운평리고분 등의 조사에서 대가야양식 토기가 다수 출토되고 있어 분포권과 대외 교류 관계 등을 검토하는 데 있어서 주목된다.

대가야는 5세기 이후 정치·문화권의 형성과 발전과정을 거치게 되는데, 이에 수반된 대가야토기 역시 <도면 72>에서 보는 바와 같이 일정한 변천을 보여주게 된다. 대가야토기는 앞 시기의 토기들과는 달리 이단투창고배의 각기부 폭이 넓어지고 대부분 기종이 대형화되며, 문양에 있어서 송엽문의 존재, 종형투창 또는 삼각투창의 존재, 즐묘열점문의 시문, 돌선효과의 표현방식, 구연단과 뚜껑받이의 형태 등 여러 면에서 변화가 나타나고 있다. 또 출현시기를 달리하여 평저단경호와 연질뚜껑, 소형통형기대, 단각의 발형기대 등 신기종의 등장도 확인된다.

대가야토기의 실질적인 성립은 대가야토기의 특징적인 구성요소에 의해 요소를 갖추게 되는 것은 지산동35호분 단계이므로 이 단계부터 대가야토기의 성립시기로 볼 수 있다. 즉, 지산동35호분 단계에 이르면 앞선 단계의 옥전23호가 보여주는 전환기적 요소의 잔존양상이 소멸되어 뚜렷한 차별성이 나타나고 있으므로 이 시기부터 대가야토기의 성립기라고 할 수 있다.

대가야토기의 성립기에 해당되는 기종은 지역성을 뚜렷이 표방하는 발형기대와 장경호, 이단투창고배, 개, 평저단경호 등으로 구성된다. 이 시기의 양식은 앞 시기로부터 형식상 일변하여 전개되는 발형기대에 의해 변천을 보여주는데, 지산동35호분,

<도면 72> 대가야토기의 전개

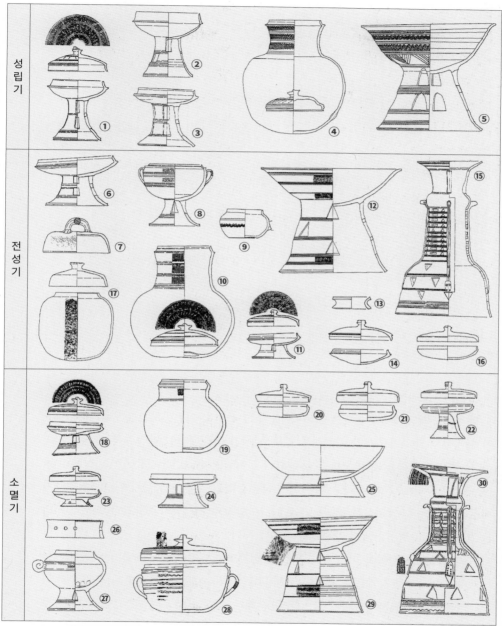

(①②옥전23, ③지산30, ④⑤지산35, ⑥⑩⑫옥전M3, ⑦옥전M1, ⑧백천Ⅰ-3, ⑨지산34, ⑪⑮옥전M4, ⑬⑭옥전M7, ⑯지산44, ⑰지산32, ⑱㉙옥전M6, ⑲㉗지산45-3, ⑳㉑㉘삼가1-A, ㉒㉚수정봉2, ㉓옥전M6-1, ㉔~㉖두락리1)

<그림 20> 대가야토기(합천 옥전고분군)

지산동30호분에 해당되는 토기군으로 구성된다.

　대가야토기의 정형기는 5세기 3/4분기에 해당되며, 지산동32호분으로 대표된다. 이 시기부터 대가야토기의 지역성을 표방하는 기종별 형식이 안정화를 이루는 시기이다. 광각의 대각을 가진 고배가 등장하여 전형적인 대가야토기로 형식변화를 이루며, 판상파수가 달린 대부파수부완, 궐수문손잡이의 대부파수부호, 저평통형기대가 새로 등장하여 구성요소를 완성하게 된다. 또 발형기대도 삼각투창과 엽맥문의 문양을 가진 것으로 정형화되어 안정화를 이루게 된다.

　대가야토기는 정형화 이후 대외 확산이 전개되기 시작하는데, 5세기 4/4분기에는 북부가야권의 주변지역으로 확산이 전개된다. 이 시기에는 대가야토기의 西進에 의한 지배관계의 확산이 이루어지는 확산1단계로서 대가야의 완성된 토기문화가 호남동부지역까지 이르게 된다. 대가야의 전성기에 해당되는 이 시기에는 남원 월산리 M1-A호, 합천 옥전M3호, 함양 백천리1-3호, 지산44호가 해당된다.

이후 대가야토기는 기종구성과 확산경로의 변동이 나타나는데, 대가야토기의 정형기에는 보이지 않았던 단각발형기대와 대부장경호가 대가야토기의 西進 확산이 고착된 이후에 새로운 기종으로 등장하게 되고, 서진의 확산경로가 위축되고 새로이 남진으로의 확산경로 변동이 나타난다. 이러한 대가야토기 양식구성요소의 변화는 서진 확산으로 인해 백제계로 추정되는 새로운 문화요소가 전파되는 과정에 나타난 변화로 보인다. 이처럼 주변지역과의 교섭에 의한 양식변동을 보여주는 자료로는 지산45호, 옥전M6호 및 삼가1-A호, 옥전M10호, 수정봉2호, 옥봉7호 등이 해당된다.

대가야토기의 변동이 전개된 이후부터 퇴화가 급속히 이루어져 개, 개배, 일단투창고배 등 소수 기종만이 잔존하게 된다. 이 시기의 대외 교류에 있어서도 한 두점에 불과한 제한된 기종이 이루어지고 있으며, 신라토기와 동반하여 분포하는 것으로 보아 대가야토기의 양식구성은 이미 소멸된 것으로 볼 수 있다. 대가야토기의 퇴화형은 점차 신라토기로 대체되며, 이 시기부터 대가야는 정치적으로도 이미 약세를 이루고 있음을 보여준다. 대가야토기의 소멸기는 저포DⅠ-1호의 자료가 해당된다.

(2) 아라가야양식(도면 73)

고식도질토기에서 신라 · 가야토기로 분화가 일어나는 '전환기 변동'의 단계부터 함안지역에서는 변화가 포착되고 있는데 이러한 변화는 당시의 신라 · 가야 양 지역에서 전반적으로 나타나고 있다.

함안지역의 4세기 말에 있어서의 변화는 고식도질토기의 전통성을 계승한 '전환기 변동'의 등장이라고 하겠으며, 이 시기는 신라토기의 중심권이 경주지역에서 형성되면서 나머지 지역에서는 고식도질토기 범영남권의 전통성을 계승한 가야토기의 공통된 속성들이 함안과 부산 · 김해를 비롯하여 창녕, 고령, 진주, 합천 등에서 형성된다.

함안지역의 토기는 이러한 변화과정에서 앞의 전통성을 계승하면서도 화염형투창고배로 대표되는 신형식의 지역상을 보여주는 특이성을 지니고 있다. 이후 5~6세기 가야토기 단계에 이르러 주변지역의 토기문화 변동이 가속화되면서 이 지역도 하나의 소지역적이고 전통지향형의 지역양식을 나타내게 된다. 즉 함안지역의 지역양식은 자체의 형식적, 기술적 변화도 약간은 보이지만 엄밀히 말하면 자체적인 토기문화의 변동에 의해 형성되었다기보다는 주변의 변동에 따른 토기문화권의 고립화로 형성된 감이 없지 않다.

아라가야양식은 5~6세기 가야토기 단계에 들어서면서 전통적인 이단투창고배를

<그림 21> 아라가야토기(함안 도항리고분군)

비롯하여 일단투창고배, 고리형파수부고배, 장경호 및 기대, 컵형토기로 구성되는 가야토기의 한 지역양식을 보여주고 있다. 다만 '전환기 변동'의 단계에 특징적인 지역상을 보여주던 화염형투창고배와 삼각투창고배 중 삼각투창고배가 일시기 소멸되면서 이들이 진주·고성지역에서 집중적으로 분포하고 있음은 양 지역의 상호관계를 규명하는 데 있어서 시사하는 바가 크다.

아라가야토기는 전·후기별로 특징적인 속성들로 구성된 기종복합체를 형성하고 그에 따른 생산과 분배의 구조를 유지하고 있음이 파악되므로 전·후기 각각에 하나의 양식 설정은 가능한 것으로 파악된다. 또한 아라가야토기의 양식 구분은 아라가야토기가 고식도질토기와 5~6세기 가야토기로 시기구분 됨과 같이 양식요소에 있어서도 시기 차이가 나타난다.

아라가야토기의 '전환기 변동'이 나타나는 시기에는 노형기대와 통형고배, 파수부잔, 문양개, 단경호로 구성되는 전기 아라가야토기로부터 일대 변화가 나타나 이단투창고배와 발형기대, 투공고배가 출현함으로써 시작된다. 이러한 '전환기 변동'은 4세기 4/4분기부터 나타나기 시작하여 5세기 1/4분기까지 이어지며 금관가야권을 비롯한 전 영남권에서도 유사하게 전개된다. 또한 이 단계에는 앞 단계까지 금관가야권과 아라가야권이 보여주었던 양대 지역양식의 강도가 미미해지면서 전영남권에서 토기 형식의 공유(제작기술의 공유)에 의한 유사한 토기문화상이 표출되기 시작하며, 이러한 형식 공유에 의한 확산은 다음 단계까지 지속되어 '범영남양식'을 형성하게 된다. 또 아라가야토기의 새로운 상징성을 보여주는 화염형투창고배가 새롭게 등장함으로써 후기 아라가야토기의 시원기 양상도 함께 보여준다.

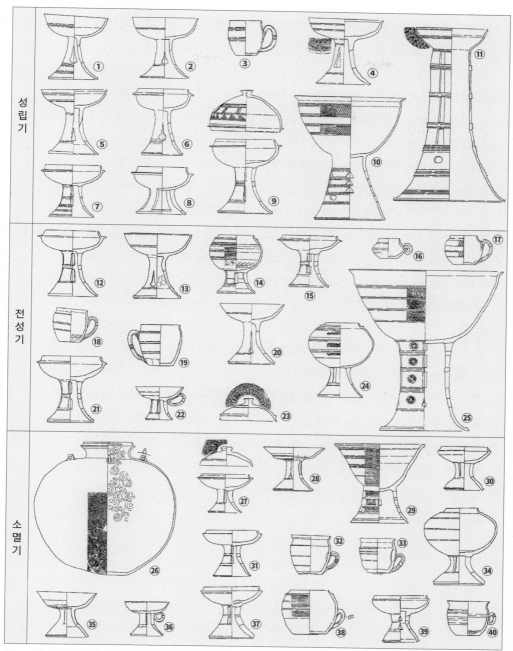

(①③⑧⑪도항문10, ②도항문20, ④현동3, ⑤⑥마갑총, ⑦⑨⑩도항경13, ⑫도항문38, ⑬㉑도항문40, ⑭⑱도항경16, ⑮⑳㉓㉕도항15, ⑯⑰㉒㉔도항문54, ⑲도항문14, ㉖㉘㉜㉞㉟㊲㊳암각화, ㉗도항문52, ㉙~㉛㊱도항문47, ㉝도항경3, ㊴㊵도항문4)

아라가야양식은 아라가야의 역사성 및 문화성과 결부된 하나의 지역양식으로서 함안 도항리고분군의 출토 토기가 대표적인 자료이며, 분포권은 시간의 변화에 따라 약간의 차이는 있으나 함안, 마산, 창원지역과 의령의 일부지역이 해당된다.

아라가야토기는 <도면 73>에서 보는 바와 같이 5세기 2/4분기부터 형성되어 6세기 1/4분기까지 지속된다. 前 단계부터 지역양식적 특징을 보여주는 화염형투창고배가 본 단계에 전성기 양상을 보여주고, 이단투창고배, 발형기대, 파수부배, 뚜껑, 대부호 등이 형식상 정형화되어 아라가야양식이 정착된다. 이로써 함안권에서는 5~6세기 가야토기 3대 지역양식의 하나인 '아라가야양식'의 아라가야토기가 성립되며, 이들은 전환기의 토기 형식을 이어받거나 전기로부터 계기적인 발전을 보여주는 것으로 파악되므로 후기 아라가야토기는 전기와 계통적으로 이어지고 있음을 알 수 있다. 또한 소가야권과 양식상으로 뚜렷이 구분됨으로 인해 아라가야토기의 분포권이 축소되는 현상이 나타나며, 6세기 1/4분기에는 형식의 변동에 의한 퇴화양상이 나타나는데 이단투창고배의 배신이 둥근형태에서 직선적인 형태로, 대각이 나팔상에서 깔대기형을 보여주는 변화와 화염형투창고배의 화염형투창이 형식화되어 퇴화된 양상을 보여준다.

아라가야토기는 6세기 2/4분기에 소멸하게 되며, 이 시기는 아라가야토기가 존속하는 가운데서 대가야토기와 신라토기를 비롯한 외래 토기의 역내 유입이 확대되면서 점차 아라가야토기가 소멸기에 접어들게 된다. 대가야토기의 퇴화된 형식들이 유입되며, 아울러 소가야토기와 백제권의 토기도 함께 나타난다. 외래토기의 유입으로 인해 아라가야토기의 분포비율이 낮아지며, 새로운 횡혈식의 묘제가 등장하는 변화도 보인다. 이 시기의 아라가야권에는 대가야토기 퇴화형식과 신라토기가 함께 확산되며, 인접한 소가야권에 왜계문물이 등장하는 양상으로 보아 당시의 복잡한 정치상황을 반영하고 있다.

(3) 소가야양식(도면 74)

5세기 중엽 이후 소가야양식은 아라가야양식으로부터 변화하는 형식들이 이 지역에 등장하거나 수평구연호 등의 신기종이 나타나기도 하면서 새로운 지역양식을 보여주기 시작한다. 다른 지역에 비해 일단투창고배의 특징적인 기형이 대표적이며, 일단투창고배의 기본적인 기형에 이단엇갈린투창의 기법을 받아들인 이단투창고배, 광구호, 조족문과 평행타날문이 이루어진 단경호, 통형기대 및 발형기대, 수평구연호

<그림 22> 소가야토기(진주 가좌동고분군, 고성 연당리고분군)

등이 대표적인 자료로서 진주 가좌동고분을 비롯한 남강유역의 자료들이 대표적이다. 그리고 소가야양식의 분포권은 진주, 산청, 하동, 의령, 합천 등 남강 중상류역과 고성, 사천, 의령, 통영, 거제 등 남해안 일대가 해당된다. 또한 6세기 전엽에 이르러서는 진주 수정봉·옥봉고분군과 산청 묵곡리유적, 산청 옥산리유적 등에서 대가야양식 토기가 재지의 소가야양식 토기와 공반하고 있음을 볼 때 상호 교류관계가 주목된다.

<도면 74>에서 보는 바와 같이 소가야양식의 변화를 살펴보면, '전환기 변동'이 지속되는 5세기 1/4분기에는 소가야토기가 성립되기 이전의 양상을 보여준다. 투공고배, 이단투창고배, 삼각투창고배, 발형기대가 대표적인 자료로 존재하며, 아라가야권과 토기문화를 공유하는 단계이다. 산청 중촌리3호남토광, 진주 하촌리, 가곡리에서 투공고배와 삼각투창고배, 발형기대의 자료가 확인된다.

5~6세기 가야토기의 지역양식이 등장하는 5세기 2/4분기에는 소가야권에서도 초기적 양상의 지역양식이 형성된다. 이 단계의 소가야토기는 무개식 삼각투창고배와 일단장방형투창고배에 의해 이루어지며, 특히 무개식 삼각투창고배는 전단계의 형식에 비해 형식차가 뚜렷한 정형을 이룸으로써 소가야토기 성립기의 대표 기종을 형성하게 된다. 소가야토기의 성립단계에 있어서 높은 개체수를 유지하는 삼각투창고배는 동시기의 아라가야권과 대가야권에서는 출토빈도가 낮으며, 전 단계까지 삼각투

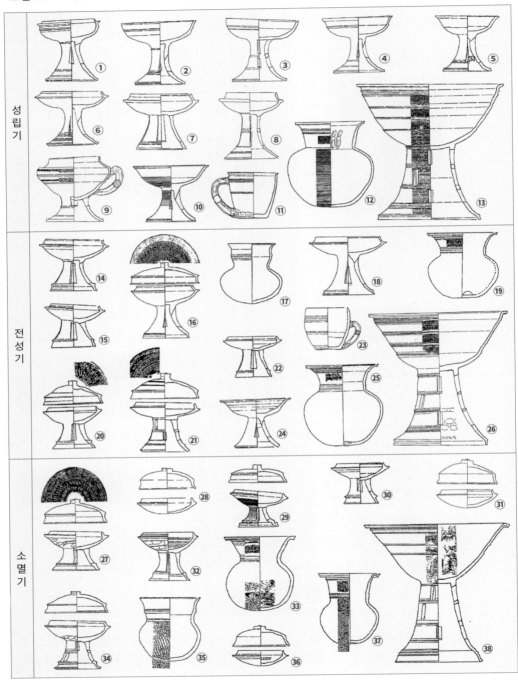

(①가곡리, ②하촌리, ③⑨옥산70, ④옥산43, ⑤고성종고, ⑥서동리, ⑦중촌리, ⑧옥산38, ⑩~⑬우수18, ⑭예둔54, ⑮가좌1, ⑯중촌3, ⑰고이나-10, ⑱고이나-12, ⑲고이나-3, ⑳㉑㊱~㊳배만골, ㉒고이나-17, ㉓예둔25, ㉔예둔27, ㉕사촌리, ㉖우수14, ㉗㉞천곡10-1, ㉘내산8, ㉙운곡2, ㉚가좌4, ㉛천곡35-3, ㉜연당18, ㉝천곡35-2, ㉟가좌2)

창고배의 주된 분포권을 형성하였던 아라가야권으로부터 분포의 중심지가 이동된 것으로 파악된다[49]. 이와 함께 무개식 삼각투창고배의 정형에 의한 집중 분포는 종래 아라가야토기 문화권에 속해 있었던 소가야권으로서는 커다란 변동이라고 하겠으며, 이러한 변동을 통해 아라가야권과 소가야권이 문화적 분화되고 있음을 살펴볼 수 있으나 전반적인 토기문화상으로 볼 때 아라가야토기와 소가야토기는 특수한 관계를 유지하고 있음을 보여준다.

이후 5세기 3/4분기는 소가야양식이 정형화되는 전성기로서, 가야토기 후기의 일지역양식을 명확히 보여주는 단계이다. 일단장방형투창고배의 정형이 이루어지고 장경호와 발형기대는 수평구연의 초기형태를 보여주게 된다. 유개식 삼각투창고배와 일단장방형투창고배는 전 단계로부터 계속하여 배신의 형태에서 동일형식을 보여주고 있으며, 무개식 삼각투창고배는 배신의 꺾임이 미미해져 반원상을 이루고 점차 개체수의 감소와 함께 퇴화하는 양상을 보여주고 있다. 5세기 4/4분기의 소가야양식은 일단장방형투창고배, 삼각투창고배와 더불어 발형기대, 광구장경호, 수평구연호, 개, 컵형토기, 통형기대에 의해 뚜렷이 정형화되며, 5세기 후반~6세기 초의 시간적인 특정성과 더불어 분포권에 있어서도 진주, 산청, 의령지역의 남강유역권과 고성, 사천, 하동을 비롯한 남해안권에서 주요 기종들이 안정된 분포를 보여주고 있음은 이 단계가 소가야토기의 전성기임을 보여준다. 그리고 이 단계에는 소가야토기는 서남부가야지역의 안정된 분포권역을 형성할 뿐만 아니라 동래 복천동, 마산 현동, 합천 옥전, 남원 월산리, 여수 죽포리 등으로 확산되는 것으로 보아 소가야토기의 대외교섭망이 폭넓게 유지되었음을 짐작할 수 있다.

6세기 이후 소가야토기는 형식이 퇴화될 뿐 아니라 신라토기, 대가야토기와 복합분포를 이루다가 소멸되기 시작한다. 소가야토기의 형식이 퇴화되는 단계는 대가야의 남강유역권에 대한 세력 확장으로 소가야권의 권역이 위축되고 이로 인해 남강유역권과 남해안권이 형성하였던 소가야연맹체가 해체된다. 남강유역권의 진주와 산청지역에는 대가야토기가 지배적 확산을 이룸으로써 이 시기에 대가야연맹체에 편입된

---

49) 5세기 전엽까지 아라가야권은 화염형투창고배와 삼각투창고배의 분포 개체수가 높을 뿐만 아니라 분포의 중심지를 이루고 있다. 아라가야권에서 화염형투창고배의 분포는 다음 단계까지 계속 이어지고 있으나 삼각투창고배는 급격히 퇴조하고 장방형이단투창고배로 바뀌는 변동이 나타나게 된다.

것으로 보인다. 또한 소가야토기의 주 분포권이었던 남강유역권에는 대가야의 지배
체제가 유지되는 가운데서 고성권을 비롯한 소가야권의 잔존지역에도 신라토기와 대
가야토기가 함께 파급되면서[50] 점차 소가야토기가 소멸된다. 이 단계의 소가야토기
는 소성이 불량해지고 부장되는 기종도 극히 제한적이다. 일단장방형투창고배는 기
고가 축소되고 구연단이 뾰족하게 처리되며, 수평구연호는 구연부가 외절하는 변화
를 나타낸다.

2) 지역양식의 요소와 분포

5~6세기 가야토기에 보이는 대다수 기종들의 외형적 차이는 형식 차이에 의해서
일차적으로 구분되며, 지역양식적 요소도 가장 뚜렷하게 보여주고 있다. 토기에 내재
되어 있는 다양한 속성들 중 공간적 속성은 지역양식의 추출에 양호한 자료로서, 이
러한 공간적 속성을 추출하는데 가장 유효한 표출단위가 형식임은 당연하다. 그러므
로 이 시기의 토기 중 이단투창고배, 일단투창고배, 삼각투창고배, 장경호, 기대, 컵형
토기, 뚜껑 등 개별 기종의 형식에 내재된 공간적 속성을 통해 지역양식의 분류단위
를 설정할 수 있다.

형태상 가야토기의 전통성이 고수되고 있는 다양한 신형식들의 등장을 통해 공간
적 속성이 분화되고 있다. 각기부의 폭, 투창의 형태, 구연단의 형태 등 여러 속성의
차이는 고식에서 신식으로 대체되면서 변화상은 뚜렷이 나타나고 있다.

함안지역의 이단투창고배는 나팔상을 보이면서 전통성을 강하게 유지하다가 5세
기 후엽에는 깔대기상의 대각을 이루는 특이한 형태도 나타나고 있다. 고령지역의 이
단투창고배는 대각의 각기부가 넓어지고 투창의 폭도 넓어져 장방형을 이루는 변화
를 보여준다. 반면 서부경남지역에서는 이단엇갈린투창고배가 나타나고 있는데 출토
빈도는 일단투창고배에 비해 상대적으로 낮지만 다른 지역에 비해 특이성이 보인다.

일단장방형투창고배로 대표되는 일단투창고배는 대각 각기부의 폭, 돌대중심의
대각 상하 분할비, 돌대의 형태, 대각고/투창의 전체길이 비, 구연단의 형태 등의 속성
에 의해 신라양식과 가야양식으로 구분되고 가야양식은 다시 다양한 형식이 존재하

---

50) A.D.522년의 기록에 보이는 대가야와 신라의 결혼동맹의 기사로 볼 때, 이 시기는 대가야
와 신라가 우호적인 관계를 유지하는 가운데서 고성지역과 의령지역에 함께 진출한 것으
로 보인다.

<도면 75> 5~6세기 가야토기의 지역양식과 대표기종

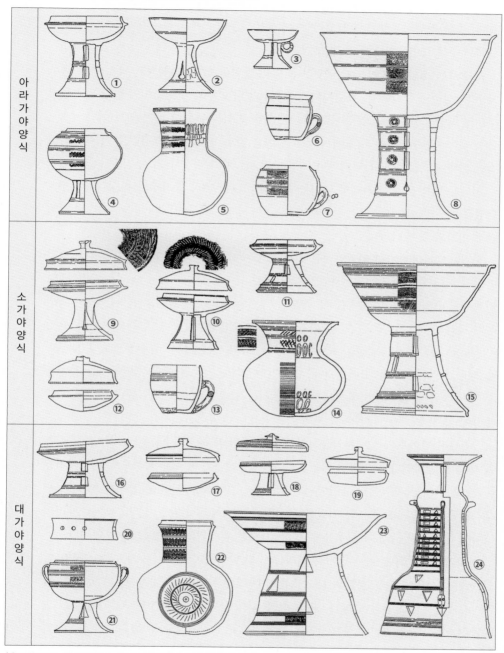

(①도항문14, ②도항문40, ③~⑤도항문54, ⑥암각화, ⑦도항문47, ⑧도항15, ⑨연당리14, ⑩예둔리1, ⑪연당리18,
⑫천곡리35-3, ⑬예둔리25, ⑭우수리16, ⑮우수리14, ⑯㉓옥전M3, ⑰옥전M7, ⑱저포DI-1, ⑲삼가1-A, ⑳두락리1,
㉑백천1-3, ㉒지산동32, ㉔옥전M4)

고 있다. 이 기종은 5~6세기 가야토기 단계에 들어서면서 광범한 분포상을 보이고 있으며, 특히 화염형투창고배와 고리형파수부일단투창고배는 특수기형으로서 함안지역에서 주로 보이고 있는 특성이 보인다.

장경호는 경부의 외반도와 구연부 및 뚜껑받이의 형태, 전체적인 크기 등에 의해서 제 속성들이 관찰된다. 고령지역의 장경호는 구연부와 뚜껑받이턱을 가지고 있고 경부의 특징적인 형태와 문양 시문양상은 다른 지역과 뚜렷한 차이를 보이며, 서부경남지역의 수평구연호는 명칭에서 보이는 바와 같이 구연부가 수평면을 이루는 특징적인 형태에 의해 다른 지역의 장경호에 비해 형식차가 뚜렷하다.

기대는 발형 및 통형기대로 나뉘는데, 발형기대는 대각 각기부의 폭, 투창의 형태, 문양구성, 돌대의 형태, 크기 등 다양한 부분에서 제 속성들이 관찰되며, 각각의 지역 간 차이가 뚜렷이 나타나고 있다.

5~6세기 가야토기의 지역양식은 <도면 75>에서 보는 바와 같이 기종별 형식의 차이뿐만 아니라 기종구성에 있어서도 지역별로 차이를 보여주고 있다. 함안지역은 화염형투창고배, 고리형파수부고배, 대부완, 파수부컵의 기종들이 다른 지역과는 차별성이 나타난다. 그리고 진주 · 고성지역은 일단장방형투창고배, 삼각투창고배, 수평구연호의 기종들이 차별성을 보여주고 있다. 또 대가야양식은 파수부연질개, 대부파수부완, 저평통형기대, 고리형기대, 단각발형기대의 기종들이 타 지역에서는 찾아볼 수 없는 기종이다. 이처럼 5~6세기 가야토기는 기종별 형식의 차이뿐만 아니라 기종구성에 있어서도 뚜렷한 차이를 보여주고 있음을 알 수 있다.

5~6세기 가야토기 3대 지역양식의 출현은 종래의 분포권역상 아라가야권이 주류를 이룬 함안지역과 서부경남권의 분화 및 대가야권의 새로운 형성으로 이루어지게 된다. 즉 북부 가야권에서 대가야권의 형성은 가야사회의 새로운 전기를 이루고, 서부경남권이 함안권으로부터 이탈은 서부경남권이 자체적 발전이거나 백제로부터의 영향에 의하였던 간에 이로써 가야사회는 새로운 지역권의 재편양상을 보여준다.

아라가야토기의 분포는 전기와 달리 권역의 한정성이 나타나는데, 이는 아라가야의 정치적 상황에 따른 분포와 대외교류의 한계성이 작용하였음을 알 수 있다. 아라가야토기의 주분포권은 도항리 · 말산리, 신음리, 사내리 등의 현 함안분지와 수곡리, 명관리, 소포리, 장지리의 군북지역을 들 수 있다. 그리고 함안군 칠원 · 대산면 지역의 유원리, 회산리, 구혜리논골, 대사리송라 등 남강과 낙동강 합류점도 해당된다. 반면 교류권으로는 신라토기 및 대가야토기와 함께 분포하는 창원 반계동, 다호리지역을 들 수 있고, 남강북안의 의령 천곡리, 서동리, 중동리에서 소가야토기와 함께 분포하고, 낙동강 서안의 의령 경산리, 유곡리에서는 대가야토기, 소가야토기, 신라토기가 함께 분포하는 양상을 보여준다.

소가야토기의 분포권은 진주를 비롯한 남강유역권과 고성, 통영, 사천의 남해안권으로 크게 구분할 수 있으며, 이들은 다시 남강상류역의 경호강과 양천강유역의 단성권(산청 중촌리고분군)과 남강중류역의 진주권(진주 가좌동, 원당리), 남강북안의 의령권(의령 중리), 남해 연안의 고성권(고성 송학동, 내산리)으로 소단위의 분포권을 설정할 수 있으며, 이외에 진교 및 섬진강 하구의 하동지역과 사천지역도 분포권에 해당된다. 이와 달리 소가야토기의 주 분포권에는 포함되지 않으나 특정 자료들이 분포하는 유적이 알려져 있는데, 마산 현동, 합천 봉계리, 저포리, 함양 손곡리, 남원 월산리, 김해 예안리, 동래 복천동, 고령 지산동, 합천 옥전, 순천 등 주변의 여러 지역에서 삼각투창고배와 수평구연호, 일단장방형투창고배, 수평구연 발형기대 등 개별 기종만이 분포하는 경우도 있다.

5세기 후반 소가야토기의 최대 분포범위는 북서쪽의 산청, 함양 경로는 산청 평촌리, 함양 손곡리까지로 남강상류 북안의 산청 생초고분군과 접하게 되고, 북쪽의 합천, 고령 경로는 삼가와 저포리 및 봉계리가 위치하는 황강상류역까지, 동쪽의 의령 경로는 예둔리, 유곡리까지, 서쪽의 하동 경로는 섬진강 하구까지, 남쪽으로는 고성, 통영, 사천지역을 포함하는 권역을 형성한 것으로 보인다. 한편 소가야토기의 분포권 중 남강하류 북안의 의령 천곡리, 서동리, 예둔리, 경산리, 천곡리로 이어지는 선과 함안 군북 명관리, 창원 진동 대평리지역으로 이어지는 선에는 소가야토기와 아라가야토기가 복합 분포를 보여주고 있는데, 여기서는 소가야토기가 분포의 우월양상을 보여주고 있으므로 아라가야권과 소가야권의 상호 친연적 교류에 따른 복합 분포임을 알 수 있다.

이후 소가야토기와 아라가야토기와 경계는 의령~군북~진동을 잇는 선을 유지하게 되며, 대가야토기와의 경계는 6세기를 1/4분기에 남강 북안의 고총군인 진주 수정봉·옥봉고분군에 대가야토기가 진출함으로써 6세기 1/4분기 이후의 소가야토기의 실질적인 분포권은 남강 북안의 진주, 산청권을 제외한 범위로 축소된다. 다만 의령 천곡리, 산청 명동유적 등의 일반 분묘에는 소가야토기가 계속 부장되고 있음이 확인되는데, 이는 대가야가 이 지역에 대한 직접 지배가 이루어지지 않았음을 나타낸다. 그리고 6세기 1/4분기 이후에 고성권에도 신라토기와 대가야토기가 확산됨으로써 소가야토기는 확실한 분포권을 형성하지 못하고 대가야토기 또는 신라토기와 공존하게 된다. 이로써 소가야권의 정치체는 자체적인 발전상을 상실하게 되어 소집단으로 전락하게 된다.

대가야토기는 5세기 2/4분기 이후 가야 북부권에 널리 분포하게 되며, 6세기대에 이르면 가야 남부권의 여러 지역에도 분포하는 광역분포상을 이루게 된다. 다만 가야 북부권이 대가야토기 일색의 분포를 보이는 반면에 가야 남부권에서는 재지토기와 공반되어 분포하는 양상을 보여준다. 대가야토기의 확산 이후 대가야토기 일색의 분포 지역으로는 황강하류역의 옥전고분군과 황강상류역의 반계제고분군과 중반계분묘군, 봉계리분묘군, 저포리고분군, 창리고분군 등이 해당되며, 거창 말흘리고분군, 무릉리고분군, 함양 백천리, 상백리고분군, 산청 생초고분군, 진주 수정봉·옥봉고분군에서 대가야토기가 확인된 바 있다. 이외에도 남원 월산리고분군, 두락리고분군을 비롯한 남원·장수지역은 대가야토기의 확산이래 재지적 성격의 토기도 다수 분포하나 대가야토기의 분포권에 포함된다.

한편 의령을 포함한 남강의 남부지역에서는 6세기 이전까지는 대가야토기가 분포하지 않으며, 6세기 1/4분기 이후에 낙동강 경로와 남해안 경로를 따라 대가야토기가 교류적 확산을 이루게 되는데 의령 경산리고분군, 창원 다호리, 반계동고분군, 마산 자산동고분군, 고성 율대리고분군에서 확인되고 있다. 이 지역은 대가야 토기의 일부 기종과 재지의 아라가야토기 또는 소가야토기와 함께 분포하며 대체로 신라토기와 함께 나타나는 특징이 보인다. 이러한 분포양상으로 보아 이 지역의 대가야토기는 대가야와 신라의 우호적인 관계를 바탕으로 교류관계에 의한 확산이 이루어진 것으로 추정된다.

3) 지역양식의 형성 배경

5~6세기 가야토기에 보이는 제작기법과 문양, 형식, 규격 등 지역양식의 제 속성을 검토한 결과 크게 3개의 권역으로 대별되며, 이들은 각각의 지역양식을 뚜렷이 나타내주고 있다. 또한 가야토기에 보이는 개별 지역양식은 양식의 범주를 벗어나지 않는 동질성 또는 유사성도 확인되고 있다. 이처럼 가야토기의 양식과 지역양식에는 공통 분모적 유사 속성들이 다수 내재되어 있기도 하지만 지역양식만의 차원에서 본다면 상호 차별성도 엄연히 존재함을 찾아볼 수 있다.

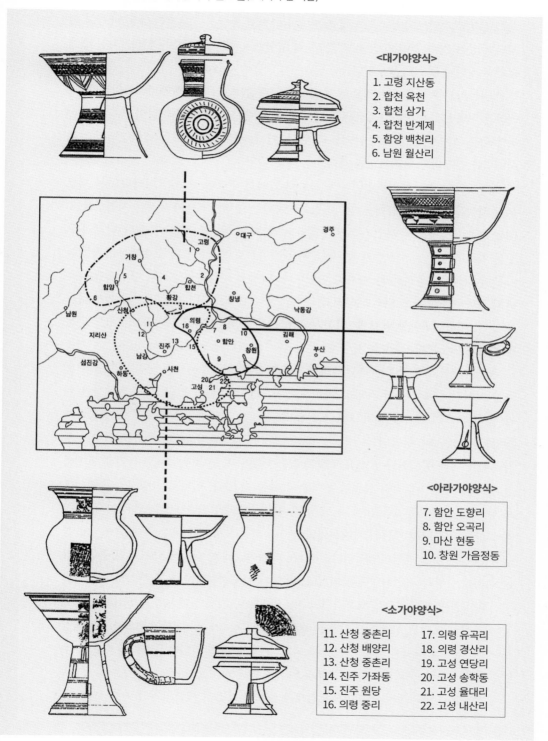

<대가야양식>

1. 고령 지산동
2. 합천 옥천
3. 합천 삼가
4. 합천 반계제
5. 함양 백천리
6. 남원 월산리

<아라가야양식>

7. 함안 도항리
8. 함안 오곡리
9. 마산 현동
10. 창원 가음정동

<소가야양식>

11. 산청 중촌리	17. 의령 유곡리
12. 산청 배양리	18. 의령 경산리
13. 산청 중촌리	19. 고성 연당리
14. 진주 가좌동	20. 고성 송학동
15. 진주 원당	21. 고성 율대리
16. 의령 중리	22. 고성 내산리

그러므로 가야토기에는 양식적 차원의 광역적인 동질성이 유지하게 된 배경이 전제되어 있는 것과 같이 차별적 지역양식의 형성에도 직·간접적인 영향을 끼친 배경들이 존재하는 것으로 생각된다.

　　지역양식의 형성은 일차적으로 차별적인 문화상의 표출에 의해 이루어지는데, 이러한 지역양식의 형성배경으로는 정치적 상황 또는 사회, 경제적 여건의 변동과 기술적 변화 등 다양한 각도에서 살펴볼 수 있다. 이러한 관점에 따라 각 지역양식별로 형성배경을 간략하게 살펴보도록 한다.

　　아라가야양식은 제작기법이나 형식상에 있어서 커다란 변화가 나타나면서 새로운 정형성을 이룬 지역양식을 형성하였다기보다는 주변지역들이 새로운 지역성을 띠며 분화해 나감으로써 자연스럽게 나름의 지역양식을 형성하게 된다. 즉 전단계의 요소를 따르면서 일부 지역적인 특수형식을 표방함으로써 전통성의 고수현상이 뚜렷한 일군의 지역양식을 형성한 것으로 판단된다. 따라서 아라가야양식의 형성배경은 주변의 문화변동에 따른 내적 대응의 결과에 의해 전단계로부터 변화 발전한 데서 찾을 수 있다. 이러한 점들에서 보면 아라가야양식이 일정한 지역차를 나타내주고 있음을 볼 수 있지만, 주변과의 역학관계에서는 상당부분 위축되고 있음이 나타난다.

　　대가야양식의 형성에는 전단계의 토기문화를 계승·발전시킨 점진적인 면과 새로운 형식과 신기종의 등장에서 볼 수 있듯이 변동적인 면도 있다. 전자의 현상은 대가야양식의 기대가 전단계의 고령 쾌빈동1호 출토의 기대와 계통성을 갖고 있음에서 찾아볼 수 있으며, 후자의 경우로는 대가야양식의 이단투창고배가 전 단계의 이단투창고배에 비해 형식적인 변화가 뚜렷한 것을 비롯하여 연질개, 저평통형기대 등에서 전 단계와 다른 이질적인 요소들을 다수 찾아볼 수 있다. 이처럼 고령지역을 중심으로 한 대가야는 그들의 등장에 직·간접적 영향을 끼쳤던 외부세력과의 정치적, 문화적 교류를 이루면서 기존의 가야토기와는 이질적인 요소들을 다수 받아들여 점차 정형성을 이룬 것이 대가야양식이다. 따라서 대가야양식의 등장은 대가야의 출현이라는 정치적 상황과 직접적인 관련이 있으며, 이후 전통적인 가야토기 문화의 계통적인 발전과 더불어 신라토기적 제작기법의 요소와 백제토기적 신기종의 출현이라는 요소 등 세부적인 요인도 상당부분 작용한 것으로 보인다. 따라서 대가야양식의 형성배경은 가야 내부의 정치적 상황의 변동에 따른 문화적, 사회·경제적 변화와 더불어 주변집단과 정치적, 문화적(기술적) 교류와 일정한 연관성이 있다.

　　마지막으로 소가야양식의 형성배경에 관해서는 대가야 세력의 등장 이후 기존 함안지역의 세력과 친연관계를 유지하면서 백제와의 교류 및 영향에 의해 독자적인 정치세력화를 이루게 됨으로써 소가야양식이 형성된 것으로 보았다. 이 지역의 토기 중 조족문이 타날된 단경호가 백제와 왜의 양 지역에서 계통적 관계를 가지면서 출토되고 있는 현상과 수평구연호의 계통 등을 볼 때 소가야양식의 형성배경은 상당부분 백제적 요소와 영향이 컸던 것으로 보인다. 다만 6세기대에 들어서면서 대가야의 세력확산과 신라의 서남부 가야지역으로의 진출로 인해 소가야양식은 상당부분 위축되었던 것으로 추정된다.

이상에서 살펴본 각 분포권별 지역양식의 형성배경으로는 먼저 금관가야의 몰락 이후 새로운 주도세력의 필요가 제기됨으로 대가야를 비롯한 제 가야정치체가 형성되는 정치적 상황의 변화를 들 수 있으며, 다음으로 주변문화인 신라 또는 백제문화와의 교류에 의한 신기종 또는 신기술적 제작방식의 등장에 의해 지역양식이 형성되는 문화적 요인을 찾아볼 수 있다. 즉, 정치적 상황의 변화에 수반되어 새로 형성된 제 가야 정치체들이 집권적 체제를 형성하기 위한 방편으로서 토기의 중앙공급에 의한 분배라든가, 토기제작기술자의 파견이나 일률적인 제작기술의 보급을 추진한다든가 하는 통제적 생산과 분배를 들 수 있다. 그리고 정치체의 대외교류과정에서 새로운 제작기술 또는 신기종을 받아들인 점에서도 그 요인을 찾을 수 있다. 또한 이러한 요인들 이외에도 자체적 기술의 개발이나 지리적, 환경적 여건에 의한 동질성의 형성도 짐작해 볼 수 있다.

III. 생산과 유통

1. 생산체계의 성립

1) 가야토기의 제작기술

土器는 인류문화의 첫 혁명이라고 불리는 신석기혁명의 정착생활을 가능하게 하는 저장용기로서 처음 나타나게 된다. 토기는 흙으로 빚은 모든 그릇들을 가리키지만 일반적으로는 선사시대부터 삼국시대 이전까지의 토기와 도기(도질토기)를 말한다.

토기의 제작은 성형, 정면, 소성의 과정을 거쳐 이루어진다. 성형방법은 띠쌓기와 테쌓기법이 대표적이며, 삼국시대 이후에는 물레를 이용한 발달된 방법이 보편적으로 이용되고 있다. 그리고 정면은 기면의 마무리(깎기와 마연, 물손질 등)와 문양의 시문, 투창의 뚫기 등이 행해진다. 이러한 과정을 거쳐 만들어진 토기는 800~1300도에 이르는 고온에서 구워짐으로써 마무리되는데 토기제작기술의 발달은 소성을 위한 가마의 발달과 연동되어 있다.

토기는 생산(제작), 유통(분배), 소비(사용), 폐기라는 일련의 과정을 거치면서 고고학 자료로 변모하게 되며, 토기의 생산은 다시 제작단계와 소성단계로 구분할 수 있다.

토기 제작은 태토의 준비, 성형과 정면 및 마무리의 과정을 통해 이루어진다. 토기의 원료는 가소성의 점토와 혼입물(비가소성입자) 및 수분으로 구성되며, 이외에 필요에 따라 착색제가 사용된다. 도공이 원료인 흙을 水飛하여 제토를 만들고, 거기에 점토 이외의 유기물이나 암석조각들을 첨가하여 태토를 구성하게 된다. 태토는 가소성의 유지와 소성시 기벽의 균열과 공극 및 부풀림을 방지하기 위해 세밀한 반죽에 의해 완성되며, 일정한 숙성의 시간을 가지기도 한다. 태토 작업이 완성되면 성형이 이루어지고 이후 정면과 투창 뚫기, 손잡이 부착, 문양 작업 등을 거치게 되며, 일정한 건조 후 가마에서 2~3일 정도의 소성을 거쳐 토기가 완성된다.

한 예로 대가야토기의 외형을 실현하는 제작기술의 특성은 장경호, 발형기대, 고

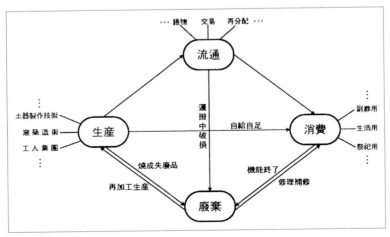

<그림 23> 토기의 일생(조성원 2014)

배, 개, 연질개, 저평통형기대 등에서 찾아볼 수 있다. 팔자형 대각에 네모의 광폭 투창이 일렬로 뚫린 고배, 뾰족한 구연단의 뚜껑받이턱과 물결무늬가 돌려진 곡선적인 경부의 장경호, 송엽문과 파상문이 시문된 몸체, 대각부에 삼각형 또는 종모양의 투창이 3단 또는 4단으로 뚫은 발형기대, 보주형이나 유두형의 꼭지가 달려있고 열점문을 원형으로 배치한 뚜껑, 반환형의 둥근 고리가 달린 대형의 연질개, 그 외 저평통형기대와 통형기대의 형식들이 주목된다. 제작기술의 성형에서 보이는 기술적 특성은 형태적 특성에서 살펴보았듯이, 곡선적 기형을 이루는 가야토기의 전통적 성형의 근간을 유지하고 있으며, 뚜껑받이턱과 보주형 및 유두형 꼭지 등 특이한 형태가 표현되고, 연질뚜껑과 발형기대, 저평통형기대와 저평발형기대의 신기종이 창안되는 특성이 있다.

성형 후 2차적 가공으로 이루어지는 정면은 문양 시문방법과 투창의 형태, 장식의 부착 형태를 통해 특징적인 양상이 나타나게 된다. 대가야토기의 정면 단계의 형태적 특성으로는 송엽문의 채용과, 고배 투창의 광폭화, 발형기대의 뱀장식 부착을 들 수 있다.

가야토기의 제작에 있어서 원료 흙의 채취를 어디에서 하는지를 따져볼 수도 있으나 그에 대한 구체적인 분석 자료가 아직 제시된 바 없어 알기가 어렵다. 태토의 특성을 분석함으로써 토기의 산지 문제와 태토 첨가물의 종류에 대해 과학적인 자료를 획득할 수 있으나 현실적으로는 가야토기만의 특성을 찾아내기가 어려운 형편이다.

아직 가야토기 가마의 조사 사례가 충분하지 않아 가마 내 토기의 재임방법 등 소성과정의 뚜렷한 특성은 나타나지 않으나, 대가야토기에서 이기재와 이상재 중에서 개배 뚜껑에 보이는 이기재의 막대상의 흔적은 특징적인 양상으로 꼽을 수 있다.

5~6세기 가야토기는 4세기 고식도질토기의 제작기술상 특성을 계승하고 있으며, 가야토기만의 특징인 곡선적인 대각과 투창의 일렬배치, 회청색 계열의 색조, 소성상태 등에서 이를 잘 파악할 수 있다. 5~6세기 가야토기에는 앞 시기 제작기술의 계승이나 새로운 대가야만의 특징적인 제작기술이 보이기도 하지만 이질적인 제작기술의 특성도 나타나고 있다. 이는 대가야권에서 보면 동시기 가야토기의 다른 지역양식에서 보이는 고배에 비해 대각 각기부의 폭이 현저하게 넓은 광폭을 이루고 있는 점과 고배 대각 투창의 폭이 넓어진 점은 가야적인 토기제작기술과는 차이를 보여준다. 아마도 이러한 양상은 지리적으로 인접한 신라토기의 고배 제작기술이 부분적으로 받아들인 것으로 추정하는데, 명확한 증거를 제시하기는 어렵다.

크게 보아 5~6세기 가야토기의 제작에 따른 형태적, 기술적 계통은 앞 시기의 4세기 고식도질토기 계통의 제작기술을 유지하면서 각 권역의 독자적 제작기술이 다양하게 두루 반영된 것으로 볼 수 있다. 그리고 특정 기종의 선호양상과 고배와 기대의 형식상 차이에서 토기양식의 지역성이 반영되고 있음을 알 수 있다.

2) 가야토기의 생산체계

토기 생산체계는 토기가 하나의 제품으로 완성되기까지의 모든 공정과 그 공정을 유지하기 위한 모든 행위를 종합하는 것이라고 정의할 수 있으며, 또 생산체계는 생산량과 생산효율, 생산자 집단의 성격, 사회적 노동의 조직과 생산관계와 방식 등을 포괄하는 개념으로 정의된다.

토기 생산체계를 파악하기 위해서는 제작기술과 생산시설(토기가마)을 비롯하여, 생산물품(기종), 생산규모, 생산수준, 생산형태 등 종합적인 검토가 있어야 하며, 고고학적인 연구에서 파악하기 어려운 부분도 있다. 아직 가야토기 가마 조사 자료가 부족한 한계도 있지만 현실적으로 고분 부장토기의 분석에 의존할 수밖에 없는 한계가 있다.

생산 기종에 대해서는 최근 가야토기 가마유적의 발굴조사의 결과로 볼 때, 가야 고분 부장토기의 대부분 기종이 함께 생산되고 있음을 확인할 수 있었으며, 생산규모와 운송망(도로)에 대해서도 일정한 부분까지 추정이 가능한 상황이다.

여기서는 5~6세기 가야토기 중 대가야토기의 생산체계를 살펴봄으로써 가야토기 생산체계의 대강을 이해하고자 한다.

대가야토기 생산체계의 구축 시기는 구체적으로 파악할 수 없으나 대가야토기의 양식적 성립과 연동될 것으로 보이며, 양식 변동이 생산체계의 변화와 연동되어 권역별로 다양한 변화를 보인다고 생각된다. 더불어 생산체계 구축의 배경은 대가야토기 양식의 성립에 연동한 독자적 생산체제를 구축함에 의하지만 초기에는 정치경제의 영향보다는 매장의례에 수반되었을 가능성이 높다. 이러한 대가야토기의 생산체계는 대량생산에 따른 전업적 생산체계가 구축되고 그로 인해 토기 형식의 정형화와 전승이 이루어져 양식 변동에 일정한 영향을 미치게 된다.

대가야토기는 전업적 생산체계에 의한 공방시설이 만들어지고 그에 의한 대량생산체제 구축은 가마 시설의 집단화와 운송망(도로)의 구축이 이루어지고, 더불어 수요와 공급의 조절 등 생산과 분배에 관한 통제가 이루어지는 관영유통이 유지된 것으로

<그림 24> 김해 우거리 가마유적

<그림 25> 고령 송림리 가마유적

파악된다.

　토기 생산체계의 변화요인은 관영유통에 따른 정치적 통제가 직접적이겠지만, 간접적으로는 매장의례에 따른 배경도 작용하였을 것으로 생각된다. 내세관념에 의한 고분의 대량부장이 수요를 증가시키는 요인이 되고 점차 정치경제적 배경이 작용하였을 가능성이 있다. 대형목곽의 출현이라는 현상과 내세관적 관념의 정착은 고분 부장을 확대하는 원인이 되고, 정치체의 영역내 지배력 강화를 위한 상징수단으로 부장토기의 분배를 통제함으로써 생산체계의 변화가 나타나게 된다. 대가야 권역의 확대에 따른 동일체 의식과 그에 따른 정치경제적 현상이 나타나게 됨으로써 수요증가를 기반으로 대량 생산체제 구축이 전개된다.

　대가야토기 생산체계의 시기별 변화상을 정리하면 아래와 같다.

　① 1기 : 지산73호분 단계, 5세기 2/4분기, 대가야의 새로운 생산체계의 구축 시도, 대량 생산의 기반 마련, 중심부(고령권)의 내수용 공급.

　② 2기 : 지산33호분 단계, 5세기 3/4분기, 생산체계의 완전한 구축, 중심부 인접지역에 대한 대외 유통(교류)의 시작.

　③ 3기 : 지산44호분 단계, 5세기 4/4/분기, 대외 유통(확산) 확대(합천, 함양, 남원 등), 중앙 공급 및 생산규모 확대, 신 기종(저평통형기대) 출현.

　④ 4기 : 금림왕릉 단계, 6세기 1/4분기 이후, 유통경로의 변화, 원거리 지역에 대한 기술제공(공인 파견)에 의한 재지생산으로 새로운 유통 거점(창원 중동유적의 예)의 확보(함안, 고성권에 2차적 분배).

2. 대가야토기의 유통방식

가야토기의 연구가 형식학에 의한 편년 중심에서 생산과 유통의 분야로 바뀌어가고 있음은 정치해석의 관점에서 새로운 변화를 보여주고 있다. 토기는 실생활에 사용되는 자료임에도 불구하고 매장의례에 따른 부장토기가 연구 자료의 대부분을 차지함으로써 한계를 노출할 수밖에 없는 상황이다. 그렇지만 가야토기 중 생활토기는 아직 초보적인 연구 수준에 머물러 있다. 그러하기에 가야토기의 생산과 유통에 관한 연구 역시 아직은 부장토기를 통해 살펴보아야 하는 단계이므로 여기서는 5~6세기 가야토기 중 대가야토기를 중심으로 가야토기의 유통과 의미에 대해 검토해 본다.

1) 대가야토기의 유통

대가야토기는 생산과정을 거쳐 소비처에 공급되어 고분에 부장되거나 일상 살림살이에 사용되다가 폐기된 후에 일부가 발굴조사를 통해 다시 우리와 만나게 된다. 대가야토기의 생산-소비-폐기라는 일련의 과정에는 유통 과정의 공급과 분배가 이루어지게 된다.

대가야토기의 유통은 고분의 발굴 결과에 의해 확인된 대가야토기가 유통의 결과물이라고 할 수 있다. 즉 소비지인 각지의 고분에 부장된 토기의 분포양상을 통해 유통방식과 유통경로를 찾아볼 수 있고, 이로써 유통구조의 양상을 파악할 수 있다.

대가야토기의 유통에서 중요한 위치를 차지하는 생산지에 관한 부분은 최근 발굴조사 된 고령 송림리 가마유적을 통해 볼 때, 대가야의 중앙인 고령에서 생산이 이루어져 유통된 것으로 추정할 수 있다.

대가야토기의 소비지(고분 부장품) 분포분석에 나타난 유통의 양상은 중앙으로부터 공급에 의한 것으로 대부분의 연구자가 이해하고 있으며, 그 방식에 대해서는 다양성을 인식하고 있다. 또한 대가야토기의 유통에서 중심집단은 중앙으로부터 현물분배에 의한 공급이 이루어지지만 지역의 하위집단에는 재지생산의 토기들이 유통되며, 원거리의 권역에는 타 지역 유입토기도 함께 분배되는 양상이 나타난다. 생산기술은 유통과 연계되어 현물분배로부터 기술 제공에 의한 현지생산에 의한 유통방식으로 변화를 유도하며, 유통방식의 하나로서 기술 제공에 따른 현지 생산도 이루어지고 있음이 확인된다.

대가야토기의 유통경로는 초기에 가야 서북부권으로 서진하는 경향성이 나타나고

6세기 전엽이후부터 새로 남진의 경로가 활성화되는 변화가 나타난다.

대가야토기가 광역적으로 확산되는 5세기 4/4분기의 분포망을 보면, 고령지역을 위시하여 합천(옥전, 반계제), 거창, 함양, 남원지역에 이르고 있음을 알 수 있다. 이러한 분포망은 자연지리적 교통로를 통해 검토하면, 고령을 중심으로 서진의 경로를 따르고 있음이 확인되므로 대가야토기의 대외확산이 이루어지는 1차 경로는 가야 북부권에 한정된 서진경로를 보여준다.

6세기 1/4분기의 시기에는 앞 시기와 달리 제반 여건의 변화가 일어나면서 대가야토기의 확산은 일대 전환을 가져오게 되는데, 가야 남부권에 대한 내부통합을 위한 확산경로의 변화인지, 서진경로의 고착에 따른 돌출구의 모색에 의함인지 명확지 않지만, 이 단계부터 낙동강경로와 내륙교통로에 의한 남진경로가 등장하게 된다.

특히, 낙동강을 통한 남진 및 남해안경로의 전개는 창원 중동유적의 생산시설을 통해 볼 때, 기술 제공(공인 파견)에 의한 재지생산이 이루어지는 새로운 유통 거점을 마련하게 됨으로써 함안, 마산, 고성 등 남해안권에 2차적 분배의 유통구조가 형성되었을 가능성도 있다.

대가야토기의 유통은 생계경제적 차원의 거래에 의한 시장유통이 이루어지거나, 정치경제적 차원의 분배에 의한 관영유통이 실시되었을 가능성이 있는데, 부장토기가 내포하고 있는 상징도구로서의 기능과 내세 관념에 따른 부장행위가 이루어졌을 가능성을 고려하면 관영유통이 주도적이었을 것으로 보인다. 즉, 대가야토기의 유통이 관영유통의 체제를 유지하고 중앙으로부터 현물의 확산이 이루어졌을 가능성이 높은 점에서 생계경제적 차원의 해석보다는 정치경제적 차원의 해석이 우선될 여지가 많다. 생계경제에 의한 시장교류와 정치경제에 따른 분배망의 연구는 대가야 사회의 관계망 검토의 가능성을 보여준다. 즉 유통구조의 유형에 따라 대가야의 실질적 경제권을 알 수 있고, 부분적이나마 영역적 차원의 문제와 지배구조에 대한 유추가 가능하다고 여겨진다.

2) 대가야토기 유통에 따른 분포 변화

토기유통의 분포유형은 소비지에서 중심고분군을 대상으로 유통된 결과로서, 이를 정리하면 아래와 같다. 하위집단의 분포유형은 대부분 토착의 재지토기가 유통되는 경향이다.

① 현물분배(A유형) : 대가야의 중심지(중앙)인 고령을 포함하여 5세기 4/4분기의 대가야토기 확산지역인 합천 옥전고분군, 반계제고분군, 함양 백천리고분군에 나타나는 유통양상이다.

② 현물분배와 함께 재지양식 및 유입양식 토기가 함께 복합되는 경우(B유형)로서, 재지양식이 복합되는 경우(B1유형)와 유입양식 토기이 복합되는 경우(B2유형)로 나눌 수 있다.

③ 기술제공과 모방에 의한 재지생산분배(C유형) : 원거리 집단 또는 가야 남부권 집단이 해당된다. 기술제공(공인 파견)에 의한 재지생산(C1유형)과 모방에 의한 재지생산(C2유형)으로 나눌 수 있다.

토기유통의 분포유형과 연계하여 분배에 의한 분포와 교류에 의한 분포를 구분하여야 하며, 교류에 의한 분포에 대해서도 정치적 해석을 하는 경우도 있는데 적절한 관점이 아니다. 그리고 생산기술의 제공에 의한 재지생산은 상호 밀접한 관계를 반영한다고 생각되며, 유통거점의 역할을 수행하고 있을 가능성도 있다.

종래 논의된 바 있는 확산유형은 중심지론에서 비롯되었다고 할 수 있으며, 유통양상의 분포유형은 소비지 중심에서 논의된 것으로서 분류기준의 차이가 있다. 대가야토기의 생산체계의 변화와 연동되며, 시기별 유통양상의 변화를 정리하면 다음과 같다.

① 1기 : 전기의 양식복합기로부터 새로운 토기문화의 수입과 재지의 복합화가 나타나는 단계로서, 생계경제에 따른 기술유입의 단계에서 정치경제의 유통구조가 구축되는 단계이다. 대가야 중심부(고령)에서 현물공급의 대내유통이 전개된다(5세기 2/4분기).

② 2기 : 대가야양식의 성립과 대가야 중심부의 대내유통 지속, 신라토기와 교류적 유통을 통해 기술요소와 기형을 생산에 반영, 중심부 인접지역에 대한 대외유통(교류)의 시작된다(5세기 3/4분기).

③ 3기 : 대가야토기양식의 대외유통(확산), 현물분배 및 생산규모 확대, 정치경제적 차원의 유통이 전개되며, 중심집단은 현물분배가 이루어지고 하위집단은 재지생산에 의한 유통이 이루어지는 위계상의 유통방식 차이가 보인다(5세기 4/4/분기).

④ 4기 : 재지생산에 의한 대외유통 변화, 유통지역 확산과 재지 토기생산체계를 대신한 대가야토기의 새로운 생산체계(가마 구축 등)으로 유통방식의 변화가 확인된다. 유통경로의 변화와 새로운 유통 거점(창원 중동유적)의 확보(함안, 고성과 2차적 분배),

최대의 대가야 유통권역을 형성한다(6세기 전반).

유통(확산)단계별 변화양상을 통해 대가야의 대외관계망의 추이를 찾아볼 수 있는데, 제1기(5세기 2/4분기)는 대가야 중심부에서 현물공급의 대내유통이 전개되고, 제2기(5세기 3/4분기)는 대가야 중심부의 대내유통이 지속되고 중심부 인접지역에 대한 대외 유통(교류)가 이루어진다. 제3기(5세기 4/4/분기)는 중앙공급 및 생산규모가 확대되고, 정치경제적 차원의 대외유통(확산)이 확대된다. 중심집단은 현물분배가 이루어지고 하위집단은 재지생산에 의한 유통이 이루어지기도 한다. 제4기는(6세기 전반)는 원거리 권역에 대가야토기의 새로운 생산체계가 구축되어 유통 거점을 확보함으로써, 재지생산에 의한 대외유통 변화가 나타난다. 유통경로의 변화를 통한 최대의 대가야 유통권역을 형성하게 된다.

3) 대가야토기 유통을 통해 본 관계망

토기의 분포는 생산과 유통에 의해 이루어지는 일차적인 관계가 형성된다. 이를 양식적 분포로 인식하는 것은 특정의 토기군에 의한 기종 조합과 시·공간적 특성을 보여줄 때 이루어진다. 토기 유통에 관한 실체적인 접근은 소비의 결과로 나타난 고분 부장이나 생활유구의 폐기 등에서 역으로 유추하여 살펴볼 수 있다.

대가야토기는 고령을 중심으로 각지로 확산하여 분포하는 것으로 연구되어 있다. 여기서 대가야토기의 확산을 유통의 관점에서 본다면 중앙으로부터 공급에 의한 것으로 대부분의 연구자가 이해하고 있으며, 그 방식에 대해서는 다양성을 인식하고 있다. 또한 대가야토기의 유통에서 중심집단은 중앙으로부터 현물공급이 이루어지지만 지역의 하위집단에는 재지생산의 토기들이 유통되며, 원거리의 연맹권에는 타 지역 유입토기도 함께 분배되는 양상이 나타난다.

대가야토기의 유통은 생계경제적 차원의 거래에 의한 시장유통이 이루어지거나, 정치경제적 차원의 분배에 의한 관영유통이 실시되었을 가능성이 있는데, 부장토기가 내포하고 있는 상징도구로서의 기능과 내세 관념에 따른 부장행위가 이루어졌을 가능성을 고려하면 관영유통이 주도적이었을 것으로 보인다.

영유통의 체제를 유지하고 중앙으로부터 현물의 확산이 이루어졌을 가능성이 높은 점에서 생계경제적 차원의 해석보다는 정치경제적 차원의 해석이 우선될 여지가 많다. 생계경제에 의한 시장교류와 정치경제에 따른 분배망의 연구는 대가야 사회의

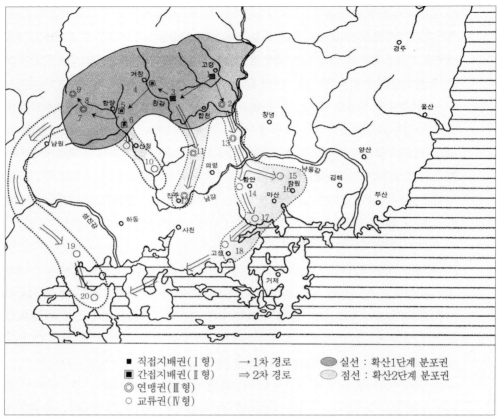

<도면 77> 대가야토기의 확산단계와 확산경로

(1. 고령 지산동, 2. 합천 옥전, 3. 합천 반계제, 4. 거창 말흘리, 5. 함양 백천리, 6. 산청 생초, 7. 남원 월산리, 8. 남원 두
락리, 9. 장수 삼고리, 10. 산청 중촌리, 11. 합천 삼가, 12. 진주 수정봉옥봉, 13. 의령 경산리, 14. 함안 도항리, 15. 창
원 다호리, 16. 창원 반계동, 17. 고성 내산리, 18. 고성 대율리, 19. 순천 운평리, 20. 여수 고락산성)

관계망 검토의 가능성을 보여준다. 즉 유통구조의 유형에 따라 대가야의 실질적 경제
권을 알 수 있고, 부분적이나마 영역적 차원의 문제와 지배구조에 대한 유추가 가능
하다고 여겨진다.

선행 연구(박승규 2003)에서 대가야토기의 양식 확산을 통해 나타난 분포유형을 제
시하였는데, Ⅰ형은 분포지역에 대가야토기가 일색으로 출토되는 경우로서, 대가야의
직접지배 영역으로 설정하였다. Ⅱ형은 Ⅰ형과 같이 대가야토기가 일색으로 출토되나
중심고분군이 계속 축조되는 경우로서, 대가야연맹체의 권역으로 설정하였다. Ⅲ형

은 대가야토기의 대다수 기종이 확산되고 재지토기가 함께 존속하는 유형으로서 지역집단의 독자성이 유지되거나 새로 연맹체에 편입됨으로 인한 초기적 유형이다. 이 경우에도 대가야연맹체의 권역으로 설정하였다. Ⅳ형은 6세기 이후에 대가야토기가 재지토기 및 외래계토기와 공반되어 반출되고 분포비율상 소수인 경우로서 대가야와 교역 및 교류적 차원의 관계로 인식하였다.

이와 달리 토기유통에 따른 분포유형을 보면, 현물분배(A유형), 현물분배와 함께 재지양식 및 유입양식 토기가 함께 복합되는 경우(B유형), 기술제공과 모방에 의한 재지생산분배(C유형)로 나누어진다. 현물분배(A유형)는 대가야의 중심지(중앙)인 고령을 포함하여 5세기 4/4분기의 대가야토기 확산지역인 합천 옥전고분군, 반계제고분군, 함양 백천리고분군에 나타나는 유통양상이고, 현물분배와 함께 재지양식 및 유입양식 토기가 함께 복합되는 유형(B유형)은 재지양식이 복합되는 경우(B1유형)와 유입양식 토기이 복합되는 경우(B2유형)로 나눌 수 있다. 그리고 기술제공과 모방에 의한 재지생산분배유형(C유형)은 원거리 집단 또는 가야 남부권 집단이 해당되며, 기술제공(공인파견)에 의한 재지생산(C1유형)과 모방에 의한 재지생산(C2유형)으로 나눌 수 있다.

양식의 확산유형은 중심지론에 의거하여 정치적 측면의 관계망을 염두에 두고 연구한 것임을 알 수 있으며, 토기유통의 분포유형은 소비지에서 유통된 결과로서 유통의 실체적 양상을 분류한 것으로 보인다. 이들 각각의 검토를 통해 대가야의 지배구조와 관련한 대내관계망을 재론하면 권역별로 약간의 변화가 있으나 전체적인 맥락에는 뚜렷한 차이는 보이지 않는다. 우선 대가야의 정치구조는 연맹체를 형성한 영역국가적 단계로 인식하고, 지배구조는 직접지배권과 간접지배 및 연맹권, 교류권으로 설정할 수 있다.

권역별로는 기술제공에 의한 재지생산과 분배가 이루어진 유형(C유형)의 창원 중동유적을 비롯한 창원지역에 대가야토기가 재지생산 및 유통이 이루어진 점은 정치적 영향보다는 경제적인 교류에 의한 측면이 강하다고 발굴보고자가 보았듯이(동서문물연구원 2012) 창원지역에 대가야계의 대규모 고총군이 없다는 점에서도 교류적 차원의 관계인 것으로 파악된다. 그리고 순천 운평리고분군 권역은 6세기경에 대가야토기가 현물분배에 의한 직접공급이 일시기 이루어지는 점으로 보아 교역거점을 확보하기 위한 차원에서 대가야세력이 일시기 진출한 것으로 파악된다.

대가야토기의 양식 확산은 대가야 사회의 연구에서 특기할 만한 양상이다. 대가야토기의 확산·유통은 5세기 4/4분기 이후 본격적으로 이루어지며, 확산경로와 확산단계의 변화가 연동되고 있음을 알 수 있다.

대가야토기의 유통(확산)단계별 변화양상을 통해 대가야의 대외관계망의 추이를 보면, 제1기(5세기 2/4분기)는 대가야 중심부에서 현물공급의 대내유통이 전개되고, 제2기(5세기 3/4분기)는 대가야 중심부의 대내유통이 지속되고 중심부 인접지역에 대한 대외 유통(교류)이 이루어진다. 제3기(5세기 4/4/분기)는 중앙공급 및 생산규모가 확대되고, 정치경제적 차원의 대외유통(확산)이 확대된다. 중심집단은 현물분배가 이루어지고 하위집단은 재지생산에 의한 유통이 이루어지기도 한다. 제4기(6세기 전반)는 원거리 권역에 대가야토기의 새로운 생산체계가 구축되어 유통 거점을 확보함으로써, 재지생산에 의한 대외유통 변화가 나타난다. 유통경로의 변화를 통한 최대의 대가야 유통권역을 형성하게 된다.

대가야토기의 확산단계는 생산·유통의 변화와 직접 연결하는 데는 다양한 변수가 있어 쉽지 않지만 대체로 유통양상의 변화 중 제3기와 제4기가 여기에 해당될 수 있다.

먼저, 확산1단계(5세기 4/4/분기)는 대가야토기양식의 대외유통(확산)이 본격화되는 단계로서 황강하류역의 옥전고분군과 황강상류역의 반계제고분군을 비롯하여 거창 말흘리고분군, 함양 백천리, 상백리고분군, 남원 월산리고분군으로 확산된다. 1단계의 확산은 서진경로에 의해 이루어지며, 이 단계의 분포권은 가야 북부권과 남원지역에 이르는 광역분포권을 이루게 된다. 한편 이 단계의 확산지점별 분포유형은 황강상류역의 반계제고분군과 함양 백천리고분군은 묘제와 토기의 양식구성에 있어서 고령지역과 동일한 양상을 보여주고, 황강하류역의 옥전고분군은 토기의 양식구성은 동일하나 묘제는 재지의 전통을 따르는 차이를 보여주고 있다. 그리고 남원지역의 월산리고분군은 묘제에 있어서는 동일한 양상을 보이나 토기양식에서는 재지적인 요소를 보이는 자료가 혼재하고 있음에서 확산지점별 분포유형의 차이를 보여준다.

다음으로, 확산2단계(6세기 전반)는 서진경로로부터 대내의 남진경로 및 낙동강 경로를 통해 가야 내부로의 확산이 이루어지는 단계이다. 확산1단계에 형성된 대가야토기의 분포권이 지배 또는 연맹관계를 유지하고 있음에 비해, 확산2단계는 확산분포권의 확장에 따른 연맹관계의 추가확대가 이루어짐과 더불어 새로운 거점 단위의 교류망이 출현하는 특징을 보여준다. 이 단계는 6세기 전엽에 전개되는 대가야의 반백제·친신라 외교정책의 결과 진주(남강 남부권), 사천을 비롯한 남해안권은 백제의 견제에 의해 대외 확산이 소강상태에 이르게 되고, 낙동강유역과 함안, 고성권역은 신라와 동반 진출이 이루어지는 새로운 확산양상이 나타나게 된다.

이상의 확산단계에 의한 변동양상과 유통에 따른 분포유형(또는 확산유형)은 대가야의 발전과정을 이해하는 데 유효할 뿐만 아니라 토기양식의 확산에 따른 영역화과정을 살펴보는 데 좋은 자료가 된다.

5세기 후반에 이루어진 대가야토기의 양식 확산은 대가야토기의 분포양상에 의해 확인되며, 확산유형과 확산경로의 다양성이 나타나고 있다. 대가야토기의 확산단계와 확산경로는 상호 연동되는 것으로서, 확산1단계는 가야 북부권을 중심으로 한 서진경로로 이루어지며, 확산2단계는 가야 남부권에 대한 통합을 시도하는 남진경로의 변화가 나타난다. 또 기왕의 연구에서(박승규 2003) 대가야토기의 확산에 따른 분포유형은 Ⅰ~Ⅳ형으로 구분하고, Ⅰ형의 분포권역은 직접지배권, Ⅱ형은 간접지배권, Ⅲ형은 연맹권, Ⅳ형은 교류권이 형성되는 것으로 파악하였다. 특히 Ⅳ형에 해당되는 함안, 고성, 창원, 순천은 대가야토기가 신라토기 또는 소가야토기와 동반 진출하고 있으므로 이들 지역이 대가야와 정치적인 관계보다는 유통상의 거점으로 유지되었을 가능성도 있다.

대가야토기 양식의 확산을 통해 본 대가야의 영역화과정의 이해는 대가야토기가 재지토기와 형성하는 관계망 및 이와 연계된 고고학 자료의 검토를 통해서 가능하다고 여겨진다. 대가야토기의 확산에 따른 분포유형이 어떠한가에 의해 영역화로 인정할 수 있는 점과 그렇지 않은 부분으로 나눌 수 있다. 대가야토기의 확산에서 나타나는 분포유형의 Ⅱ형까지는 대가야의 영역화로 인식할 수 있고 Ⅲ형에 포함되는 권역에 대해서는 대가야연맹체를 형성한 것으로 이해된다. 이러한 영역화의 양상은 유통양상에서 살펴볼 때 중심집단에 한정된 현물분배가 이루어지는 점으로 보아 연맹체의 관계망은 거점의 중심지역(고분군) 단위로 이루어졌을 가능성이 있다.

결론적으로 토기 양식의 확산은 유통의 결과로 인식할 수 있으며, 당시의 유통이 정치경제적 차원에서 이루어지는 특수성을 고려할 때, 정치체의 영역화과정과 일정한 관계가 있는 것으로 이해된다. 다만 양식내 일부 기종의 교류적 분포는 유통과 관련된 양상으로 이해함으로써 정치적 영역화로 연결하여 확대 해석하는 것은 경계하여야 한다.

이상을 정리하면, 가야토기의 시작은 3세기 4/4분기의 도질토기 출현으로부터 비롯된 것으로 이해하고 있다. 김해 · 부산권과 함안권에서 처음 도질토기가 출현하지만 아직 와질토기의 기종과 제작기법이 잔재되어 있다.

4세기 2/4분기~3/4분기의 고식도질토기는 와질토기의 잔존 기종과 기술적 요소가 모두 사라지고 새로 통형고배가 함안권에서 등장하게 되고, 이어서 외절구연고배가 김해 · 부산권에서 도질토기로 정착하게 된다. 노형토기는 김해 · 부산권에서 단면원형의 환형파수와 판상파수가 부착되는 특징이 나타나고 함안권에서는 무파수의 노형토기가 형식상의 발전을 보여준다. 이로써 금관가야양식과 범영남양식이 성립되며, 범영남양식은 함안을 필두로 영남 각지 재지계 토기의 연합에 의해 형상된다. 이 시기에는 김해 · 부산권의 토기 양식만이 한정된 분포 범위를 보여주고 있음을 볼 때, 김해 · 부산권의 정치체에 의한 분배의 통제가 이루어졌음을 짐작할 수 있다. 반면 범영남양식은 통형고배의 생산과 분배에서 경제적 차원에 의한 대외 반출 및 기술교류가 범영남권에 전개된 것으로 이해된다.

4세기 4/4분기부터 5세기 1/4분기까지 고식도질토기는 '전환기 변동'으로 불리어지는 새로운 변동을 보여주는데, 김해 · 부산권의 외절구연고배와 함안권의 통형고배, 그리고 노형토기의 기종 구성이 이단투창고배와 투공고배 및 소형발형기대로 전 영남권에서 동시기적으로 바뀌는 양상이 전개된다. 이러한 변동은 금관가야양식과 범영남양식 간의 교류에 의해 제작기술과 형식의 공유를 통한 생산 · 분배체계의 통합을 시도하는 과정에서 이루어진 것으로 보인다. 이러한 변동은 가야토기의 지역양식을 통합하고자 하는 시도로서 제작기술의 전파와 생산 · 분배체계에 대한 정치적 통제가 변화되었음을 의미하는 것으로서, 한편으로는 김해 · 부산권의 정치체가 주도하고 함안권을 비롯한 범영남권의 동조로 양식 통합의 시도가 이루어진 것으로 추정된다.

5세기 2/4분기부터 전개되는 가야토기의 지역양식은 정치적 변화에 따른 토기문화의 변동으로 이해할 수 있으며, 과거에 구축한 생산체계의 활용과 새로운 기술전통의 수립으로 5~6세기 가야토기의 3대 지역양식이 성립되는 변화를 보여준다. 이처럼 가야토기의 시기 구분에 따른 지역양식의 분립은 각각의 지역정치체가 생산 · 분배체계에 대한 정치적 통제뿐만 아니라 새로운 형식의 기종을 채택함으로써 정치체의 존재를 인식시키고자 한 것으로 이해된다.

가야토기의 양식구조는 시기에 따른 변화를 보이는데, 4세기 고식도질토기의 고식Ⅰ기에는 지역양식의 구조가 완전히 성립되지 않으나 4세기 2/4분기부터 양대 지역양식이 성립된다. 이 시기의 지역양식은 김해·부산권의 외절구연고배로 대표되는 금관가야양식과 함안권의 통형고배로 대표되는 범영남양식의 양대 지역양식이 구축된다. 이 시기의 양식구조는 금관가야양식이 독립적인 권역을 가진 지역양식을 성립함에 비해 범영남양식은 함안권을 필두로 범영남권의 각지에서 재지 토기가 공존하는 분포양상을 보임으로써 특이한 대비 양상을 보여준다. 또 금관가야양식은 제작 전통을 강하게 유지하고 있을 뿐만 아니라 분배에 있어서 김해·부산권을 벗어나지 않는 한정성을 뚜렷이 보여주고 있다. 이는 분배의 통제에 있어서 자율적인 교류를 유지하는 범영남양식과는 달리 금관가야양식에서는 정치체에 의한 분배의 제한적 통제가 이루어졌음을 보여준다. 반면 범영남양식은 통형고배를 지표로 하여 함안권을 중심으로 고령권, 대구권, 경주권의 제 집단들이 재지계 토기문화와 함안권 토기문화 간의 개방적 차원의 교류가 이루어짐으로써 범영남양식적 양상을 보여준다.

고식Ⅱ기에는 앞 시기에 성립되었던 양대 지역양식이 '전환기 변동'을 거치면서 양식 복합에 의해 전 영남권이 공통양식적 기조를 강하게 형성하게 되며, 이로써 고식 도질토기의 양식구조는 지역양식 성립기로부터 공통양식적 기조를 이루는 양식 복합기로 변화하는 양상을 보여주고 있다.

5~6세기 가야토기의 양식구조는 대가야권의 새로운 세력 형성으로 대두된 대가야양식, 전기의 계승적 양상을 보여주는 아라가야양식, 신형식의 수용에 따라 새로 성립된 소가야양식의 3대 지역양식이 존재함이 뚜렷이 파악된다. 5~6세기 가야토기의 지역양식은 5세기 2/4분기에 성립하며, 이들 3대 지역양식은 대가야, 아라가야, 소가야 정치체의 존재를 인식할 수 있는 고고학 자료로서 활용되고 있다.

종래 가야토기에 대한 고고학적 연구는 형식학적 분석에 따른 편년과 분포 연구에 치우침으로써 토기의 생산과 유통(공급과 소비)에 대해서는 소홀한 감이 없지 않았다. 가야토기의 생산과 유통에 관한 논의는 대가야 고분에서 출토되는 수많은 토기들이 어떠한 생산과정을 거쳐 만들어졌는가에 대해 지금껏 일반론적인 토기제작의 기술공정을 바탕으로 추정해 보았다.

토기는 편년과 분포 및 교류의 연구에서만이 아니라 생산, 유통(공급), 소비(사용), 폐기라는 일련의 과정(일생)을 거쳐 고고학 자료로서 중요한 연구대상이다. 즉, 지금까지 토기의 소비와 폐기의 결과에 대한 분석이 주를 이루었다면 앞으로 생산과 유통에 대해서도 적정한 연구가 이루어져야 함이 토기의 일생에서 보여주고 있다.

대표적인 자료로서 대가야토기의 생산과 유통에 관해 살펴보았는데, 앞으로 가야토기의 생산과 유통에 관한 연구과제로는, 가야토기의 제작기술과 생산체계의 분석, 토기가마(공방지)의 입지와 구조 분석, 토기 유통방식의 이론적 분석으로서 직접 공급·기술자 파견·기술 전수 등의 유통방식 검토, 산지분석을 통한 각지 대가야토기의 생산지 및 공급여부 분석, 생산 토기의 운반과 공급에 따른 교통로와 운송방식 검토, 부장토기와 일상토기의 생산과 소비에 관한 차별성 검토 등을 제시할 수 있다.

　　가야사의 규명과 복원을 위해 앞으로도 계속 이어져야 할 가야토기의 연구 분야는 다양하다. 그 중에서도 신라토기와 어떠한 관계를 가지면서 발전하고 또 소멸되어 가는지를 살펴보아야 하겠으며, 이에 더하여 가야토기의 발생배경과 4세기 고식도질토기로부터 5~6세기 가야토기의 전환에 있어서 주된 요인을 어디에서 찾을 것인가 하는 점도 관심을 두어야 할 부분이다. 아울러 지금껏 가야토기의 연구는 대부분 고분 부장품을 통해 수행하여 왔으므로 일정한 한계가 있다. 따라서 앞으로는 가야토기의 생산과 관련한 가마의 조사를 확대하고, 이에 더하여 생활유적에서 출토된 일상토기의 연구를 통해 그간의 한계를 극복해야 할 과제가 남아 있다.

참고문헌

1. 저서

곽장근, 1999, 『湖南東部地域 石槨墓의 研究』, 서경문화사.

국립창원문화재연구소, 2007, 『가야와 그 전환기의 고분문화』.

고령군 대가야박물관 · 계명대학교 한국학연구원, 2007, 『5~6세기 동아시아의 국제정세와 대가야』.

경상북도, 1995, 『加耶史研究 -대가야의 政治와 文化-』.

김성남 · 김경택, 2013, 『와질토기 논쟁고』, 진인진.

김세기, 2003, 『고분 자료로 본 대가야 연구』, 학연문화사.

金元龍, 1960, 『新羅土器의 研究』, 을유문화사.

_____, 1973, 『韓國考古學槪說』, 一潮閣.

_____, 1986, 『韓國考古學槪說 -제3판-』, 一潮閣.

金泰植, 1993, 『加耶聯盟史』, 一潮閣.

_____, 2002, 『미완의 문명 7백년 가야사』 1~3, 푸른역사.

대가야박물관, 2004, 『大加耶의 遺蹟과 遺物』.

박광춘, 2006, 『새롭게 보는 가야고고학』, 학연문화사.

박천수, 2010, 『가야토기 -가야의 역사와문화-』, 진인진.

부산대 한국민족문화연구소, 2001, 『가야각국사의 재구성』, 혜안.

_____, 2003, 『가야고고학의 새로운 조명』, 혜안.

徐賢珠, 2006, 『榮山江 流域 古墳 土器 研究』, 學研文化社.

이성주, 2014, 『토기제작의 技術革新과 生産體系』, 학연문화사.

이형기, 2009, 『대가야의 형성과 발전 연구』, 경인문화사.

이희준, 2007, 『신라고고학연구』, 사회평론.

(재)중앙문화재연구원, 『가야고고학개론』, 진인진.

조영제, 2007, 『옥전고분군과 다라국』, 혜안.

조희승, 1994, 『가야사연구』, 사회과학출판사.

千寬宇, 1989, 『古朝鮮史 · 三韓史 研究』, 一潮閣.

최성락, 2005, 『고고학 입문』, 학연문화사.

한국고고학회, 2000, 『考古學을 통해 본 加耶』.

_____, 2008, 『樣式의 考古學』.

한성백제박물관, 2017, 『가야 백제와 만나다』, 2017 봄 특별전시회.

韓相福 · 李文雄 · 金光億, 1985, 『文化人類學槪論』, 서울대학교출판부.

山本孝文, 2006, 『三國時代 律令의 考古學的 研究』, 서경.

鈴木公雄(윤환 역), 1994, 『考古學 入門』, 學研文化社.

坂野和信, 2007, 『古墳時代の 土器と 社會構造』, 雄山閣.

田中俊明, 1992, 『大加耶聯盟の 興亡と '任那'』, 吉川弘文館.

칼라 시노폴리(이성주 역), 2008, 『토기연구법』, 도서출판考古.

콜린 렌프류 · 폴 반(이희준 역), 2006, 『현대고고학의 이해』, 사회평론.

2. 논문

2-1. 국내

郭長根, 1999, 「湖南 東部 地域의 石槨墓 研究」, 全北大學校 博士學位論文.

_____, 2000, 「小白山脈 以西地域의 石槨墓 變遷過程과 그 性格」 『考古學을 통해본 加耶』, 韓國考古學會.

_____, 2007, 「대가야와 섬진강」 『5~6세기 동아시아의 국제정세와 대가야』, 고령군 대가야박물관 · 계명대 한국학연구원.

權鶴洙, 1993, 「加耶古墳의 綜合編年」 『嶺南考古學』 12, 영남고고학회.

_____, 1994, 「伽倻諸國의 相互關係와 聯盟構造」 『韓國考古學報』 31.

김규운, 2009, 「考古資料로 본 5~6세기 小加耶의 變遷」, 경북대학교 대학원 석사학위논문.

金斗喆, 2001, 「大加耶古墳의 編年 檢討」 『韓國考古學報』 45.

_____, 2003a, 「高句麗軍의 南征과 加耶」 『加耶와 廣開土大王 -제9회 가야사국제학술회의』, 김해시.

_____, 2003b, 「부산지역 고분문화의 추이 -가야에서 신라로-」 『港都釜山』 19, 釜山光域市史編纂委員會.

_____, 2010, 「前期加耶와 新羅」 『부산대학교 고고학과 창설20주년 기념논문집』, 부산대학교 고고학과.

_____, 2014, 「신라 · 가야의 경계로서 경주와 부산」 『영남고고학』 70, 영남고고학회.

金相哲, 2007, 「宜寧地域 加耶文化에 관한 一考察」, 경상대학교 대학원 석사학위논문.

金世基, 1995, 「大伽耶 墓制의 變遷」 『加耶史研究-大加耶의 政治와 文化』, 慶尙北道.

_____, 1998, 「고령양식토기의 확산과 대가야문화권의 형성」 『加耶文化遺蹟 調查 및 整備計劃』, 경상북도.

_____, 2000, 「古墳資料로 본 大加耶」, 啓明大學校 大學院 博士學位論文.

金龍星, 1996, 「土器에 의한 大邱 · 慶山地域 古代墳墓의 編年」 『韓國考古學報』 35, 韓國考古學會.

金元龍, 1982, 「金海府院洞期의 設定」 『韓國考古學報』 제12집, 한국고고학연구회.

_____, 1983, 「所謂 瓦質土器에 대하여 -原三國時代 考古學上의 새問題-」『歷史學報』 99 · 100.

김일규, 2011, 「남해안지역 須惠器(系)土器의 출현배경과 의의」『삼국시대 남해안지역의 문화상과 교류』, 제35회 한국고고학전국대회.

김재철, 2004, 「경상도의 고대 토기가마 연구」『啓明史學』 15, 계명사학회.

_____, 2007, 「嶺南地方 古式陶質土器의 性格에 대한 再檢討」『大東考古』 1, 대동문화재연구원.

_____, 2011, 「한국 고대 토기요 변천 연구」, 경북대학교 대학원 석사학위논문.

金正完, 1992, 「晋州博物館 新收藏品 紹介」『昌原上谷里기와가마터』, 國立晋州博物館.

_____, 1994, 「咸安圈域 陶質土器의 編年과 分布 變化」, 慶北大學校 碩士學位論文.

_____, 2006, 「筒形高杯 再考」『석헌정징원교수정년퇴임기념논총』, 간행위원회

金泰植, 1990, 「加耶의 社會發展段階」『한국고대국가의 형성』, 한국고대사연구회.

_____, 2000, 「歷史的으로 본 小加耶의 政治體」『묘제와 출토유물로 본 소가야』, 국립창원문화재연구소.

김지연, 2013, 「小加耶樣式 土器의 研究」, 부산대학교 대학원 석사학위논문.

金亨坤, 1990, 「咸安 일원 古墳出土 土器類火」『가야통신』 19 · 20.

_____, 2002, 「火焰形透窓 土器의 再認識」『伽倻文化』 15, (財)伽倻文化研究院.

南翼熙, 2009, 「5~6세기 성주양식토기 및 정치제 연구」『嶺南考古學報』 49.

南在祐, 1997, 「浦上八國 戰爭과 그 性格」『伽倻文化』 10, 伽倻文化研究院.

_____, 1998, 「安羅國의 成長과 對外關係」, 成均館大學敎 博士學位論文.

柳昌煥, 1992, 「晋陽 下村里 出土 陶質土器에 대하여」『嶺南考古學報』 11.

_____, 1995, 「伽耶古墳 出土 鐙子에 대한 研究」『韓國考古學報』 33.

朴淳發, 1996, 「百濟의 國家形成과 百濟土器」『第2回 百濟史 定立을 위한 學術세미나』, 百濟文化開發研究院.

朴升圭, 1990, 「一段長方形透窓高杯에 대한 考察」, 東義大學校 大學院 碩士學位論文 ; 1992, 『嶺南考古學』 11.

_____, 1991, 「晋陽 雨水里遺蹟 採集土器에 대한 考察」『古文化』 39, 韓國大學博物館協議會.

_____, 1993, 「慶南 西南部地域 陶質土器에 대한 研究」『慶尚史學』 9.

_____, 1994, 「부록-咸安 郡北地域 出土 陶質土器에 대한 考察」『咸安 篁沙里墳墓群』.

_____, 1998, 「加耶土器의 地域相에 관한 研究」『加耶文化』 11, 加耶文化研究院.

_____, 2000a, 「4~5세기 加耶土器의 變動과 系統에 관한 研究」『加耶인의 歷史와 文化』 5, 동의대 인문과학연구소.

_____, 2000b, 「考古學을 통해 본 小加耶」『考古學을 통해 본 加耶』, 韓國考古學會.

_____, 2000c, 「5~6世紀 宜寧地域集團의 交流와 變動」『鶴山 金廷鶴博士 頌壽紀念論叢 韓國

古代史와 考古學』, 學研文化社.

_____, 2003a, 「大加耶土器의 擴散과 관계망」『韓國考古學報』 49, 한국고고학회.

_____, 2003b, 「小加耶圈의 토기변동과 대외교섭」『伽倻의 海上勢力』, 김해시.

_____, 2005, 「加耶土器의 時期區分과 編年」『伽倻文化』 18, 재단법인 가야문화연구원.

_____, 2006, 「加耶土器의 轉換期 變動과 樣式構造」『伽倻文化』 19, 재단법인 가야문화연구원.

_____, 2010, 『加耶土器 樣式 研究』, 동의대학교 대학원 박사학위논문.

_____, 2015, 「대가야토기의 생산체계와 유통」『대가야 문물의 생산과 유통』, 대가야박물관 ·
    (재)영남문화재연구원.

_____, 2019, 「4~5세기 가야토기의 변동과 초기스에키의 생산」『가야와 왜의 토기생산과 교류』,
    국립가야문화재연구소 · (재)가야문물연구원.

박종익 · 이주헌, 1997, 「咸陽 蓀谷里墳墓群 發掘調査報告」『年報1996』, 국립창원문화재연구소.

朴天秀, 1990, 「5·6세기대 창녕지역 도질토기의 연구」, 경북대학교 대학원 석사학위논문.

_____, 1993, 「三國時代 昌寧地域 集團의 性格 研究」『嶺南考古學』 13.

_____, 1996, 「大加耶의 古代國家 形成」『碩晤尹容鎭教授停年退任記念論叢』, 刊行委員會.

_____, 1998, 「大加耶圈 墳墓의 編年」『韓國考古學報』 39.

_____, 1999, 「器臺를 통하여 본 伽耶勢力의 動向」『가야의 그릇받침』, 金海博物館.

_____, 2000a, 「考古學資料를 통해 본 大加耶」『考古學을 통해 본 加耶』, 韓國考古學會.

_____, 2000b, 「考古學으로 본 加羅國史大」『가야각국사의 재구성』, 혜안.

_____, 2001, 「고고자료를 통해 본 가야시기의 창녕지방」『가야시기 창녕지방의 역사고고학적
    성격』, 창원문화재연구소.

_____, 2002, 「地域間 竝行關係로 본 加耶古墳의 編年」『가야고고학의 새로운 조명』, 부산대학
    교 한국민족문화연구소.

_____, 2004, 「토기로 본 대가야권의 형성과 전개」『大加耶의 遺蹟과 遺物』, 대가야박물관.

_____, 2008, 「호남동부지역을 둘러싼 大加耶와 百濟」『전남동부지역의 가야문화』, 제38회 한
    국상고사학회 학술발표대회.

朴光烈, 1991, 「漆谷 深川洞 出土 古式陶質土器에 대한 一考察」『古文化』(韓國大學博物館協會).

_____, 1992, 「琴湖江下流域 古墳의 編年과 性格」『嶺南考古學』 11, 영남고고학회.

朴廣春, 1995, 「3~4세기에 있어 伽耶土器 地域色 研究」『韓國上古史學報』 19.

_____, 1997, 「가야토기의 지역색연구」『韓國上古史學報』 24.

_____, 2000, 「加耶土器의 始原과 金海 · 釜山地域 土器 編年 再檢討」『嶺南考古學』 27, 영남
    고고학회.

박상언, 2007, 「낙동강유역의 고식도질토기 연구」, 경남대학교 대학원 석사학위논문.

白承玉, 1997, 「固城 古自國의 形成과 變遷」『韓國 古代社會의 地方支配』, 신서원.

_____, 2001, 「加羅國과 주변 加耶諸國」『大加耶와 周邊諸國』, 韓國上古史學會.

白承忠, 1995, 「加耶의 地域聯盟史 硏究」, 釜山大學校 大學院 博士學位論文.

成正鏞, 2008, 「토기 양식으로 본 고대국가 형성 –백제토기를 중심으로-」『국가형성의 고고학』, 韓國考古學會.

申敬澈, 1982, 「釜山 · 慶南出土 瓦質系土器」『韓國考古學報』 12, 韓國考古學會.

_____, 1986, 「新羅土器의 發生에 대하여」『韓日古代文化의 諸問題』, (財)韓日文化交流基金.

_____, 1991, 「金海大成洞古墳群의 發掘調査成果」『伽耶史의 再照明』, 金海市.

_____, 1992a, 「金官伽倻의 成立과 對外關係」『伽耶와 東아시아』, 金海市.

_____, 1992b, 「金海禮安里 160號墳에 대하여」『伽耶考古學論叢』 1, 駕洛國史蹟開發硏究院.

_____, 1995, 「金海大成洞 · 東萊福泉洞古墳群 點描」『釜大史學』 19, 부산대학교 사학회.

_____, 1996, 「三韓 · 三國時代의 東來」『東來區誌』, 編纂委員會.

_____, 1997, 「日本 初期 須惠器의 發現」『동아시아 속의 한 · 일 관계』, 부산대학교 한국민족문화연구소.

_____, 2000a, 「금관가야의 성립과 연맹의 형성」『가야각국사의 재구성』, 부산대학교 한국민족문화연구소 · 가야사 정책연구위원회.

_____, 2000b, 「金官加耶土器의 編年」『伽耶考古學論叢』 3, 駕洛國史蹟開發硏究院.

_____, 2007, 「加耶 스케치」『考古廣場』 창간호, 釜山考古學研究會.

_____, 2012, 「도질토기의 발생과 확산」『고고광장』 11, 부산고고학연구회.

安在晧, 1993, 「考察 - 金海 · 釜山의 地域相」『金海 禮安里古墳群 II』, 釜山大學校博物館.

_____, 1994, 「三韓時代 後期瓦質土器의 編年」『嶺南考古學』 14, 영남고고학회.

_____, 1997a, 「鐵鎌의 變化와 劃期」『伽耶考古學論叢』 2.

_____, 1997b, 「福泉洞古墳群의 編年」『복천동고분군의 재조명』, 釜山廣域市立福泉博物館.

_____, 2000, 「慶州地域의 初期新羅土器의 檢討」『福岡大學 總合研究所報』 240, 福岡大學總合研究所.

安在晧 · 宋桂鉉, 1986, 「古式陶質土器에 대한 약간의 考察」『영남고고학』 1.

安春培, 1983, 「山淸中村里古墳發掘調査槪報」『韓國考古學年報』 10.

_____, 1991, 「新羅와 伽耶의 土器」『韓國古代史論叢』 3, 駕洛國史蹟開發硏究院.

禹順姬, 1989, 「慶南地域의 6世紀 土器研究」, 慶北大學校 大學院 碩士學位論文.

禹枝南, 1986, 「대가야고분의 편년」, 서울대학교 대학원 석사학위논문.

_____, 1987, 「大加耶古墳의 編年」『三佛金元龍教授停年退任記念論叢』 I -考古學編, 一志社.

禹枝南, 2000, 「考察. 咸安地域 出土 陶質土器」『道項理 · 末山理遺蹟』, 慶南考古學研究所.

＿＿＿＿, 2005, 「晋州 武村 遺跡 出土 陶質土器의 檢討」 『晋州 武村』, 경남고고학연구소.

尹溫植, 2001, 「3세기대 동해 남부 지역 토기 양식의 형성과 변천」, 경북대학교 석사학위논문.

＿＿＿＿, 2006, 「4세기대 함안 지역 토기의 변천과 영남 지방 토기의 '양식'론」 『東垣學術論文集』 8, 한국고고미술연구소.

尹貞姫, 1997, 「小伽耶土器의 成立과 展開」, 慶南大學校 碩士學位論文.

李瓊子, 1999, 「大伽耶系古墳 出土 耳飾의 副葬樣相에 대한 一考察」 『嶺南考古學』 24.

이도학, 2003, 「加羅聯盟과 高句麗」 『加耶와 廣開土大王』, 김해시.

이동희, 2004, 「全南東部地域의 加耶系 土器와 歷史的 性格」 『韓國上古史學報』 46.

＿＿＿＿, 2008, 「全南東部地域의 加耶文化」 『전남동부지역의 가야문화』, 제36회 한국상고사학회 학술발표대회.

＿＿＿＿, 2010, 「全南東部地域 加耶文化의 起源과 變遷」 『호남동부지역의 가야와 백제』, 제18회 호남고고학회 학술대회, 호남고고학회.

李文基, 1995, 「大伽耶의 對外關係」 『加耶史研究-大加耶의 政治와 文化』, 慶尙北道.

이범홍, 1991, 「斯盧國地域의 3~4世紀代 土器研究」, 동아대학교 석사학위논문.

李盛周, 1993a, 「新羅·伽耶社會 分立과 成長에 대한 考古學的 檢討」 『韓國上古史學報』 13.

＿＿＿＿, 1993b, 「洛東江東岸樣式土器에 대하여」 『제2회 영남고고학회학술발표회 발표 및 토론 요지』.

＿＿＿＿, 1998, 「新羅·伽耶社會의 政治·經濟的 起源과 成長」, 서울대학교 대학원 박사학위논문.

＿＿＿＿, 2000a, 「小伽倻地域의 古墳과 出土遺物」 『묘제와 출토유물로 본 소가야』, 국립창원문화 재연구소.

＿＿＿＿, 2000b, 「考古學을 통해 본 阿羅伽耶」 『考古學을 통해 본 加耶』, 韓國考古學會.

＿＿＿＿, 2000c, 「打捺文短頸壺의 全開와 陶質土器의 發生」 『韓國考古學報』 42.

＿＿＿＿, 2003a, 「伽土耶器의 生産·分配體系」 『가야 고고학의 새로운 조명』, 부산대학교 한국민 족문화연구소·혜안.

＿＿＿＿, 2003b, 「樣式과 社會 : 三國時代 土器樣式에 대한 解釋의 問題」 『江原考古學報』 2.

＿＿＿＿, 2004, 「기술, 매장의례, 그리고 토기양식 -성주지역 낙동강이동 토기양식의 성립에 대한 해석-」 『韓國考古學報』 52.

李盛周·金奭周·金錫煥·石才恩, 1992, 阿羅伽耶 中心古墳群의 編年과 性格 『韓國上古史學 報』 10.

李殷昌, 1982, 「伽耶古墳의 編年研究」 『韓國考古學報』 12, 韓國考古學研究會.

李政根, 2006, 「咸安地域 古式陶質土器의 生産과 流通」, 영남대학교 대학원 석사학위논문.

＿＿＿＿, 2012, 「三國時代 土器 재임방법에 대한 검토」 『嶺南考古學』 60, 영남고고학회.

李在賢, 1992, 「三韓時代 木棺墓에 관한 考察」, 釜山考古學研究會 發表要旨.

_____, 1993, 「金海鳳凰臺遺蹟 第2次 發掘調查報告」『제36회 全國歷史學大會 發表要旨』.

李柱憲, 1996, 「末伊山34號墳의 再檢討」『碩晤尹容鎭教授停年退任記念論叢』, 刊行委員會.

_____, 1998, 「土器로 본 安羅와 新羅」『加耶와 新羅』, 金海市.

_____, 2000a, 「阿羅伽耶에 대한 考古學的 檢討」『가야각국사의 재구성』, 부산대학교 한국민족 문화연구소 · 가야사 정책연구위원회.

_____, 2000b, 「火焰形透窓土器의 新視角」『鶴山 金廷鶴博士 頌壽紀念論叢 韓國 古代史와 考 古學』, 學研文化社.

李漢祥, 1999, 「裝身具를 통해 본 大伽耶聯盟」『대가야의 정치와 문화적 특성』, 한국고대사학회.

李炯基, 1997, 「小伽耶聯盟體의 成立과 그 推移」『民族文化論叢』17, 영남대 민족문화연구소.

_____, 2002, 「滅亡 이후 大加耶 遺民의 向方 -東海市 湫岩洞古墳群 出土品을 중심으로」『韓國 上古史學報』38.

이초롱, 2011, 「내륙양식 고식도질토기의 연구」, 부산대학교 대학원 석사학위논문.

李熙濬, 1994, 「高靈樣式 土器 出土 古墳의 편년」『嶺南考古學』15.

_____, 1995, 「土器로 본 大伽耶의 圈域과 그 變遷」『加耶史研究-大加耶의 政治와 文化』, 慶尙 北道.

_____, 1998, 「4~5세기 新羅의 考古學的 연구」, 서울대학교 박사학위논문

_____, 2008, 「대가야 토기 양식 확산 재론」『嶺南學』13, 경북대학교 영남문화연구원.

林孝澤, 1978, 「洛東江下流 土壙墓研究」『韓國考古學報』4, 韓國考古學研究會.

_____, 1979, 「洛東江下流 禮安里 石棺墓-伽耶墓制의 一例-」『釜大史學』3, 釜山大學校史學會.

_____, 1982, 「洛東江下流域 伽耶古墳의 檢討(Ⅰ) -竪穴式長方形石室墓-」『韓國海洋大學論文 集』17.

_____, 1990, 「洛東江下流域 土壙墓文化」『韓國學의 世界化』Ⅰ, 정신문화연구원.

_____, 1992, 「洛東江下流域 伽耶墓制 系統」『伽耶史의 諸問題』, 韓國古代學會.

_____, 1993, 「伽耶文化 遺蹟의 發掘 成果와 그 展望」『國史編纂委員會 史料調查委員會議』, 國史編纂委員會.

全玉年, 1988, 「영남지역에 있어서 후기와질토기의 연구」, 경북대학교 대학원 석사학위논문.

정주희, 2008, 「함안지역 고식도질토기의 연구」, 경북대학교 대학원 석사학위논문.

조성원, 2010, 「고분 출토 고배로 본 5세기대 낙동강하류역의 소지역성 연구」『영남고고학』55, 영남고고학회.

_____, 2014, 「삼국시대 영남지역 도질토기 생산과 유통」『嶺南考古學』69, 영남고고학회.

_____, 2016, 「4~5세기 경남지역 취락 출토 연질토기의 지역성 검토」『고고광장』19, 부산고고학

연구회.

曹秀鉉, 2006, 「火焰形透窓土器의 研究」 『한국고고학보』 59.

趙榮濟, 1985, 「水平口緣壺에 대한 一考察」 『慶尙史學』 創刊號.

_____, 1986, 「西部慶南 爐形土器에 대한 一考察」 『慶尙史學』 2.

_____, 1990, 「三角 透窓高杯에 대한 一考察」 『嶺南考古學』 7.

_____, 1996, 「玉田古墳의 編年」 『嶺南考古學』 18.

_____, 2001, 「수평구연 발형기대에 대하여」 『韓國考古學報』 44.

_____, 2002, 「考古學에서 본 大加耶聯盟體論」 『盟主로서의 금관가야와 대가야』, 金海市.

_____, 2003, 「加倻土器의 地域色과 政治體」 『가야 고고학의 새로운조명』, 부산대학교 한국민
족문화연구소.

_____, 2004, 「考古資料를 통해 본 安羅國(阿羅加耶)의 성립에 대한 研究」 『安羅國史의 새로운
理解-제4회 아라가야사 학술토론회』, 함안군.

_____, 2006, 「西部慶南 加耶諸國의 成立에 대한 考古學的 研究」, 부산대학교 대학원 박사학위
논문.

_____, 2007, 「中心部와 周邊部 加耶土器의 認識」 『고고광장』, 부산고고학연구회.

_____, 2008, 「'형식난립기'의 가야토기에 대하여」 『고고광장』 2, 부산고고학연구회.

趙榮濟 · 柳昌煥, 1991, 「咸安 院北里遺蹟 採集土器의 檢討」 『慶南文化研究』 13.

朱甫暾, 1995, 「序說 -사야사의 새로운 정립을 위하여-」 『加耶史研究 -대가야의 정치와 문화』, 경
상북도.

崔鍾圭, 1982, 「陶質土器 成立前夜와 展開」 『韓國考古學報』 12.

_____, 1983, 「中期古墳의 性格에 대한 약간의 考察」 『釜大史學』 7.

_____, 1991, 「무덤에서 본 三韓社會의 構造 및 特徵」 『韓國古代史論叢』 2, 駕洛國史蹟開發研
究院.

崔鍾圭 · 安在晧, 1983, 「新村里墳墓群」 『國立博物館古蹟調查報告』 15, 國立中央博物館.

河承哲, 1999, 「西部慶南土器에 대한 一考察」 『雨水里小加耶墓群』, 慶南考古學研究所.

_____, 2001, 「加耶西南部地域 出土 陶質土器에 대한 一考察」, 경상대학교 석사학위논문.

_____, 2002, 「4世紀代 咸安土器文化의 變動」 『慶尙考古學』 1, 慶尙考古學研究會.

_____, 2004, 「밀양 월산리분묘군 古式陶質土器에 대한 檢討」 『密陽 月山里墳墓群』, 밀양대학
교박물관.

_____, 2007, 「스에키 출현과정을 통해 본 가야」 『4~6세기 가야 · 신라 고분출토의 외래계문물』,
제16회 영남고고학회 학술발표회.

_____, 2008, 「晋州 安礫里 出土 古式陶質土器에 대한 一考察」 『晋州安礫里遺跡』, 경남발전연

구원.

_____, 2011, 「삼한~삼국시대 한반도 출토 왜계토기에 대한 고찰」『한국 출토 외래문물초기철기~삼국시대』, 한국문화재조사연구기관협회.

_____, 2012, 「토기와 묘제로 본 고대 한일교류」『아시아의 고대 문물교류』, 서경문화사.

홍보식, 1992, 「嶺南地域의 橫口式, 橫穴式石室墓 硏究」, 釜山大學校 大學院 碩士學位論文.

_____, 1998, 「金官加耶의 성립과 발전」『가야문화유적 조사 및 정비계획』, 경상북도.

_____, 2000a, 「考古學으로 본 金官加耶」『考古學을 통해 본 加耶』, 한국고고학회.

_____, 2000b, 「新羅 後期樣式土器와 統一樣式土器의 硏究」『伽耶考古學叢論』.

_____, 2006, 「토기로 본 가야고분의 전환기적 양상」『가야와 그 전환기의 고분문화』, 국립창원문화재연구소.

_____, 2012, 「신라·가야토기와 수혜기 편년-교차편년과 역연대」『원삼국·삼국시대 역연대론』, 학연문화사.

洪鎭根, 1992, 「高靈 盤雲里 瓦質土器 遺蹟」『嶺南考古學』 10.

_____, 2003, 「삼국시대 도질토기의 소성흔 분석」『삼한·삼국 시대의 토기생산기술』, 부산복천박물관.

_____, 2006, 「陶質土器 補修 小考」『고고학지』 15, 한국고고미술연구소.

小林達雄(河仁秀역), 1995, 「繩文土器의 樣式과 型式·形式」『박물관연구논문집』 3, 부산광역시립박물관.

酒井清治, 2001, 「倭에서의 初期須惠器의 系譜와 渡來人」『4~5世紀 東亞細亞 社會와 加耶』, 제7회 가야사국제학술회의, 金海市.

竹谷俊夫, 1984, 「火焰形透孔의 系譜」『伽倻通信』 1984-9호, 釜山大學校博物館.

定森秀夫·吉井秀夫·內田好昭, 1990, 「韓國慶尙南道晉州水精峰2號墳·玉峰7號墳出土遺物」『伽倻通信』 第19·20合輯.

2-2. 외국논문

藤田亮策, 1938, 「朝鮮發見의 明刀錢과 其遺蹟」『史學論叢』, 京城帝國大學 文學會論纂第7輯, 岩波書店.

藤井和夫, 1999, 「高靈 池山洞古墳群의 編年-加耶地域古墳出土陶質土器編年試案Ⅴ」『東北アジアの考古學[天池]』, 六興出版.

榧本杜人, 1954, 「金海貝塚의 再檢討」『考古學雜誌』 40.

浜田耕作·梅原末治, 1923, 「金海貝塚發掘調査報告」『大正9年度古蹟調査報告』 第1冊, 朝鮮總

督府.

水野清一, 1953, 『對馬』, 東方考古學叢刊第6冊, 東亞考古學會.

有光敎一, 1954, 「金海貝塚の上限と下限」『考古學雜誌』40.

定森秀夫, 1982, 「韓國慶尙南道釜山・金海城地域出土陶質土器の檢討」『平安博物館研究紀要』7.

_____, 1983, 「韓國慶尙南道泗川・固城地域出土陶質土器について」『角田文衛博士古稀記念古代學叢論』.

_____, 1987, 「韓國慶尙北道高靈地域出土陶質土器の檢討」『東アジアの考古と歷史-岡崎敬先生退官記念論集』上, 同朋舍.

藤井和夫, 1999, 「高靈 池山洞古墳群の編年-加耶地域古墳出土陶質土器編年試案Ⅴ」『東北アジアの考古學[天池]』, 六興出版.

定森秀夫, 1982, 「韓國慶尙南道釜山・金海城地域出土陶質土器の檢討」『平安博物館研究紀要』7.

_____, 1983, 「韓國慶尙南道泗川・固城地域出土陶質土器について」『角田文衛博士古稀記念古代學叢論』.

_____, 1987, 「韓國慶尙北道高靈地域出土陶質土器の檢討」『東アジアの考古と歷史-岡崎敬先生退官記念論集』上, 同朋舍.

3. 발굴 보고서

慶南考古學硏究所, 1999, 『雨水里小伽耶墓群』.

_____, 2000, 『道項里 末山里 遺蹟』.

_____, 2005, 『晉州 武村里遺蹟』.

慶南大學校博物館, 1994, 『固城蓮塘里古墳群』.

_____, 1994, 『小伽耶文化圈遺蹟精密地表調査報告』.

경남발전연구원 역사문화센터, 2004, 『山淸 明洞遺跡Ⅰ』.

_____, 2004, 『함안 말산리 45-1번지 유적』.

_____, 2004, 『昌寧 友江里古墳群』.

_____, 2006, 『山淸 坪村里遺跡』.

_____, 2006, 『巨濟 長木 古墳』.

_____, 2007, 『山淸 明洞遺跡Ⅱ』.

_____, 2008, 『晋州 安礒里遺蹟』.

慶北大學校 考古人類學科, 1987, 『陜川苧浦里D地區遺蹟』.

慶尙大學校博物館, 1987, 『陜川中磻溪墳墓群』.

_____, 1988, 『陜川 玉田古墳群Ⅰ-木槨墓』.

_____, 1989, 『晋州加佐洞古墳群』.

_____, 1990, 『河東 古梨里遺蹟』.

_____, 1990, 『陜川玉田古墳群Ⅱ-M3號墳』.

_____, 1992, 『陜川玉田古墳群Ⅲ-M1·M2號墳』.

_____, 1993, 『陜川玉田古墳群Ⅳ-M4·6·7號墳』.

_____, 1994, 『咸安 篁沙里墳墓群』.

_____, 1994, 『宜寧 禮屯里墳墓群』.

_____, 1994, 『宜寧 中洞里古墳群』.

_____, 1994, 『宜寧의 先史 伽耶遺蹟』.

_____, 1995, 『陜川玉田古墳群Ⅴ-M10·11·18號墳』.

_____, 1997, 『陜川玉田古墳群Ⅵ-23·28號墳』.

_____, 1999, 『宜寧 雲谷里古墳群』.

_____, 2004, 『宜寧 景山里古墳群』.

_____, 2006, 『山淸 生草古墳群』.

慶尙北道文化財研究院, 2000, 『大伽耶歷史館 新築敷地內 高靈 池山洞古墳群』.

_____, 2004, 『漆谷 深川里遺蹟 發掘調査報告書』.

_____, 2005, 『칠곡 심천리』.

_____, 2006, 『淸道 鳳岐里遺蹟』.

慶星大學校博物館, 1992, 「金海 大成洞 古墳群 2·3次 發掘調査槪要」.

_____, 2000, 『金海大成洞古墳群Ⅰ』.

_____, 2000, 『金海大成洞古墳群Ⅱ』.

_____, 2000, 『金海龜旨路墳墓群』.

啓明大學校博物館, 1981, 『高靈池山洞古墳群』.

_____, 1987, 『高靈本館洞古墳群』.

國立慶州博物館, 1998, 『慶州 竹東里 古墳群』.

國立中央博物館, 1985, 「거창 말흘리고분」『국립박물관 고적조사보고』 17.

_____, 1994, 『晋陽 武村里 加耶墓』.

_____, 2001, 『昌原 茶戶里遺蹟』.

國立晉州博物館, 1987,『陜川磻溪堤古墳群』.

_____, 1990,『固城 栗垈里 2號墳』.

_____, 1992,『창녕 여초리토기가마터(Ⅰ)』.

_____, 2003,『고성 동외동유적』.

國立昌原文化財研究所, 1996,『咸安岩刻畵古墳』.

_____, 1997,『咸安道項里古墳群Ⅰ』.

_____, 1999,『咸安道項里古墳群Ⅱ』.

_____, 2000,『咸安道項里古墳群Ⅲ』.

_____, 2001,『咸安道項里古墳群Ⅳ』.

_____, 2002,『咸安 馬甲塚』.

_____, 2002,『고성 내산동 고분군Ⅰ』.

_____, 2004,『咸安道項里古墳群Ⅴ』.

_____, 2007,『고성 내산동 고분군Ⅲ』.

群山大學校博物館, 1998,『長水 三顧里古墳群』.

東亞大學校博物館, 1970,『東來福泉洞第1號古墳發掘調査報告』.

_____, 1982,『陜川三嘉古墳群』.

_____, 1986,『陜川鳳溪里古墳群』.

_____, 1987,『陜川倉里古墳群』.

_____, 1992,『창녕교동고분군』.

_____, 1998,『양산평산리유적』.

_____, 2005,『고성 송학동고분군 제1호분 발굴조사보고서』.

東義大學校博物館, 1991,「金海 良洞里古墳群 第1次發掘調査槪要」.

_____, 1991,「金海 良洞里 第162號 土壙木槨墓發掘調査槪要」.

_____, 1992,「金海 良洞里古墳群 第2次發掘調査槪要」.

_____, 1992,「金海 良洞里 제235호 土壙木槨墓發掘調査槪要」.

_____, 1996,『昌原道溪洞古墳群』.

_____, 2000,『金海良洞里古墳文化』.

文化財研究所, 1989,『김해 양동리고분』發掘調査報告書.

密陽大學校博物館, 2004,『密陽 月山里墳墓群』.

부산광역시립박물관복천분관, 2001,『東萊 福泉洞古墳群 -52, 54호-』.

釜山大學校博物館, 1973,『五倫臺古墳群 發掘調査報告書』.

_____, 1979,『釜山華明洞古墳群』.

_____, 1983,『東萊福泉洞古墳群Ⅰ』.

_____, 1985,『金海禮安里古墳群Ⅰ』.

_____, 1986,『咸陽 白川里 1號墳』.

_____, 1988,『釜山老圃洞遺蹟』.

_____, 1990,『東來福泉遺蹟Ⅱ』.

_____, 1991,「蔚山下垈遺蹟 中間報告」.

_____, 1993,『金海禮安里古墳群Ⅱ』.

_____, 1996,『東萊福泉洞古墳群Ⅲ』.

釜山女子大學博物館, 1984,『昌原三東洞甕棺墓』.

_____, 1993,『山淸郡 文化遺蹟 精密地表調査 報告書』.

釜山直轄市立博物館, 1985,『釜山老圃洞古墳』.

_____, 1988,『釜山老圃洞Ⅱ』.

成均館大學校博物館, 1989,『金海退來里遺蹟』.

嶺南大學校博物館, 1987,『陜川苧浦里A地區遺蹟』.

嶺南埋藏文化財研究院, 1996,『高靈 快賓洞古墳群』.

_____, 1997,『宜寧泉谷里古墳群Ⅰ·Ⅱ』.

_____, 1998,『高靈 池山洞30號墳』.

嶺南文化財研究院, 2001,『大邱 西邊洞古墳群Ⅰ』.

_____, 2001,『慶山 林堂洞遺蹟Ⅱ』.

_____, 2003,『達城 文陽里古墳群Ⅰ』.

圓光大學校 馬韓百濟文化財研究所, 1983,『南原月山里古墳發掘調査報告』.

尹容鎭·金種徹, 1979,『大伽耶古墳發掘調査報告書』(高靈郡).

全北大學校博物館·南原郡, 1989,『斗洛里』.

朝鮮總督府, 1916,『朝鮮古墳圖譜』3.

_____, 1920,『大正六年度 古蹟調査報告』.

昌原大學校博物館, 1987,『昌原 道溪洞古墳群Ⅰ』.

_____, 1988,『陜川 苧浦里B古墳群』.

_____, 1990,『馬山 縣洞遺蹟』.

_____, 1992,『咸安 阿羅加耶의 古墳群(Ⅰ)』.

_____, 1995,『咸安 梧谷里遺蹟』.

_____, 2000,『昌原 盤鷄洞遺蹟Ⅰ』.

漢陽大學校博物館, 1999,『晋州 內村里 古墳群 遺蹟』.

부록

사진으로 살펴본 가야토기

사진자료 제공

가야문물연구원
국립김해박물관
경상국립대학교박물관
대가야박물관
동아대학교박물관
동의대학교박물관
두류문화연구원
삼한문화재연구원
함안박물관
합천박물관

사진자료 출전

가야문물연구원, 2022, 『고성 내산리고분군 47호분』
국립김해박물관, 2007, 『특별전 함안 말이산 34호분』
국립김해박물관, 2008, 『국립김해박물관Gimhae National Museum』
국립경상대학교박물관, 2004, 『국립경상대학교박물관 20주년 기념 발굴유적과 유물 도록』
대가야박물관, 2015, 『고령 지산동 대가야고분군』
대가야박물관 · 국립김해박물관, 2019, 『대가야 토기공방 고령 본점과 창원 분점』
동아대학교박물관, 2005, 『固城 松鶴洞古墳群』
동의대학교박물관, 2000, 『金海良洞里古墳文化』
두류문화연구원, 2021, 『함안 말이산 고분군-함안 말이산 고분군 정비사업부지 내 유적』
문화재청, 2022, https://www.cha.go.kr
함안박물관, 2004, 『咸安博物館』
합천박물관, 2000, 『삼가, 또 하나의 가야 왕국』

Ⅰ-1. 변한의 토기(와질토기)

1~2: 창원 다호리, 3: 김해 양동리, 4: 김해 대성동, 5: 함안 도항리

1·3~4·6·8~9: 김해 대성동, 2: 김해 부원동, 5: 김해 능동, 7: 김해 양동리

1~2 · 4 · 6: 함안 황사리, 3: 함안 윤외리, 5: 창원 현동, 7: 의령 예둔리

1~2: 김해 예안리, 3~4 · 7: 함안 오곡리, 5: 합천 옥전, 6: 김해 대성동

1~2 · 4~5 · 7~9: 함안 도항리, 3: 부산 복천동, 6: 함안 오곡리

1~3: 고령 지산동, 4: 합천 옥전

1: 고성 연당리, 2·5: 진주 가좌동, 3: 사천 예수리, 4: 산청 중촌리, 6~7: 하동 우복리, 8: 합천 삼가, 9: 하동 고이리,
10: 의령 예둔리

II-1. 김해 대성동고분군

1~5: 함안 황사리, 6: 의령 예둔리

1: 남원 월산리고분군, 2: 남원 두락리고분군, 3~4: 장수 삼고리고분군

1~4: 고성 송학동고분군, 5~9: 고성 내산리고분군

Ⅲ-1. 김해 대성동고분군 – 그릇받침과 장경호

• **박승규** 朴升圭

1959년 경북 청도 출생.

경상국립대학교 사학과를 졸업하고 동의대학교 대학원에서 문학박사(고고학) 학위를 받았다.

합천 옥전고분군, 고령 지산동고분군, 경산 임당유적, 대구 구암동고분군, 함안 우거리토기가마 등
영남지역의 여러 유적을 발굴하였으며, 「가야토기의 지역상에 관한 연구」, 「대가야토기의 확산과 관
계망」, 「가야토기 양식 연구」 등 가야토기에 관한 연구 논문이 다수 있다.

영남대 겸임교수를 비롯하여 경북대, 계명대, 동의대 등에서 강사로 활동하였다.

경상국립대학교박물관 학예연구사와 (재)영남문화재연구원장을 거쳐 현재 청림문화유산연구소와
(재)가야문물연구원에 재직하고 있다.

가야토기 연구 가야문물연구원 학술연구총서 01

초판발행일	2022년 12월 28일
저　자	박승규
발 행 인	김선경
책 임 편 집	김소라
발 행 처	서경문화사
	주소 : 서울시 종로구 이화장길 70-14(204호)
	전화 : 743-8203, 8205 / 팩스 : 743-8210
	메일 : sk8203@chol.com
신 고 번 호	제1994-000041호
ISBN	978-89-6062-248-7　93910

ⓒ 박승규 · 서경문화사, 2022